• DSGE经典译丛

[美] 萨姆·奥利阿里斯（Sam Ouliaris） [澳] 艾德里安·帕甘（Adrian Pagan） [美] 乔治·雷斯特雷波（Jorge Restrepo） 著

屈超 等 译

定量宏观经济建模与结构向量自回归

EViews应用

Quantitative Macroeconomic Modeling with Structural Vector Autoregressions

An EViews Implementation

东北财经大学出版社
Dongbei University of Finance & Economics Press
大连

辽宁省版权局著作权合同登记号：06-2019-161

Quantitative Macroeconomic Modeling with Structural Vector Autoregressions —An EViews Implementation.
Copyright ©2017 by Sam Ouliaris, Adrian Pagan and Jorge Restrepo.
All rights reserved.
Simplified Chinese rights arranged through CA-LINK International LLC (www.ca-link.com)

图书在版编目（CIP）数据

定量宏观经济建模与结构向量自回归：EViews 应用 / （美）萨姆·奥利阿里斯，（澳）艾德里安·帕甘，
（美）乔治·雷斯特雷波著；屈超，等译.—大连：东北财经大学出版社，2024.5
（DSGE经典译丛）
ISBN 978 - 7 - 5654 - 5230 - 7

Ⅰ．定… Ⅱ．①萨… ②艾… ③乔… ④屈… Ⅲ．计量经济学-经济模型 Ⅳ．F224.0

中国国家版本馆CIP数据核字（2024）第074480号

东北财经大学出版社出版发行
　　大连市黑石礁尖山街217号　邮政编码　116025
　　网　　址：http://www.dufep.cn
　　读者信箱：dufep@dufe.edu.cn
大连图腾彩色印刷有限公司印刷

幅面尺寸：185mm×260mm　字数：292千字　印张：13.25
2024年5月第1版　　　　　2024年5月第1次印刷
责任编辑：李　季　刘　佳　　责任校对：刘慧美
封面设计：张智波　　　　　　版式设计：原　皓
定价：46.00元

教学支持　售后服务　　联系电话：（0411）84710309
版权所有　侵权必究　　举报电话：（0411）84710523
如有印装质量问题，请联系营销部：（0411）84710711

《DSGE经典译丛》编委会

前　言

　　本书缘起于 A.R.Pagan 在国际货币基金组织（International Monetary Fund，IMF）做过的一系列讲座。这些讲座由能力建设研究院（the Institute for Capacity Development）主办，主要涉及经济学方面的内容。其中的结构向量自回归方法于 2011—2015 年间公开发表后，逐渐被应用于宏观经济系统的量化分析。虽然本书介绍的方法可以使用 Stata 等分析工具，但由于 EViews 在 IMF 工作人员和中央银行工作人员中使用得更为普遍，因此最终本书选择了 EViews9.5 来进行分析处理。

　　然而，在 EViews9.5 中进行结构冲击估计时，需要施加许多限制，这些限制无法直接处理。为了解决这一问题，我们提出了一些变通方法，即间接地向冲击施加识别信息。我们的关键思路是，对于精确识别的 SVARs（即估计中的矩限制数量等于参数数量的 SVAR），最大似然估计（MLE）与工具变量（IV）估计的结果差不多。工具变量估计的优势在于 MLE 需要非线性优化技术，而工具变量估计采用的是线性两阶段最小二乘法（2SLS）。通过工具变量估计，我们能够在 EViews9.5 中估计复杂的 SVAR 结构。本书前言由 Ouliaris 等人于 2016 年撰写。在此过程中，IHS 全球公司的 Gareth Thomas 和 Glenn Sueyoshi 提供了帮助，他们对 EViews 软件包的一些功能进行了解释说明，还在 EViews9.5 中增加了新的选项，这些选项对于实现和说明 OPR 中描述的方法具有极其重要的意义。

　　本书旨在从文献中抽取一些经典研究，并展示如何使用工具变量估计在 EViews9.5 中对这些研究进行重现。我们广泛探讨了在变量为平稳、非平稳或两者兼有时，识别冲击的一系列方法。这些方法包括对脉冲响应或结构方程的参数及符号施加约束。

　　EViews10 为我们展示了处理向量自回归模型（VAR）和结构向量自回归模型（SVAR）的新功能。对于 VARs，我们现在可以使用滞后矩阵 L1、L2 等，从特定的方程中排除一些滞后变量。而在 SVARs 模型中，我们在 EViews 9.5 中定义模型的 A、B 矩阵的规格现在得到了增强，新增了两个矩阵 S 和 F，这两个矩阵被用来对模型施加短期和长期的限制条件。因此，在这份更新后的手稿中，我们首先讨论了如何在仅使用 EViews9.5 的情况下估计 SVAR，然后再使用 EViews10 进行同样的操作。显然，尽管从工具变量的视角审视问题常常极具价值，但从总体来看，EViews10 的使用体验更为顺畅。

　　在 EViews10 中仍存在一些待解决的问题。特别是，MLE 可能存在收敛性问题，而对脉冲响应的标准误计算有时也是有问题的。我们开发了一款 EViews 插件，它可能通过先采用工具方法对系统进行估计，并利用所得参数估计的结果来初始化新的 SVAR 估计量，从而应对收敛问题。当存在长期限制时，标准误的问题则交由 EViews 团队处理，因为这意味着需要对基础代码进行修改。

　　此书源于一系列讲座，因此我们非常感谢众多 IMF 工作人员和各国官员参与课程，他们的反馈对于确定应重点强调的内容以及哪些内容可适当简化至关重要。Luz Minaya 和 Maria（Didi）Jones 组织得非常好。英格兰银行和澳大利亚储备银行也提供了该课程的版本。

　　最后，Adrian 希望将此书献给 Janet，她的辛勤付出使得本书得以顺利撰写和实施。

目录

第1章

宏观计量经济学系统建模概述

收集宏观经济数据的过程包括构建一个描述多个聚合变量联合行为的模型体系。早期的计量经济学研究主要集中在单一变量或少量变量的建模上，如某商品的价格和数量，这些变量能够反映市场情况。尽管关于产出、货币和价格等总量之间关系的理论研究已相当丰富，但Tinbergen（1936—1939年）可能是首个尝试通过指定一组方程来定量捕捉这些关系的人，并随后对这些方程的参数进行估计。此后，发展出了一种以简化形式的方程组为主来汇总数据的建模方法，以及一套以结构方程组为主来解释数据的方法。我们将变量分为内生变量（在宏观经济系统中形成）和外生变量（主要在宏观经济系统之外形成）。简化形式的方程将内生变量与外生变量关联起来，而结构方程则试图揭示内生变量之间的相互关系以及它们与一些外生变量的关系。通常情况下，结构方程可以描述经济学理论中常见的决策规则类型，如基于总价格水平和流动性（由实际持有现金量衡量）的消费者对总产出数量的需求。

随着简化形式和结构方程概念的发展，它们之间的关系引发了一个问题。具体而言，将内生变量 z_{1t} 和 z_{2t} 分别视为货币存量和利率，并将 X_{1t} 和 X_{2t} 视为外生变量。那么我们不妨将描述货币需求和供给的两个结构方程写成：

$$z_{1t} = a_{12}^0 z_{2t} + \gamma_{11}^0 x_{1t} + \gamma_{12}^0 x_{2t} + u_{1t} \tag{1.1}$$

$$z_{2t} = a_{21}^0 z_{1t} + \gamma_{22}^0 x_{2t} + \gamma_{21}^0 x_{1t} + u_{2t} \tag{1.2}$$

将误差 u_{jt} 视为随机变量。在计量经济学领域，这些误差长期以来被认为是零期望的且具有正态分布的协方差矩阵 Ω_S，并且 u_{jt} 与过去的 u_{kt} 没有相关性。该系统的简化形式为：

$$z_{1t} = \pi_{11} x_{1t} + \pi_{12} x_{2t} + e_{1t} \tag{1.3}$$

$$z_{2t} = \pi_{21} x_{1t} + \pi_{22} x_{2t} + e_{2t} \tag{1.4}$$

式中：$e_{1t} = \delta_{11} u_{1t} + \delta_{12} u_{2t}$，$\delta$ 系数为结构参数 a_{ij}^0，γ_{ij}^0 的加权平均值。π_{ij} 系数也是结构系数 a_{ij}^0，γ_{ij}^0 的函数，且 e_t 服从均值为零、协方差阵为 Ω_R 的正态分布，e_t 与过去值之间也不存在相关关系。因此，由于任何结构形式（如方程（1.1）～（1.2））的参数都能从简化形式的参数中反映出来，这自然而然地会引发一个问题：是否可以从后者（π_{ij}）恢复前者的唯一值？这就构成了一个结构识别问题。

简化形式包含了数据中的所有信息，并利用 π_{ij} 等参数对其进行详细描述。因此，这种方法很明显对于确定结构形式的参数数量设置了明确的上限。在上面的例子中，简化形式中包含7个参数——其中4个用 π_{ij} 表示，其余3个用 Ω_R 表示。这就导致我们无法识别方程（1.1）~（1.2）中列出的九个参数。这个观察引导我们得出一个结论，即我们需要简化结构方程。进行这种简化的一个方法是，从每个方程中排除足够多的内生变量或外生变量。由此产生的等级和顺序条件可以明确指出需要排除的变量的数量和类型。

现在，由于方程（1.3）~（1.4）中存在外生变量，我们可以通过回归来估计简化形式的参数。因此，我们无须了解结构关系，即可直接对数据进行汇总。然而，这也带来了第二个问题：可能存在多个与给定简化形式相容的结构形式，即我们可能无法找到一个唯一的结构模型。以一个例子进行说明，我们考察了两种可能性。首先，令 $\gamma_{11}^0=0$，$\gamma_{22}^0=0$，即将 x_{1t} 从方程（1.1）中排除，将 x_{2t} 从方程（1.2）中排除。然后，我们可以考虑另一种情况，即假定 $\gamma_{12}^0=0$，$\gamma_{21}^0=0$。在这两种情况下，结构和简化形式中的参数数量是相同的。因此，我们无法在这两种模型之间作出选择，因为我们无论如何都可以找到 π_{ij} 和 Ω_R，而无须关心哪个是更准确的结构模型。这些模型被认为具有相同的观测效果，而存在一系列的结构模型可以被看作模型识别的问题。我们的结构识别方案仅关注给定的结构形式，并尝试从其简化形式中确定唯一的参数。它并未提出是否有多种与同一个简化形式相容的结构。对于模型识别的处理通常并不详细，因此结构识别成为研究的焦点。Preston（1978）是少数对此进行严格区分的研究者之一。

尽管识别研究采取了形式化的方法，但其实质上是由所谓的"回归问题"驱动的。出现这种情况，是因为运行类似方程（1.1）的回归会给出不恰当的答案，因为该回归假设的是 z_{2t} 与 u_{1t} 不相关，而方程（1.4）表明这一假设并不成立。为了对结构参数进行准确的估计，需要将方程（1.1）式和方程（1.2）中的右端内生变量（被解释变量）"替换"为可用于回归的测量量，这些被替换的变量被称为工具变量。进一步分析发现，一个工具变量必须与其被解释的内生变量相关联，而与所分析的回归的误差项不相关。外生变量被认为是潜在的工具，因为它们被认为与误差无关。因此，需要解决的问题是它们是否与被解释变量相关，即相关的 π_{ij} 是否非零？当然，我们不能用 x_{1t} 或 x_{2t} 代替方程（1.1）中的 z_{2t}，因为这些变量已经在回归中，并且可能存在共线性。我们需要为外生变量设置一些排除限制，如 $\gamma_{12}^0=0$，然后 z_{2t} 可能被 x_{2t} "替换"。这种推理方式得出的结论与顺序条件相一致。等级条件进一步确保了在现实情况中，变量 z_{2t} 和 x_{2t} 之间确实存在某种关系，即 $\pi_{22}\neq0$。

Tinbergen 等学者认识到，我们需要使变量之间的关系具有动态性，因为内生变量对外生变量变化的响应并非立即发生，而是会随着时间逐渐演变。这一观察带来了两大启示。一是，在方程（1.1）和方程（1.2）中可能会出现 z_{jt-1} 这样的滞后值，这些滞后值被称为预定变量。在许多结构方程模型的构建过程中，我们可能会期望 z_{jt-1} 仅出现在第 j 个方程中，而不会出现在其他方程中。这种特性为模型提供了一种"自由优势"，因为它有助于排除一些可能对模型产生干扰的因素。因此，我们可以预期识别方法始终有效。二是，这一观察还引发了构建动态乘数的想法，这些乘数描述了内生变量随时间推移对外生变量变化的反应。

对于响应的滞后性的认识引出了一种观点，即人们可能认为变量是按顺序确定的，而不是同时确定的，即 $a_{12}^0=0$。尽管如此，人们认识到顺序结构并不能完全解决回归问题。如果 $a_{12}^0=0$，则方程（1.1）是能够通过回归进行估计的，但方程（1.2）却无法被估计，这是因为 z_{1t} 仍然与 u_{2t} 存在相关性，这是由 u_{1t} 和 u_{2t} 之间的误差相关性所决定的。Wold 在 1949 年和 1951 年的研究中，首次提出了将 u_{1t} 和 u_{2t} 设为不相关的假设。当他将其与 $a_{12}^0=0$ 相结合时，这个假设定义了他所说的"递归系统"。在这样的系统中，我们可以利用回归方法对方程（1.1）和方程（1.2）进行估计。尽管如此，Wold 的这一观点并未得到广泛接受。其原因可能是由于当时可用于估计的数据大部分是以年为频率测量的，因此人们难以接受存在递归结构的观点。直到季度和月度数据开始激增，递归系统才开始受到人们的欢迎，Sims（1980）重新引入了这一概念。

期初，宏观计量经济模型的规模相对较小。虽然 Tinbergen（1936）的模型包含 24 个方程，但在教科书中被广泛引用的下一代代表性模型——Klein-Goldberger 模型——仅包含 15 个方程。然而，在公共政策领域，宏观经济模型的规模显著增大，这可能是由计算机软硬件的发展造成的。在使用这些模型时，经常引发的问题是如何界定一个变量是在系统内部还是外部确定的。例如，货币存量经常被视为外生变量，但中央银行发现很难设定货币水平的事实表明，将其视为外生变量是不合理的。即便是像税率这样的变量，也会根据宏观经济结果的变化而变化，因此也不能被视为完全外生的。

这些疑虑导致人们对以 20 世纪六七十年代超大规模模式为代表的宏观建模方法提出了质疑。这些问题的根源可以追溯到 Tinbergen 的早期研究，他在其中提出了包含期望的结构方程，然后以少数几个变量来代替期望。这里存在一个疑问：为何只用少数几个变量？在构建变量期望的过程中，理论上应当涵盖所有相关变量。然而，当理性期望的观念开始普及时，这个疑问变得更加凸显。因为在这种方法中，期望是由进入模型的所有滞后变量组成的，没有一个变量被排除在外。但是，有些变量的权重可能非常小，导致它们在实际计算中被有效地排除。这就引出了一个问题：如果形成期望所需的权重未知，那么我们能否期待这些模型被准确地识别出来呢？因为在这种方法中，没有变量可以从结构方程中被排除。因此，我们需要寻找其他的方法来实现结构识别，而在这个过程中，递归系统的概念显得尤为重要。

我们参考了先前的研究，发展出了一种保留所有变量的滞后项，同时排除部分内生变量的原则。在这种假设下，我们建立了一个递归系统，使得内生变量和外生变量之间的区分不再明显。为了对数据进行汇总，我们将所有变量都视为依赖于所有变量的滞后项。这种系统最早由 Quenotille 于 1957 年提出，并被广泛地称为向量自回归模型（VAR）。随着数据的简化处理，我们得到了 VAR，而其对应的结构形式则被称为结构向量自回归模型（SVAR）。

自 1980 年 Sims 的研究以来，SVAR 已经成为宏观经济数据分析领域的一种广受欢迎的方法。其吸引力部分源于其对动态响应的强调。原本作为早期宏观经济计量模型特征的动态乘数现在被称为脉冲响应，而外生变量在 SVAR 中被视为不相关冲击。由于脉冲响应在理论宏观经济研究中日益受到重视，这似乎为理论与实践之间搭建了一座桥梁。因此，相较于误差，冲击成为主导视角。

本专著的撰写始于先前历史研究的终点。第2章首先阐述了如何从VAR的视角整合数据，以及如何估计该多元模型。在模型结构与实际数据的匹配过程中，我们面临一系列的规范问题，如选择VAR的阶数、确定应纳入模型的变量、是否需要对模型施加某种限制，以及在何种情况下需要通过描述长期或特定事件的项来扩大模型的规模。第3章接着探讨了VAR在实际问题中的应用。我们引入了脉冲响应函数的概念，并对模型的预测性能进行了讨论。这些实例往往揭示了对第1章概述的基本VAR结构的扩展需求。这类例子主要包括非线性向量自回归模型（Threshold VAR）、潜在变量（Latent Variable）以及依时变分模型（Time Dependent VAR）。对于那些无法在EViews 9.5软件中直接实现的模型和算法，我们在本章中仅进行了简要的介绍，并指出了用户可能需要寻找其他软件工具来实现的部分。

第4章开始对结构VAR（SVAR）进行检验。研究初始阶段基于一系列非相关的冲击，这是现代结构模型的主要特性。随后，焦点转向如何为这些冲击赋予名称或标签。为了实现这一目标，我们施加了多种参数限制。在这一过程中，我们深入探讨了诸多议题，其中包括处理存量与流量的关系、某些变量的外生性问题，以及如何在因素层面上整合"大数据"的特性。我们从文献中获取了相关应用实例，并将之与宏观经济计量建模的另一种主要方法即Dynamic Stochastic General Equilibrium（DSGE）模型的方法建立联系。

在第5章中，我们保留了第2章至第4章所采用的关于变量平稳性的约束条件。不过，我们现在以符号约束来代替参数限制，以此作为区分冲击的一种方式。我们提供了两种实施符号约束的策略，并通过利用已知的需求–供应模型以及前几章中涉及的小型宏观模型进行计算，详细介绍了使用符号约束可能出现的一系列问题。在某些情况下，我们可以找到一个解决方案，但在其他情况下，这些问题仍然悬而未决。

第6章将进一步探讨数据集中出现的非平稳性变量，即I（1）。这意味着我们的系统现在可能面临持久性的冲击。然而，也可能存在暂时性的冲击，尤其是当I（0）变量存在时。I（1）和I（0）变量同时存在的情况会改变我们的分析视角，我们需要确定描述I（0）变量的方程中的结构性冲击是持久的还是暂时的。我们将通过一系列实例来揭示这两种情况下的处理方式，这些实例考虑了参数和符号限制的影响。

最后，第7章处理了许多第6章中涉及的问题，但这次是在I（1）变量之间引入了协整关系。因此，我们的总模型不再能被视为VAR，而必须转变为向量误差修正模型（VECM），并且相应地引入结构向量误差修正模型（SVECM）。为了处理建模问题，我们有必要将SVECM中包含的信息转化为结构向量自回归（SVAR），其中包含了I（1）变量及其误差修正项的变化。这种协整关系为SVAR施加了一些限制条件，这些限制也为我们提供了估计这些方程的工具。在接下来的部分，我们将通过两个来自文献的例子具体展示这些方法是如何运作的。

向量自回归模型：基本结构

| 2.1 | 基本结构

在宏观经济学的研究中，我们使用的模型主要包含两个目标：一是作为总结性的模型，它通过某种逻辑连贯的方式对数据进行整合和汇总；二是作为解释性的模型，它提供了一种方法，用于构建和解析数据的结构。在时间序列的早期历史中，人们注意到一个序列在特定时间点的数据表现依赖于其过去的数据表现，也就是说这个序列与过去是紧密相连的。因此，研究人员提出了一个简单的模型来揭示这种关联性，即 p 阶线性自回归模型（AR）：

$$z_t = b_1 z_{t-1} + ... + b_p z_{t-p} + e_t,$$

其中，e_t 代表一些具有零均值和方差为 σ^2 的冲击（或当时被称为"误差"），且这个误差不能从 z_t 过去的数据中预测出来，即 z_t 中所有的依赖性均来自 z_t 的滞后值。因此，当需要处理多个序列时，我们自然会考虑引入自回归系统来推广这一想法。第一个研究这个问题的人是 Quenouille（1957），他研究了 p 阶向量自回归模型（VAR（p））：

$$z_t = B_1 z_{t-1} + ... + B_p z_{t-p} + e_t \tag{2.1}$$

其中，z_t 和 e_t 是 $n \times 1$ 向量，B_j 是 $n \times n$ 矩阵。方程（2.1）表明，任何一个序列的变化都与其自身在过去 n 个时间点的历史数据有关，这些数据是通过计算序列的滞后值来获取的。当 $p=2$ 时，我们得到一个 VAR（2）形式为：

$$z_t = B_1 z_{t-1} + B_2 z_{t-2} + e_t$$

令 $n=2$ 并将其展开，得到该结构：

$$\begin{pmatrix} z_{1t} \\ z_{2t} \end{pmatrix} = \begin{pmatrix} b_{11}^1 & b_{12}^1 \\ b_{21}^1 & b_{22}^1 \end{pmatrix} \begin{pmatrix} z_{1t-1} \\ z_{2t-1} \end{pmatrix} + \begin{pmatrix} b_{11}^2 & b_{12}^2 \\ b_{21}^2 & b_{22}^2 \end{pmatrix} \begin{pmatrix} z_{1t-2} \\ z_{2t-2} \end{pmatrix} + \begin{pmatrix} e_{1t} \\ e_{2t} \end{pmatrix},$$

其中，上标表示滞后期数，下标表示方程和变量数。关于冲击 e_t 所做的假设如下并允许它们是相关的：

$$E(e_{1t}) = 0, \quad E(e_{2t}) = 0$$
$$var(e_{1t}^2) = \sigma_{11}, \quad var(e_{2t}^2) = \sigma_{22}$$
$$cov(e_{1t} e_{2t}) = \sigma_{12}$$

在阐述观点时，我们通常会采用 VAR（1）或 VAR（2）模型，因为从理解的角度出发，过高的 p 值并不能为我们带来显著的收益。

2.1.1 基本VARs的最大似然估计

方程（2.1）中的方程通常采用最大似然方法进行估计。为了确定似然性，我们需要计算变量 z_1, ..., z_T 的联合概率密度。这个被我们称为 $f(z_1, ..., z_T; \theta)$，它反映了某些参数 θ 的影响。令 z_{t-1} 包含 e_1, ..., e_{t-1}，则联合密度可以表示为：

$$f(z_1, ..., z_T; \theta) = f_0(z_p; \theta) \prod_{t=p+1}^{T} f(z_t | z_{t-1}; \theta)$$

式中：$f_0(z_p)$ 为 z_1, ..., z_p 的无条件概率密度，$f(z_t | z_{t-1}; \theta)$ 则是在历史 z_{t-1} 条件下，z_t 的条件概率密度。因此，对数似然值为：

$$L(\theta) = ln(f(z_1, ..., z_T; \theta)) = ln(f_0(z_p; \theta)) + \sum_{t=p+1}^{T} ln(f(z_t | z_{t-1}; \theta))$$

由于第二项随着样本容量的增加而增加，因此通常将其视为对数似然值的近似。为了赋予这种近似以具体的数学表达形式，需要对 e_t 进行一些分布假设。具体而言，我们需要假定 e_t 在给定 z_{t-1} 的条件下的密度为多元正态分布 $N(0, \Omega_R)$，这就意味着，对于任意给定的参数向量 θ，我们有 $f(z_t | z_{t-1}; \theta) = N(B_1 z_{t-1} + ... + B_p z_{t-p}, \Omega_R)$，于是，我们可以得到一个对数似然函数的近似：

$$L(\theta) = cnst - \frac{T-p}{2} ln|\Omega_R| - \frac{1}{2} \sum_{t=p+1}^{T} (z_t - B_1 z_{t-1} - .. - B_p z_{t-p})' \Omega_R^{-1} (z_t - B_1 z_{t-1} - .. - B_p z_{t-p})$$

式中：$cnst$ 为不依赖于 θ 的常数项。

如果对 B_j 或 Ω_R 没有任何限制，则每个方程都有完全相同的回归变量集，这意味着我们可以通过对每个方程依次应用最小二乘法（OLS）来找到近似的最大似然估计[①]。这使得基本 VAR 的估计变得非常简单。然而，若存在某些限制条件，那么最小二乘法仍然会提供一个估计量，但它将不再是有效的。在这种情况下，需要最大化 L 来得到有效的估计量。需要强调的是，由于在计算 $ln(f_0(z_p; \theta))$ 中忽略了初始条件 p 值，因此在使用最小二乘法时，应舍弃样本中的第一个 p 观测值。

2.1.2 简单宏观模型示例

在本书中，我们将多次引用一个小型宏观模型实例。该模型包括 3 个关键变量：GDP 缺口 y_t（经过线性去趋势处理后的对数 GDP），GDP 平减指数中的通货膨胀率（π_t）和联邦基金利率（i_t）。这些数据取自 Cho 和 Moreno（2006）的研究，时间跨度为 1981 年 1 月至 2000 年 1 月。EViews 工作文件 *chomoreno.wf1* 包含上述数据，其中的变量被命名为 gap、infl 和 ff。拟合该数据的 VAR（2）形式为：

$$y_t = b_{11}^1 y_{t-1} + b_{12}^1 \pi_{t-1} + b_{13}^1 i_{t-1} + b_{11}^2 y_{t-2} + b_{12}^2 \pi_{t-2} + b_{13}^2 i_{t-2} + e_{1t} \tag{2.2}$$

$$\pi_t = b_{21}^1 y_{t-1} + b_{22}^1 \pi_{t-1} + b_{23}^1 i_{t-1} + b_{21}^2 y_{t-2} + b_{22}^2 \pi_{t-2} + b_{23}^2 i_{t-2} + e_{2t} \tag{2.3}$$

$$i_t = b_{31}^1 y_{t-1} + b_{32}^1 \pi_{t-1} + b_{33}^1 i_{t-1} + b_{31}^2 y_{t-2} + b_{32}^2 \pi_{t-2} + b_{33}^2 i_{t-2} + e_{3t} \tag{2.4}$$

下面详述了在 EViews 中拟合 VAR（2）到 Cho 和 Moreno 数据集所需的基本步骤。在

---

① 这也说明，可以假定 e_t 是比正态性更弱的条件。

此及后续EViews操作指南中，加粗表示该命令可从菜单栏中找到，并使用鼠标进行选择和点击。因此，首要步骤包括打开数据集，接着依次选中以下命令：*File→Open→EViews Workfile*（*Ctrl + O*）。图2-1显示了由此产生的下拉菜单。

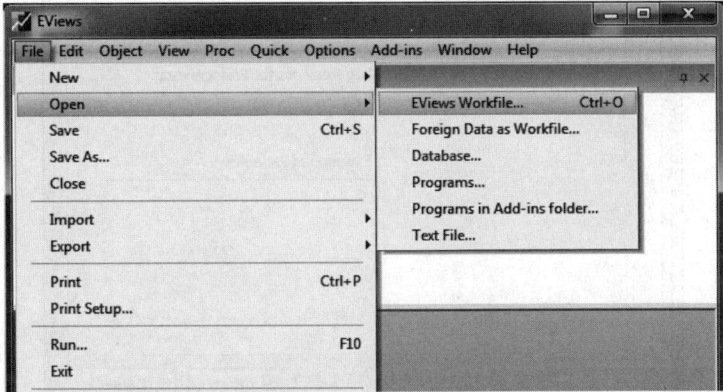

图2-1　在EViews 9.5中打开一个工作文件

现在找到EViews数据文件*chomoreno .wf1*，点击它并在EViews中打开。结果如图2-2所示。为了根据方程（2.2）～（2.4）进行VAR（2）模型的拟合，需要执行*Quick→Estimate VAR*命令，并填入如图2-3所示的框。需注意，对于二次VAR模型，你要设定需要拟合的时间滞后范围，即在*lag intervals*框中输入1 2，而对于VAR（1）模型，则需设定为1 1。完成以上步骤后，点击"OK"，将在图2-4中产生以下结果。

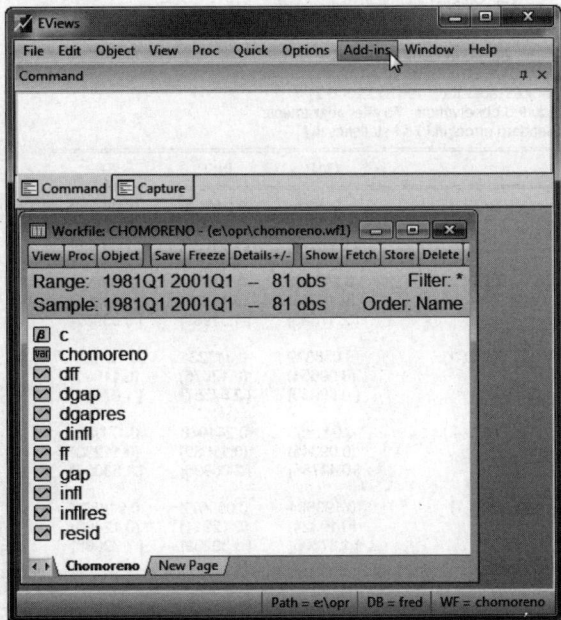

图 2-2　在EViews 9.5中设置Chomoreno数据集

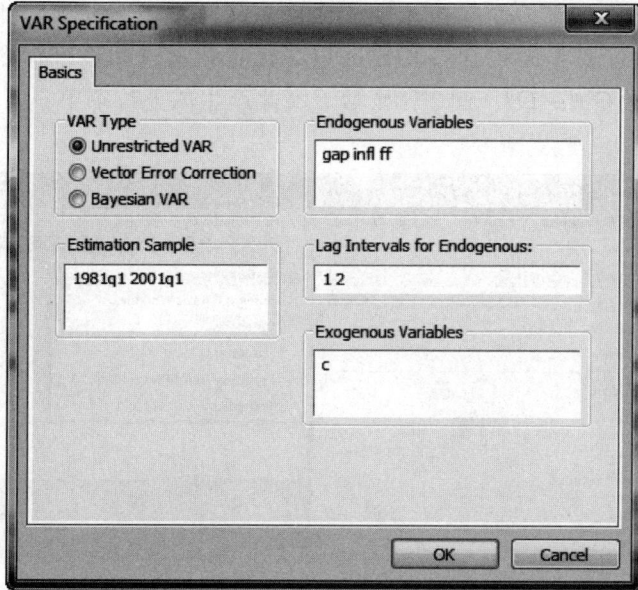

图 2-3 在 EViews 9.5中对简单宏观模型（VAR）进行设定

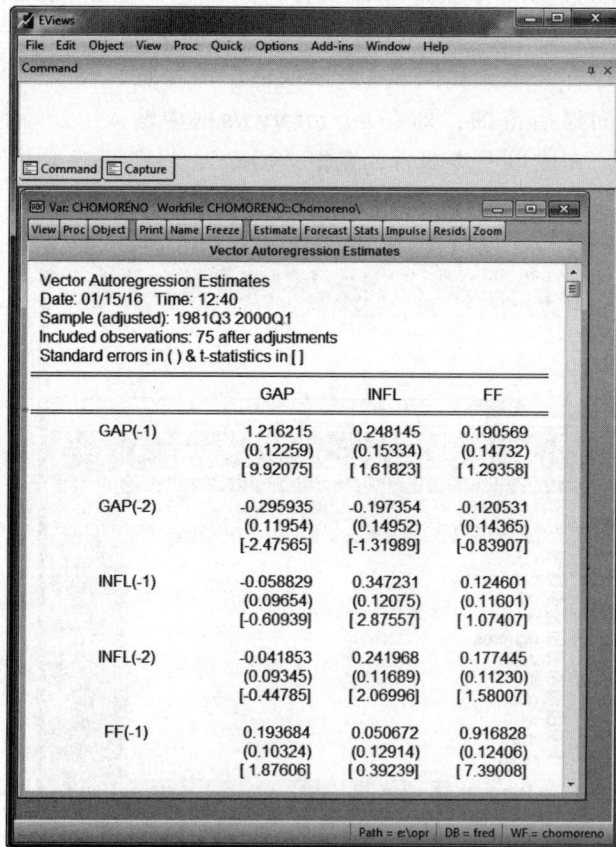

图 2-4 从拟合一个VAR（2）到简单宏观模型数据集的结果

我们还可以用EViews中的命令行界面去估计VAR模型，这种方法在进行复制操作时尤为方便。在打开 *chomoreno.wf1* 文件之后，我们需要设置样本估计期间，由于本例中使用的是拥有的全部数据，所以可以直接在命令框中输入：

smpl @ all

之后，我们可以通过以下命令创建一个名为 *chormoreno* 的VAR对象：

var chomoreno.ls 1 2 gap infl ff

在本例中，我们采用普通最小二乘法（OLS）进行估计（即在EViews中使用ls命令），命令中"1 2"指的是VAR模型的阶数，以及输入VAR模型的变量名称（即gap infl和ff）。最后，可以使用show命令显示chomoreno对象的内容（即估计结果）：

show chomoreno

通常情况下，这些命令被存放在一个程序文件中（如图2-5所示），我们可以通过点击 "*Run*" 来执行这些命令。

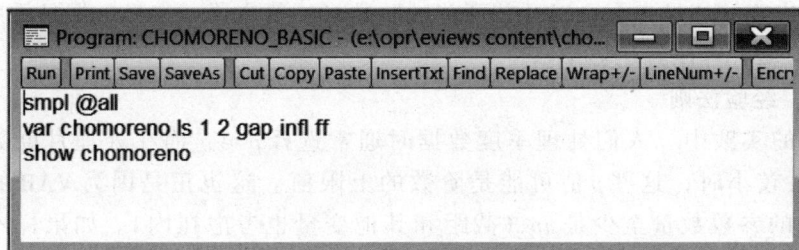

图 2-5　利用EViews程序对简单宏观模型结果进行复制

|2.2| 向量自回归模型（VARs）的规范

向量自回归模型还存在着许多问题，这些问题可能涉及基本VAR模型中的一些特征，或是涉及对该模型的扩展。首先我们要考虑的两个问题包括：

1. VAR阶数的选择。

2. 包含在VAR中的变量的选择，即 z_t。

在大多数情况下，人们会更加关注第一个问题，而对第二个问题的关注较少。但在第3章中，我们会了解到，第二个问题也同样重要。事实上，我们必须认识到，这两个问题之间存在着相互依赖的关系。

2.2.1　p的选择

基本上我们有三种方法可用于确定 p 的取值：

1. 使用一些理论模型。

2. 使用经验法则。

3. 使用统计标准，权衡拟合与拟合的参数数量。

2.2.1.1　理论模型

我们可以通过建立一个简单的新凯恩斯模型（NK模型）用于解释方程（2.5）~

（2.7）中通货膨胀率（π_t）、产出（y_t）和利率（i_t）的变化，这也正是 Cho 和 Moreno 提供的数据所拟合的模型。

$$y_t = \alpha_{yy} y_{t-1} + \beta_{yy} E_t(y_{t+1}) + \gamma_{yi} i_t + u_{yt} \tag{2.5}$$

$$\pi_t = \alpha_{\pi\pi} \pi_{t-1} + \beta_{\pi\pi} E_t(\pi_{t+1}) + \gamma_{\pi y} y_t + u_{pt} \tag{2.6}$$

$$i_t = \alpha_{ii} i_{t-1} + \gamma_{iy} y_t + \beta_{i\pi} E_t(\pi_{t+1}) + u_{it} \tag{2.7}$$

在方程（2.5）～（2.7）中，如果假设误差 u_{yt}、u_{pt} 和 u_{it} 共同服从 VAR（1）过程，那么 y_t、π_t 和 i_t 的解将是一个 VAR（2）模型。实际上，以新凯恩斯模型为代表的几乎所有的动态随机一般均衡模型（DSGE），都暗示着模型变量联合遵循 VAR（2）的过程，唯一的例外是 Berg 等人（2006）提出的模型，在该模型中通货膨胀率方程具有四阶滞后。

参数的取值有可能使得 VAR（2）变为 VAR（1），但这种情况很少发生。例如，当误差项中不存在序列相关性时（这是 Cho 和 Moreno 对模型的设想），那么 VAR（2）就会变为 VAR（1）。因此，如果考虑到一个经济体的 DSGE 模型，我们将会知道在 VAR 模型中可能出现的变量集合，以及其可能的阶数。一般来说，如果数据是季度数据，那么使用 VAR（2）可能就足够了。

2.2.1.2 经验法则

在最初的实践中，人们处理季度数据时通常选择 $p=4$，而在处理月度数据时则选择 $p=6$。当 n 较小时，这些 p 值可能是阶数的上限值。这也正是因为 VAR 的每个方程中需要估计的参数数量至少是 np（截距和其他变量也考虑在内）。如果样本容量不够大，那么较大的 p 值可能会导致一些问题。所以，在每个方程中拟合超过 $T/3$ 个参数可能是不明智的。即使 z_t 与其滞后项之间没有关系，将最小二乘法（OLS）应用于每个方程得到的 R^2 值也将约等于参数数量与样本量之比。实际上，在 $np=T$ 时，无论 z_t 与其滞后项之间的关系如何，R^2 都会接近于 1。因此，有效的限制条件大致是 $np < \dfrac{T}{3}$，即 $3np < T$。在季度数据中，观测值的数量通常不会超过 100，因此选择 $p=4$ 则意味着 n 不能大于 7。

2.2.1.3 统计标准

我们可以通过比较 VAR（p）和 VAR（q）对数据的拟合程度来选择 p，其中，$p \neq q$。但问题在于，是否可以通过将 p 或 q 设置为 T/n（T 为样本大小），来获得精确的拟合。因此，我们需要设计一些权衡拟合度和参数数量的标准。EViews 提供了多种标准，包括赤池信息量准则（AIC）、贝叶斯信息准则（SC）和汉南-奎因准则（HQ）。将对数似然（L）作为拟合度的度量，这些准则的形式如下（K 是估计的参数数量）：

$$AIC: \quad -2\left(\frac{L}{T}\right) + 2\frac{K}{T}$$

$$SC: \quad -2\left(\frac{L}{T}\right) + \frac{\ln(T)K}{T}$$

$$HQ: \quad -2\left(\frac{L}{T}\right) + 2\frac{\ln(\ln(T))K}{T}$$

如果将这些准则应用于判断是否应该在回归模型中添加额外的回归因子，当 F 统计量在 AIC 准则下超过 $(T-K-1)(e^{2/T}-1)$ 或在 SC 准则下超过 $(T-K-1)(e^{(\ln T)/T}-1)$ 时，则认为可以添加额外的回归因子。当 $\dfrac{(e^{2/T}-1)}{(e^{(\ln T/T)}-1)}<1$ 时，就意味着 AIC 准则更适用于较大的模型，相比之下，SC 准则更适用于较小的模型。所以，我们更倾向于选择 SC 准则，因为用有限的数据估计大量的参数得到的结果总是不准确的。同时我们还需要注意，准则中 L 项上的负号表示我们试图最小化负的对数似然，从而可以选择更好地拟合数据的模型。

为了在 EViews 中计算不同准则下 p 的取值范围，在估计给定阶数的 VAR 之后，点击 *View→Lag Structure→Lag Length Criteria*，EViews 会要求用户输入 "lags to include"，这样做的目的是规定 p 的上限。然后，EViews 会对 VAR 阶数进行检验，直至达到最大阶数。例如，当 p=4 时，其输出结果如图 2-6 所示。

在图 2-6 中，星号代表每个准则的最小值。因此，对于这个简单宏观模型，HQ 准则和 AIC 准则的输出结果都指向 VAR（3），而 SC 准则的输出结果则指向 VAR（1）。如前所述，我们的偏好是选择最简约的模型，即 VAR（1）。但是，在这个数据集中，我们可能还需要检测是否可以以某种方式扩展 VAR（1）。因为 VAR 误差项存在序列相关性，所以可能需要在部分方程中增加一些额外的滞后项，但不一定是所有方程都需要。

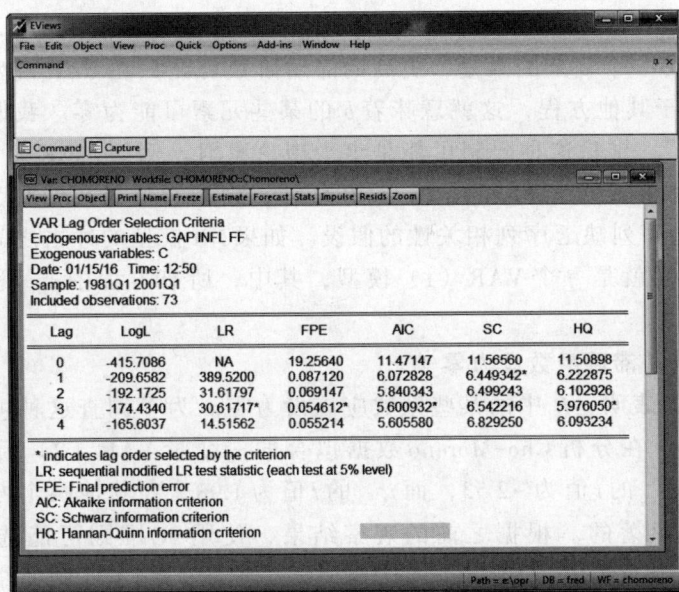

图 2-6　简单宏观模型 VAR 滞后长度的选择

2.2.2　变量的选择

选择变量的方式通常有两种：

1. 通过机构经验来选择。

2. 通过理论模型来选择。

2.2.2.1 机构经验

通常情况下，从事宏观经济建模工作的人员会根据经验来判断需要哪些变量来充分地对系统进行建模。早期的宏观模型构建者认为，为了捕捉封闭经济中的相互作用，需要添加一些货币存量变量，如 $M1$，以补充前面讨论的简单宏观模型中的3个变量。对于一个小型开放经济体来说，很难不将实际汇率和外国产出列入 VAR 模型的变量列表。此外，还需要认识到，在开放经济体中，需求和供给有独立的度量方式，而经常账户则反映了它们之间的差异。因此，在 VAR 模型中除了包括诸如 GDP 之类的变量外，添加像国民总支出（Gross National Expenditure，GNE）这样的变量也是非常有必要的，其扮演着开放经济理论模型中的"吸收"变量的角色。

2.2.2.2 理论模型

就像我们在选择 p 值时所遇到的情况那样，理论模型可以帮助我们确定 VAR 模型中可能出现的变量。从新凯恩斯理论的视角来看，我们通常会选择 y_t、π_t 和 i_t 作为变量。然而，常见的问题是这些理论模型通常包含难以测量的变量。例如，任何涉及生产方面的 DSGE 模型通常都包含（未观测到的）技术水平，因此该变量将出现在 z_t 中。由于变量必须经过测量才能纳入标准的 VAR 模型，因此选择模型变量的子集或许更有效。但是，这样做可能会产生一些后果，在第3章中，我们将进一步探讨这些潜在后果并提供更深入的分析。

2.2.3 限制性 VAR 模型

我们谨慎地选择较大 p 值的原因之一是其可能反映了样本量 n 过小，或是我们选择了错误的变量。另一个复杂因素是，更高的滞后阶数可能只在 VAR 模型的某些方程中适用，而不适用于其他方程，这就意味着 b_j 的某些元素可能为零。我们把这种情况称为"限制性 VAR"。排除这种限制可能是出于理论原因。例如，NK 模型在方程（2.5）~（2.7）中选择限制 $\alpha_{yy} = 0$ 和 $\alpha_{\pi\pi} = 0$，这在估计该模型时是很常见的。这个限制是基于对 NK 模型冲击序列缺乏序列相关性的假设。如果 NK 模型的冲击之间没有序列相关性，那么模型的解就是一个 VAR（1）模型，其中，所有方程中 y_{t-1} 和 π_{t-1} 的系数都为零。

2.2.3.1 将某些滞后系数设为零

统计证据可能表明，B_j 中的某些系数应该设为零。为了调查这种可能性，确实需要检查各个方程。在分析 Cho-Moreno 数据拟合的三变量 VAR（2）模型时，我们发现在 y_t 方程中，y_{t-2} 的 t 值为 -2.53，而 i_{t-2} 的 t 值为 1.98。在其他两个方程中，变量的第二滞后项是不显著的。根据之前的观察结果，使用 SC 准则可能选择了一个 VAR（1）模型，即一个只考虑一期滞后的 VAR 模型。然而，刚才提到的结果表明，VAR 模型可能需要扩展以包含第二阶滞后项，但并非所有的变量和所有的方程都需要这样做，因此可以被称为限制性 *VAR* 模型。根据 EViews 手册的说明，在处理受限制的 VAR 模型时，可以使用 EViews 软件中的 *Make System* 选项来考虑系统限制的估计。但是，如果采用这种方法，VAR 对象就会转移到 SYSTEM 对象，那么计算脉冲响应等 VAR 选项都将无法使用。尽管如此，通过稍微烦琐的过程和添加特定的用 EViews 语言编写的程序，仍然可以处理限制性 VAR 模型并计算脉冲响应。我们将在下一个子节中介绍这个过程。

使用受限制的 VAR 模型的用途并不完全清楚。其中一种情况可能是用于预测，因为 VAR 模型中的大量参数会导致预测结果相对不精确，因此保留只对预测起重要作用的变量可能很重要。然而，贝叶斯方法对此进行处理会生成 BVAR 模型[①]（贝叶斯向量自回归模型），这些模型对这类回归变量给予低权重而非零权重，这似乎具有更好的预测性能[②]。

在 EViews 中，在估计完成后，可以通过 *View→Lag Structure→Lag Exclusion Tests* 从 VAR 模型中排除单个变量的所有滞后值。但请注意，这种方法只是进行排除检验，用于验证是否可以从 VAR 模型中排除特定变量的滞后项。如果想要强制排除特定滞后阶数的变量，并对模型进行限制，那么需要转到 SYSTEM 对象进行进一步操作。同时，值得注意的是，有文献建议使用自动化选择的算法来选择不平衡 VAR 模型。其中，最著名的算法是 PC-Gets（Partial Conditional Generalized Empirical Likelihood with Test Statistics，部分条件广义经验似然），该算法的详细内容可以在 Hendry 和 Krolzig（2005）的论文中找到。PC-Gets 算法通过删除不符合特定的统计标准变量的滞后项来生成简约的 VAR 结构。Heinlin 和 Krolzig（2011）就应用该方法选择了一个 VAR 模型以研究汇率超调的现象。

2.2.3.2 VARX 模型

在 VAR 模型中，我们通常将所有变量都视为内生变量。在宏观经济分析中，确实存在一些情况，其中一些变量最好被视为严格外生变量，而不是内生变量。在这种情况下，VAR 模型的构建方式应该根据这些变量的外生性来确定。最明显的例子是在小型开放型经济体的背景下，内部变量易受到外部因素的影响，而外部变量的变动却不易受内部变量的影响，也就是说，外部变量的确定是由其自身的滞后值决定的，而不是由内部变量的滞后值决定的。对于 VAR 模型中的 B_j 系数，这种结构确实没有施加任何限制。但是这种结构也导致了 *VARX* 模型（X 表示它是一个带有外生变量的 VAR 模型）的一个或多个变量被视为外生的（相对于另一组变量而言）。

为了更具体地说明这一点，可参考名为 *brazil.wf1* 的巴西数据集，其包含 1999：2—2008：4 的季度宏观经济数据，这些数据中也涵盖了引入通胀目标的时期。在数据集中，y_t 代表产出缺口（output gap），n_t 代表吸收缺口（absorption gap），π_t（在数据集中称为 *infl*）代表经过巴西央行目标通胀调整的通胀率，i_t（在数据集中称为 *int*）代表以相同方式调整的利率，rer_t 代表实际汇率（real exchange rate），*ystar* 代表外国产出缺口（foreign output gap），rus_t 代表实际外国短期利率（real foreign short-term interest rate）。Catao 和 Pagan（2011）在他们的研究中使用了该数据集。他们构建了一个由 y_t、π_t、i_t 和 rer_t 组成的结构向量自回归模型（SVAR），其中 $ystar_t$ 和 rus_t 被视为外生因素。由于样

---

① 我们将在下一章讨论 BVAR 模型。

② 我们使用"1999：2"表示 1999 年第 2 季度。后面在使用月度数据时，"1999：2"表示 1999 年的第 3 个月。

本量较小，他们选择使用VAR（1）模型。

我们可以通过国内产出缺口方程来得到VARX模型的结果。其有如下形式：

$$y_t = a_{11}^1 y_{t-1} + a_{12}^1 n_{t-1} + a_{13}^1 \pi_{t-1} + a_{14}^1 i_{t-1} + a_{15}^1 rer_{t-1} + \gamma_{11}^0 y_t^* + \gamma_{12}^0 rus_t + e_{1t} \qquad (2.8)$$

在这个方程中，γ_{ij}^0 表示第 j' 个外生变量对第 i' 个内生变量的同期影响。图 2-7 说明了如何使用名为 *brazil.wf1* 的巴西数据集来实现这一点。

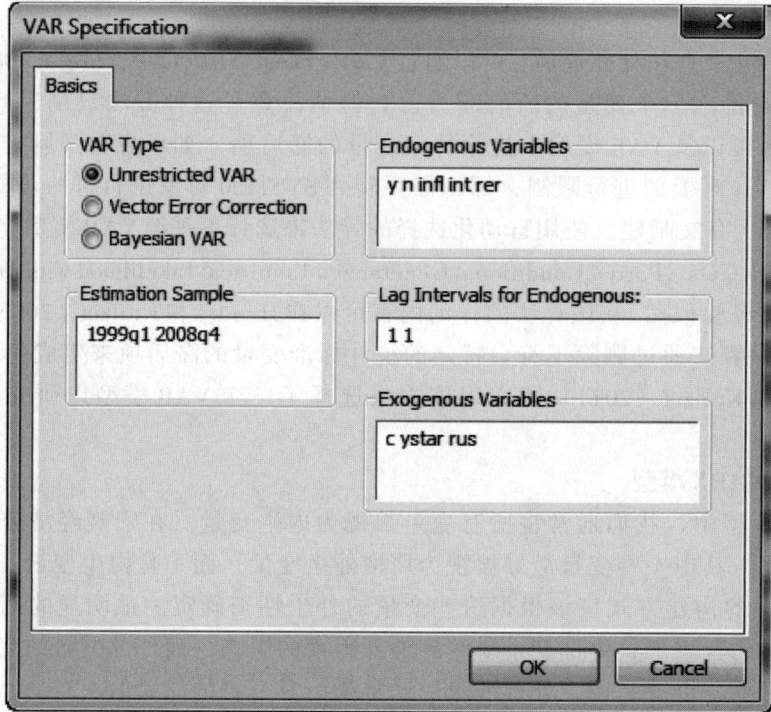

图2-7 巴西数据集中VARX模型的规范

在构建 VARX 模型时，有时需要构造一些外生变量的滞后数据。例如，可能需要将 y_{t-1}^* 与 y_t^* 一起输入 VARX 模型。在这种情况下，在定义模型时，需要在"exogenous variables"（即"外生变量"框）中输入 *ystar* 和 *ystar*(-1)。需要注意的是，每个内生变量的方程都必须包含外生变量。使用标准下拉菜单时，无法在一个方程中出现外生变量而在另一个方程中不出现。因此，我们需要说明如何放宽限制，这也是处理任何限制性 VAR 模型的基础。

假设我们只希望外国利率 rus_t 出现在实际汇率方程中。运行图 2-7 中的 VAR 模型，将得到图 2-8 中的结果。随后，可以通过操作 *Proc→Make System→Order by Variable* 把生成的 VAR 模型规范推送到 EViews 系统估计器中，如图 2-9 所示。这个步骤可以帮助将 VAR 模型转化为系统估计，并进一步处理外生变量的约束。

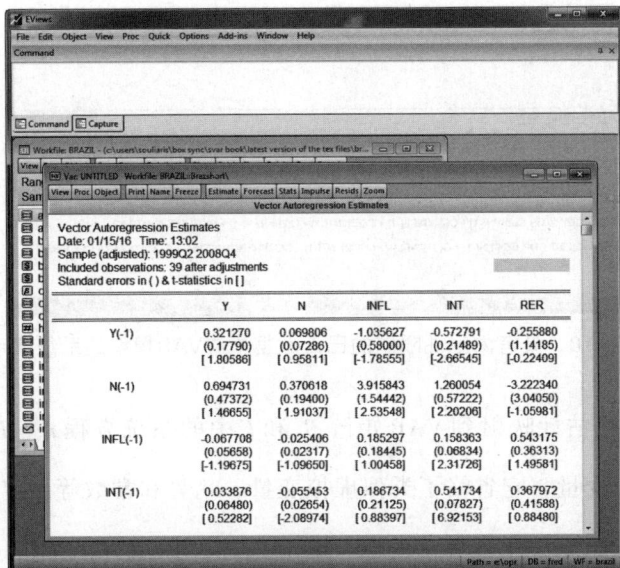

图 2-8　巴西数据集中VAR模型的结果（1992：2 — 2008：4）

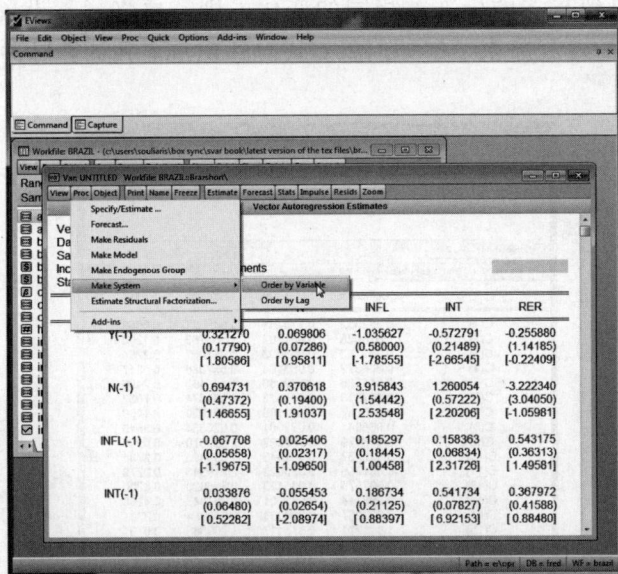

图2-9　转向 EViews 中的系统估算器

现在我们需要编辑这个系统，以便生成一个只有 *rer* 方程包含 *rus* 变量的 VAR 模型。这意味着我们需要将待估系数重新编号。生成的系统如图 2-10 所示。

然后通过操作 *Estimate → Ordinary Least Squares*[①]，得到如图 2-11 所示的结果。

---

① 也可以选择 Full Information Maximum Likelihood。由于某些 VAR 方程不包含外币利率，因此 OLS 和 FIML 将不再相同。FIML 是一种更有效的估计方法，并且与 OLS 得到的结果是一致的。

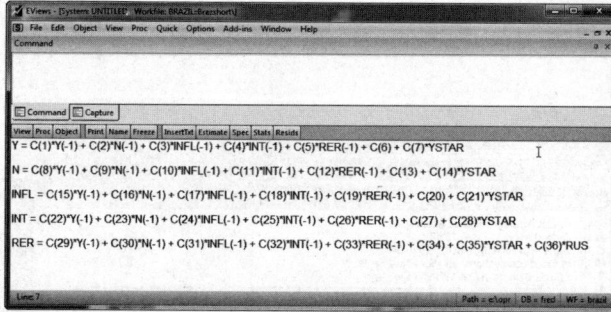

图2-10 具有内生性限制的巴西数据集中VAR模型的系统演示

我们需要将这些估计映射到 VAR 矩阵 B_1 和 F 中的系统方程 $z_t = B_1 z_{t-1} + F\xi_t$ 中，其中，$\xi_t = \begin{bmatrix} e_t \\ z_t^* \end{bmatrix}$ 是外生变量，它省略了类似虚拟变量、趋势和常数等确定性变量，而 F 则是一个矩阵。我们直接从系统中计算出的脉冲响应是对 e_t 和 z_t^* 单位变化的响应。这些响应可以通过适当调整 F 中的元素变为标准差的变化。因此，在我们的举例中，假设有5个冲击项 e_t 和两个外生变量 y_t^* 和 rus_t，那么对于第一个方程来说，F 中的（1，6）元素将会是 $C(7)$。如果想要得到与 y_t^* 的标准差相同的变化，则需要将元素设置为 $C(7) \times std(y_t^*)$。我们可以通过 restvar.prg 程序来了解如何将 C 映射到 B_1 和 F 和计算脉冲响应的过程。

	Coefficient	Std. Error	t-Statistic	Prob.
C(1)	0.322552	0.174761	1.845671	0.0668
C(2)	0.675023	0.431804	1.563263	0.1200
C(3)	-0.067782	0.055693	-1.217062	0.2254
C(4)	0.034872	0.063164	0.552088	0.5817
C(5)	-0.014536	0.012580	-1.155493	0.2496
C(6)	-0.067813	0.177673	-0.381674	0.7032
C(7)	-0.340847	0.233166	-1.461820	0.1458
C(8)	0.066841	0.072001	0.928334	0.3546
C(9)	0.416179	0.177902	2.339370	0.0206
C(10)	-0.025237	0.022945	-1.099855	0.2731
C(11)	-0.057755	0.026023	-2.219343	0.0279
C(12)	-0.002575	0.005183	-0.496820	0.6200
C(13)	0.058344	0.073201	0.797043	0.4266
C(14)	0.093267	0.096064	0.970884	0.3331
C(15)	-1.011271	0.573417	-1.763589	0.0797
C(16)	3.541505	1.416808	2.499636	0.0134
C(17)	0.183904	0.182736	1.006388	0.3158
C(18)	0.205644	0.207249	0.992256	0.3226
C(19)	-0.089863	0.041277	-2.177098	0.0309
C(20)	-0.204869	0.582969	-0.351424	0.7257
C(21)	-1.178122	0.765051	-1.539926	0.1256
C(22)	-0.559505	0.214074	-2.613605	0.0098
C(23)	1.055859	0.528938	1.996186	0.0476
C(24)	0.157603	0.068221	2.310182	0.0222
C(25)	0.552049	0.077373	7.134944	0.0000
C(26)	-0.057033	0.015410	-3.701081	0.0003
C(27)	-0.594503	0.217640	-2.731587	0.0070
C(28)	-0.442801	0.285617	-1.550329	0.1231
C(29)	-0.255880	1.141854	-0.224092	0.8230
C(30)	-3.222340	3.040495	-1.059807	0.2908
C(31)	0.543175	0.363131	1.495809	0.1367
C(32)	0.367972	0.415881	0.884851	0.3776
C(33)	0.791797	0.082361	9.613702	0.0000
C(34)	0.407203	1.185009	0.343629	0.7316
C(35)	8.704647	1.994376	4.364596	0.0000
C(36)	-2.638812	1.015374	-2.598857	0.0102

图 2-11 限制性VARX 模型的普通最小二乘法估计值

关于 VARX 模型的最后一点是，由于 VAR 模型中并没有为外生变量建立方程，因此它们被明确地判定为"外生"。这方面的一个例子是 Iacoviello（2005）的研究，他在包括 GDP 缺口、GDP 平减指数的变化率、去趋势化的房价和联邦基金利率 4 个变量的基础上建立了一个 VAR 模型。然后，他将商品研究局（CRB）商品现货价格指数的对数作为一个变量添加到系统中。这个变量对于美国经济来说是内生的，但他所进行的分析是基于商品价格的条件进行的，因此 VARX 模型是相关的。这表明，对于他的研究来说，在考虑到商品价格的情况下，VARX 模型更为合适。

2.2.4 增强 VAR 模型

2.2.4.1 趋势和虚拟变量

在向量自回归分析中，我们主要关注的是捕捉一组变量之间的节点性能和相互关系。然而，有时可能会发生特定事件，这些事件或许会导致某些变量发生变化，而其他变量则保持不变，或者受到不同程度的影响。例如，人口特征、运动赛事、战争以及新税率或特殊征税的引入都会对此产生影响。虽然这些事件可以被视为外生事件，但在实际应用中，构建针对这些事件的具体时间序列可能会非常困难，甚至不可行。因此，引入趋势和虚拟变量是处理这些事件的有效方法。

将趋势和虚拟变量引入 VAR 模型存在一个问题，即将它们作为外生变量包含在 VAR 模型中意味着它们将在 VAR 模型的每个方程中出现，但通常情况下这是不合理的。前面提到的 Iacoviello（2005）的研究提供了一个很好的例子。他在其四变量 VAR 模型中引入了商品价格、时间趋势和一个虚拟变量，这些可以用于改变截距。考虑到 GDP 和房价已经经过带通滤波（Band-pass），再添加时间趋势项似乎有些奇怪，因为带通滤波已经去除了线性趋势。将趋势项添加到 VAR 模型中将影响实际联邦基金利率，因为在该方程中，趋势项具有高度显著性，但在其他方程中却没有显著性影响。事实上，我们是在处理一个"去趋势化"的联邦基金利率，这种处理方式似乎值得怀疑，需要进行充分的论证和解释。这也说明了，在 VAR 模型中引入任何变量的形式，都需要提供充分的理由，并且需要认识到引入任何形式的外生变量都有可能改变内生变量的性质。因此，这里强调了支持外生变量只影响 VAR 模型的某些部分的软件的重要性。这种灵活性有助于更好地模拟和分析数据中的复杂关系。

更一般地说，需要注意的是，序列之间的联合关系可能会发生变化。这些变化可以归结为两种主要类型。第一种类型的变化是指一个序列中用于表征 z_t（无条件矩）的无条件密度的参数可能会发生变化。这些变化可以是短期的，也可以是长期的，我们通常称之为"中断"。最容易出现中断的参数通常是 VAR 模型中的截距项，因为截距项会导致均值的突变。然而，有时也会发生误差方差的变化。例如，在"大稳健"时期的约 20 年内，GDP 增长的波动较小，而在 1979 年至 1982 年的沃尔克实验期间，利率变动较大。第二种类型的变化我们称之为"偏移"，它会在条件密度的参数变化时随之变化。在这种情况下，不仅要考虑参数值的变化，还要考虑条件密度的形状或分布的变化。这种变化可以在模型中引入新的结构，以适应不同时期的数据特征。因此，我们可能会遇到参数变化或条件密度变化导致的两种类型的变化，在分析中要予以考虑，以更准确地捕捉不同时期的数据特征。

对于"中断"，首要问题是确定它们发生的时间点。一旦确定了中断的时间点，通常可以通过引入虚拟变量来处理它们。有时，机构事件或明显的历史事件可以提供有关虚拟变量位置的线索。例如，在处理南非的宏观经济数据时，明显的中断点可能与种族隔离结束后的历史事件相关联，因此可以考虑在这些时间点引入虚拟变量，以更好地建模和解释这些结构性变化。在某些情况下，我们可能会怀疑数据是否能够揭示中断发生的位置。在进行回归分析后，可以通过命令 *View→Stability Diagnostics* 来探索这个问题，如图2-12所示。在可用的测试断点的方法中，如果我们对中断发生的位置有一些初步的想法，那么Chow断点测试就是一个很好的选择。如果没有明确的中断位置假设，那么可以考虑使用Quandt-Andrews测试或Bai-Perron多重中断点测试。然而，需要注意的是，后两种测试的主要缺点是它们的统计量基于渐进理论，因此需要具有合理的样本数据，以获得可靠的结果。此外，中断点的位置需要远离样本的起始和结束部分，因为对于给定的断点 T^*，需要将使用 $1\cdots T^*$ 的数据估计的回归与使用 $T^* + 1\cdots T$ 的数据估计的回归进行比较。这两种测试都要求用户只在样本内部搜索断点，即 T^* 不能太靠近样本的起始点。这是为了确保测试的有效性和准确性。如果断点太接近样本的开始或结束位置，可能会导致测试结果不稳定或不准确。因此，在执行这些测试时，需要谨慎选择断点的位置。

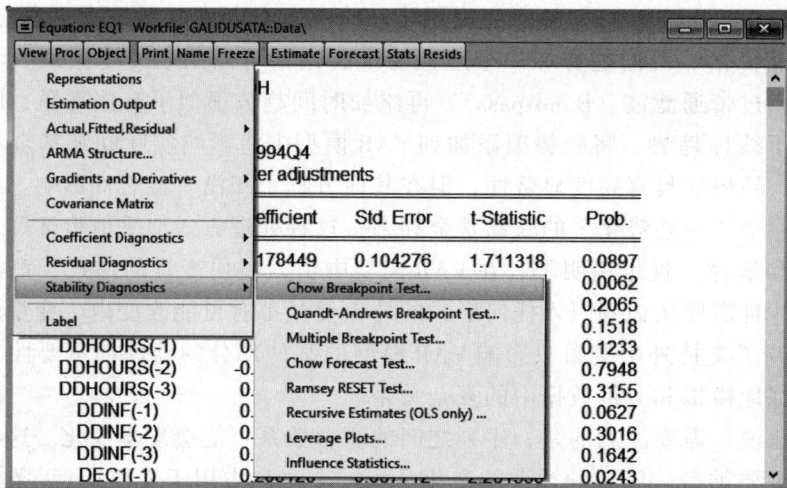

图 2-12 用于检验VAR系数突变情况的选项截图

当我们将这些方法应用于VAR中的GDP缺口方程时，会发现最后两个测试结果表明中断可能发生在1984年第四季度。然而，这个时间点可能太接近样本开始的时间，以至于我们难以确定是否真的存在中断。因为在这种情况下，用于测试中断点是否存在的回归将只使用16个观测值来拟合7个参数，所以这样的样本可能会导致估计不稳定或不可靠。

有时，回归参数的递归估计可以提供参考价值。在这种情况下，似乎存在某种轻微漂移的可能性。这些变化是在大约1985年第一季度前后发生的，尽管联邦基金利率的方程提供了一些证据，但通货膨胀率（*infl*）方程没有显示有变化的证据。总体而言，任何参数变化的证据似乎都不足以使我们在简单宏观VAR模型中添加虚拟变量。

我们也可以使用其他编程语言或软件来研究中断，而不仅限于EViews。Hendry等人在2008年的研究中提出了一种方法，即通过引入许多虚拟变量，也称为冲击指标 I_t（Impulse Indicator），来进行研究。冲击指标是一种二进制变量，当时间点为 t 时取值为1，否则为零。这种方法可以用来探讨在特定时间点是否存在中断或冲击。Hendry等人将冲击指标添加到VAR模型中，并使用 *Autometrics* 算法来简化方程。然而，这种"冲击指示器先饱后简化"的方法通常会导致在方程中引入大量缺乏明显理论依据的虚拟变量。这些虚拟变量可以用来反映数据的无条件矩的变化，也可以用来解释那些未能通过其他变量的历史数据捕捉到的变化。在某些情况下，引入虚拟变量可以使冲击更加"行为良好"，即更接近正态分布。然而，是否应该简单地忽略这些虚拟变量并允许冲击不服从正态分布是一个值得思考的问题。

条件密度中的变化可以源自多种原因，包括与周期性事件或可观察变量中的阈值相关的因素。对于像经济衰退这样的周期性事件，通常情况下，z_t 的无条件密度会具有恒定的矩，即不会出现中断。对于这样的定期事件，需要我们通过在VAR模型中引入一个指示变量来扩展VAR模型，该指示变量在经济衰退期间取值为1，在其他时期取值为0（还可以与滞后项进行交互作用）。在VAR模型中使用来自内生变量的指示变量扩展模型需要谨慎，因为这些指示变量可能引入非线性结构，从而影响模型的估计和解释。我们会在后续章节深入地探讨处理这种情况的方法和技巧。

2.2.4.2 因子变量

通常情况下，分析师可以获得许多预计会影响宏观经济的变量。因此，金融因素和信心可能对决策非常重要。由于很少存在单一的度量标准，特别是在涉及调查金融人员、家庭或商人态度的数据时，人们倾向于使用许多近似度量。这些度量标准太多，无法全部放入VAR模型中，因此需要事先进行聚合处理。Sargent和Sims在1977年的研究中发现，在涉及失业率、工业生产和就业增长等宏观经济变量的小规模系统中，两个动态因子就可以解释80%或更多的变量方差。Bernanke等人在2005年的研究中对这种方法进行了扩展。

在Bernanke等人提出的扩展方案中，首先假设有 m 个公共因子 F_t 存在于 N 个变量的集合 X_t 中。然后，X_t 具有因子结构，这些因子被认为遵循一个VAR模型。这个VAR模型可能包括一些可观察的变量 y_t，即系统被假设为：

$$X_t = \Lambda F_t + v_t \tag{2.9}$$

$$F_t = B_{11}^1 F_{t-1} + B_{12}^1 y_{t-1} + \varepsilon_{1t} \tag{2.10}$$

$$y_t = B_{21}^1 F_{-1} + B_{22}^1 y_{t-1} + \varepsilon_{2t} \tag{2.11}$$

如果 F_t 是显著的，那么可以将 F_t 和 y_t 的数据拟合成VAR模型。Bernanke等人建议使用 X_t 的 m 个主成分（PC_t）代替 F_t。Bai和Ng在2006年的研究中证明，随着 N 趋向于无穷大，PC_t 收敛于 F_t。通常情况下，N 的增长速度必须小于样本量 T。此外，Bai和Ng还在研究中表明，Λ 和 B_{ij} 系数的标准误不会受到 PC_t 被视为生成的回归因子的影响。这种方法被称为因子增强型向量自回归模型（FAVAR）。

要在 EViews 中计算一组数据 X_t 的主成分，可以按照以下步骤操作：首先，在 EViews 中打开包含 Bernanke 等人研究数据的数据集 *bbedata.wf1*，该数据集中包含 120 个变量，其中，X_t 中有 119 个变量，y_t 中有一个变量——联邦基金利率。然后对所有数据进行标准化处理，即对每个系列进行均值校正，并通过它们的标准差来对这些变量进行缩放。其中，数据的标准化处理是通过对文件 *standard.prg* 施加 **RUN** 命令来实现的。由此产生的标准化数据被赋予类似 *sd_ip* 的名称，这是工业生产中的标准化增长。再将标准化后的序列组合成 *x_series_f3*，以此来表示变换后的 X_t，同样地，我们用序列 *sd_fyff* 来表示 y_t，如图 2-13 所示。

| | SD_IPP | SD_IPF | SD_IPC | SD_IPCD | SD_IPCN |
	SD_IPP	SD_IPF	SD_IPC	SD_IPCD	SD_IPCN
1959M01	1.393015	0.715872	0.526983	0.072944	1.012519
1959M02	0.436782	0.265707	-0.242400	0.601648	-0.907540
1959M03	1.515653	1.439622	1.403698	0.116543	1.953214
1959M04	0.730355	0.832033	0.257686	0.628325	-0.268537
1959M05	0.568246	0.536889	-0.742485	0.156128	-1.215299
1959M06	-0.194582	0.670106	1.131232	0.609294	0.836450
1959M07	-1.255614	-0.619480	-0.120137	-1.177567	1.293988
1959M08	-0.955392	-0.763701	-0.615064	-1.255895	0.507562
1959M09	-0.650886	-0.909453	-0.739524	0.731335	-1.979329
1959M10	-1.731420	-2.374465	-2.514603	-5.027533	1.594406
1959M11	3.476360	2.570166	3.149110	4.359931	0.193198
1959M12	2.779983	3.203991	3.040514	3.749318	0.345704
1960M01	-1.079912	-0.751868	-1.446573	-0.639071	-1.652159
1960M02	-0.790505	-0.473316	-0.120299	-0.866244	0.964148
1960M03	-0.047702	-0.193805	0.479340	-0.165903	1.102537
1960M04	0.395883	0.501623	0.356599	0.230095	0.185402
1960M05	-1.825063	-1.732153	-0.960026	-0.518048	-1.024913
1960M06	-1.092832	-1.037200	-1.209578	-1.568728	0.033901
1960M07	-0.644151	-0.333560	-0.000434	0.289633	-0.268537
1960M08	-1.397672	-1.041285	-0.726889	-0.580584	-0.724011
1960M09	0.408613	0.232948	0.845901	0.291340	1.096382
1960M10					

图 2-13 来自 Bernanke *et al*.（2005）数据集的标准化变量

在 EViews 中执行操作 **Proc→Make Principal Components**，会得到图 2-14 的结果。在这个步骤中，我们需要为主成分和矩阵项命名。

我们从除了联邦基金利率以外的 119 个变量中计算出了 3 个主成分。值得注意的是，诸如工业生产的标准化增长的系列可以表示为这 3 个成分的函数。为此，我们使用该变量的载荷，即令 $ip_t = .2126F_{1t}^s - .009F_{2t}^s + .1151F_{3t}^s$。当然，除了这 3 个计算出来的主成分之外，还存在着其他的主成分，但它们都与这 3 个主成分正交。

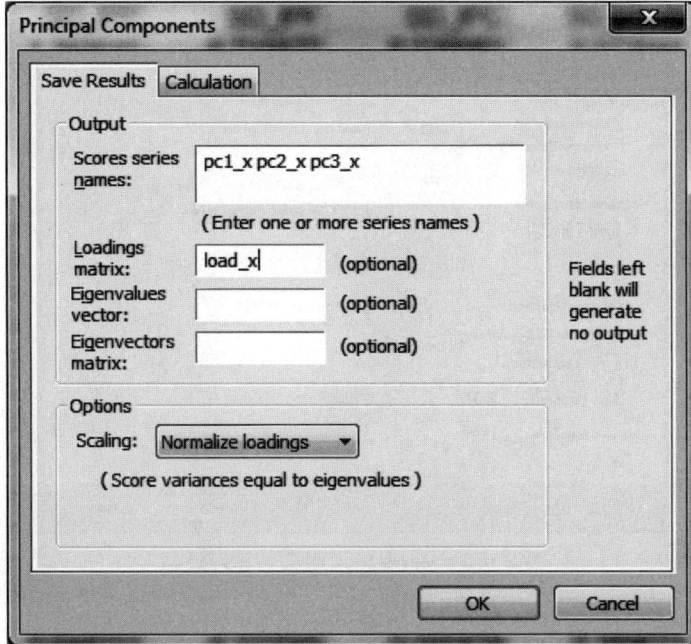

图 2-14　从Bernanke *et al.*（2005）数据集中提取3个主成分

|2.3|　向量自回归模型——在EViews 10中处理限制性VAR模型

上面我们讨论了将一些VAR系数限定为包括零在内的特定值。解决方法是使用 *Make System*，并将 B_i 中合适的系数约束到期望。

EViews 10提供了一种直接的方法可以将某些变量设为外生变量。

在Brazilian的例子中，我们可以将外生性应用于Brazilian VAR模型的外国部门，以确保内部变量不会通过滞后期对其产生影响。

Brazilian VAR模型中包含7个变量：$-y_t$，n_t，$infl_t$，int_t，rer_t，$ystar_t$，rus_t。最后2个变量是外生变量。在这里，我们将采取一种与以前不同的方法——简单地施加一个约束，即滞后的内部变量对外变量没有影响，也就是说，我们不会使用EViews命令将 $ystar_t$ 及 rus_t 的当前值视为外生变量。我们会在下面提供另一个示例来说明如何处理这类变量。

图 2-12显示了使用 *Quick* →*Estimate VAR* 实现上述模型的方法。对于重复符号 VAR（p），它的形式为 $z_t = B_1 z_{t-1} \cdots + B_p z_{t-p}. + e_t$。按照图 2-15中显示的"*VAR Restrictions*"选项卡操作，即可进入图 2-16所示的界面。在这步操作中，我们需要通过 $L1$ 矩阵来控制 B_1 的形式。由于 B_1 是7×7矩阵，且VAR中有7个变量，所以我们需要查看7个列和行。但电脑屏幕上只显示了6列，我们可以通过点击框底部的箭头来查看第7列。如果VAR的阶数为 $p=2$，则在 *Lags* 框下也会有一个可用的 $L2$ 组件，"*"表示当前正在处理的滞后矩阵。

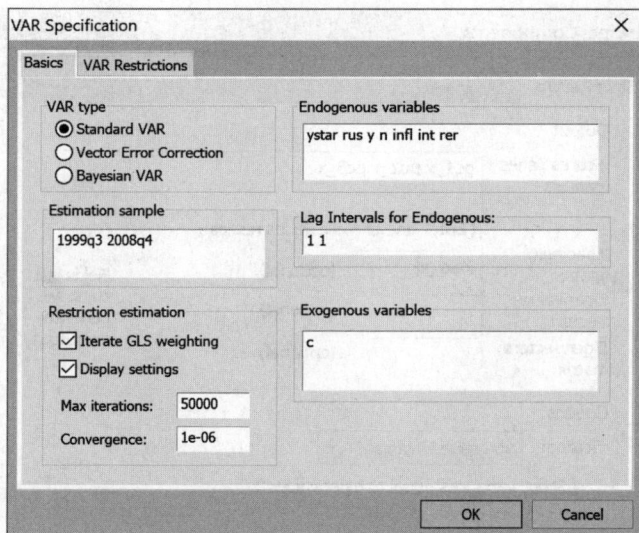

图 2-15　Var规格说明：估算对话框

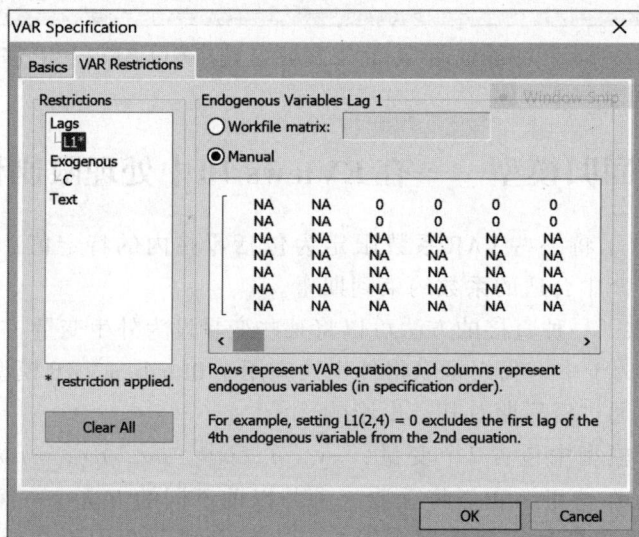

图 2-16　对描述性VAR施加限制

现在，我们需要将 $L1$ 矩阵中的前两行元素设置为零，以确保内部变量不会影响外部部门。因此，我们需要将矩阵的第 1 行和第 2 行的第 3 列到第 7 列中的 NA 替换为零。但最初，所有元素都显示为 NA[①]。

第二个例子与外生变量[②]有关。在 EViews 9.5 中，一旦将变量指定为外生变量，它就会出现在每个方程中。然而，我们可能并不希望在某些特定方程中出现某些外生变

[①]　这些约束也可以使用 EViews 编程语言实现。详见 e10 _example_ 1.prg。

[②]　这个例子的代码见 e10 _example_ 2.prg。

量。例如，在 Iacoviello（2005）的四变量 VAR 模型中，添加了商品价格、从 1979 年第四季度开始的移位虚拟变量以及时间趋势。在联邦基金利率方程中添加时间趋势似乎是一种奇怪的做法。因此，我们采用 OPR 简单宏观模型，并且仅在通货膨胀率和产出方程中引入确定性趋势。我们使用 Cho 和 Moreno（2006）的数据集 *chomoreno.wf1*。VAR 中的 3 个变量分别是 *gap*、*infl* 和 *ff*。在 VAR 模型中，我们指定了两个外生变量：常数 *c* 和确定性趋势 *@trend*（命令格式）。因此，我们希望从 *ff* 的第三个方程中移除 *@trend*。

如图 2-17 所示，在"外生变量"框中，我们选择"*@trend*＊"，然后在框中显示的向量的最后位置（即第三列）放置一个零，并保留其他 *NA* 项，这意味着趋势项将出现在前两个方程中，而不出现在第三个方程中。

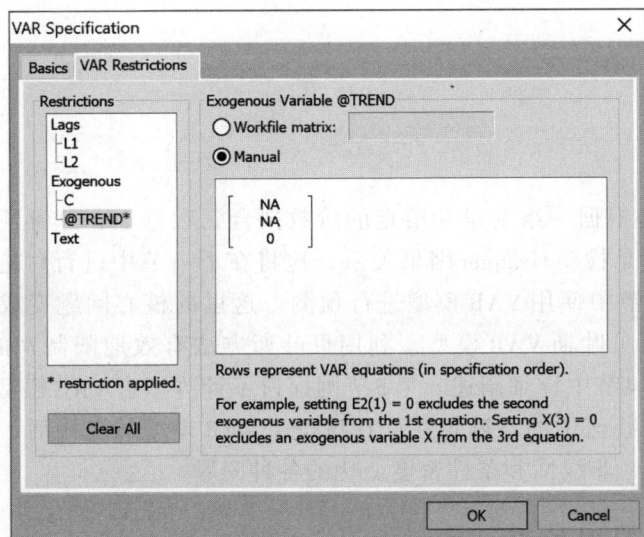

图 2-17　使用方程特定的限制条件省略外生变量

EViews10 在处理 VAR 中的滞后变量和外生变量时非常灵活。此外，一旦 VAR 被指定，限制条件将保留在任何后续的 SVAR 工作中。

|2.4| 结论

第 2 章阐述了我们的基本模型——VAR 模型。在使用 VAR 模型时，数据必须是平稳的，因此在选择要输入 VAR 的变量以及确定其最大滞后长度时需要谨慎。我们可能还需要处理限制性 VAR 模型，例如，每个方程中的变量具有不同的最大滞后值。处理这种限制型模型时，可以通过在 EViews 中将 VAR 对象转移到 SYSTEM 对象来完成，但同样需要谨慎。我们将在后面的章节中继续使用这个策略。暂时的假设是，除非有非常好的理由来强加限制，否则 VAR 应该保持其最一般的形式，以捕捉底层的动态变化。

第 3 章

使用并推广 VAR 模型

3.1 引言

一个 VAR 模型根据一组变量和给定的阶数拟合到数据上，这种情况在文献中有许多应用。其中之一是检验 Granger 因果关系，这将在下一节中进行讨论。接下来我们关注的是如何在第 3 节中使用 VAR 模型进行预测。这里的核心问题变成了拟合参数的数量，因此通常采用贝叶斯 VAR 模型，利用贝叶斯方法有效地限制 B_j 的可能取值范围，这部分内容将在第 4 节中详细阐述。第 5 节则探讨了计算拟合 VAR 模型的误差的脉冲响应以及如何描述这些值中的不确定性。在讨论了 VAR 模型的应用后，我们将关注如何解决涉及潜在变量、非线性和条件密度变化的各种问题。

3.2 格兰杰因果检验

VAR 模型有多种应用情景。其中一种常见的应用场景是检验变量间的格兰杰（Granger）因果关系，也就是判断一个变量是否能用于预测另一个变量的变化。具体来说，我们关心的问题是过去变量 y_{2t} 的历史数据（滞后项）是否会对现在的 y_{1t} 产生影响。如果存在这样的影响关系，那么我们就称 y_{2t} 是引发 y_{1t} 变化的原因。这种检验通常以双变量的形式进行，首先对 y_{1t} 和其自身的滞后值以及 y_{2t} 和其自身的滞后值进行回归分析，然后检验 y_{2t} 的滞后项是否为零。如果接受了零滞后项的假设，那么就否定了存在格兰杰因果关系的可能性。此外，我们还可以考虑引入第三个变量 y_{3t}，并探究 y_{2t} 和 y_{3t} 的滞后项是否能解释 y_{1t} 的变化，这就需要检验 y_{2t} 和 y_{3t} 的滞后系数是否同时为零。在 EViews 软件中，我们可以便捷地执行格兰杰因果关系检验，只需依次点击 *View→Lag Structure→Granger Causality/Block Exogeneity Tests* 即可。假如 VAR 模型中包含 3 个变量（如前所述），那么我们就可以进行删除 y_{2t} 和 y_{3t} 滞后值的测试。这实际上是在检验 B_j 中是否存在零元素。因此，如果这些零元素是有效值，那么对应的 VAR 模型就被视为受限 VAR 模型。需要特别注意的是，在第 2 章，EViews 软件在处理受限 VAR 模型时的性能表现并不理想，尤其是在使用其下拉菜单功能时。

让我们回归到第2章的主题上，假设y_{1t}代表外生变量，而y_{2t}代表内生变量。对于小型开放型经济中的外生变量，其外生性可以被理解为外生变量作为格兰杰因果对内生变量产生影响，但反之并非成立。然而，如果经济规模非常小，那么对这个外部因子外生性的检验可能并不合适。由于数据有限，对大量参数进行检验很可能导致某些参数为零的假设被拒绝。因此，针对第2章的Brazilian数据，如果我们检验内部变量对外部产出缺口的影响为零，F检验的p值仅为0.06。基于这些顾虑，我们并不清楚从众多格兰杰因果关系的研究中究竟能够获得何种启示。正如Leamer在多年前所指出的，我们实际检验的是一个变量是否先于另一个变量发生。他举例说："虽然圣诞卡会在圣诞节前出现，但它们并不能引发圣诞节"。当然，格兰杰对因果关系的定义相当明确：如果在使用某一个变量后能改善另一个变量的预测，那么这两个变量之间就具有因果关系。因此，他的检验方法在这种语境下显得尤为合理。

|3.3| 利用VAR模型进行预测分析

VAR模型的一个重要应用领域就是预测分析。在假设所拟合到的数据的VAR模型阶数为p的前提下，我们可以进行如下操作：

$$z_t = B_1 z_{t-1} + ... + B_p z_{t-p} + e_t, \ e_t \sim N(0, \ \sigma^2)$$

在这种情况下，如果我们想要预测在时间t+1处的z的预期值，那么我们需要考虑在时间t可获得的所有信息，即$E_t\{z_{t+1}|\Omega_t\} = B_1 z_{t-1} + ... + B_p z_{t+1-p}$，其中$E \ \{e_{t+1}\} = 0$。为了实现这一点，我们可以通过向前迭代来轻易地获得样本外预测。特别地，对于VAR（1）模型：$z_t = B_1 z_{t-1} + e_t$，我们可以得到最优的预测期为h的未来一期的预测值，即$E_{t+h-1}\{z_{t+h}\} = B_1 z_{t+h-1} = B_1^h z_t$，这是利用迭代期望定律得出的结果。

然而，在实际的操作中，我们通常采取的是"伪样本外预测"或"滚动预测"的方法。在这种策略中，我们会在每个时间点更新估计的VAR模型的系数，以便考虑到最新发布的数据[①]。假设数据集的长度为T，我们使用长度为T_1的数据来估计VAR模型（$T_1<T$），然后生成当前期（T_1+1）的一期预测和实际预测误差。接着，我们在T_1+1的基础上再增加一个观察值，形成新的估计样本，并以此生成新的一期预测，此次预测针对的是T_1+2期。然后，我们利用这些新的VAR估计结果来计算T_1+2期的预测误差。这个过程会持续进行，直至所有的数据点都用于计算从T_1+1到T的预测误差序列。

3.3.1 预测评价

预测性能通常通过用户指定的损失函数进行评估，该损失函数通常是预测误差的非负函数：$(\hat{z}_{t+h} - z_{t+h})^2$[②]。通常情况下，研究者会选择最小化均方预测误差（MSFE），

$$MSFE = \frac{1}{T - T_1} \sum_i^h (\hat{z}_{t+i} - z_{t+i})^2 \text{或均方根误差（RMSE），} RMSE = \sqrt{\frac{1}{T - T_1} \sum_i^h (\hat{z}_{t+i} - z_{t+i})^2}。$$

---

① 详见 Marcellino，Stock，and Watson（2004）。

② 关于预测评估的研究已积累了大量的文献资料，可以参考 West（2006）的相关研究。

通过 VAR 模型获得的迭代多步前瞻 $T - T_1$ 预测结果，经常与基于单变量 AR（p）模型或随机游走（常数）的预测结果进行对比，以便针对每个关注的变量进行评估。

在实际应用中，存在一些统计指标用于判断两种模型的 $MSFE$ 是否存在差异，比如 F 统计量，$F = \sum_i^h (\hat{z}_{t+i} - z_{t+i})^2 / \sum_i^h (\hat{z}_{t+i} - z_{t+i})^2$。但是，为了使这个表达式具有 F 分布，预测误差必须满足正态分布、序列无关和同时不相关的条件。另外，还有一些其他的统计指标尝试放宽这些假设中的一个或多个统计量，如 Granger-Newbold 统计量和 Diebold-Mariano 统计量。

3.3.2 条件预测

条件预测经常利用 VAR 模型进行计算。在此过程中，首先需要确定 VAR 模型中至少一个变量的未来轨迹，然后将这些变量作为预测的外生变量。以利率、石油价格和财政支出为例，研究人员在进行基线预测时，通常会预测这些政策或外生变量的变化路径。

实际上，有多种策略可以用于实行条件预测。举例来说，Banbura 等人（2015）提出了一种方法，即利用 Kalman 过滤器的递归逐期预测技术来计算条件预测。同时，Waggoner 和 Zha（1999）则采用 Gibbs 抽样算法对 VAR 模型的系数进行抽样，从而为条件预测提供了分布。

3.3.3 利用 EViews 进行预测

在 EViews 软件中，我们可以通过两种方式生成无条件 VAR 预测模型。第一种方法涉及利用 *Forecast* 选项卡，这一功能在使用简化形式的 VAR 模型进行估计时即可启用（见图 3-1）。预测的起始和终止日期由预测对话框中的"样本期间"参数决定，该参数位于图 3-1 的右下角部分。EViews 能够实现静态预测（即基于滞后变量的实际数据）和动态预测。在进行动态预测时，软件会在预测期内使用滞后变量的预测值替代实际值（前提是这些预测值是可用的）。

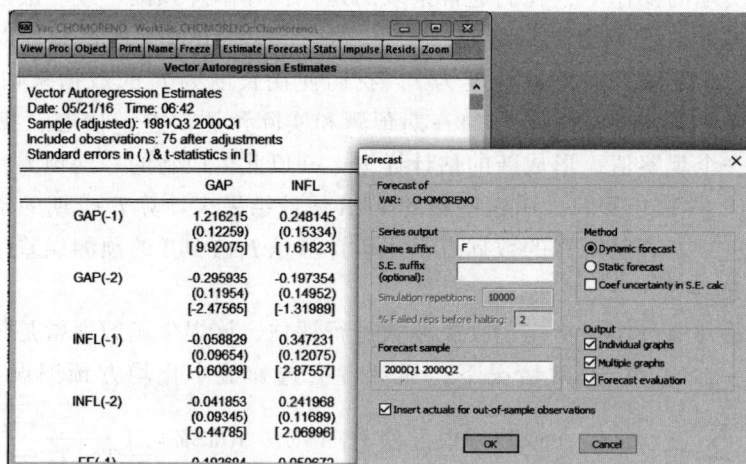

图 3-1　利用 EViews 实现简化形式的 VAR 模型的预测：直接方法

图 3-1 展示了如何从估计期的最后一个日期（2000Q1）生成一个两期的动态预测，

以便能够针对 2000 年第一季度的实际数据进行预测评估。在此对话框中点击"确定"按钮将产生如图 3-2 所示的输出结果。需要注意的是，预测结果将被储存于工作文件中，这些预测所使用的变量与 VAR 模型中的相同，但在文件名后添加了 F 后缀（如 GAP_F、INFL_F 和 FF_F），用户可以根据需要自由调整这些后缀。

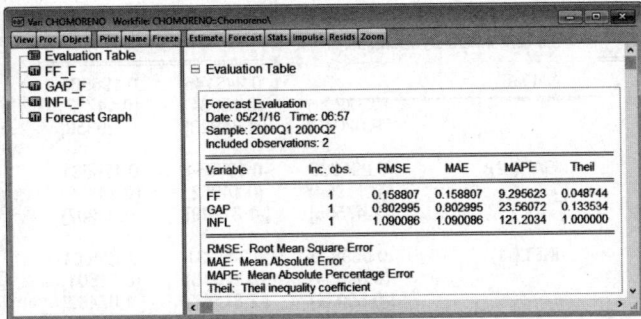

图 3-2　EViews 输出结果：预测选项卡

生成预测的另一条途径涉及利用 EViews 软件包中提供的模型模拟器。这个工具的灵活性远超 *Forecast* 选项卡，它允许用户在多种替代情境下进行预测，特别是在一个或多个内生变量假定路径的条件下的预测。要使用模型模拟器，首先需要利用 *the Proc →Make Model* 菜单命令构建出对应的 VAR 模型（如图 3-3 至图 3-5 所示）。想要获取无条件预测（如简单宏观模型），用户只需点击 *Solve* 选项卡，即可获得该模型的基线预测结果。这些预测结果将以"0"作为后缀被保存在当前激活的工作文件中，对应的变量名分别为 GAP_0、INFL_0 和 FF_0。若想生成带有替代情景的预测，特别是针对含有外生变量的模型，可以定义一个新的情景，并在其中指定控制变量（通常为外生变量）的时间路径。

在替代情景下，也可以排除（并控制）内生变量的时间路径，从而得到条件预测。使用 EViews 模型模拟器计算条件预测必须使用替代情景。首先，我们需要定义预测期内的条件变量值。假设我们正在使用"情景 1"下的 Chomoreno 模型，并打算根据联邦基金利率（FF）来设置模型的参数，那么下一步就是在预测期内设置"FF_1"的值。为了具体说明，我们假设在 2000Q1—2001Q1 的预测期内，去掉均值后的联邦基金利率保持在 -1.0000（见图 3-6）。接下来，我们需要从模型模拟中排除 FF（从而使 FF 在模拟过程中成为外生变量），然后在预测期内覆盖其值。要在 EViews 模型模拟器中完成这个操作，需要点击 *Solve* 选项卡，然后编辑情景 1 的情景选项。这将生成如图 3-7 所示的对话框。点击 *Exclude* 选项卡，插入 FF 值。要用 FF_1 中的指定值覆盖预测期内的 FF 值，请点击 **Overrides** 选项卡，然后插入如图 3-8 所示的 FF 值。在情景 1（见图 3-7）下求解模型，将产生反映预测期内假设的 FF 值的产出缺口和通货膨胀率的条件预测。基线（无条件预测）和替代预测（有条件预测）下的 GAP 和 INFL 预测结果如图 3-9、图 3-10 所示[①]。

---

①　请参考 *forecast.prg* 和 *forecast rolling.prg* 这两个程序文件，来了解如何使用 EViews 命令行语言实现上述功能的具体示例。

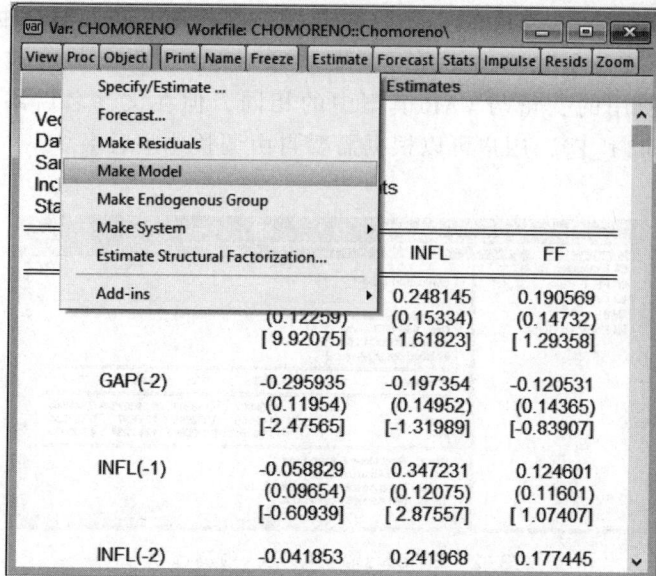

图3-3　使用EViews创建VAR模型

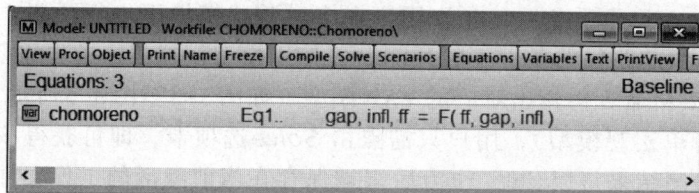

图3-4　VAR模型对象：Chomoreno

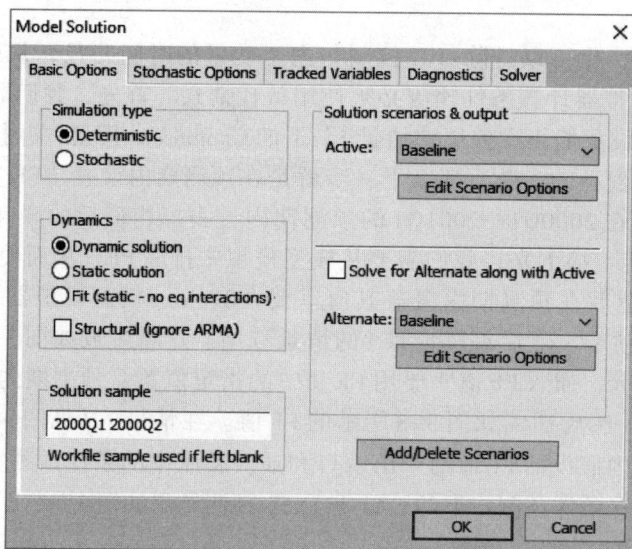

图3-5　使用VAR模型对象生成VAR预测模型

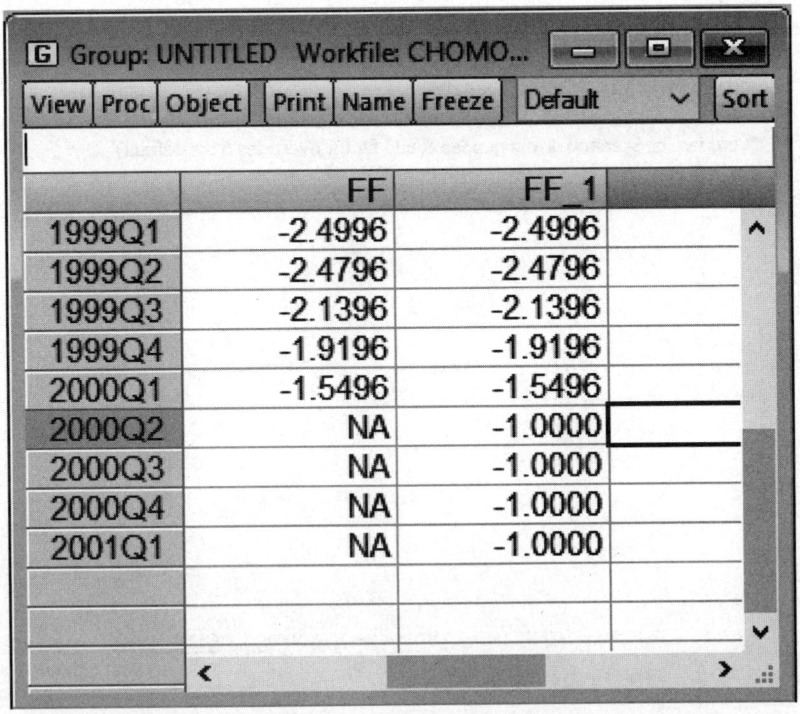

图3-6 在替代情景（情景1）下的联邦基金利率（FF）

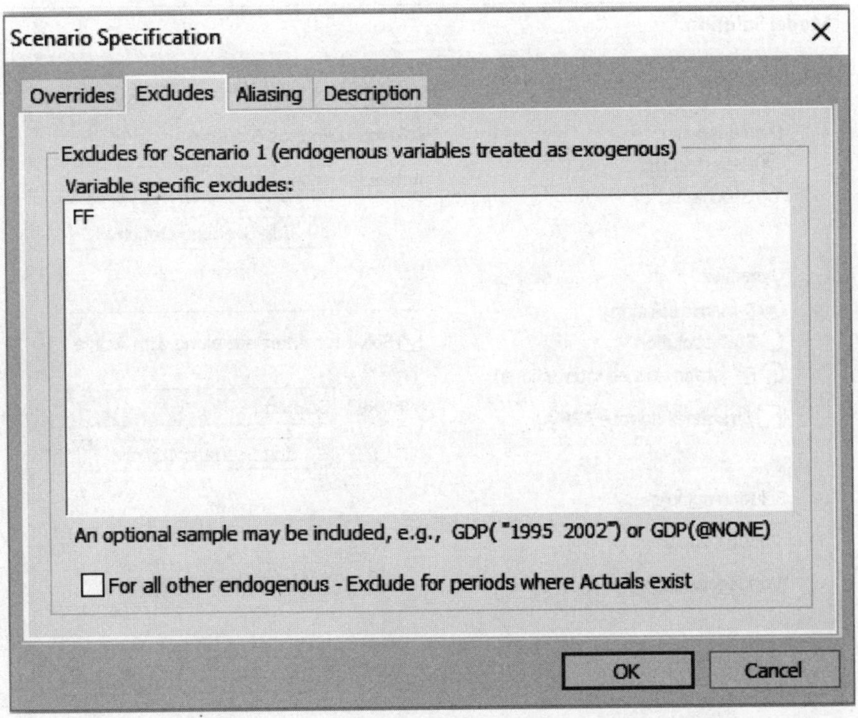

图3-7 使用EViews模型模拟器进行条件预测：编辑替代情景

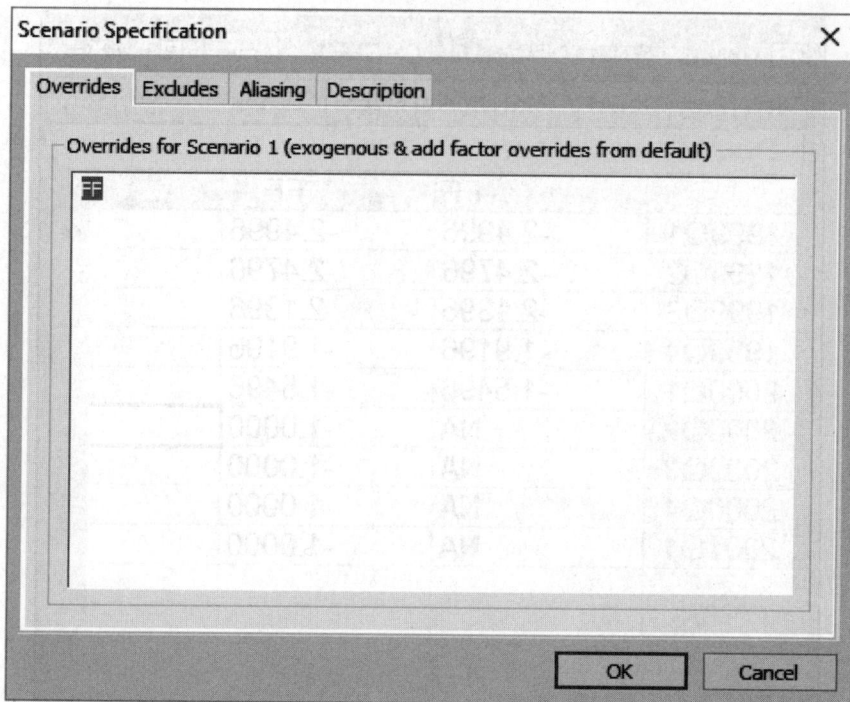

图3-8 使用EViews模型模拟器进行条件预测：覆盖一个变量

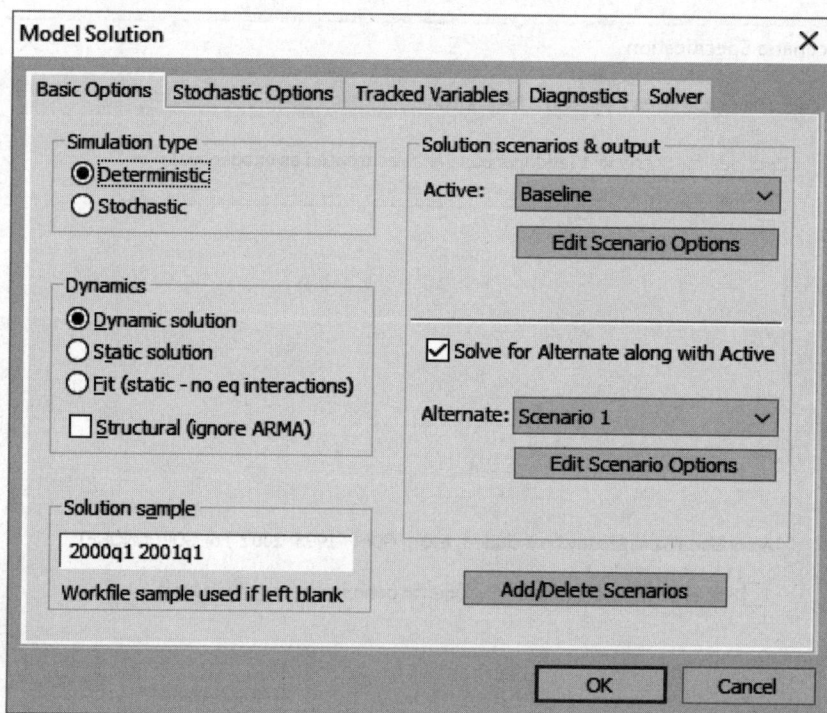

图3-9 在另一种情景下模拟Chomoreno模型

图3-10 使用Chomoreno VAR进行GAP和INFL的有条件预测

	GAP	GAP_0	GAP_1	INFL	INFL_0		FF	FF_0	FF_1
2000Q1	2.6052	3.408195	3.408195	0.1907	-0.899386	-0.899386	-1.5496	-1.708407	-1.5496
2000Q2	NA	3.400741	3.431499	NA	-0.788971	-0.780924	NA	-1.546270	-1.0000
2000Q3	NA	3.271012	3.383937	NA	-0.620495	-0.572985	NA	-1.329383	-1.0000
2000Q4	NA	3.112476	3.198822	NA	-0.545408	-0.455979	NA	-1.138380	-1.0000
2001Q1	NA	2.942860	2.972171	NA	-0.469788	-0.401585	NA	-0.971504	-1.0000

3.4 VAR模型的贝叶斯估计

在VAR模型中，由于需要估计的系数的数量相对于可观测值的数量巨大，这可能导致系数估计的不准确性（即"过拟合"问题）。尽管这在脉冲响应的估计中影响较小，但可能导致预测结果极度偏离实际。相比之下，简约模型在预测上的性能更为优秀。因此，我们需要考虑以某种方式限制待估计参数的数量。一个可能的方法是在部分方程中省略变量的滞后值，即不在每个VAR模型中都保留阶数为 p 的滞后项。已有文献探讨了如何在单个方程中确定适当的滞后结构，这种方法通常被称为"最优子集VAR"。然而，EViews并不支持这一功能。相反，EViews采用了一种简化方法，通过应用贝叶斯方法为完整的VAR系数集设定有用的先验分布，从而实现模型的简约化。因此，用户可以利用VAR菜单来选择贝叶斯VAR模型（BVAR），如图3-11所示。

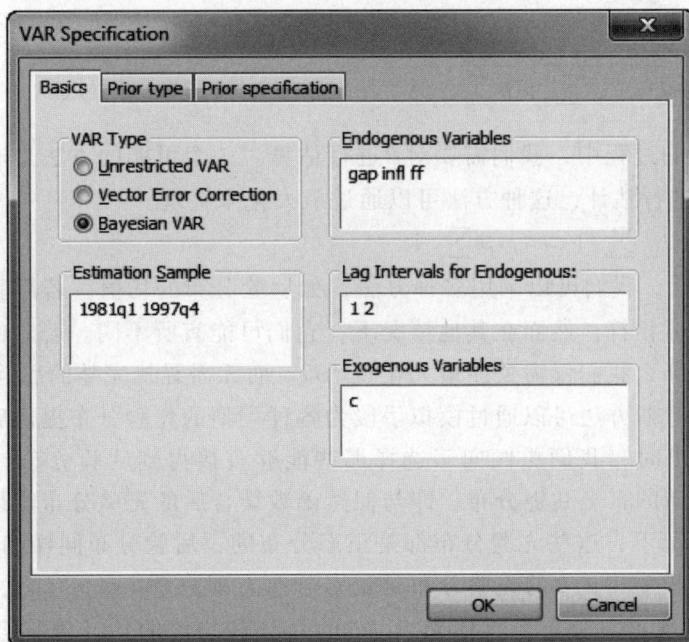

图3-11 采用EViews VAR对象对贝叶斯VAR模型进行估计

BVAR之所以能在预测中表现出有效性，主要归因于其先验分布涉及的参数数量较原始 VAR（p）中的参数少，而且这些参数设定引入了一些量化约束，从而排除了参数空间的部分区域。需要注意的是，这些先验分布并非必须准确无误。历史经验一再表明，即使在某些经济学原理中，看似有缺陷的模型也可能在预测竞争中脱颖而出。然而，为了使 BVAR 获得成功，这些先验分布应能为 VAR 提供某种结构性的约束，以反映数据的本质属性。通常情况下，这种设定是较为宽松的。因此，Litterman（1986）首次提出了一种用于生成 BVAR 的方法。鉴于宏观经济学和金融领域的时间序列往往具有持久性的特征，观察一个 $n=2$ 且 $p=1$ 的 VAR 模型，其第一组方程应为：$z_{1t} = b_{11}^1 z_{1t-1} + b_{12}^1 z_{2t-1} + e_{1t}$。其中，持久性要求 b_{11}^1 接近于 1；相反 b_{12} 则可能为零。因此，Litterman 在为 VAR 系数设定先验分布时采用了上述特征。如今，这一先验分布已被 EViews 整合并可通过点击图 3-11 所示的 **prior type** 选项卡进行调用。鉴于还存在其他可选先验分布，我们有必要首先就贝叶斯方法和 BVAR 的相关概念展开深入讨论。

考虑一个具有未知系数 β 的标准回归模型以及误差方差-协方差矩阵 $\sum_e$，即 $z_t = x_t'\beta + e_t$。其中，x_t 包含了一系列 z_t 的滞后项以及系统中的所有外生变量，并且 $e_t \sim nidN(0, \sum_e)$。

给定以 $\sum_e$ 为条件的 β 的先验分布，即（$p(\beta|\sum_e)$）。贝叶斯定理用于将数据的似然函数与参数的先验分布相结合，从而得到 β 的后验分布，即：

$$\underset{posterior}{p(\beta|\sum_e, Z)} = \frac{\overset{Likelihood}{L(Z|\beta, \sum_e)}\overset{Prior}{p(\beta|\sum_e)}}{p(Z)}$$

其中，$p(Z) = \int p(z|\beta)p(\beta)d\beta$，是一个归一化常数。由此可知，后验分布与似然函数和先验分布的乘积成正比：

$$\underset{posterior}{p(\beta|\sum_e, Z)} \propto \overset{Likelihood}{L(Z|\beta, \sum_e)}\overset{Prior}{p(\beta|\sum_e)}$$

在准备预测的过程中，我们需要对 β 进行估算。一个可能的方法是通过寻找后验分布中 β 的众数来进行估计，这种方法可以通过最大化来实现。

$$C(\beta) = ln\{L(Z|\beta, \sum_e)\} + ln(p(\beta|\sum_e)) \tag{3.1}$$

关于 β 的估计，我们可以采用多种方法，如后验分布的均值。若后验分布为正态分布，则众数与均值相符；然而在其他情况下，它们可能有所不同。若对使用众数表示的结果感到满意，那么我们仅需关注最大化 $C(\beta)$，而无需寻找完整的后验密度。

虽然现代贝叶斯方法可以通过模拟手段为各种类型的先验分布提供后验分布，但在 BVAR 首次被提出时，我们更倾向于选择那些能够直接得到后验分布封闭解的先验分布。这导致了所谓的自然共轭分布，即与似然函数结合后的先验分布能得到易处理的后验分布。通常情况下，这些先验分布都是正态分布的，后验分布同样如此。举个例子，如果我们的回归模型中的 β 的先验分布是正态分布，即 $p(\beta) \sim N(\underline{b}, \underline{V})$，那么其对应的后验分布也将呈现正态分布。具体来说，β 的众数和均值的估计值将会是最小二乘法（OLS）估计值和研究人员设定的先验值的加权平均值：

$$\overline{b} = [\underline{V}^{-1} + \sum_e^{-1} \otimes (X'X)]^{-1}[\underline{V}^{-1}\underline{b} + (\sum_e^{-1} \otimes X')y]$$

通过解析此公式，我们能够明确地观察到，BVAR 倾向于将 VAR 模型的估计系数向先验均值聚拢，并逐渐远离最小二乘法（OLS）的估计结果，这种特性可以带来预测增益。

针对 VAR 模型已经发展出多种贝叶斯先验分布，本文将对应用研究中广泛使用的两种先验分布进行回顾。从上述关于 $\overline{b}$ 的公式中我们可以看出，它与 $\sum_e$ 密切相关。为了估计 $\sum_e$，我们需要对其进行一定的处理，这可以通过使用最小二乘法类型的信息或者生成 $\sum_e$ 的贝叶斯估计来实现。在后一种情况下，我们需要为 $\sum_e$ 提供一个先验分布。我们将回顾 EViews 中使用的两个先验分布，它们具体与明尼苏达州先验分布和 Normal-Wishart 先验分布相关。在第 4 章中，我们介绍基于 Sims 和 Zha（1998）的其他替代方案，这些方案侧重于 SVAR。

3.4.1　明尼苏达先验

首先，我们关注 EViews 屏幕上显示的 BVAR 的初始设置，如图 3-12 所示。正如我们之前所提到的，选择 Litterman/Minnesota 作为先验分布之一。对于 β 变量，正态分布条件是 $\sum_e$。因此，需要对 $\sum_e$ 的性质以及如何估计它进行一定的假设，这就解释了图 3-12 方框中给出的 3 个选择。这些选择包括：（a）利用拟合 AR（1）模型得到的残差方差估计值，对每个序列进行分析；（b）假设将 $\sum_e$ 替换为一个估计值 $\sum_e$，其中对角线元素 σ_i^2 对应于最小二乘估计的 VAR 误差方差；（c）计算由 VAR 模型隐含的完整 $\sum_e$，通过调整参数 df 来控制是否对初始残差协方差进行自由度修正。在早期研究中不使用（c）的一个原因是估计出的矩阵可能是奇异的，因为当 n 和 p 较大时可能没有足够的观测值。

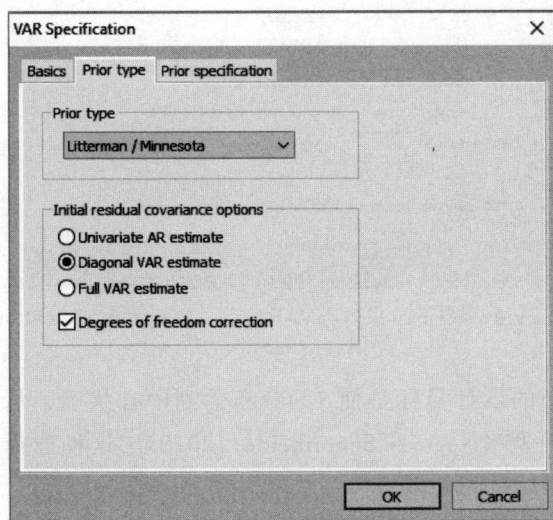

图3-12　在EViews中进行贝叶斯VAR估计："Prior type" 对话框

在确定如何处理$\sum_e$之后，我们可以向EViews详细描述β的先验分布。这一步骤的截图如图3-13所示，并且需要参考一组超参数。虽然有标准的可选方案，但用户也可直接指定$\underline{b}$和$\underline{V}^{-1}$的值。在自动选择的方案中，我们设定了一组相同的先验均值向量$\underline{b}$，这个向量的元素是由参数μ_1决定的。在大多数情况下，为了捕捉经济时间序列的持续性，我们希望$\mu_1 = 1$或接近1。然而，若数据z_t所反映的是GDP的增长，那么这一假设便不成立。在此情况下，我们希望滞后增长的先验均值应为零或较小数值。在图3-13中，λ_1参数负责调控β的先验分布的整体紧密度，如果我们对先验分布的理解更加确定，那么该参数应设定为接近于0。我们将λ_1设定为0.1，这表示一个相对较强的先验假设[1]。我们设置λ_2控制VAR（在图3-13中被称为交叉可变权重）的第i个方程中的第j个变量的滞后变量的重要性（这些变量在方程$i{\neq}j$中被称为交叉滞后变量）。λ_2的值必须在0和1之间。当λ_2的值较小时，模型中的交叉滞后变量在每一个方程中的影响程度会相对较小。最后，通过λ_3来决定滞后衰减的速度（l^{λ_3}），l是滞后指数。在这个模型中，我们将这个参数设置为1，意味着没有衰减。需要特别注意的是，由于这个超参数同时出现在交叉滞后变量系数的先验方差的表达式的分母中（$\frac{\lambda_1\lambda_2\sigma_i}{l^{\lambda_3}\sigma_j}$）^{2}，因此对于第二个滞后，其对应的对角元素是$(\frac{\lambda_1\lambda_2\sigma_i}{2\sigma_j})^2$，同样的规则适用于更高阶的滞后（如果有的话）。

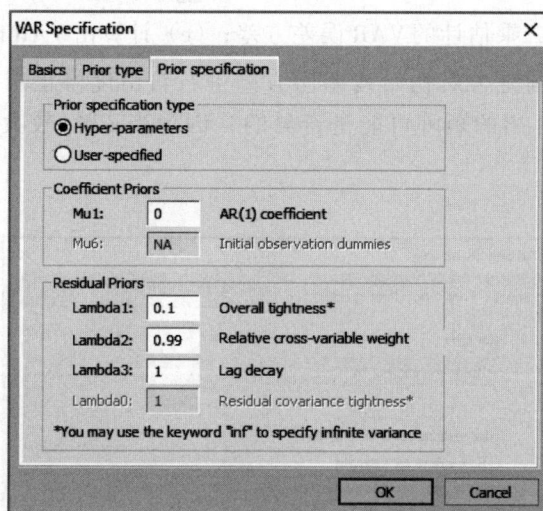

图3-13　在EViews中进行贝叶斯VAR估计："Prior specification"对话框

明尼苏达先验分布的设计目标是使β的分布达到中心状态，从而使每个变量的行为表现为一个随机游走模型（Negro和Schorfheide，2010）。这种选择是基于随机游走在宏观经济时间序列预测中的优良表现。

---

[1]　将$Lambda1$设置为10或更高，以获得非信息性的（更不确定的）先验。在这种情况下，估计的参数将接近无约束VAR系数。

为了阐述观点，我们以下面的双变量VAR模型为例进行讨论：

$$\begin{pmatrix} z_{1t} \\ z_{2t} \end{pmatrix} = \begin{pmatrix} \beta_{11}^1 & \beta_{12}^1 \\ \beta_{21}^1 & \beta_{22}^1 \end{pmatrix} \begin{pmatrix} z_{1t-1} \\ z_{2t-1} \end{pmatrix} + \begin{pmatrix} \beta_{11}^2 & \beta_{12}^2 \\ \beta_{21}^2 & \beta_{22}^2 \end{pmatrix} \begin{pmatrix} z_{1t-2} \\ z_{2t-2} \end{pmatrix} + \begin{pmatrix} e_{1t} \\ e_{2t} \end{pmatrix} \tag{3.2}$$

我们假设总体误差的协方差矩阵是一个对角矩阵，这与图3-12中的方案2相符。

$$\sum_e = \begin{pmatrix} \sigma_1^2 & 0 \\ 0 & \sigma_2^2 \end{pmatrix}$$

在明尼苏达先验中，我们设定 β_{11}^1 和 β_{22}^1 的先验均值为1，而所有其他系数的先验均值为0。对于系数的方差–协方差矩阵，其先验分布形式可表述为：

$$(\frac{\lambda_1}{l^{\lambda_3}})^2 (i = j) \tag{3.3}$$

$$(\frac{\lambda_1 \lambda_2 \sigma_i}{l^{\lambda_3} \sigma_j})^2 (i \neq j) \tag{3.4}$$

其中，σ_i^2 表示 $\sum_e$ 矩阵的第 i 条对角线元素的平方值。

显然在协方差矩阵中，超参数（λ_1、λ_2、λ_3）会对估计的系数产生影响，其具体表现如下：

1. λ_1 控制 β_{11}^1 和 β_{22}^1 的先验标准差。这些参数对应于第一个方程中的第一个变量 z_{1t} 的第一个滞后值和第二个方程中的第二个变量 z_{2t} 的第一个滞后值。在具有 n 个变量的一般情况下，λ_1 越小，第一个滞后系数 β_i^1，$i = 1$，...，n 将越趋于1，其余的滞后系数将越趋于0。

2. λ_2 控制与第 i 个方程的因变量不同的变量的系数的方差。随着 λ_2 的减小，这些系数将趋向于0。

3. λ_3 会影响超过第一个滞后值的估计系数。随着 λ_3 的增加，高阶滞后值的系数将趋近于0。

值得注意的是，我们在公式（3.4）中引入了比率 $(\frac{\sigma_i}{\sigma_j})$ 来处理各变量测量单位的差异。

明尼苏达先验的后验分布拥有一个封闭解，Koop和Korobilis（2010）特别强调了其核心优势，即后验分布实际上是正态分布。这个先验模型在实际研究中已被广泛应用，其中包括一种采用了非对角误差协方差矩阵的方法，以及采用了不同方法引入滞后衰减和通过虚拟变量引入先验分布的方式（Theil和Goldberger，1961；Del Negro和Shorfheide，2010）。我们将在本节的后半部分详细探讨这些应用。

3.4.1.1　在EViews中实现明尼苏达先验

我们现在阐述如何在EViews软件中运用明尼苏达先验来估计VAR模型及BVAR模型。在第2章中，我们利用到1997年第一季度的数据对简单宏观模型进行了估计，并由此生成了1998年第一季度至2000年第一季度的样本外预测。要估计BVAR，我们可以使用EViews的标准VAR对象（见图3-11）。鉴于序列数据的连续性，我们假定 gap 和 ff 服从一阶滞后分布（I（1）），而 infl 则服从零阶滞后分布（I（0））。在选择BVAR选项后，必须明确指定样本期间、所需的滞后数量，以及系统中的变量（在本研究中，这些变量包括 gap、ff-dgap、dff-infl 的水平等）。完成这些数据转换后，用户需要分别点击 Prior Type（见图3-12）和 Prior Specification（见图3-13）两个选项卡，以确定先验分布的形式和相关超参数的值[1]。如图3-14所示，我们得到了VAR和BVAR的系数估计结果。与标准的最小二乘法（OLS）估计相比，最显著的差异在于，BVAR方法对每个自变量的第一个滞后值的估计的显著性较低（这与我们的设定 $Mu1=0$ 相吻合）。接下来，我们将探讨这一差异将如何影响模型的预测精度。

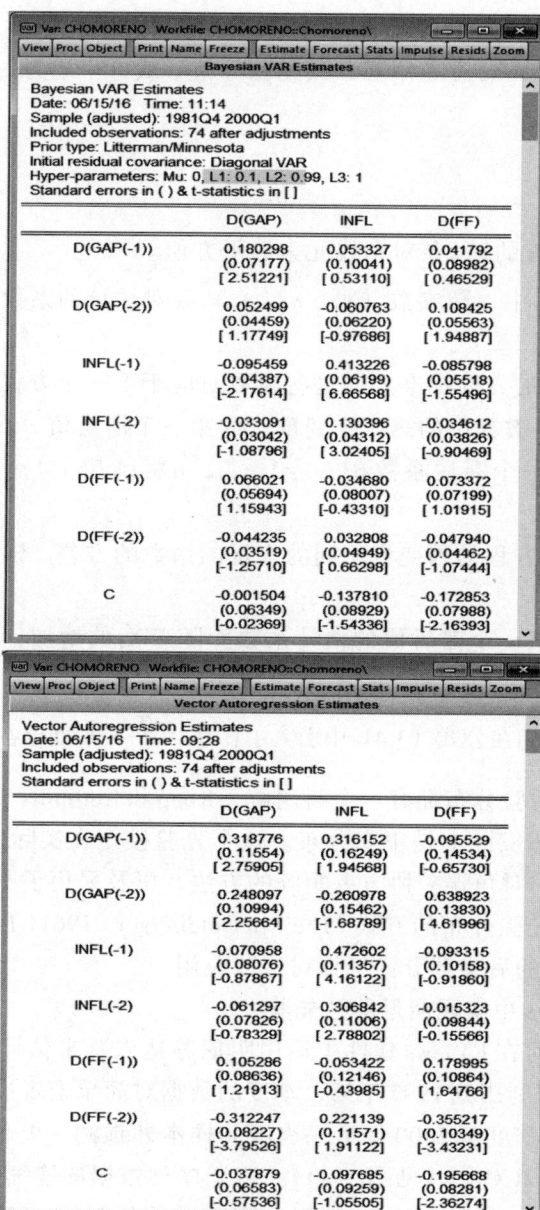

图3-14　VAR与BVAR估计值（明尼苏达先验）：Chomorono模型，1981年第三季度至1997年第四季度

---

[1]　在EViews程序中，用于估计BVAR的相应命令是：var chobvar.bvar（prior=lit，initcov=diag，df，mu1 =0，L1=0.1，L2=0.99，L3=1）1 2 d（gap）infl d（ff）@ c

尽管明尼苏达先验因其在预测中的优异表现而仍被广泛采用，但其并未考虑到与方差-协方差矩阵 $\sum_e$ 相关的任何不确定性因素。为了克服这一限制，我们引入了 Normal-Wishart 先验，并对其进行了详细的回顾和阐述。

3.4.2　Normal-Wishart 先验

相较于直接用数据估计的结果替代 $\sum_e$，我们更倾向于采用贝叶斯方法进行估计。对于协方差矩阵 $\sum_e \sim p(\sum_e^{-1})$，其自然共轭先验分布为 Wishart 分布。设定 β 的先验分布为正态分布后，那么由此产生 β 的后验分布将由正态分布和 Wishart 分布的乘积组成。对于 β，其先验分布依赖于 $\underline{\beta}$ 和 $\underline{V}$；而 $\sum_e$ 的先验则与 ν 和 $\underline{S}$ 两个参数有关。类似于明尼苏达先验，$\underline{V}$ 的值由超参数 λ_1 决定。EViews 将 ν 设定为自由度，$\underline{S}$ 则被设定为单位矩阵，因此用户仅需设定这两个参数。这两个参数的设定方法基本与明尼苏达先验保持一致。由于当前 β 先验中的超参数较少，因此存在一定的限制条件，即不同方程系数的先验协方差应保持成比例关系[①]。举例来说，在上述 VAR（2）的例子中，一旦 β_{11}^1 的先验方差变小，那么 β_{21}^1 的方差也将相应地变小。

3.4.2.1　在 EViews 中实现 Normal-Wishart 先验

在先前的示例中，我们可以通过在 EViews 中使用标准 VAR 对象并设定先验类型为 "Normal-Wishart" 来进行贝叶斯估计[②]，如图 3-15 所示。

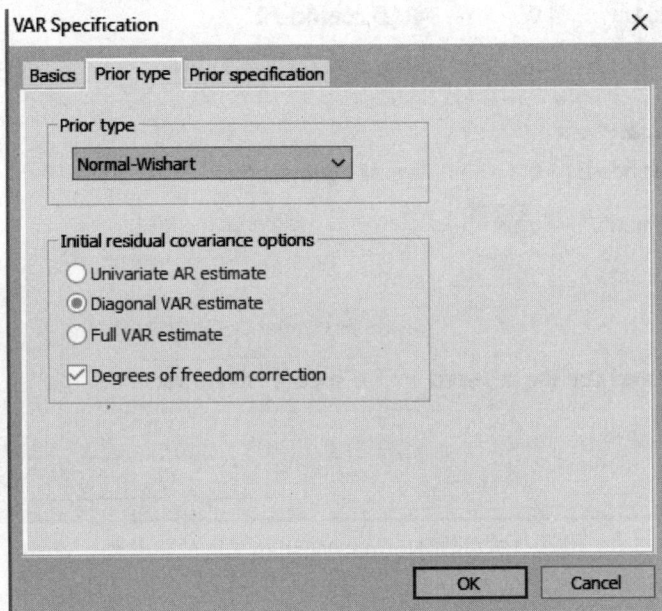

图3-15　在EViews中选择Normal-Wishart先验

---

①　参见 Gonzalez 在 2016 年的文章。

②　相应的命令行代码是：var chobvar1.bvar（prior=nw，df，mu1=0.01，L1=10）1 2 d（gap）inflfl d（ffff）@ c。

下一步是设置超参数的值，这些值与明尼苏达先验的超参数值相似，如图3-16所示，但是它们对参数估计的影响有所不同。*Mu1*参数负责管理关于时间序列过程的属性的先验。建模者认为VAR中的序列是管理关于时间序列过程的属性的先验。建模者认为在VAR中的序列平稳的情况下，该参数应被设定为0（或非常小）。然而，如果他们认为VAR中的序列更适合采用单位根进行建模，那么该参数应被设定为1。由于我们已经对看似具有单位根特性的序列进行了差分处理，即*gap*和*ff*，我们将μ_1设为0。EViews支持的Normal-Wishart先验的剩余超参数是λ_1，即整体紧密度参数。λ_1的值越大，对β的先验假设的确定性就越高，这与明尼苏达先验情况下的λ_1参数的工作方式正好相反。

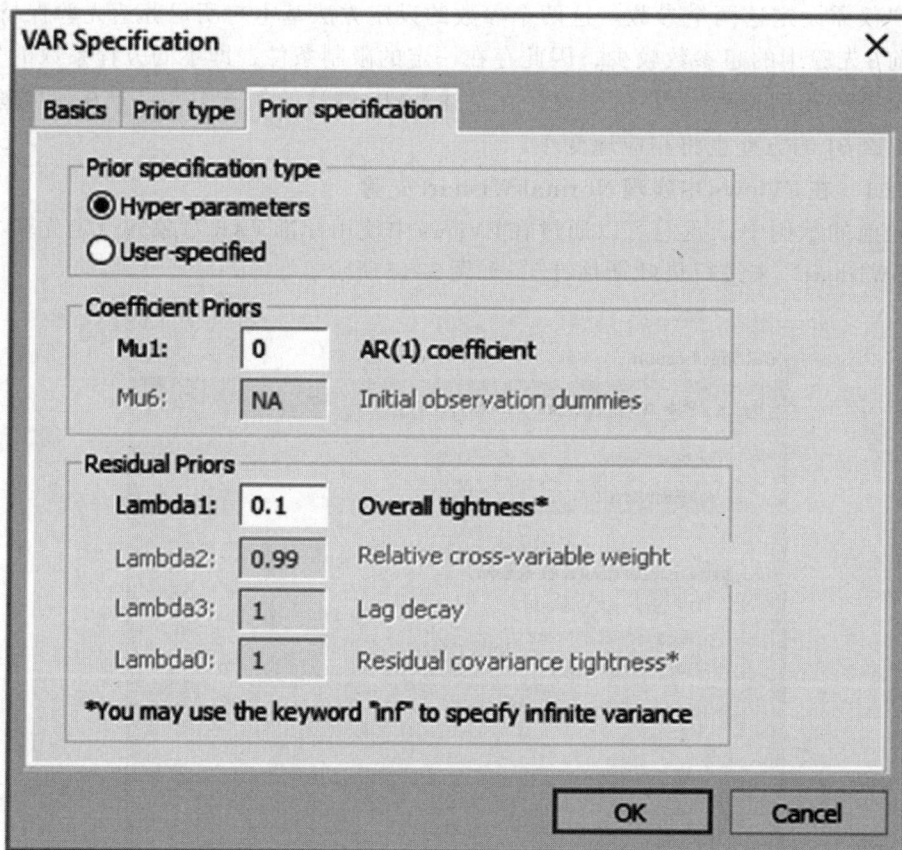

图3-16　指定Normal-Wishart先验的超参数

图3-17详细呈现了与特定超参数相关的β的参数估计的结果。相较于普通最小二乘法的参数估计结果，其自身的滞后系数已经有所降低，但降低程度并未达到我们在明尼苏达先验中观察到的程度。

图3-17　使用Normal-Wishart先验的贝叶斯VAR估计

3.4.3　利用虚拟观测值或伪数据的额外先验信息

使用虚拟观测值作为引入回归系数先验知识的方法是 Theil 和 Goldberger（1960）提出的。他们将先验信息转化为伪数据，并在此基础上进行增强回归的估计。虽然在 Litterman 的研究之后，这种方法在 VAR 模型中的应用并不广泛，但它与第 4 章将要深入探讨的 Sims 和 Zha（1998）的先验思想有所关联。因此，在 VAR 背景下对该方法进行探讨具有一定的实际意义。

假设研究者认为，回归方程 $z = X\beta + e$ 中的单一系数 β 应为 0.6，标准差为 0.2。为了引入这种先验信息，可以构建伪数据 $r = R\beta + v$，其中 $v \sim N(0, \Phi)$ 表示关于 β 的不确定性。根据先前提供的信息，我们可以将伪数据表示为 $\underset{r}{\underbrace{(0.6)}} = \underset{R}{\underbrace{1}}(\underset{\beta}{\underbrace{\beta}}) + v$，其中，$\Phi$ 的值为 0.04。接着，我们将此附加观察值添加到数据集中。所以，我们得到的是扩充的"观察"数据集：

$$\begin{pmatrix} z \\ r \end{pmatrix} = \begin{pmatrix} X \\ R \end{pmatrix}\beta + \begin{pmatrix} e \\ v \end{pmatrix}$$

通过最小二乘法的估计，我们可以获得 β 的后验分布，其中，$\beta|z \sim N(\bar{\beta},\ \bar{V}_{\beta})$。具体而言：

$$\bar{\beta} = ((X'\sum_e^{-1}X) + (R'\Phi^{-1}R)^{-1}(X'\sum_e^{-1}z + (R'\Phi^{-1}r))$$

$$\bar{V} = s^2((X'\sum_e^{-1}X) + (R'\Phi^{-1}R))^{-1}$$

当前，我们有一种方法可以通过引入包含先验信息的伪数据来扩充数据集。这种方法在 EViews 中被用于处理两种情况：一种是"虚拟先验的系数和"；另一种是"虚拟先验的初始观察数据"。这两种情况的处理方法对于理解数据集的特性和行为至关重要。

3.4.3.1 虚拟先验的系数和

假设我们考虑一个具有两个自变量 VAR（2）模型，其中第一个方程表示为：

$$z_{1t} = b_{11}^1 z_{1t-1} + b_{11}^2 z_{1t-2} + b_{12}^1 z_{2t-1} + b_{12}^2 z_{2t-2} + e_{1t} \tag{3.5}$$

在当前情况下，采用将 b_{11}^1 的先验均值设定为 1 的明尼苏达先验或许并不合理。相反，我们可能更倾向于令 $b_{11}^1 + b_{11}^2 = 1$，以便更好地反映实际情况。为了实现这一目标，我们将伪数据重新定义为：

$$\mu_5 s_1 = \mu_5 s_1 b_{11}^1 + \mu_5 s_1 b_{11}^2 + v_1$$

其中，s_1 是反映 y_1 单位的数量，如 y_1 在子样本上的均值或标准差。因此，我们可以得出：$r = \mu_5 s_1$，以及 $R = [\mu_5 s_1 \ \mu_5 s_1 0 0]$。通过应用伪数据，我们得出以下等式：

$$1 = b_{11}^1 + b_{11}^2 + (\mu_5 s_1)^{-1} v_1$$

这一结果表明，当 μ_5 趋近于无穷大时，系数之和的限值仍然保持不变。

3.4.3.2 虚拟先验的初始观察数据

一个包含两个变量的 SVAR（1）模型具有如下形式：

$$z_t = B_1 z_{t-1} + e_t \tag{3.6}$$

还可以将其写成：

$$z_{1t} = b_{11}^1 z_{1t-1} + b_{12}^1 z_{2t-1} + e_{1t} \tag{3.7}$$

$$z_{2t} = b_{21}^1 z_{1t-1} + b_{22}^1 z_{2t-1} + e_{2t} \tag{3.8}$$

然后可以得到：

$$\Delta z_{1t} = (b_{11}^1 - 1)z_{1t-1} + b_{12}^1 z_{2t-1} + e_{1t} \tag{3.9}$$

$$\Delta z_{2t} = b_{21}^1 z_{1t-1} + (b_{22}^1 - 1)z_{2t-1} + e_{2t} \tag{3.10}$$

它们可以表示为：

$$\Delta z_t = D z_{t-1} + e_t \tag{3.11}$$

假设我们将 SVAR（1）模型中的两个伪数据定义为：

$$[\mu_6 \bar{y}_1 \ \mu_6 \bar{y}_2] = [\mu_6 \bar{y}_1 \ \mu_6 \bar{y}_2]\begin{bmatrix} b_{11}^1 & b_{12}^1 \\ b_{21}^1 & b_{22}^1 \end{bmatrix} + [v_1 \ v_1] \tag{3.12}$$

这就意味着有：

$$(1 - b_{11}^1) = \frac{\bar{y}_2}{\bar{y}_1}b_{21}^1 + \frac{v_1}{\mu_6 \bar{y}_1}$$

$$(1 - b_{22}^1) = \frac{\bar{y}_1}{\bar{y}_2}b_{12}^1 + \frac{v_2}{\mu_6 \bar{y}_2}$$

当 μ_6 趋向于无穷大时，约束条件就会变为：

$$(1 - b_{11}^1) = \frac{\overline{y}_2}{\overline{y}_1} b_{21}^1$$

$$(1 - b_{22}^1) = \frac{\overline{y}_1}{\overline{y}_2} b_{12}^1 \tag{3.13}$$

通过消除 $\overline{y}_1$ 和 $\overline{y}_2$ 的比值，我们可以得到：

$$(1 - b_{11}^1)(1 - b_{22}^1) - b_{12}^1 b_{21}^1 = 0$$

这表明矩阵 D 是奇异的。所以，使用伪数据，并允许 μ_6 趋向于无穷大意味着 SVAR（1）模型中的两个向量之间存在着协整关系。这种协整关系可以表示为 $\gamma\delta'$，其中，δ' 可以用 z_{1t} 和 z_{2t} 之间的任何协整向量来表示。

与施加协整约束不同的是，EViews 在模型中强加了一个共趋势约束。在这种情况下，模型的形式变为：

$$\Delta z_{1t} = (b_{11}^1 - 1)z_{1t-1} + b_{12}^1 z_{2t-1} + c_1 + e_{1t} \tag{3.14}$$

$$\Delta z_{2t} = b_{21}^1 z_{1t-1} + (b_{22}^1 - 1)z_{2t-1} + c_2 + e_{2t} \tag{3.15}$$

对矩阵 D 施加零先验就意味着 c_1 和 c_2 将成为每个序列中的确定性趋势。为了存在一个共同的趋势，则需要满足 $c_1 = c_2$。为了使用虚拟变量来施加约束，我们需要将矩阵 R 的行设置为 $[\mu_6\overline{y}_1 \ \mu_6\overline{y}_2 \ \mu_6]$，将 r 设置为 $[\mu_6\overline{y}_1 \ \mu_6\overline{y}_2]$。这样，$\beta$ 将会包括常数项 $c_1 = c_2 = c$。在这种情况下，μ_6 趋于无穷意味着 SVAR（1）模型中的两个变量之间存在共同趋势，但不存在协整关系。若要施加协整关系，则需要添加额外的约束条件，以此来反映协整向量和共同趋势向量不一定相同的事实。

3.4.4 使用贝叶斯 VAR 模型进行预测

最后，尽管简单宏观模型的估计参数数量相对较少，但我们使用上述 SVAR 模型和两个 BVAR 模型进行了一个针对 1998 年第一季度至 2000 年第一季度（包含 9 个季度）的样本外预测实验。在这个实验中我们重点关注了通货膨胀率（*infl*）和产出缺口（*gap*）两个变量。结果见表 3-1，使用贝叶斯估计法并未带来任何优势。此外，对于无限制 VAR 模型而言，明尼苏达先验的表现较差，这可能意味着我们对模型设定了一个不合适的先验。

表 3-1　　　　　　　　　使用贝叶斯估计法预测简单宏观模型的表现

1998 年第 1 季度至 2000 年第 1 季度

先验	变量	均方根误差	平均绝对误差
Standard VAR	*infl*	0.8427	0.8208
	Gap	0.6029	0.4844
Minnesota	*infl*	1.2719	1.2209
	Gap	1.3475	1.0856
Normal-Wishart	*infl*	0.8439	0.8218
	Gap	0.6033	0.4848

|3.5| 计算脉冲响应

通常情况下，我们很少对B_j感兴趣。因此，Sims（1980）建议将关注焦点转移到冲击e_{kt}对z_{jt}的影响上，即关注$z_{j,\ t+M}$是如何响应冲击e_{kt}的。因此，我们关注的是偏导数$\dfrac{\partial z_{j,\ t+M}}{\partial e_{kt}}$。这些偏导数被称为脉冲响应，因为它们显示了变量$z_j$从$t$时期到$t+M$时期对$e_{kt}$临时性单位变化的响应，即$e_{kt}$在$t$时期上升一个单位，但在$t+1$，…，$t+M$时期恢复到正常值。如果变量（$X_t$）是外生的，那么$\dfrac{\partial z_{j,\ t+M}}{\partial x_{kt}}$被称为动态乘数（dynamic multipliers）。一旦我们将e_{kt}视为外生变量，脉冲响应$\dfrac{\partial z_{j,\ t+M}}{\partial e_{kt}}$就可以看作是在模型中评估某个外部冲击（$e_{kt}$）对某个特定变量（$z_{j,\ t+M}$）的影响程度的一种方式。EViews软件可以计算脉冲响应，但无法提供动态乘数的计算。

我们可以通过遵循AR（1）过程的单一变量来更好地研究响应函数的计算，并对后续问题作出解释。该过程为：

$$
\begin{aligned}
z_{1t} &= b_{11}z_{1t-1} + e_{1t} \\
&= b_{11}(b_{11}z_{1t-2} + e_{1t-1}) + e_{1t} \\
&= e_{1t} + b_{11}e_{1t-1} + b_{11}^2 z_{1t-2} \\
&= e_{1t} + b_{11}e_{1t-1} + b_{11}^2 e_{1t-2} + b_{11}^3 e_{1t-3} + \cdots \\
\therefore\ z_{1t+M} &= e_{1t+M} + \cdots + b_{11}^M e_{1t} + \cdots
\end{aligned}
$$

只要$|b_{11}| < 1$，即时间序列是平稳的，那么随着M趋向于无穷大，含有初始误差e_{1t}的项将会逐渐减小并趋于零。这是因为这些含有初始误差e_{1t}的项的权重为b_{11}^M。从这个结果中我们可以清楚地看出，脉冲响应为：

$$1(M = 0),\ b_{11}(M = 1),\ \cdots b_{11}^j(M = j)\cdots$$

为了将上述简单的处理方式进行推广，脉冲响应D_l可以被视为在时间序列z_t的移动平均（MA）表示中对观测误差项e_t的权重。因此，当z_t是一个$n×1$的向量时，移动平均（MA）可表示为：

$$z_t = D_0 e_t + D_1 e_{t-1} + D_2 e_{t-2} + \cdots$$

在使用滞后算子$L^k z_t = z_{t-k}$时，VAR模型可以写成：

$$B(L)z_t = (I_n - B_1 L - \cdots - B_p L^p)z_t = e_t$$

其中I_n是维度为n的单位矩阵。因此，我们可以通过$z_t = B^{-1}(L)e_t$得到$D(L) = B^{-1}(L)$以及$B(L)D(L) = I_n$。如果z_t符合VAR（1）模型，那么则有$B(L) = I_n - B_1 L$以及

$$(I - B_1 L)(D_0 + D_1 L + D_2 L^2 + \cdots) = D_0 + (D_1 - B_1 D_0)L + (D_2 - B_1 D_1)L^2 + \cdots = I_n$$

将左、右两侧的L的幂次进行分组和等式化，可以得到：

$$
\begin{aligned}
D_0 &= I \\
D_1 &= B_1 D_0 = B_1 \\
D_2 &= B_1 D_1 = B_1^2
\end{aligned}
$$

需注意，与单变量不同的是，由于B_1是一个矩阵，因此D_M的第$(i,\ j)'$个元素将是z_{jt+M}对e_{kt}的脉冲响应，也是第j个变量对第k'个冲击的响应，而并不仅仅是z_{jt+M}对e_{jt}的脉冲响应。

通常情况下，VAR（p）模型的脉冲响应函数 $D_l = \dfrac{\partial z_{t+l}}{\partial e_t}$ 可以通过求解递归方程 $D_l = B_1 D_{l-1} + \cdots + B_p D_{l-p}$ 得到。在开始递归计算之前，我们需要确定 $l = 0, \cdots, p$ 的初始条件，并且，在任何条件下都有 $D_0 = I_n$。所以，当 $p = 1$ 时，有：

$D_0 = I_n$；$D_1 = B_1$；$D_2 = B_1 D_1 = B_1^2 \cdots$

当 $p = 2$ 时，有 $D_0 = I$；$D_1 = B_1 D_0$；$D_2 = B_1 D_1 + B_2 D_0$ 等。

为了获得简单宏观模型的脉冲响应，首先，我们需要估计一个VAR（2）模型，然后点击 *View → Impulse Response*，就会在Eviews中得到如图3-18所示的界面。在这个界面中我们需要进行一些值的设定。首先需要设定的是脉冲的目标变量以及脉冲的响应变量。其次，由于脉冲显示的是 z_{t+M} 对 e_t 的响应，所以需要设置一个默认值为10个周期的时间跨度 M。最后，还需要决定是否以图形或表格的形式呈现脉冲的结果。关于标准误的问题将在稍后的讨论中详细考虑。当前，我们点击"*Impulse Definition*"标签，打开图3-19所示的界面。

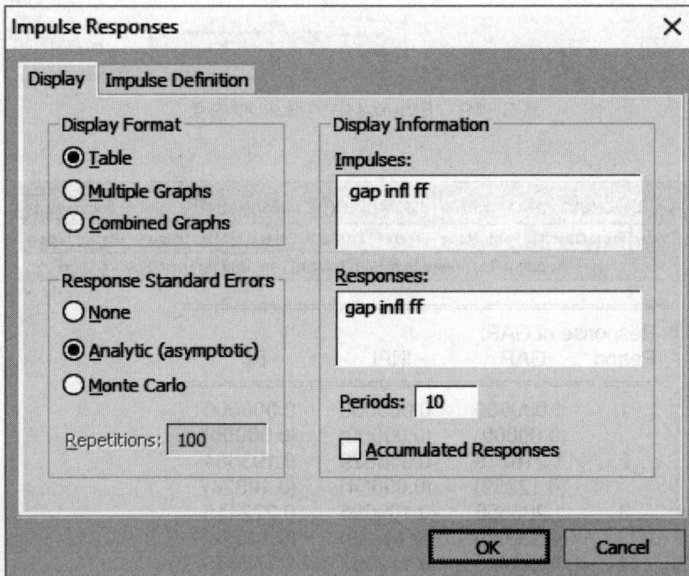

图3-18　在EViews中生成脉冲响应

如果我们选择"Residual-one unit"选项，就意味着我们上述计算的脉冲响应是拟合VAR模型一个单位冲击的增加。当我们要求Eviews只计算脉冲对产出缺口的影响，并以表格的形式呈现脉冲的结果时，我们可以从结果中了解到，产出缺口对3个VAR误差的两期后响应分别是1.205556、-0.109696和0.222451。

通常情况下，脉冲响应计算的是一个标准差的冲击，也就是说第 j 个冲击的变化幅度为 $std(\varepsilon_{jt})$。但是，一个单位的标准差变化可能不会被视为具有"典型"幅度的冲击。如果想要计算一个单位标准差的冲击，那么我们可以在图3-19、图3-20中选择"Residual-one std.deviation"选项。我们还可以通过选择"*User Specified*"选项来设置多个冲击的特定幅度，EViews手册中有关于这项操作的详细说明。

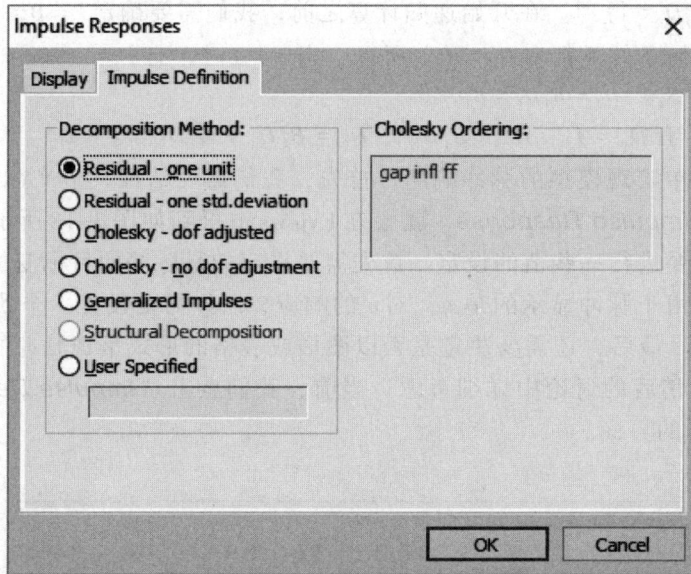

图3-19　EViews中的脉冲冲击类型

图3-20　VAR产出缺口方程误差的单位变化对产出缺口、通货膨胀率和利率的脉冲响应

|3.6| 脉冲响应的标准误

再次设定一个单变量 AR（1）模型，其脉冲响应为 $D_l = b_{11}^l$，估计的响应为 $\hat{D}_l = \hat{b}_{11}^l$，其中，$\hat{b}_{11}$ 是 AR（1）的估计系数。从这个表达式中可以看出，这样做的问题在于将标准误附加到 $\hat{D}_l$ 时存在一些困难。即使 $std(\hat{b}_{11})$ 已知，$\hat{D}_l$ 的计算也是通过非线性的方式进行的。针对这个问题，我们有两种解决方法。其中一种方法被称为"渐进法"，它利用了所谓的"德尔塔方法"（delta method）。这种方法基于以下原理：

如果 $\hat{\psi} = g(\hat{\theta})$，其中 g 是某个函数，例如 $\theta = b_{11}$，则 $g(\hat{\theta}) = \hat{b}_{11}^l$，那么我们可以通过 $(\frac{\partial g}{\partial \theta}|_{\theta = \hat{\theta}})var(\hat{\theta})(\frac{\partial g}{\partial \theta}|_{\theta = \hat{\theta}})$ 近似地估计 $var(\hat{\psi})$。其中，$\frac{\partial g}{\partial \theta}|_{\theta = \hat{\theta}}$ 表示在 $\theta = \hat{\theta}$ 的条件下进行求导，在这种情况下，上述式子可以写成 $(\frac{\partial g}{\partial b_{11}}|_{b_{11} = \hat{b}_{11}})var(\hat{b}_{11})(\frac{\partial g}{\partial b_{11}}|_{b_{11} = \hat{b}_{11}})$ 的形式，因此可以得到 $var(\hat{D}_l) = (l\hat{b}_{11}^{l-1})^2 var(\hat{b}_{11})$。该方法还可以在矩阵上进行推广。

另一种计算方差的方法为"自助法"（bootstrap methods），当对 $\hat{b}_{11}$ 的正态性假设不准确时，使用该方法要比使用渐进法更有效。在这种方法中，我们假定 b_{11} 的真实值为 $\hat{b}_{11}$，然后我们从 AR（1）模型中模拟一组数据，对该数据进行 S 次模拟，$s = 1，\cdots，S$。这样得到的每组模拟数据都可以用于估计 AR（1）模型，并从中得到估计值 $\tilde{b}_{11}^{(s)}$。我们因此可以得到相应的脉冲响应 $\tilde{D}_l^{(s)}$，并在此基础上取 $\tilde{D}_l^{(s)}$（$s = 1，\cdots，S$）的前两个样本矩作为 $\hat{D}_l$ 的均值和方差。自助法包含两种类型：参数自助法假设冲击具有特定的密度函数，如 $N(0，\sigma_1^2)$，我们可以利用随机数生成器得到 $\tilde{e}_{1t}^{(s)}$，在此期间，σ_1^2 会被替换为从数据中估计得到的 $\hat{\sigma}_1^2$；常规自助法使用实际数据的残差 $\hat{e}_{1t}$ 作为随机数，使用随机数生成器从中进行采样，以此得到 $\tilde{e}_{1t}^{(s)}$。Eviews 提供的是渐进法（图 3-18 中为 *Analytic* 选项）和模拟法（图 3-18 中为 *Monte Carlo* 选项）。还需注意的是，如果我们选择了 "Monte Carlo" 选项，那么就必须设置重复模拟次数，即 S 的值。

EViews 中的 Monte Carlo 方法不同于上述的自助法。在 AR（1）模型中，它基本上通过假设 b_{11} 来自于均值和方差都为 $\hat{b}_{11}$ 的正态分布，来模拟不同的 b_{11} 值。因此，生成的每个新的 b_{11} 的值 $\hat{b}_{11}^{(s)}$ 都可以用于计算脉冲响应 $\tilde{D}_l^{(s)}$，并以与自助法相同的方式求得标准误。由于我们假设 $\hat{b}_{11}$ 是正态分布，因此通过这种方法计算得到的脉冲响应的标准误与渐进法的结果之间的差异主要是因为渐进法使用了对 $g(\theta)$ 函数的线性近似。在大多数情况下，这两种方法给出的标准误之间的差异不会很大。

脉冲响应的标准误问题主要涉及在有限样本中 $\hat{b}_{11}$ 不服从正态分布。其中一种情况是当 b_{11} 接近于 1 时，$\hat{b}_{11}$ 的密度函数更接近 Dickey-Fuller 密度函数。针对这种情况，已经有了一些改进方法，如 Kilian（1998）提出了"自助法加自助法"的方法，但这些替代方法均无法在 EViews 中实现。因此，重要的始终是要检查 VAR 模型的根是否接近于 1。在 EViews 中，这可以通过在估计 VAR 模型后，点击 *View → Lag Structure → AR Roots* 来进行检查。得到的信息会将估计的 VAR 模型转换为伴随形式，然后我们可以通过查看伴随矩阵的特征值来进行判断。以一个二阶 VAR 模型为例，假设 z_t 是变量，那么伴随形式会将 VAR（2）转化成变量为 $w_t = \begin{bmatrix} z_t \\ z_{t-1} \end{bmatrix}$ 的 VAR（1）模型，并具有如下形式：

$$w_t = \begin{bmatrix} z_t \\ z_{t-1} \end{bmatrix} = \begin{bmatrix} B_1 & B_2 \\ I_n & 0 \end{bmatrix} w_{t-1} + \begin{bmatrix} e_t \\ 0 \end{bmatrix}$$

然后，我们可以通过检查矩阵的特征值 $\begin{bmatrix} B_1 & B_2 \\ I_n & 0 \end{bmatrix}$ 来做进一步的判断。对于美国宏观数据而言，这些特征值都小于 0.9，因此所有获取标准误的方法都是有效的。实际上，对于简单宏观模型来说，渐近法和 Monte Carlo 方法给出的结果是非常相似的。

|3.7| 使用 VAR 作为总结模型时存在的问题

使用 VAR 作为总结模型时会存在一些问题，我们将具体讨论以下三种情况：

1. VAR 模型中存在缺失变量。
2. VAR 模型中没有考虑到潜在（未观测到的）变量。
3. VAR 模型中存在非线性关系。这种情况可以通过多种方式表现，如存在阈值效应或 VAR 模型中存在来自潜在或经常性状态的分类变量（虚拟变量）。

3.7.1 缺失变量

理论模型通常包含未被测量的变量或因测量不够准确而受到怀疑的变量，如宏观经济的资本存量。迄今为止，VAR 模型使用的均是已经测量过的变量，因此我们还必须考虑缺失变量或潜在变量对 VAR 模型的影响。特别是，如果已测量的变量数量少于用于描述宏观经济模型的变量数量，或者人们认为需要更多变量来描述宏观经济模型时，会出现什么情况？

我们可以通过下面这个简单的例子来了解缺失变量对 VAR 模型的影响。在这个例子中，我们假设正在分析的系统包含两个变量，即 z_{1t} 和 z_{2t}，但只有一个变量 z_{1t} 的观测数据可用。假设这两个变量的系统由限制性 VAR（1）模型描述：

$$z_{1t} = b_{11}^1 z_{1t-1} + b_{12}^1 z_{2t-1} + e_{1t}$$
$$z_{2t} = b_{22}^1 z_{2t-1} + e_{2t}$$

由于只有 z_{1t} 的观测数据是可用的，所以我们需要了解 z_{1t} 的数据生成过程（DGP）是什么。

我们将 z_{2t} 的方程写为：

$$(1 - b_{22}^1 L) z_{2t} = e_{2t}$$

其中，L 是滞后操作符，它可以使 z_t 滞后 K 个时期，也就是 $L^k z_t = z_{t-k}$，所以有：

$$z_{2t-1} = (1 - b_{22}^1 L)^{-1} e_{2t-1}$$

因此可以得到：

$$z_{1t} = b_{11}^1 z_{1t-1} + b_{12}^1 (1 - b_{22}^1 L)^{-1} e_{2t-1} + e_{1t}$$

所以有：

$$(1 - b_{22}^1 L) z_{1t} = b_{11}^1 (1 - b_{22}^1 L) z_{1t-1} + b_{12}^1 e_{2t-1} + (1 - b_{22}^1 L) e_{1t} 。$$

由此可得：

$$z_{1t} = (b_{11}^1 + b_{22}^1) z_{1t-1} - b_{11}^1 b_{22}^1 z_{1t-2} + b_{12}^1 e_{2t-1} + e_{1t} - b_{22}^1 e_{1t-1} \tag{3.16}$$

方程（3.16）是一个自回归移动平均（ARMA（2，1））过程。变量的减少使得 z_{1t} 的总和模型从 VAR 形式转化为 ARMA 形式。这种转化是由 Wallis（1977）、Zellner 和 Palm（1974）首次注意到的，即如果完整的变量集合具有 VAR（p）作为其数据生成过程（DGP），那么缩减后的变量集合的 DGP 将转化为向量自回归移动平均（VARMA）过程。VARMA 过程通常可以被视为无限阶的 VAR（∞）过程。这意味着设定一个较高的 p 值可能只是反映了系统中缺少足够的变量来捕捉其运作方式。如果我们认为缺失变量对模型的解释能力至关重要，那么解决方案就是改变变量的数量（n），而不是增加 VAR 模型的滞后阶数（p）。

变量的减少并不总会导致 VARMA 过程。例如，假设 $z_{2t} = 3z_{1t}$，也就是说，原始变量与缩减变量之间存在着一个恒等式。那么有 $z_{1t} = (b_{11}^1 + 3b_{12}^1)z_{1t-1} + e_{1t}$，这是一个 AR（1）过程。但如果像资本存量累积那样，令 $z_{2t} = 3z_{1t} + \phi z_{2t-1}$，我们就会得到：

$$z_{1t} = b_{11}^1 z_{1t-1} + b_{12}^1 \frac{3z_{1t-1}}{(1-\phi L)} + e_{1t}$$

$$\Rightarrow z_{1t} = (\phi_1 + b_{11}^1 + 3b_{12}^1)z_{1t-1} - \phi b_{11}^1 z_{1t-2} + e_{1t} - \phi e_{1t-1}$$

由此我们可以得到一个 ARMA（2，1）过程。即使是令 $z_{2t} = 3z_{1t} + \eta_t$，其中，$\eta_t$ 是随机的。尽管此时 z_{1t} 是一个 ARMA（1，1）过程，也会出现问题。因此，我们在使用较少的变量时需要小心谨慎，最好是将被省略的变量包含在 VAR 模型中，即使这些变量的测量并不准确。如果无法直接在 VAR 模型中包含被省略的变量，可以考虑添加代理变量或替代性指标。例如，在省略了资本存量的情况下，向 VAR 模型中添加投资作为代理变量可以提供一定的代替性信息，从而更好地描述经济系统的运行机制。

缩减变量对模型造成的影响是非常大的。Kapetanios 等人（2007）构建了一个包含 26 个内生变量的模型，用于模拟 2002—2008 年英格兰银行季度模型（BEQM），这个较小的模型的变量数量约是 BEQM 模型的变量数量的一半。然后他们构建了 5 个脉冲响应，分别对应外部需求、国内总要素生产率、政府支出、通货膨胀率和主权风险溢价，并生成了这 5 个变量的数据。这些变量类似于许多开放经济体 VAR 模型中的标准变量，如 GDP 缺口、通货膨胀率、实际利率、实际汇率和外部需求。然后，他们对模拟数据进行了 VAR 模型的拟合。显然，变量数量的大幅减少对准确获得正确的脉冲响应能力产生了重大影响。实际上，研究发现，需要使用 VAR（50）模型和约 30 000 个观测值才能准确估计所有的脉冲响应。同时，通过 AIC 和 SC 等标准确定的 VAR 阶数通常相当小（在四到七之间），这导致了脉冲响应估计的重大偏差。其他研究也得出了类似的结果。关于这些问题的最新综述可以在 Pagan 和 Robinson（2016）的研究。

通过以上讨论我们可以得出下面的结论：

• 当 VAR 模型中的变量数量较少时，为了准确估计脉冲响应，往往需要更高的滞后阶数 p。

• 如果在 VAR 分析中已经有较高的滞后阶数 p，那么更有益的做法是增加模型中的变量数量，而不仅仅是专注于增加滞后长度。

总的来说，良好的 VAR 模型不仅需要选择合适的滞后阶数 p，还需要考虑包括在 VAR 中的变量的性质及数量。正如上述分析所示，当在模型中省略了存量变量时，可能就会出现一些问题。实际上，由于样本量相对较小，我们通常需要使用更高阶的VAR模型来代替在经验研究中使用的VAR模型。在许多VAR模型研究中，忽略存量变量、只考虑流量变量是一个需要解决的潜在问题。Pagan和Robinson也在2016年的研究中指出，这个问题在涉及外部资产的小型开放经济体的VAR模型中尤为明显。忽略存量变量还可能导致与VAR相关的另一个问题，即非可逆VARMAs（非可逆向量自回归移动平均模型）。在这种情况下，数据需要一个任何阶数的VAR模型都无法捕捉的VARMA过程。下面Catao和Pagan（2011）提供的一个简单示例说明了这一问题。

假设我们希望通过调节主要赤字（primary deficit）等变量来稳定债务水平，使其相对于目标值保持稳定。设主要赤字为 $\tilde{x}_t$，债务存量为 $\tilde{d}_t$，我们将 $\tilde{d}_t$ 定义为相对于其期望均衡值的差距。那么债务会按照 $\Delta \tilde{d}_t = \tilde{x}_t$ 的方式累积。简单起见，我们假设实际利率为零。为了稳定债务，我们将主要赤字的大小与债务水平以及某个活动变量 $\tilde{y}_t$（如产出缺口）相关联。假设 $\tilde{y}_t$ 是一个均值为零的平稳过程，那么有：

$$\tilde{x}_t = a\tilde{d}_{t-1} + c\tilde{y}_{t-1} + e_t, a < 0 \tag{3.17}$$

如果 $\tilde{y}_t$ 是一个平稳过程，那么方程（3.18）就会成立，并且债务差距将会收敛到零。

$$\Delta \tilde{d}_t = a\tilde{d}_{t-1} + c\tilde{y}_{t-1} + e_t \tag{3.18}$$

现在我们尝试使用一个不包含 $\tilde{d}_t$，只包含 $\tilde{x}_t$ 和 $\tilde{y}_t$ 的VAR模型，这在许多财政VAR模型和开放经济体研究中是常见的。为了将 $\tilde{d}_t$ 从模型中剔除，我们需要先解出 $\tilde{d}_t$，根据方程（3.18）可以得到：

$$\tilde{d}_t = (1 - (1 + a)L)^{-1}[c\tilde{y}_{t-1} + e_t]$$

因此，财政规则可以表示为：

$$\tilde{x}_t = a(1 - (1 + a)L)^{-1}[c\tilde{y}_{t-2} + e_{t-1}] + c\tilde{y}_{t-1} + e_t \tag{3.19}$$

将方程（3.19）展开，可以得到：

$$\tilde{x}_t = (1 + a)\tilde{x}_{t-1} + ac\tilde{y}_{t-2} + ae_{t-1} + c\tilde{y}_{t-1} + e_t - (1 + a)(c\tilde{y}_{t-2} + e_{t-1}) = (1 + a)\tilde{x}_{t-1} + c\Delta\tilde{y}_{t-1} + \Delta e_t$$

误差项 Δe_t 是一个不可逆的MA（1）过程，这意味着无法用VAR模型的表示方法来描述 $\tilde{x}_t$ 和 $\tilde{y}_t$。尽管系统中可能存在另一个方程来描述 $\tilde{y}_t$，但它与误差项 Δe_t 是独立的，与债务水平无关。因此，在这种情况下，将变量集合进行压缩会得到一个VARMA过程，但需要注意的是，其中的MA项是不可逆的。关于不可逆过程的最早示例之一可以在Lippi和Reichlin（1994）的研究中找到。这个例子被称为非根本不确定性（non-fundamentalness），最早由Hansen和Sargent（1991）提出。在本书中，我们没有详细介绍这样的问题，但关于这个问题的综述可以在Alessi等人（2008）的文献中找到。这篇综述提供了对这类问题的全面回顾和讨论。在我们刚刚提供的简单示例中，冲击的数量要么小于可观察变量的数量，要么与其相等。因此，问题的产生并不是因为模型中存在多余的冲击，这与我们之前的例子情况不同。在先前的示例中，问题产生的原因是我们遗漏了一个本应该包含在VAR模型中的变量 z_{2t}。

3.7.2 潜在变量

通常情况下，直接考虑未观测变量比仅仅增加VAR模型的阶数更合理。当我们认为模型中存在潜在变量时，使用状态空间形式（SSF）是最优选择。在SSF中，系统被表示为方程$z_t^* = B_1 z_{t-1}^* + e_t$，其中，$z_t^*$代表系统中的所有变量，但只有其中一部分$z_t$是被观测到的变量。我们通过映射函数$z_t = G z_t^*$将观测变量与完整集$z_t^*$相关联。在大多数情况下，$G$将是一个已知且固定的选择矩阵。

由于似然性是以z_t^*的形式构建的，因此有必要对其计算进行说明。现在，描述z_t^*和z_t的两个方程构成了一个SSF。其中，第一个方程是状态动态方程，第二个方程是观测方程。似然性的计算依赖于条件密度$f(z_t|Z_{t-1})$，$Z_{t-1} = \{z_{t-1}, z_{t-2}, \cdots, z_1\}$。当冲击项$e_t$符合正态分布时，条件密度$f(z_t|Z_{t-1})$也会是一个正态分布。在这种情况下，只需要计算$z_t$的条件期望$E(z_t|Z_{t-1})$和条件方差$var(z_t|Z_{t-1})$，即可描述$z_t$的条件分布。卡尔曼滤波器通过递归计算提供了$z_t$的条件期望和条件方差，从而可以建立基于可观测数据的似然性。因此，在包含潜在变量的VAR模型中，使用卡尔曼滤波器估计和推断潜在变量是一个自然的选择。在EViews中确实提供了卡尔曼滤波器和SSF估计功能，但由于它们需要退出VAR对象，所以使用下拉菜单计算脉冲响应等内容可能不太方便。

3.7.3 非线性关系

3.7.3.1 阈值VAR模型

已经提出的最简单的非线性模型是向量阈值自回归模型（Vector STAR，VSTAR）。该模型的形式为：

$$z_t = B_1 z_{t-1} + F_1 z_{t-1} G(s_t, \gamma, c) + e_t$$

在这个方程中，s_t是可观测的阈值变量，c是阈值。当$s_t > c$时，过渡函数$G(\cdot)$相对于$s_t \leq c$时的情况发生了偏移，这可以捕捉到变量之间的非线性关系。在STAR模型中，函数G的形式为：

$$G(s_t, \gamma, c) = (1 + \exp(-\gamma(s_t - c)))^{-1}, \gamma > 0$$

阈值变量s_t的性质可以各不相同，但通常都是z_t的滞后值。这样可以捕捉到模型中的滞后非线性效应。此外，VSTAR模型不仅包括上述VAR（1），还可以具有高阶VAR结构，且s_t也可以是一个向量。

VSTAR模型是一个非线性VAR模型，在标准情况下，模型中的每个方程都包含相同的变量。与传统的线性VAR模型不同，VSTAR模型引入了非线性回归，通过阈值变量s_t和阈值函数$G(s_t, \gamma, c)$来捕捉变量之间的非线性关系。在这里，关于参数γ和c的识别还存在一些问题。例如，当$\gamma = 0$时，则无法对c进行估计，但这在许多非线性回归中是普遍存在的。这种模型的一个特点是允许参数发生变化，从而导致条件密度函数发生变化，即z_t会在z_{t-1}和s_t条件下发生变化。这种变化不是通过使用虚拟变量来表示的，而是通过使用阈值变量和阈值函数来捕捉。当s_t是一个未包含在模型的线性部分中的变量时，问题就会随之而来。在这种情况下，如果s_t实际上对z_t有线性影响，那么即使在没有非线性的情况下，$G(s_t)$也很可能表现出显著性。为了解决这一问题，至少应将s_t包含在模型的线性结构中，这意味着，即使s_t不是z_t的一部分，我们也将其视为外生变量。最近一些关于该模型的应用（Hansen，2011）聚焦于研究不确定性对宏观经济系统的影响，在这些研究中将s_t视为一些波动性指数，如VIX（波动率指数）。

在EViews中没有VSTAR选项，但由于执行估计的代码是用R编写的，因此我们可以通过安装附加组件R来达到在EViews中使用VSTAR模型，并利用R的功能进行估计的目的。

3.7.3.2 马尔可夫制度转换模型

最简单的马尔可夫转换（MS）模型如下：

$$z_t = \delta_0 z_t^* + \delta_1 (1 - z_t^*) + \sigma \varepsilon_t \tag{3.20}$$

其中，z_t^* 是一个潜在的二元马尔可夫过程，其特点是转移概率 $p_{ij} = \Pr(z_t^* = j | z_{t-1}^* = i)$。在这里，$z_t^*$ 取值0和1，p_{10} 代表从 $t-1$ 时刻的0转换到 t 时刻的1的概率。可以证明，MS结构意味着 z_t^* 是一个 AR（1）的过程，其形式为：

$$z_t^* = \phi_1 + \phi_2 z_{t-1}^* + v_t \tag{3.21}$$

$$var(v_t) = g(z_t^*) \tag{3.22}$$

方程（3.20）和方程（3.21）类似于SSF模型，但有所不同的是，变量 v_t 的方差 $var(v_t)$ 取决于潜在状态 z_{t-1}^*，而在SSF中，任何随时间变化的 v_t 的方差都必须依赖于可观测变量。这个特点意味着密度函数 $f(z_t | Z_{t-1})$ 不再是正态分布，但仍然可以通过递归计算求得，因为它只依赖于有限数量的 z_t^* 的状态。由于密度非正态性的结果 $E(z_t | Z_{t-1})$ 不再是 Z_{t-1} 的线性函数，因此VAR模型中出现了非线性。需要注意的是，在这个模型中，我们建模的条件是条件密度的参数变化，而无条件密度的参数是恒定的，也就是说时间序列中没有断点。z_t 的均值、方差等属性始终保持不变。Krolzig 和 Toro（2004）对模型进行了扩展，允许在 z_t 中包含多个变量。他们使用 VAR（1）模型拟合了6个欧洲国家从1970年第三季度到1995年第四季度的GDP增长率，并允许截距项采用三状态的马尔可夫转换模型（MS（3）），在该过程中 z_t^* 取3个值而不是2个值。早期由 Krolzig 编写的算法已经被用于估计 MS-VAR 模型，并且这些算法可以在 Ox、Gauss 和 Matlab 等软件中使用。这些算法能够计算条件密度函数 $f(z_t | Z_{t-1})$，从而提供了对给定过去状态 z_{t-1} 的情况下当前状态 z_t 的概率分布的估计。EViews 9.5 可以估计基本的 MS 模型，但无法直接估计 MS-VAR 模型。Krolzig 和 Toro 在对各个国家的数据进行 MS-VAR 模型估计时，几乎没有明显的 MS（3）过程的证据。然而，当将6个国家的GDP增长数据纳入考虑时，MS（3）过程的证据就会变得明显。在 Krolzig 和 Toro 的应用中，估计 MS-VAR 模型涉及大量的参数。对于6个系列的 VAR（1）模型，每个系列都需要6个参数，因此总共需要36个参数，而 MS（3）过程涉及12个参数。同时，还有来自状态转移概率的9个参数。此外，Krolzig 和 Toro 的应用中还考虑到 VAR 冲击的协方差矩阵根据不同的状态而变化，这进一步增加了估计问题的复杂性。因此，实际的参数数量可能比前面提到的更多。

在多元情况下，对于单个潜在状态 z_t^*，与方程（3.20）等价的表达式为：

$$z_{jt} = \delta_{0j} z_t^* + \delta_{1j}(1 - z_t^*) + \sigma \varepsilon_{jt} \tag{3.23}$$

因此：

$$\bar{z}_t = \frac{1}{n} \sum_{j=1}^{n} z_{jt} = \frac{1}{n} \sum_{j=1}^{n} \delta_{1j} + \left(\frac{1}{n} \sum_{j=1}^{n} (\delta_{0j} - \delta_{1j})\right) z_t^* + \frac{\sigma}{n} \sum_{j=1}^{n} \varepsilon_{jt}$$

当 n 趋近无穷大时，可以将 z_t^* 近似为平均值 $\bar{z}_t$ 的线性组合，并用其替代方程（3.23）中的 z_t^*。然而，需要注意的是，在实际应用中，大多数 MS-VAR 模型并不涉及非常大的变量数，因此 n 趋近无穷大的假设可能不成立。此外，通常情况下，如果方程 (3.23) 表示一个 VAR 模型，z_t^* 的解决方案涉及的将不仅是当前的平均值 $\bar{z}_t$，还包括滞后值 z_{jt-1}，而这些滞后值无法仅通过平均值 $\bar{z}_{t-1}$ 来捕捉。

最近的研究中广泛应用了 MS-VAR 模型。然而，大部分文献研究使用的是简单 VAR 模型，这就引发了变量是否被错误规范化的问题。导致这种问题的原因可能是通过 MS 结构引入 VAR 模型的潜在变量只是捕捉到了线性部分的规范化错误。此外，MS 模型中还存在着一个识别问题，即"标签"问题。正如 Smith 和 Summers 在 2004 年的论文中指出的，MS 模型在全局上是无法识别的，这意味着对未观测状态和状态相关参数进行重新标记不会改变似然函数。"标签"问题在统计学中已经得到了广泛讨论，Stephens (2000) 的工作提供了一些解决方案，Frühwirth-Schnatter（2001）也提出了一些方法。然而，这些解决方案在经济学实证研究中似乎很少被应用。

3.7.3.3 时变向量自回归模型

我们之前提到 VAR 模型中变量的无条件密度矩存在中断问题，同时条件方差也可能发生变化。对于标量 AR（1）模型 $z_t = b z_{t-1} + \sigma \varepsilon_t$，$z_t$ 的方差为 $\frac{\sigma^2}{1-b}$。在这个模型中可能存在 σ^2 和 b 同时发生变化，使得方差保持恒定的情况，因此无条件矩没有中断。在这个例子中，发生变化的是条件密度 $f(z_t|z_{t-1})$ 的参数。目前有一些新兴的文献对允许 VAR 模型的所有系数根据单位根过程变化进行了研究。因此，如果我们将矩阵 A_1 中的参数表示为向量 θ，那么规范化模型可以表示为 $\theta_t = \theta_{t-1} + v_t$。$v_t$ 的协方差矩阵可以是固定的，也可以随着随机波动过程演变。很难对 θ 演变为单位根的过程给出一个合理的解释，但作为一个实用的方法，它可以用来评估 VAR 模型的稳定性，以确定其在分析中是否有用。如果我们考虑一个简单的模型，如 $z_{1t} = b_t z_{1t-1} + e_{1t}$，其中，$b_t = b_{t-1} + v_t$，那么当 v_t 的方差变大时，系数 b_t 会更加偏离初始值 b_0。基本上，b_t 的估计将更多地依赖于当前数据，v_t 的方差越大，即在形成"b"的估计时，旧数据的权重越低。这对于 v_t 方差的随机波动假设具有类似的作用，它减少了可能对 A_1 估计产生过大影响的"异常值"的权重。这些算法目前尚未在 EViews 中实现，但有一些基于 Matlab 的程序可供使用。尽管研究表明，对于具有时变系数的模型可以使用粒子滤波器扩展的卡尔曼滤波器来进行估计，但在实际应用中，更常见的是使用贝叶斯技术来估计 θ_t。Giratis 等人（2014）最近对于 θ_t 无界问题的研究似乎有所突破，他们将模型写作 $z_{1t} = b_{t-1} z_{1t-1} + e_{1t}$，并允许 b_t 按照 $b_t = b \dfrac{\phi_t}{max_{0 \leqslant k \leqslant t}|\phi_t|}$（其中 $b \in$（0，1））的方式演变，其中，$\phi_t = \phi_0 + \sum_{j=1}^{t} v_t$。这使得他们能够基于平滑方法来处理突变。

3.7.3.4 循环状态的分类变量

有时，我们在 VAR 模型中会添加分类变量 s_t 来表示循环状态。这些变量通常是由某个观测变量构建而成的。例如，我们可以定义 $S_t = 1(\Delta y_t > 0)$，其中 1（·）代表指示函数，如果括号中的事件为真，则取值为 1，否则取值为 0。这里，Δy_t 可能是一个观测到的增长率。非线性来自于指示函数。将循环事件的指示变量 S_t 添加到 VAR 模型中可能会引发复杂的问题。其中，许多问题源于 S_t 是由像 y_t 这样的变量构建而成的，这将影响它们的性质。特别是它们在过去和将来显示出非线性依赖关系。为了理解这种非线性依赖关系，以美国国家经济研究局（NBER）构建的商业周期指标为例。由于 NBER 坚持衰退必须持续两个季度，因此 S_t 将演化为至少二阶的马尔可夫链。以 1959 年 1 月至 1995 年 2 月的 NBER 数据为例，拟合一个二阶马尔可夫链[①]到 S_t 上，当 S_t 为 1 时表示扩张，为 0 时表示收缩，得到：

$$S_t = \frac{0.4}{(3.8)} + \frac{0.6 S_{t-1}}{(5.6)} - \frac{0.4 S_{t-2}}{(-3.8)} + \frac{0.35 S_{t-1} S_{t-2}}{(3.1)} + \eta_t \tag{3.24}$$

显然，与二阶马尔可夫链（$S_{t-1} S_{t-2}$）相关的非线性项非常重要。

在 VAR 模型中使用 S_t 存在一些困难，因为它可能依赖于 z_t 的未来值。为了定义 S_t 的值，我们需要知道活动的峰值和低谷发生的时间。当 S_t 代表 NBER 商业周期状态时，在满足 Δz_{t+1} 和 $\Delta_2 z_{t+2}$ 都为负数的条件下，峰值会在 t 时间出现（Harding 和 Pagan，2002）。因此，由于 S_{t-1} 取决于 Δz_{t+1} 和 $\Delta_2 z_{t+2}$，所以不能将其视为预定变量，这意味着将 z_t 回归到 S_{t-1} 会得到不一致的 VAR 系数估计结果。最近的文献提出了用连续变量 $\Phi(\Delta y_{t-1}, \Delta_2 y_{t-1})$ 替换 S_t 的方法，其中，Φ 是一个取值介于 0 和 1 之间的函数。现在 Φ_t 可以被看作预定变量，但它会明显滞后于 NBER 定义的衰退和扩张开始的时间。由于 S_t 的这些复杂性，所以不能使用 EViews 中现有的 VAR 估计方法。Harding 和 Pagan（2011）在他们的研究中对这些问题进行了详细讨论。

---

① 使用四个期间的窗口宽度计算的 Newey-West HAC（异方差-自相关稳健）t-值。

具有 I(0) 过程的结构向量自回归模型

4.1 引言

在向量自回归模型（VAR）中，误差通常具有相关性。因此，在使用脉冲响应函数时存在一定的困难，因为脉冲响应函数旨在衡量在其他条件都不变的情况下的冲击变化。然而，如果冲击之间存在相关性，则在冲击发生时无法保持其他冲击不变。在下一节中，我们提出了两种方法来结合 VAR 误差，以生成一组不相关冲击，从而计算其脉冲响应——这些方法根据用于获得不相关冲击的数学方法来进行命名。接下来，我们将讨论广义脉冲响应（GIR）方法。GIR 方法不会重新定义冲击，而是计算 VAR 误差的脉冲响应，同时在一定程度上考虑了它们之间的相关性。在本章的后续部分，我们将继续探讨寻找不相关冲击的策略方法。然而，我们的研究重点转移到了为导致不相关冲击的过程提供经济理由上。

4.2 寻找不相关冲击的数学方法

为了便于操作，我们首先着手处理一个一阶向量自回归模型（VAR（1））。

$$z_t = B_1 z_{t-1} + e_t$$

假设误差 e_t 的期望为 0，其协方差为 Ω_R。我们可以考虑将误差 e_t 与一个非奇异矩阵 P 进行组合，从而生成一组不相关的冲击 v_t，即满足 $e_t = Pv_t$ 的关系，并且 v_{it} 之间是相互独立的。因此：

$$z_t = B_1 z_{t-1} + Pv_t$$

此外，z_t 对 v_t 的响应可以表示为 P。因此，我们的目标是找到一个 P 矩阵，使得 v_t 之间是不相关的，即其协方差矩阵 $cov(v_t) = F$，F 为对角矩阵。为了实现这一目标，我们可以采用两种方法来寻找 P 矩阵：

1. 矩阵 Ω_R 的奇异值分解（SVD）可以表示为 $\Omega_R = UFU'$，如果 $UU' = I$，那么 $UU' = I$ 和 F 是对角矩阵。因此，可以令 $P = U$，那么 $cov(e_t) = \Omega_R = PFP'$。这样，对于冲击 v_t 的同期脉冲响应为 P。

2. Cholesky 分解可表示为 $\Omega_R = A'A$，其中，A 是一个三角矩阵。因此，可以令 $P = A'$，如果 $F = I$ 成立，v_t 的方差等于 1。然而，若研究者偏好冲击的方差不是 1，则可通过允许矩阵 A 的对角元素捕捉标准偏差来实现。单位冲击的同期脉冲响应将由 A' 给出。

由于使用不同的方法会导致正交冲击不同，所以脉冲响应也会有所不同。然而，这两种方式都能复制 Ω_R，因此无法在它们之间选择。

要在 EViews 中执行 Cholesky 分解，需使用包含变量 *gap*、*infl* 和 *ff* 的小型宏观模型。按照图 2-4 中的说明，点击 *Impulse→Impulse definition→Cholesky-dof ad-justed*，将生成这些冲击的脉冲响应。在 EViews 中计算 Cholesky 分解时，需要注意描述变量进入 VAR 中的顺序。在这种情况下，它们按照输入的顺序排列，即 *gap*、*infl*、*ff*。

这引出了 Cholesky 和 SVD 方法之间的一个关键区别。当矩阵 P 从奇异值分解（SVD）中形成时，它将（正交）变量从最大变化到最小变化进行排序。这种排序不会随着原始变量在 VAR 中的改变而改变，即如果输入 EViews 的变量为 *ff*、*gap*、*infl*，而不是 *gap*、*infl*、*ff*，Cholesky 分解的结果会发生变化，但 SVD 的结果不会变。

| 4.3 | 广义脉冲响应

一种不同的策略不是构建新的冲击 v_t，而是研究误差项 e_{jt} 的变化对变量 z_{jt} 的影响。由于误差项之间存在相关性，所以我们必须意识到任何误差变化的影响无法直接确定，必须考虑到对 e_{jt} 的更改也会对 e_{kt} 产生影响这一点。因此，在评估 e_{jt} 变化对 z_{lt} 的最终影响时，必须将这一点考虑进去。为了说明如何进行这种分析，我们可以以双变量 VAR 为例进行简单的背景探讨。

$$z_{1t} = b_{11}^1 z_{1t-1} + b_{12}^1 z_{2t-1} + e_{1t}$$
$$z_{2t} = b_{21}^1 z_{1t-1} + b_{22}^1 z_{2t-1} + e_{2t}$$

式中，$\Omega_R = \begin{bmatrix} \omega_{11} & \omega_{12} \\ \omega_{21} & \omega_{22} \end{bmatrix}$。现在考虑将 e_{1t} 增加一个标准差 $\sqrt{\omega_{11}}$。那么这会对 z_2 产生什么样的影响呢？为了回答这个问题，我们研究了 VAR 模型中的移动平均模型（MA），令 $z_{2t} = e_{2t} + D_{21}^1 e_{1t-1} + D_{22}^1 e_{2t-1} + \cdots$ 现在假设 e_t 服从二元正态分布，然后令 $e_{2t} = \dfrac{\omega_{21}}{\omega_{11}} e_{1t} + \eta_{2t}$，其中，$\eta_{2t}$ 与 e_{1t} 不相关，即当 e_{1t} 变化时 η_{2t} 仍保持不变。由此，当 e_{1t} 发生大小为 $\sqrt{\omega_{11}}$ 的变化时，对 z_{2t} 的影响为 $\dfrac{\omega_{21}}{\omega_{11}} \sqrt{\omega_{11}}$，基本上等同于 $E(z_{2t}|e_{1t} = \sqrt{\omega_{11}}) - E(z_{2t}|e_{1t} = 0)$。

沿着相同的思路，对于更长时间范围的脉冲响应，我们需要考虑 z_{2t+1}。在这种情况下，e_{1t} 的变化将产生直接效应，而 e_{1t} 的变化对 e_{2t} 的影响则会产生间接效应。因此，当 e_{1t} 发生 $\sqrt{\omega_{11}}$ 变化时，其对 z_{2t+1} 的总效应可表示为 $D_{21}^1 \sqrt{\omega_{11}} + D_{22}^1 \dfrac{\omega_{21}}{\omega_{11}} \sqrt{\omega_{11}}$。该方法最早由 Evans 和 Wells（1983，1986）提出，随后在 Pesaran 和 Shin（1998）的研究中得到广泛应用，并被称为广义脉冲响应（GIRs）。

值得注意的是，在计算 e_{jt} 的广义脉冲响应函数时，可以将 z_{jt} 置于变量顺序的首位，并利用 Cholesky 分解来计算脉冲响应。这一结果说明，在计算 GIRs 时，变量的顺序并不重要，因为每个变量 z_{jt} 都会依次位于顺序的顶端以界定一个冲击，随后通过 Cholesky 分解得到该冲击的脉冲响应。为了获取所有 GIRs，需要对变量进行 n 次排序。

这些 GRIs 的用途是什么？首先，施加的冲击并没有名称。它们只是将 VAR 模型的误差进行组合，因此它们只能叫"第一个方程冲击""第二个方程冲击"等，这似乎并没有特别吸引人。其次，每个冲击都来自不同的递归模型，而不是单个模型。

有人认为 GIRs 对于研究冲击的持续性（"持续性轮廓"）很有用。但是，持续性仅仅取决于 B_1 的特征值，而这些特征值可以从 EViews 的下拉菜单中轻松找到，正如前一章所解释的那样。因此，很难看出进行 GI 分析的价值。

|4.4| 结构向量自回归模型与不相关冲击：表示方法与估计方法

4.4.1 表示方法

更标准的方法是指出冲击之间的相关性是由变量之间的同期相关性引起的。因此，我们需要构建一个系统，其中每个变量不依赖于其他变量的过去值，而依赖于其他变量的同期值。通过捕捉到的同期效应，我们可以认为结构方程中的错误是不相关的。

创建这个新系统将使其具备不同的功能，即执行解释任务。更具体地说，它将由结构（联立）方程组成，而不是像 VAR 那样的简化形式。由于结构方程最初源自反映代理者的决策思想，这种方法可以被视为是具有经济含义的。

具体而言，所构建的阶数为 p 的结构向量自回归（SVAR）模型将呈现如下形式：

$$A_0 z_t = A_1 z_{t-1} + \dots + A_p z_{t-p} + \varepsilon_t$$

现在，我们将冲击 ε_t 视为不相关的，即 $E(\varepsilon_t) = 0$，$cov(\varepsilon_t) = \Omega_s$，并且 Ω_s 是一个对角矩阵。矩阵中的元素将遵循与之前滞后项相同的规定，即第 j 个滞后矩阵中的第 (i, k) 元素为 $\{a_{ik}^j\}$。我们需要更仔细地观察 A_0。A_0 被定义为：

$$A_0 = \begin{bmatrix} a_{11}^0 & -a_{12}^0 & . & . \\ -a_{21}^0 & a_{22}^0 & -a_{23}^0 & . \\ . & & & \\ . & & & \end{bmatrix}$$

其中，a_{ij}^0 的符号选择是为了使每个方程都能以回归形式写出。

为了更仔细地研究这个问题，我们（根据利率对货币的需求和供应）采用以下"市场模型"：

$$q_t - a_{12}^0 p_t = a_{11}^1 q_{t-1} + a_{12}^1 p_{t-1} + \varepsilon_{1t} \tag{4.1}$$

$$p_t - a_{21}^0 q_t = a_{21}^1 q_{t-1} + a_{22}^1 p_{t-1} + \varepsilon_{2t} \tag{4.2}$$

$$var(\varepsilon_{1t}) = \sigma_1^2, \ var(\varepsilon_{2t}) = \sigma_2^2, \ cov(\varepsilon_{1t}\varepsilon_{2t}) = 0$$

其中，q_t 是质量，p_t 是价格。

该问题可归结为一种形式上的 VAR 模型：

$$q_t = b_{11}^1 q_{t-1} + b_{12}^1 p_{t-1} + e_{1t}$$

$$p_t = b_{21}^1 q_{t-1} + b_{22}^1 p_{t-1} + e_{2t}$$

根据方程（4.1）~（4.2），我们得出了 $A_0 = \begin{bmatrix} 1 & -a_{12}^0 \\ -a_{21}^1 & 1 \end{bmatrix}$ 的表达式，这种形式被称为标准化形式。在标准化形式中，每个方程都包含一个"因变量"，并且每个冲击 ε_{it} 都具有方差 σ_i^2。相反地，非标准化形式将不具备这些特征：

$$a_{11}^0 q_t - a_{12}^0 p_t = a_{11}^1 q_{t-1} + a_{12}^1 p_{t-1} + \eta_{1t}$$
$$a_{22}^0 p_t - a_{21}^0 q_t = a_{21}^1 q_{t-1} + a_{22}^1 p_{t-1} + \eta_{2t}$$
$$var(\eta_{1t}) = 1, \ var(\eta_{2t}) = 1, \ cov(\eta_{1t}\eta_{2t}) = 0$$

在后一种形式中，A_0 被设定为自由变量，并可假设 η_{it} 的方差为1，这是因为 a_{ii}^0 实际上已经解释了这些方差。根据定义，我们可以得出 $\varepsilon_{jt} = \sigma_j \eta_{jt}$ 的关系式，其中，σ_j 代表 ε_{jt} 的标准差。ε_{jt} 实际上是 η_{jt} 重新标度后的形式。

更一般地，SVAR 可以表示为 $A_0 z_t = A_1 z_{t-1} + B\eta_t$，$var（\eta_{jt}）$ 被设定为1，并选择 A_0 和 B 以捕捉 z_t 之间的同期相互作用以及冲击的标准差。实际上，这是 EViews 用于表示 SVAR 的方法，该方法使得系统可以根据 $A=A_0$ 和 B 的规定在标准化和非标准化之间进行转换。在 EViews 软件中，我们将 η_t 表示为 u_t。在本书中，当需要具有单位方差的冲击时，我们将使用 η_t 来表示。

4.4.2 估计方法

众所周知，对于联立方程组而言，存在着一个识别问题，即在没有任何限制的情况下，无法准确估计 A_0、A_1、...、A_p 中的所有系数。然而，与第1章所述的标准联立方程组设置相比，我们现在引入了一组额外的约束条件，且冲击 ε_t 是不相关的。

累加模型的目的是以紧凑形式包含数据中的所有信息。为了阐述在向 SVAR（1）转变过程中所遇到的问题，我们首先假设存在一个 VAR（1）模型：

$$z_t = B_1 z_{t-1} + e_t$$

其中，假设 $n=2$ [3]（方括号 [·] 表示 $n=3$ 的情况）来帮助阐明问题。[1] 累加（VAR）模型在 B_1 中有 n^2（$=4$ [9]）个元素，在 e_t 的协方差矩阵中有 $\dfrac{n(n+1)}{2}$（$=3$ [6]）个元素（由于对称性，实际上不存在 n^2 个值）。因此，我们需要通过这些 $n^2 + \dfrac{n(n+1)}{2}$（$=7$ [15]）信息来估计 SVAR（1）的系数。对于 SVAR 模型，在标准化后的 A_0 中有 n^2-n（$=2$ [6]）个元素，有 n（$=2$ [3]）个冲击的方差，以及 A_1 中有 n^2（$=4$ [9]）个未知数，总共需要估计 $2n^2$（$=8$ [18]）个参数。

因此，SVAR 中需要估计的参数数量超过了 VAR。这意味着无法从 VAR（1）中恢复 SVAR（1）中的系数。为了解决这个问题，我们需要对 A_0 和/或 A_1 施加额外的限制条件。具体而言，我们需要满足 $2n^2 - n^2 + \dfrac{n(n+1)}{2} = \dfrac{n(n-1)}{2}$（$=1$ [3]）的限制条件。寻找这些限制条件是一个具有挑战性的任务，并将是本章和后续章节的重点内容。目前，我们假设已经找到了这些限制条件，接下来我们将探讨如何估计结果 SVAR 以及在估计完成后如何构建脉冲响应。

---

① 我们对 $n = 3$ 感兴趣，因为第2章中使用的小型宏观模型中涉及3个变量。

4.4.2.1　最大似然估计法

SVAR（p）的近似对数似然函数是[①]：

$$L(\theta) = cnst + \frac{T-p+1}{2} \{\ln|A_0|^2 + \ln|\Omega_S^{-1}|\} - \frac{1}{2}\sum_{t=p+1}^{T}(A_0 z_t - A_1 z_{t-1} - ... - A_p z_{t-p})'\Omega_S^{-1}(A_0 z_t -$$

$$A_1 z_{t-1} - ... - A_p z_{t-p})$$

在术语中，与 A_0 相关的部分明显涉及需要估计的参数。然而，在使用 EViews 8 之前，由于行列式如 $|A_0|$ 不能依赖于未知参数，用户无法编写一个能够最大化该可能性的程序。为了解决这个问题，EViews 8 引入了 *optimize*（）命令，从而解除了这个限制。

在 EViews 中，标准的 FIML 估计量曾被视为一种潜在估计量，然而直到 EViews 9.5 版本才实现了对结构误差协方差矩阵结构的约束，即对角化。本书采用 EViews 9.5 中的 *optimize*（）函数和改进的 FIML 估计量来估计所研究的 SVAR 模型。在这些模型中，最常见的假设是结构方程冲击的协方差矩阵是对角矩阵。

4.4.2.2　工具变量（Ⅳ）估计方法

在研究中，我们常常倾向于使用工具变量（IV）而非极大似然估计（MLE）来估计结构向量自回归（SVAR）模型。这种做法具有一些概念上的优势，这些优势将在后续探讨复杂情况的章节中得到更清晰的展示。因此，有必要对这一方法及其在使用过程中可能引发的复杂情况进行简要介绍。我们通过以下方程进行讨论：

$$y_t = \omega_t \theta + v_t$$

其中，ω_t 是一个随机变量，其期望 $E(\omega_t v_t)$ 不等于零。在这种情况下，如果我们直接应用最小二乘法（OLS）进行参数估计，将会得到 θ 的有偏估计。然而，如果我们能够找到一个合适的工具变量 x_t，使得 $E(x_t v_t) = 0$，那么 θ 的 IV 估计量将被定义为：

$$\hat{\theta} = \frac{\sum_{t=1}^{T} x_t y_t}{\sum_{t=1}^{T} \omega_t y_t}$$

在一般情况下，我们可以认为 $\hat{\theta}$ 是 θ 的一致估计量，前提是满足以下两个条件：

1. 工具变量与 ω_t 之间存在相关性（相关性条件）。

2. 工具变量与 v_t 之间不存在相关性（有效性条件）。

根据理论，如果变量 ω_t 与 x_t 之间的相关性较低，则可以认为该工具变量是弱工具变量。然而，在实证研究中，要准确判断这一点并不容易。对于单个工具而言，相关性低于 0.1 可能被认为是弱工具。当有多个可用的工具时（即 x_t 是一个向量），我们想要了解 x_{1t} 是否为弱工具，有经验的研究人员通常会使用 F 检验来检查 ω_t 关于 x_t 回归中的 x_{1t} 系数是否为零。小于 10 的值可以作为相关性的等效指标。当存在弱工具时，$\hat{\theta}$ 通常不会呈现正态分布，即使在大样本中也是如此，并且往往具有有限的样本偏差。这些事实表明，很难对 θ 的值进行推断。随着研究的深入，我们将会遇到一些 SVARs 中可能出现弱工具的例子。

用于对弱工具进行稳定性推断的一种常用方法是 Anderson-Rubin（1949）测试。假

[①]　请注意，计算对数似然函数时需要考虑到 $z_1, ..., z_p$ 的无条件密度。在接下来的章节中，为了简化表述，我们将近似对数似然函数简称为对数似然函数，并将其最大化的估计量称为极大似然估计（MLE）。

设我们将上述方程以矩阵形式表示为 $y = W\theta + v$，其中，IV 估计量为 $\hat{\theta} = (X'W)^{-1}X'y$。如果我们希望检验 $\theta = \theta^*$，我们可以通过使用 $\{X'(y - W\theta^*)\}$ 来检验 $E\{X'(y - W\theta^*)\}$ 是否为零来实现这一目标。这是一种标准的矩法测试，其方差具有明确定义，从而给出一个渐近 χ^2 的检验统计量。现在令

$$X'(y - W\theta^*) = X'(y - W\hat{\theta} + W(\hat{\theta} - \theta^*))$$

根据 IV 估计量的定义，我们有 $X'(y - W\hat{\theta}) = 0$，因此上述式子等于 $X'W(\hat{\theta} - \theta^*)$。从这个式子可以看出，当 $X'W$ 是一个均值接近于零的随机变量时（弱工具的情况），$(\hat{\theta} - \theta^*)$ 的分布可能会表现得很糟糕。因此，AR 测试的优势在于它避免了使用 $\hat{\theta}$。在实际应用中，我们改变 θ^* 并找到置信区间。虽然 EViews 没有提供 AR 测试，但我们可以为它编写代码。

假设我们通过工具变量而非极大似然估计（MLE）来估计 SVAR 模型。当 SVAR 完全识别时（通常是这样），MLE 和工具变量估计量是等价的。Durbin（1954）和 Hausman（1975）在联立方程文献中已经证明了这一结论。因此，在完全识别的情况下，选择使用哪种方法主要取决于计算和教学方面的考虑。工具变量方法的一个优势在于能够揭示弱工具变量的存在。尽管这些弱工具变量对 MLE 的影响是相同的，但通常情况下并不明显。

|4.5| 结构向量自回归模型（SVAR）的脉冲响应：构建与应用

4.5.1 构建

通过对 VAR 冲击的脉冲响应进行研究，我们从移动平均模型（MA）中发现了 $z_t = D(L)e_t$。为了推导结构冲击的脉冲响应，我们利用了 VAR 和 SVAR 冲击之间的关系，即 $e_t = A_0^{-1}\eta_t$。值得注意的是，我们使用了 η_t 而非 ε_t 来表示非标准化的形式，这意味着冲击的标准差被纳入了 A_0 的对角元素中。在第 3 章中，我们提出了 VAR 的 MA 表示形式为 $z_t = D(L)e_t$，进一步推导出 SVAR 的 MA 形式为 $z_t = D(L)A_0^{-1}\eta_t = C(L)\eta_t$。因此，我们可以得出 $C(L) = D(L)A_0^{-1}$ 的结论。从第 3 章开始，我们通过递归的方式生成 D_j：

$$D_0 = I_n$$
$$D_1 = B_1 D_0$$
$$D_2 = B_1 D_1 + B_2 D_0$$
$$\vdots$$
$$D_j = B_1 D_{j-1} + B_2 D_{j-2} + ... + B_p D_{j-p}$$

因此，使 L 中的项与 $C(L) = D(L)A_0^{-1}$ 相等，

$$C_0 = A_0^{-1} \tag{4.3}$$
$$C_1 = D_1 A_0^{-1} = B_1 D_0 A_0^{-1} = B_1 C_0 \tag{4.4}$$
$$C_2 = D_2 A_0^{-1} = (B_1 D_1 + B_2 D_0)A_0^{-1} = B_1 C_1 + B_2 C_0$$
$$\vdots$$
$$C_j = D_j A_0^{-1} = (B_1 D_{j-1} + ... + B_p D_{j-p})A_0^{-1} \tag{4.5}$$

从这个结果可以清楚地看出，当 $j \geqslant p$ 时，可以使用方程（4.5）递归生成 C_j：

$$C_j = B_1 C_{j-1} + ... + B_p C_{j-p}$$

根据方程（4.3）和方程（4.4）所确定的初始条件 C_0，…，C_{p-1} 进行计算。

由于 D_j 的计算仅依赖于 VAR 系数 $B_1 \cdots B_p$，而与模型的结构无关，因此一旦确定了 C_0 的结构，即可找到所有的 C_j。需要强调的是，结构脉冲响应的核心问题是如何准确估计 C_0。

4.5.2 方差及其变量分解

由于已经发现了冲击 ε_t（或 η_t），自然而然地就出现了关于解释 z_t 时一个冲击相对于其他冲击的重要性问题。两种使用脉冲响应来回答这些问题的方法已经出现。其中一种方法是将时间 t 的信息分解为每个冲击所解释的百分比，用于预测误差 z_{jt+h} 的方差。另一种方法是根据当前的冲击（及其过去的历史信息）对时间 t 的变量 z_{jt} 进行剖析。

假设在某个时间点 t，我们拥有一些可用的信息，并且希望利用 VAR（2）模型来预测未来的时间点 z_{t+2}。然后令

$$
\begin{aligned}
z_{t+2} &= B_1 z_{t+1} + B_2 z_t + e_{t+2} \\
&= B_1 (B_1 z_t + B_2 z_{t-1} + e_{t+1}) + B_2 z_t + e_{t+2} \\
&= (B_1^2 + B_2) z_t + B_1 B_2 z_{t-1} + B_1 e_{t+1} + e_{t+2}
\end{aligned}
$$

考虑到在时间 t 时已知 z_t 和 z_{t-1}，我们可以利用该时刻的信息进行 2 步预测误差的计算，其结果为 $B_1 e_{t+1} + e_{t+2}$。根据方程（4.3）我们可以得到 $C_1 C_0^{-1} = B_1$ 以及 $C_0 = A_0^{-1}$ 的关系式，从而将预测误差重新表达为：

$$
\begin{aligned}
B_1 e_{t+1} + e_{t+2} &= C_1 A_0 e_{t+1} + e_{t+2} \\
&= C_1 A_0 A_0^{-1} \eta_{t+1} + A_0^{-1} \eta_{t+2} \\
&= C_1 \eta_{t+1} + C_0 \eta_{t+2}
\end{aligned}
$$

因此，我们可以推导出 2 步预测误差的方差：

$$
V_2 = var(C_0 \eta_{t+2}) + 2cov(C_0 \eta_{t+2}, C_1 \eta_{t+1}) + var(C_1 \eta_{t+1}) = C_0 C_0' + C_1 C_1'
$$

$$
cov(\eta_t) = I_2
$$

取 $n=2$ 并将矩阵进行划分：

$$
C_0 = \begin{bmatrix} c_{11}^0 & c_{12}^0 \\ c_{21}^0 & c_{22}^0 \end{bmatrix}, \quad C_1 = \begin{bmatrix} c_{11}^1 & c_{12}^1 \\ c_{21}^1 & c_{22}^1 \end{bmatrix}
$$

第一个变量的 2 步预测误差的方差为：

$$
\Delta = (c_{11}^0)^2 + (c_{12}^0)^2 + (c_{11}^1)^2 + (c_{12}^1)^2
$$

因此，第一个冲击对 z_{1t} 预测误差的方差贡献了 $(c_{11}^0)^2 + (c_{11}^1)^2$，即由其解释的 2 步预测方差的比例为 $\dfrac{(c_{11}^0)^2 + (c_{11}^1)^2}{\Delta}$。预测误差方差分解（FEVD）提供了在未来 t 时刻预测的解释比例，并以百分比的形式呈现。

该信息可从 EViews 中获取。在拟合 SVAR 模型并选择 *Impulse* 时，使用 Cholesky 选项后，点击 *View→Variance Decomposition*，填写弹出的窗口。根据变量的顺序 *gap*、*infl*、*ff*，系统的第一个正交冲击解释了通货膨胀率未来 10 个周期的方差的比例为 15.92%，第二个冲击解释了 75.85%，最后一个冲击解释了 8.24%。

除了在预测背景下，我们对研究冲击解释预测方差感兴趣的原因尚不明确。尽管有时人们主张这种分解能够提供关于商业周期原因的信息，但正如 Pagan 和 Robinson（2014）

所强调的，它与商业周期之间的联系相当微弱。

用于获取方差分解的基本关系是：

$$z_{t+2} = (B_1^2 + B_2)z_t + B_1 B_2 z_{t-1} + C_1 \eta_{t+1} + C_0 \eta_{t+2}$$

对于冲击影响的另一种观点可以通过观察得出，即在给定一些初始值 z_t（$t \geqslant p$）后，z_t 可以表示为标准化冲击 $\{\eta_{t-j}\}_j^{\infty} = 0$ 的函数，其中，权重由脉冲响应给出。这是一种有用的分解，因为它显示了随着时间的推移，哪些冲击能驱动变量 z_t。这种变量分解仅在 EViews 10 中可用，但对于早期版本，可以从 www.eviews.com 网址下载历史分解（hdecomp）插件（用户程序）。

4.6 SVAR的约束条件

寻找足够的限制条件以识别 SVAR 是一项具有挑战性的任务。本质上，它是通过陈述能够区分冲击的条件来阐述宏观经济的运作方式。在本节中，我们采用以下三种类型的限制条件：

1. 构建递归系统。

2. 对 A_0 矩阵施加参数约束。

3. 对冲击 ε_t 的脉冲响应施加参数约束。

在第 5 章中，我们将扩展通过对冲击 ε_t 的脉冲响应施加符号约束的方法来区分它们。最后，第 6 章和第 7 章将探讨使用变量对冲击的长期响应作为区分它们的方法。

4.6.1 递归系统

为了解决识别问题，最简单的方法是使系统具有递归性。根据第 1 章的介绍，我们假设 A_0 通常是下三角矩阵，并且与结构冲击无关。这种方法最早由 Wold（1951）提出，用于确定结构方程的参数。Wold 建议将未知参数的数量精确地减少到总模型中估计的数量。下三角形和不相关冲击的结合意味着我们可以使用 Cholesky 分解作为估计递归系统的数值方法，从而提供了对该方法的经济解释。简而言之，这说明了一个给定的内生变量是由系统中"更高级别"的因素决定而不是由"更低级别"的因素决定的情况。

我们建议首先考虑这个解决方案，再进一步探讨是否存在不合理之处。如果存在不合理之处，我们需要思考如何对系统进行修改。由于与 Cholesky 分解相关，递归系统将具有变量的排序方式，但目前应该由某种理论来指导排序的选择。在本书中，我们采用了 z_{1t}、z_{2t}、z_{3t} 等的顺序排列，即 A_0 是下三角矩阵的形式。然而，有时我们会看到研究人员将 A_0 设计为上三角矩阵，并且排序是从底部开始，而不是顶部。

以市场模型为例，我们可以构建一个递归系统：

$$q_t = a_{11}^1 q_{t-1} + a_{12}^1 p_{t-1} + \varepsilon_{S, t} \tag{4.6}$$

$$p_t - a_{21}^0 q_t = a_{21}^1 q_{t-1} + a_{22}^1 p_{t-1} + \varepsilon_{D, t} \tag{4.7}$$

该系统的设计思路在于，供应量与价格并不同时相关，这一观点可以通过制度特征得到支持。鉴于系统允许价格和数量之间存在相关性，我们可以合理地假设需求和供应冲击是相互独立的。然而，如果存在某些共同影响数量和价格的因素，如天气等，除非将其纳入每个曲线中，否则两个方程中的结构误差将包含这种共同效应，因此无法假设结构误差是相互独立的。这突显了确保n足够大的重要性。

如第1章所述，递归系统的适用性显然取决于观察期的长度。如果我们只有年度数据，那么构建一个合理的递归系统将变得更加困难。相比之下，如果我们拥有每日数据，那么系统很有可能是递归的。在方程（4.6）~（4.7）中提出的递归系统的另一种选择是先确定价格再确定数量。这两个系统在观察上是等价的，因为它们复制了估计的VAR模型，并且无法通过使用数据的任何测试来进行区分。因此，我们需要一些其他标准来选择一个系统而不是另一个。

以上每个系统都解决了结构识别问题，将需要估计的参数数量减少到7个，具体为：

$$(a_{21}^0, \; a_{ij}^k, \; var(\varepsilon_S), \; var(\varepsilon_D))$$

极大似然估计（MLE）可用于对系统进行估计，此时最小二乘法（OLS）与MLE完全一致。[①]通过观察方程（4.6），我们可以清楚地看出它可以通过OLS进行估计，而方程（4.7）也是如此，由于结构性冲击的无关性，所以 $E(q_t \varepsilon_{D_t}) = E(a_{11}^1 q_{t-1} \varepsilon_{D_t} + a_{12}^1 p_{t-1} \varepsilon_{D_t} + \varepsilon_S, \; t\varepsilon_{D_t}) = 0$。另一种稍后会使用的估计方程（4.7）的方法是利用第一个方程的残差作为第二个方程中 q_t 的工具变量。对于完全确定的递归模型，所有这些方法都是相同的。如果 $\{A_0, \; A_1, \; cov\,(\varepsilon_t)\}$ 中的参数比 $\{B_1, \; cov\,(e_t)\}$ 少（多），则会出现过度（不足）识别，并且估计量可能会有所不同。在缺乏准确识别的情况下，估计的冲击可能是相关的，因此，方差和变量分解等需要这种关系的技术将不适用。

4.6.1.1　基于美国宏观经济数据的递归结构向量自回归模型研究

本研究将重新审视前文所提及的三变量美国宏观经济模型。为了便于阐述，我们将其假设为具有递归性的SVAR（1）结构。随后，我们将该模型扩展为SVAR（2）形式：

$$y_t = a_{11}^1 y_{t-1} + a_{12}^1 \pi_{t-1} + a_{13}^1 i_{t-1} + \varepsilon_{1t} \tag{4.8}$$

$$\pi_t = a_{21}^0 y_t + a_{21}^1 y_{t-1} + a_{22}^1 \pi_{t-1} + a_{23}^1 i_{t-1} + \varepsilon_{2t} \tag{4.9}$$

$$i_t = a_{31}^0 y_t + a_{32}^0 \pi_t + a_{31}^1 y_{t-1} + a_{32}^1 \pi_{t-1} + a_{33}^1 i_{t-1} + \varepsilon_{3t} \tag{4.10}$$

方程（4.8）~（4.10）提供了关于"惯性响应"的递归情形，它们是基于：

1. 在一个时期内，利率对产出缺口无影响。

2. 当前利率对通货膨胀率无直接影响。

3. 存在一个利率规则，货币当局根据当前的产出缺口和通货膨胀率作出反应。

该系统中的冲击分别被命名为需求（ε_{1t}）、供给/成本（ε_{2t}）和货币/利率（ε_{3t}）。该故事实际上反映了关于刚性和谨慎使用货币政策的制度知识。

4.6.1.2　运用EViews 9.5对递归小型宏观模型进行估计

这里采用的数据来源于第2章。我们将利用EViews 9.5软件对方程（4.8）~（4.10）中的SVAR模型进行估计，但我们会引入两个滞后项。为了拟合递归模型，最简单的方法是在估计VAR之后直接应用Cholesky分解。第4.2节详细介绍了基于Cholesky分解的

---

①　在递归（标准化）系统中，由于 $|A_0| = 1$ 的存在，我们可以直观地得出极大似然估计（MLE）与最小二乘法（OLS）的等价性。

估计方法和脉冲响应的推导过程，因此这些方法将用于方程（4.8）～（4.10）中递归系统的脉冲响应。图4-1展示了这些结果。

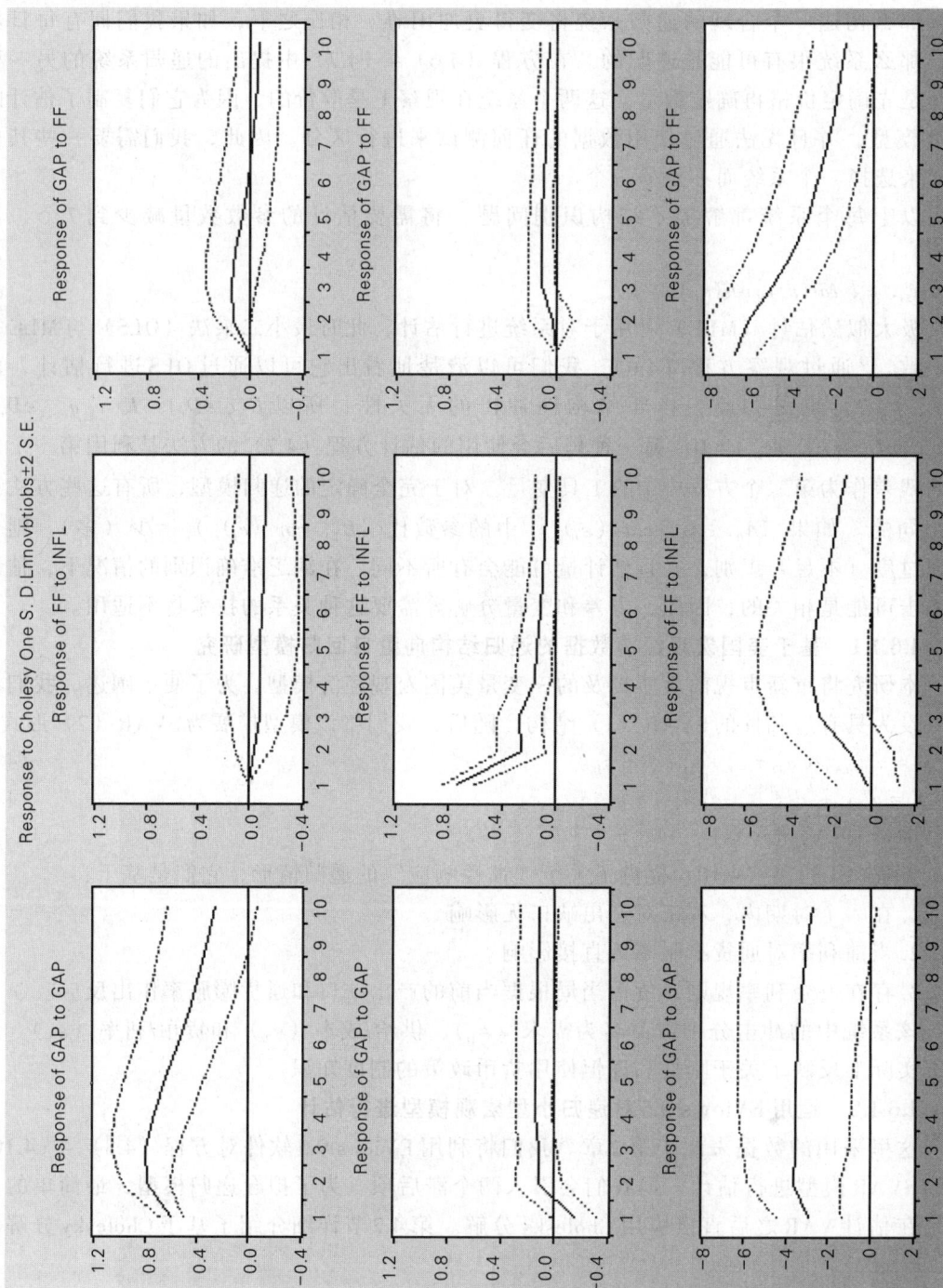

图4-1　递归小型宏观模型的脉冲响应分析

在后续研究中，我们将广泛使用其他方法来估计SVAR。因此，在上述递归模型的框架下，对这些方法进行说明是有益的。正如之前所提到的，EViews将SVAR系统表示为以下形式：

$$Az_t = lags + B\eta_t \tag{4.11}$$

在上述表达式中，令$A=A_0$，"lags"代表$A_1z_{t-1} + \cdots + A_pz_{t-p}$。在此形式下，我们可以将$A$视为用于建立行为关系（结构方程）的限制条件，$B$则用于建立与脉冲响应相关的限制条件。假设对于$A_j$，$j=1, \cdots, p$没有限制，那么只需明确指定$A$和$B$矩阵即可。因此，我们可以将方程（4.11）写为$Ae_t = Bu_t$的形式，其中，$u_t=\eta_t$代表具有单位方差的冲击（相对于$\varepsilon_t$而言，其具有非单位方差）。

我们可以通过以EViews形式编写的SVAR（1）来观察这种表示逻辑，即$Az_t = A_1z_{t-1} + B\eta_t$。将VAR替换为$z_t$后，等式左侧可以写作$A(B_1z_{t-1} + e_t)$。对各项进行分组后，得到$Ae_t = (A_1 - AB_1)z_{t-1} + B\eta_t$。根据$B_1 = A_0^{-1}A_1$的关系式，我们可以得到$AB_1 = A_0B_1 = A_1$，进一步推导出$Ae_t = B\eta_t = Bu_t$。在EViews的符号表示中，这一结果成立。因此，需要向EViews提供矩阵A、B或者方程$Ae_t = Bu_t$，下面将介绍这两种方法。

首先，在进行VAR（2）估计后，返回屏幕截图并点击*Proc→Estimate Structural Factorization*。随后，图4-2将显示选择矩阵或文本。第一个选项用于描述A矩阵和B矩阵，而第二个选项则生成$Ae_t = Bu_t$。对于第二个选项，先要确定标准化方法。通过使方程（4.8）~（4.10）中的标准化系统和$\varepsilon_{jt} = \sigma_j\eta_{jt} = \sigma_ju_{jt}$，我们可以得出$A$矩阵和$B$矩阵的值。

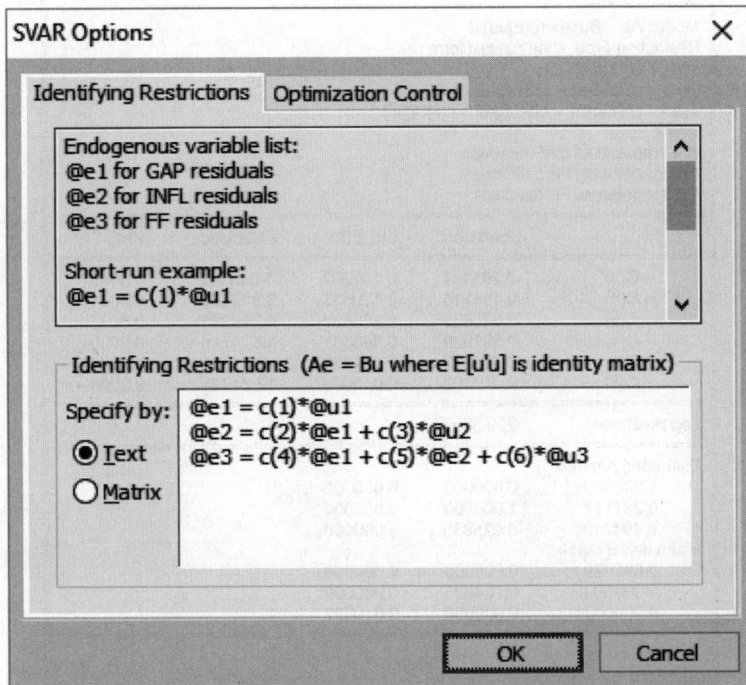

图4-2 在EViews中编写Ae（t）$= Bu$（t）

$$A = \begin{bmatrix} 1 & 0 & 0 \\ -a_{21}^0 & 1 & 0 \\ -a_{31}^0 & -a_{32}^0 & 1 \end{bmatrix}, B = \begin{bmatrix} \sigma_1 & 0 & 0 \\ 0 & \sigma_2 & 0 \\ 0 & 0 & \sigma_3 \end{bmatrix}$$

为了推导出方程 $Ae_t = Bu_t$，并利用 EViews 对未知参数 θ（位于 A_j 和 B 中）进行极大似然估计，我们需要将 a_{ij}^0 等变量映射到 θ 上。在 EViews 中，向量 θ 由 C 表示，因此我们可以按照以下方式进行映射：

$$A = \begin{bmatrix} 1 & 0 & 0 \\ C(2) & 1 & 0 \\ C(4) & C(5) & 1 \end{bmatrix}, B = \begin{bmatrix} C(1) & 0 & 0 \\ 0 & C(3) & 0 \\ 0 & 0 & C(6) \end{bmatrix}$$

图 4-2 中的截图使用了这种描述并展示了如何编写 $Ae_t = Bu_t$。

在完成待估计系统的设定后，按下确认键。随后，将执行极大似然估计（MLE），并显示在如图 4-3 所示的界面上，其中包含 C 中的估计系数、对数似然，以及 A 矩阵和 B 矩阵的估计结果。若需获得脉冲响应，请依次点击 *Impulse→Impulse Definition→Structural Factorization*，所得结果与采用 Cholesky 分解方法所得到的结果一致。

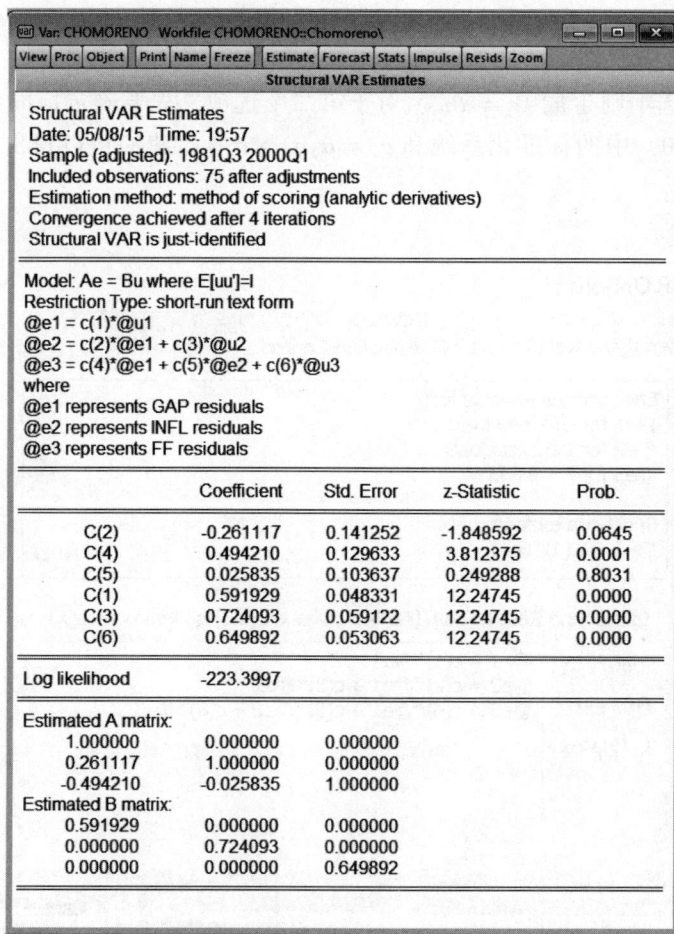

图4-3　利用EViews软件对小结构模型中的A矩阵和B矩阵进行极大似然估计（MLE）

目前，我们采用第二种方法，即选择文本而非矩阵来直接向EViews描述 *A 矩阵*和 *B 矩阵*。具体操作步骤如下：返回 EViews 页面的顶部，通过 *Object→New Object→ Matrix–Vector Coef*命令创建空白矩阵；确认后，设定行数和列数（在本小型宏模型示例中为3），并再次确认；随后，屏幕将呈现如图4-4所示的界面。

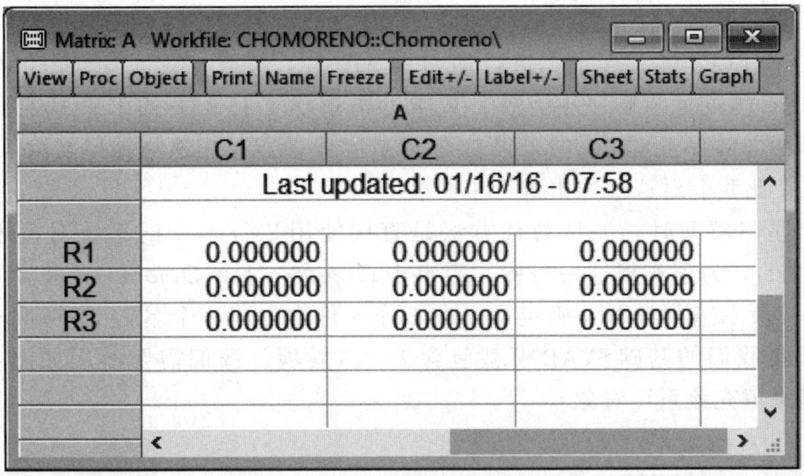

图4-4　EViews中矩阵对象的示例

利用 *Edit+/–*功能对屏幕上的电子表格进行编辑，以使其呈现出与图4-5相符的样式（在此，"*NA*"代表矩阵中待估计的系数值未知）。随后，点击"**Name**"选项，并将其命名为 *A*。

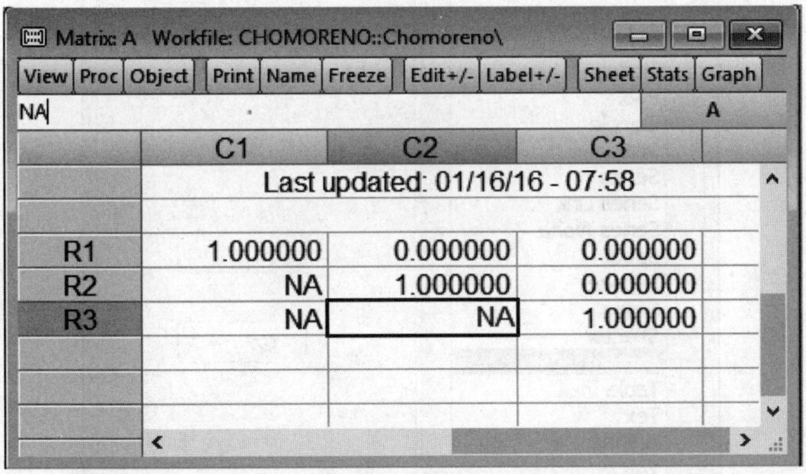

图4-5　递归小型宏观模型的 *A* 矩阵示例

在执行上述步骤后，请按照相同的方法进行操作，以构建一个类似的 *B* 矩阵：

$$\begin{bmatrix} & C1 & C2 & C3 \\ R1 & NA & 0 & 0 \\ R2 & 0 & NA & 0 \\ R3 & 0 & 0 & NA \end{bmatrix}$$

如前所述，脉冲响应可被用于分析不同预测水平下，哪些冲击因素对变量产生了影响。在完成脉冲响应的计算后，通过点击 *View→Variance Decomposition*，并填写相应的窗口，即可获得所需信息。

通过之前对 Cho-Moreno 数据进行递归 SVAR（2）拟合，我们发现需求冲击解释了 15.92% 的未来 10 期通货膨胀率方差，成本冲击解释了 75.85% 的未来 10 期通货膨胀率方差，货币冲击解释了 8.24% 的未来 10 期通货膨胀率方差。这一结果与第 4.2 节中的分析一致，但在此我们对这些冲击进行了命名。

在估计递归模型时，一种替代方法是直接使用 EViews 中的系统对象来估计方程（4.8）~（4.10）。为了实现这一目标，需点击 *Object→New Object……*并在弹出的对话框中如图 4-6 所示进行设置。确定后，在工作文件中创建一个名为"chomor_sys"的系统对象。假设我们的基础 SVAR 模型包含 2 个滞后项，我们需要使用如图 4-7 所示的 EViews 代码来填充该系统对象。

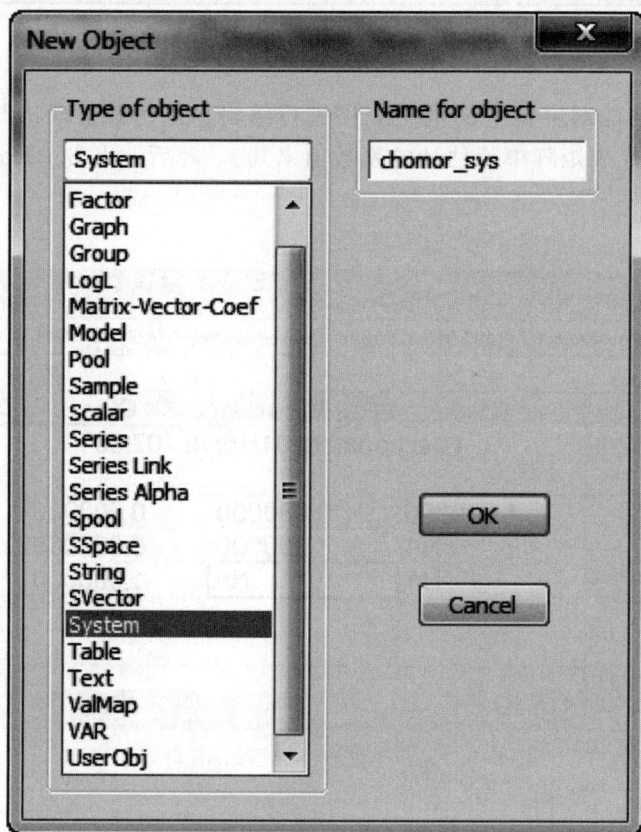

图4-6　利用EViews软件创建名为 *chomor_sys* 的系统对象

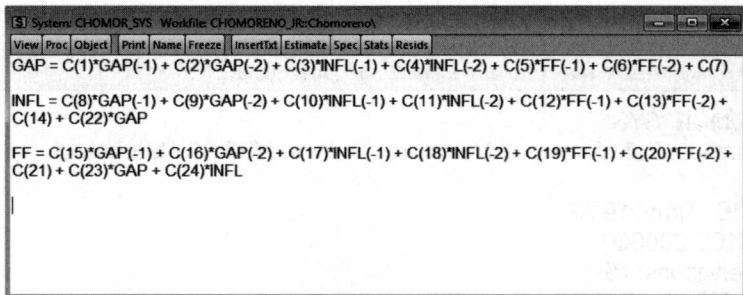

图4-7　EViews系统对象中小型宏观模型的规格说明

在同时期系数（a_{21}^0、a_{31}^0 和 a_{32}^0）中，其对应的占位符分别为 C（22）、C（23）和 C（24）。接下来，我们需要点击"*Estimate*"选项卡，并选择 *Full Information Maximum Likelihood* 为估计量来使用（限制）对角协方差矩阵（见图4-8）。

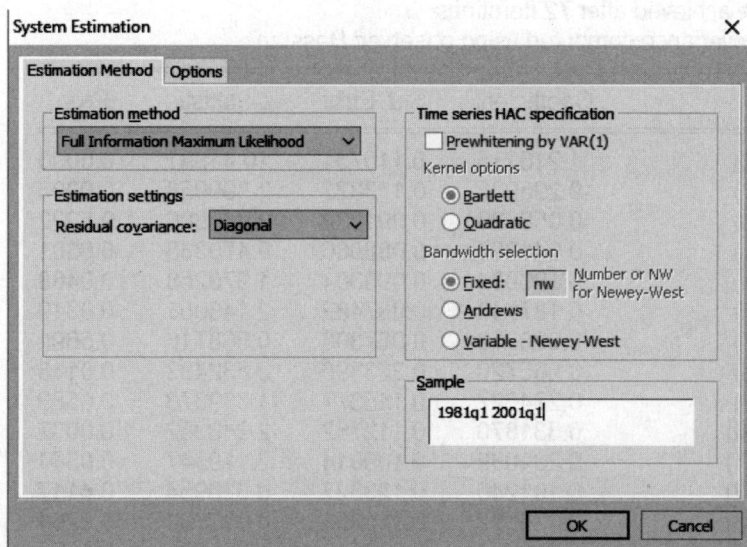

图4-8　使用全信息极大似然估计的系统估计

结果展示在图4-9中，并与EViews中的标准SVAR程序的结果相匹配。[①]得到的A和B矩阵分别是：

$$
\begin{bmatrix} 1 & 0 & 0 \\ -C(22) & 1 & 0 \\ -C(23) & -C(24) & 1 \end{bmatrix} = \begin{bmatrix} 1 & 0 & 0 \\ 0.261117 & 1 & 0 \\ -0.494210 & -0.025836 & 1 \end{bmatrix}
$$

$$
\begin{bmatrix} 1 & 0 & 0 \\ -C(22) & 1 & 0 \\ -C(23) & -C(24) & 1 \end{bmatrix} = \begin{bmatrix} 0.56363 & 0 & 0 \\ 0 & 0.68947 & 0 \\ 0 & 0 & 0.61882 \end{bmatrix}
$$

---

① 本研究采用FIML估计器的"观察海森矩阵"选项来计算标准误。

System: CHOMOR_SYS   Workfile: CHOMORENO_JR::Chomoreno\

View | Proc | Object | | Print | Name | Freeze | | InsertTxt | Estimate | Spec | Stats | Resids

System: CHOMOR_SYS
Estimation Method: Full Information Maximum Likelihood (BFGS / Marquardt
    steps)
Date: 04/12/16   Time: 19:52
Sample: 1981Q3 2000Q1
Included observations: 75
Total system (balanced) observations 225
Residual covariance matrix restricted to be diagonal in FIML estimation
Estimation settings: tol=1.0e-12, derivs=analytic (linear)
Initial Values: C(1)=0.50000, C(2)=0.50000, C(3)=0.50000, C(4)=0.50000,
    C(5)=0.50000, C(6)=0.50000, C(7)=0.50000, C(8)=0.50000,
    C(9)=0.50000, C(10)=0.50000, C(11)=0.50000, C(12)=0.50000,
    C(13)=0.50000, C(14)=0.50000, C(22)=0.50000, C(15)=0.50000,
    C(16)=0.50000, C(17)=0.50000, C(18)=0.50000, C(19)=0.50000,
    C(20)=0.50000, C(21)=0.50000, C(23)=0.50000, C(24)=0.50000
Convergence achieved after 72 iterations
Coefficient covariance computed using observed Hessian

	Coefficient	Std. Error	z-Statistic	Prob.
C(1)	1.216215	0.116731	10.41891	0.0000
C(2)	-0.295935	0.113823	-2.599958	0.0093
C(3)	-0.058829	0.091922	-0.639986	0.5222
C(4)	-0.041853	0.088986	-0.470335	0.6381
C(5)	0.193684	0.098304	1.970258	0.0488
C(6)	-0.187740	0.087482	-2.146051	0.0319
C(7)	0.038279	0.067308	0.568716	0.5695
C(8)	0.565720	0.223390	2.532433	0.0113
C(9)	-0.274627	0.145377	-1.889073	0.0589
C(10)	0.331870	0.112752	2.943352	0.0032
C(11)	0.231039	0.109014	2.119347	0.0341
C(12)	0.101246	0.123327	0.820954	0.4117
C(13)	0.010187	0.110253	0.092394	0.9264
C(14)	-0.110674	0.082513	-1.341288	0.1798
C(22)	-0.261117	0.141251	-1.848596	0.0645
C(15)	-0.416907	0.208882	-1.995897	0.0459
C(16)	0.030821	0.133536	0.230810	0.8175
C(17)	0.144704	0.106882	1.353861	0.1758
C(18)	0.191878	0.100729	1.904890	0.0568
C(19)	0.819798	0.111182	7.373484	0.0000
C(20)	-0.060511	0.098957	-0.611486	0.5409
C(21)	-0.166178	0.074940	-2.217468	0.0266
C(23)	0.494210	0.129631	3.812424	0.0001
C(24)	0.025835	0.103632	0.249301	0.8031

| Log likelihood | -212.3769 | Schwarz criterion | 7.044981 |
| Avg. log likelihood | -0.943897 | Hannan-Quinn criter. | 6.599496 |

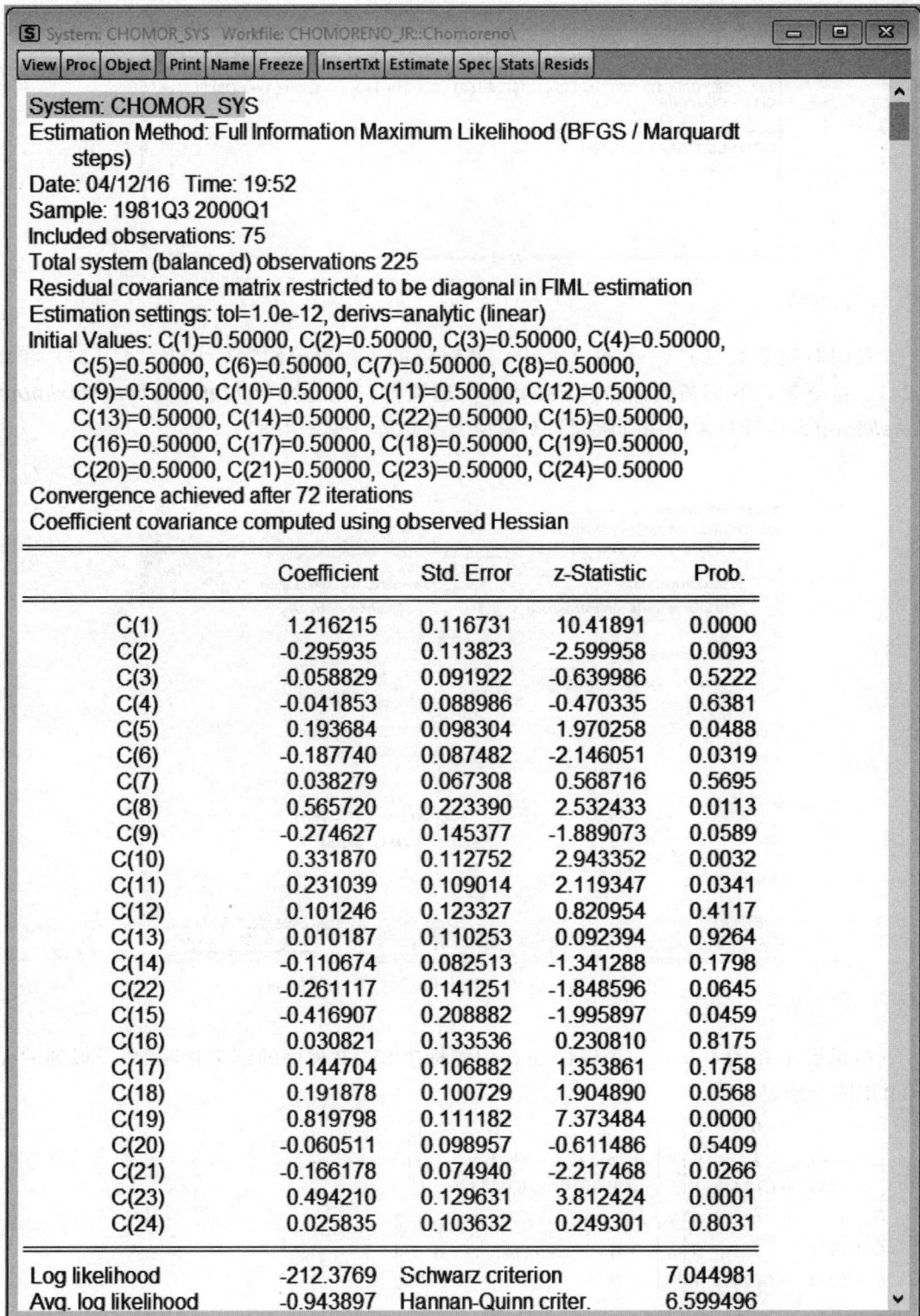

图4-9   小型宏观模型的全息极大似然估计（FIML）：对角协方差矩阵

鉴于模型已被精确识别，我们可以通过 *chomoreno_fiml.prg*（见图 4-10）中的累积 VAR 模型方法计算隐含的脉冲响应。在此过程中，需要使用用户提供的冲击矩阵 $A^{-1}B$。[①]所得到的脉冲响应函数如图 4-11 所示，其结果与采用 EViews 标准 VAR 程序得到的结果完全一致（见图 4-1）。

```
Program: CHOMORNO_FIML - (e:\opr\eviews content\chomorno_fiml.prg)

Run  Print  Save  SaveAs   Cut  Copy  Paste  InsertTxt  Find  Replace  Wrap+/-  LineNum+/-   Encrypt

'requires chomoreno.wf1
pageselect Chomoreno
smpl @all
'Estimate the summative (reduced form) VAR
var chomoreno.ls 1 2 gap infl ff
chomoreno.results

'Estimate the same model using FIML, a lower-triangular identification
'scheme and a diagonal covariance matrix.

chomor_sys.fiml(covinfo=hessian, rcov=diag)

'Build the contemporaneous A matrix

matrix ahat = @identity(3)
ahat(2,1) = -c(22)
ahat(3,1) = -c(23)
ahat(3,2) = -c(24)

'And the B matrix

matrix bhat = chomor_sys.@estcov
bhat(1,1) = bhat(1,1)^0.5
bhat(2,2) = bhat(2,2)^0.5
bhat(3,3) = bhat(3,3)^0.5

'Since the model is exactly identified, we can use the
'summative model to calculate the impulse response
'functions.

matrix shocks = @inverse(ahat)*bhat
chomoreno.impulse(10,m,imp=user,se=a,fname=shocks)
```

图4-10　用EViews程序 *chomoreno_fiml.prg* 计算脉冲响应函数

---

①　在 EViews 中，可以使用命令 chomoreno.impulse（10，m，imp=user，se=a，fname=shocks）进行操作，其中"shocks"是一个工作文件中的矩阵对象，其值为 $A^{-1}B$。通过执行该命令，我们可以从 SYSTEM 模块返回到 SVAR 模块，以便计算脉冲响应。

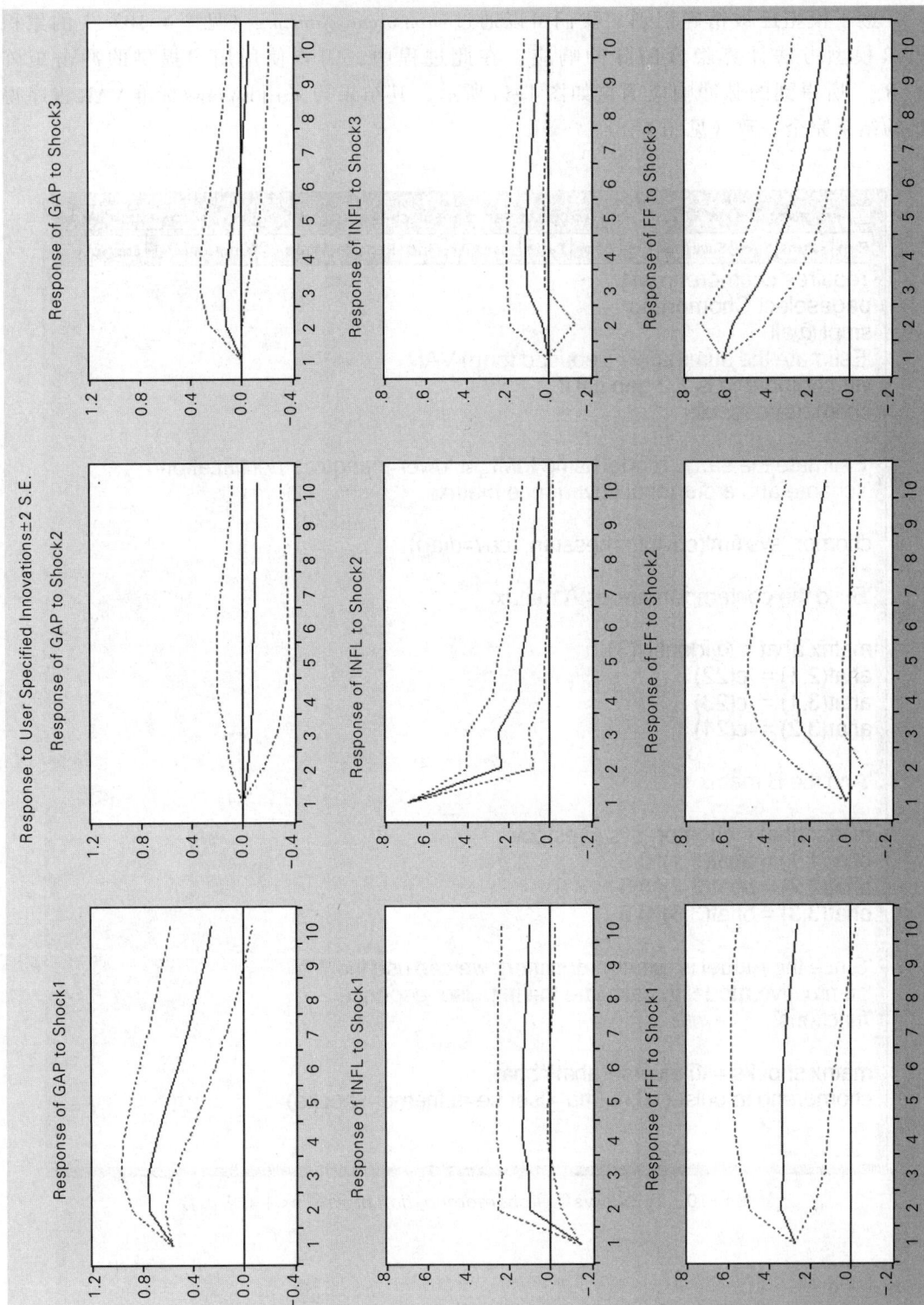

图4-11 递归小型宏观模型的脉冲响应函数：采用对角协方差矩阵的FIML估计方法

4.6.1.3 使用 EViews 10 估计递归小型宏观模型

考虑在 OPR 中使用的小型宏观模型，并将其表示为递归结构。该模型中的变量为 *gap*、*infl*、*ff*。在进行 VAR（2）估计后，我们依次点击 *Proc*→Estimate Structural Factorization，会出现如图 4-12 所示的界面。此时，我们可以按照前一小节所述的方式编写 SVAR 的文本，或者编辑如图 4-12 中所示的 A 矩阵和 B 矩阵。[①]通过点击 *Pattern Matrices* 框中的 A，使其显示在屏幕的方框中，然后重复此操作以获取 B，从而实现对它们的依次编辑。在 *Restriction Preset* 下拉菜单中有多种选择，其中之一是"递归因子分解"，最终得到如图 4-12 所示的 A 矩阵。在这里，我们将使用矩阵 $B = \begin{bmatrix} NA & 0 & 0 \\ 0 & NA & 0 \\ 0 & 0 & NA \end{bmatrix}$（即对角矩阵）。

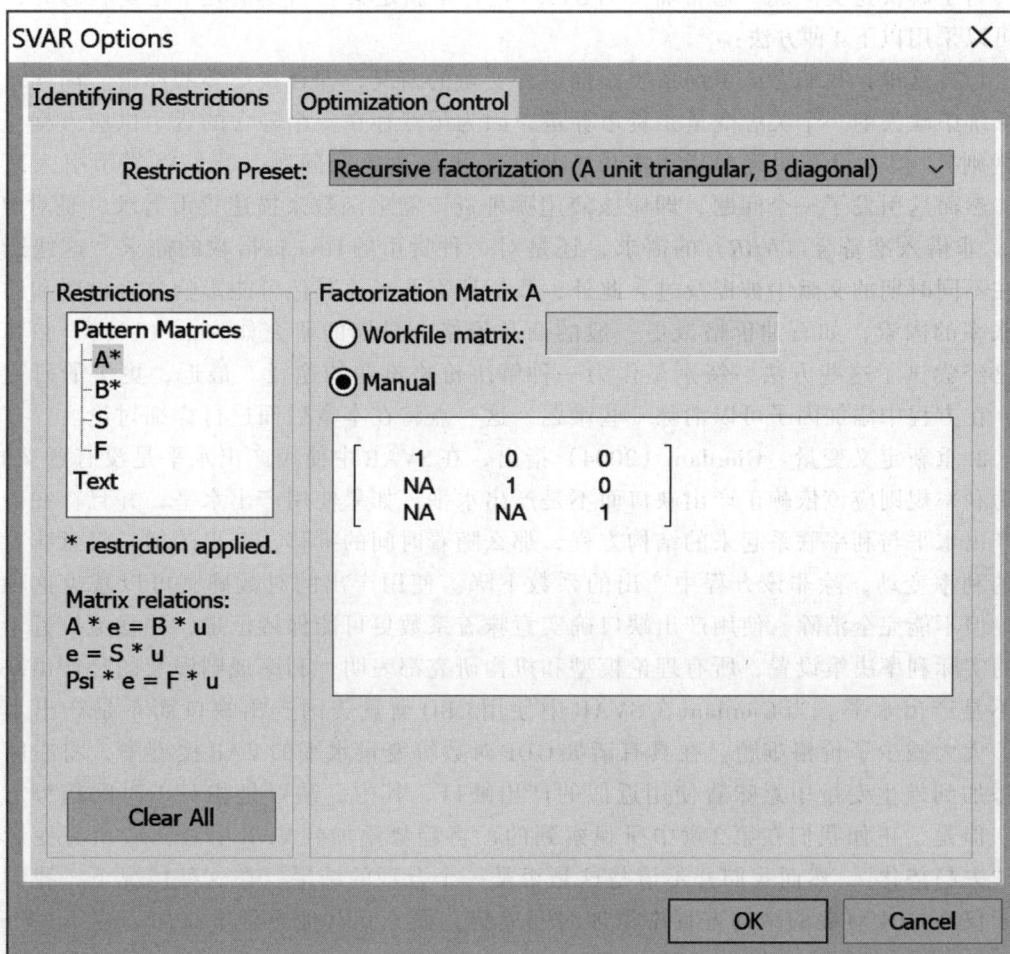

图4-12　结构向量自回归：递归分解过程

---

① 请参考 *e10_example_3.prg* 文件，利用 EViews 软件的代码实现该示例的复现。

与 EViews 9.5 相比，在当前版本中，默认的脉冲响应定义已更改为适用于最近使用的结构因子分解，而非 Cholesky 分解。值得注意的是，尽管 Cholesky 分解是一种用于估计递归系统的常用方法，但在这种情况下，两者所产生的结果是一致的。然而，当系统不具备递归特性时，情况将有所不同。

4.6.1.4 脉冲响应异常现象（谜题）

根据图 4-1 中对利率冲击的脉冲响应结果，我们发现通货膨胀率和产出对利率上升的反应是积极的，这与我们的预期相反。因此，这个例子是一个有效的工具，用以说明递归系统经常产生的"谜题"问题，如：

1. 探讨货币政策冲击对通货膨胀率产生积极影响的价格之谜。

2. 探讨汇率之谜，即在货币冲击引起利率上升的情况下，货币反而出现贬值而非升值的异常现象。

为了解决这类问题，通常需要对 SVAR 进行重新定义。当变量处于稳定状态时，我们可以采用以下 4 种方法：

1. 在这里，我们考虑了向系统添加额外变量的情况，即存在更多的冲击。因此，上述系统中缺失的一个关键变量是货币存量，因为虽然存在一个隐含的货币供应方程（利率规则），但并没有明确的货币需求方程。为了解决这个问题，我们将货币引入系统中。然而这引发了一个问题，即应该使用哪种资产需求函数来描述货币需求，是对 $M1$、$M2$、非借入准备金（NBR）的需求，还是对一种货币的 Divisia 指数的需求？这些选择都在不同时期的文献中被提及过。此外，我们还需要考虑其他可能影响政策设置和通货膨胀率的因素，如石油价格或更一般的商品价格。早期的研究如 Sims（1980）和其他人已经尝试了这些方法，特别是作为一种解决价格难题的途径。最近，更多的研究认为，在方程中添加因子可以消除一些难题，这一点将在本章后面进行详细讨论。

2. 重新定义变量。Giordani（2004）指出，在 SVAR 中使用产出水平是没有意义的，因为利率规则应该依赖于产出缺口而不是产出水平。如果使用产出水平，并且存在一个将产出水平与利率联系起来的结构方程，那么随着时间的推移，产出的增长将意味着更大的利率变动，除非该方程中产出的系数下降。使用产出的对数确实可以减少这种影响，但不能完全消除。使用产出缺口确实意味着系数更可能保持恒定，并且更接近于已知的实际利率决策设置，所有理论模型和机构研究都表明，利率规则涉及的是产出缺口而不是产出水平。当 Giordani 在 SVAR 中使用 CBO 衡量美国产出缺口而不是产出水平时，大大减少了价格难题。在具有诸如 GDP 对数等变量水平的 VAR 模型中，将时间趋势添加到外生变量中意味着使用近似的产出缺口，其中，缺口是相对于时间趋势定义的。但是，正如我们在第 2 章中所观察到的，将趋势添加到 VAR 中意味着所有变量都将"去趋势化"，然而我们并不清楚这是否是一个合理的结果。在这种情况下，我们倾向于仅在 GDP 对数的结构方程中添加时间趋势，而不在其他方程中添加。鉴于 EViews 9.5 中 VAR 对象无法在某些方程中将变量设定为外生变量，因此需要开发程序来处理外生变量仅出现在结构方程子集中的情况。另一个例子将在稍后探讨，即存在"外部"工具的情况。

3. 我们对不同的规范进行了探讨，其中包括非递归系统以及对冲击影响的约束条件。Kim 和 Roubini（2000）提出了一种解决汇率之谜的方法，该方法允许汇率对利率产生同期影响，即该模型不再具有递归性。为了平衡这一点，我们需要找到对 A 的额外限制条件。

4. 在引入潜在变量后，我们发现现在存在着比观察到的变量更多的冲击因素。这是因为在使用标准的结构向量自回归模型（SVAR）时，冲击因素的数量与观察到的变量数量相等，而在使用潜在变量时，可能存在比观察到的变量更多的冲击因素。如果我们不将潜在变量纳入系统，那么来自 SVAR 中观察到的变量的脉冲响应将是较大数量冲击因素的组合，这可能导致我们难以准确识别感兴趣的冲击因素。虽然我们在这里不会详细讨论这个问题，但是 Bache 和 Leitmo（2008）以及 Castelnuovo 和 Surico（2010）的研究案例表明，这可能是导致价格谜题的原因之一。前者发现对通货膨胀率目标存在额外的冲击，而后者则认为是它由于系统中存在的某种不确定性造成的，即存在所谓的"太阳黑子"冲击。

4.6.2 对冲击的影响施加约束

4.6.2.1 运用 EViews 9.5 软件实现零同期约束

为了深入理解后续研究方法，探讨如何引入假设使得冲击对变量的同期影响为零是具有指导意义的。为此，这里采用小型宏观模型进行分析。在三变量情况下，VAR 和 SVAR（结构）冲击之间的关系如下所示：

$$e_t = A_0^{-1} B_{\eta_t} = \overline{A}_{\eta_t}$$

$$= \begin{bmatrix} \overline{a}_{11} & \overline{a}_{12} & 0 \\ 0 & \overline{a}_{22} & 0 \\ \overline{a}_{31} & \overline{a}_{32} & \overline{a}_{33} \end{bmatrix} \eta_t$$

目前我们应该明确，在 EViews 中施加限制 $\overline{a}_{ij} = 0$ 意味着 e_{it} 与 η_{jt} 无关。在 EViews 中实现这一目标的一种方法是令 $A_0 = I$，使 $\overline{A} = I$，然后对简化形式的 SVAR 施加特定的限制条件。因此，同时期的限制条件有以下两点：

1. 货币政策冲击（η_{3t}）对产出（用 e_{1t} 表示）和通货膨胀率（e_{2t}）没有同时期影响。

2. 需求冲击（η_{1t}）对通货膨胀率没有同时期影响，这意味着：

$$e_{1t} = \overline{a}_{11}\eta_{1t} + \overline{a}_{12}\eta_{2t} \tag{4.12}$$

$$e_{2t} = \overline{a}_{22}\eta_{2t} = \varepsilon_{2t} \tag{4.13}$$

$$e_{3t} = \overline{a}_{31}\eta_{1t} + \overline{a}_{32}\eta_{2t} + \overline{a}_{33}\eta_{3t} \tag{4.14}$$

这个新模型中有 6 个未知参数，因此它是完全确定的。它与之前的适用于宏观数据的递归模型具有完全相同的似然性（因此在观测上等价）。因此，无法根据数据拟合在递归模型和这个新模型之间作出选择。我们需要其他标准来证明选择其中一个模型是合理的。

我们说明了零限制的施加。根据 EViews 程序方程（4.12）～（4.14），我们推导出：

$$A = \begin{bmatrix} 1 & 0 & 0 \\ 0 & 1 & 0 \\ 0 & 0 & 1 \end{bmatrix} \qquad B = \begin{bmatrix} * & * & 0 \\ 0 & * & 0 \\ * & * & * \end{bmatrix}$$

因此，在使用 EViews 进行操作时，除了在点击 *Estimate→Structural Factorization* 后，*Text* 有所变化外，其余指令与之前保持一致：

@e1=c（1）*@u1+c（2）*@u2

@e2=c（3）*@u2

@e3=c（4）*@u1+c（5）*@u2+c（6）*@u3

通过运用 SVAR 方法对模型进行估计，我们得到了如图 4-13 所示的输出结果。进一步地，图 4-14 展示了在利率冲击下这些限制条件的脉冲响应。值得注意的是，这些脉冲响应与图 4-1 中的结果非常相似，尽管限制条件发生了改变，但价格和产出依然令人困惑。

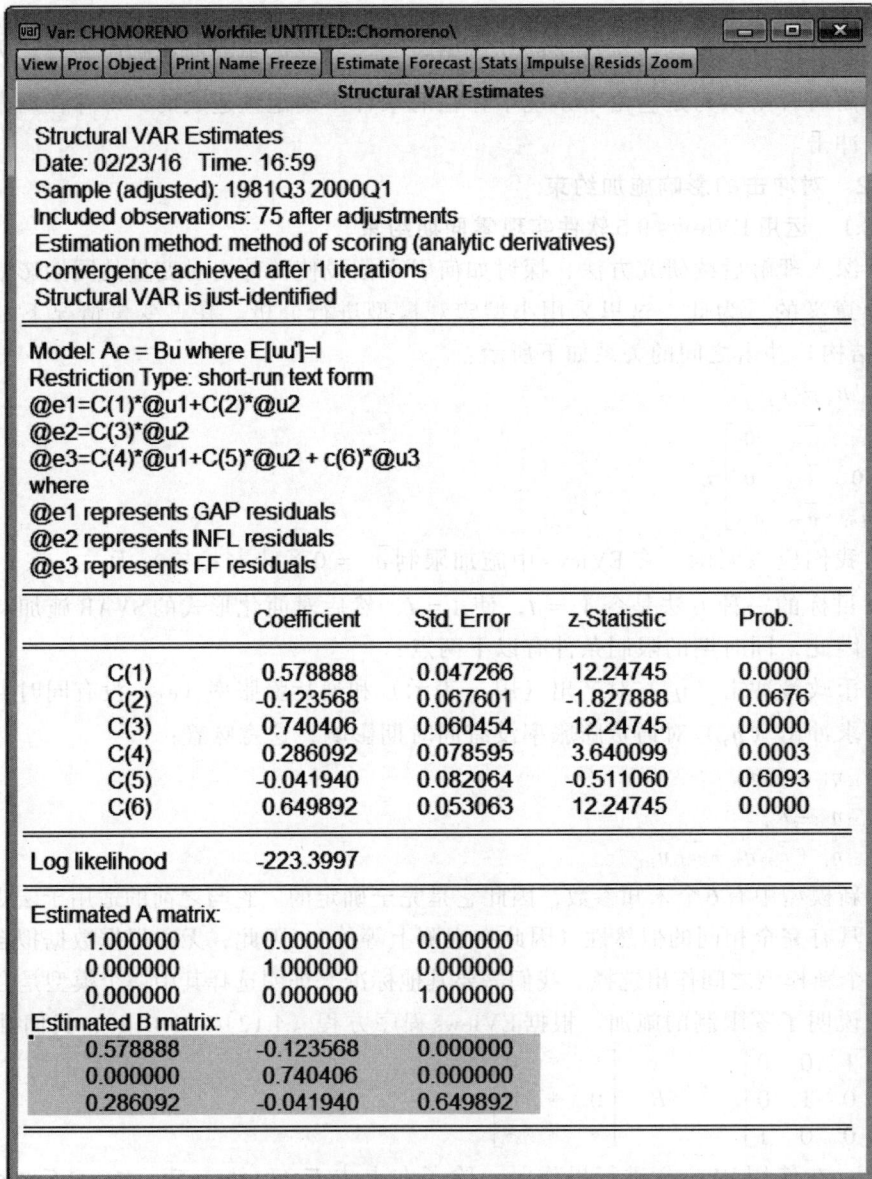

```
Var: CHOMORENO   Workfile: UNTITLED::Chomoreno\                    [_][□][X]
View Proc Object | Print Name Freeze | Estimate Forecast Stats Impulse Resids Zoom
                            Structural VAR Estimates

Structural VAR Estimates
Date: 02/23/16  Time: 16:59
Sample (adjusted): 1981Q3 2000Q1
Included observations: 75 after adjustments
Estimation method: method of scoring (analytic derivatives)
Convergence achieved after 1 iterations
Structural VAR is just-identified
```

Model: Ae = Bu where E[uu']=I
Restriction Type: short-run text form
@e1=C(1)*@u1+C(2)*@u2
@e2=C(3)*@u2
@e3=C(4)*@u1+C(5)*@u2 + c(6)*@u3
where
@e1 represents GAP residuals
@e2 represents INFL residuals
@e3 represents FF residuals

	Coefficient	Std. Error	z-Statistic	Prob.
C(1)	0.578888	0.047266	12.24745	0.0000
C(2)	-0.123568	0.067601	-1.827888	0.0676
C(3)	0.740406	0.060454	12.24745	0.0000
C(4)	0.286092	0.078595	3.640099	0.0003
C(5)	-0.041940	0.082064	-0.511060	0.6093
C(6)	0.649892	0.053063	12.24745	0.0000

Log likelihood	-223.3997

Estimated A matrix:
1.000000	0.000000	0.000000
0.000000	1.000000	0.000000
0.000000	0.000000	1.000000

Estimated B matrix:
0.578888	-0.123568	0.000000
0.000000	0.740406	0.000000
0.286092	-0.041940	0.649892

图4-13　受限小型宏观模型的SVAR输出结果

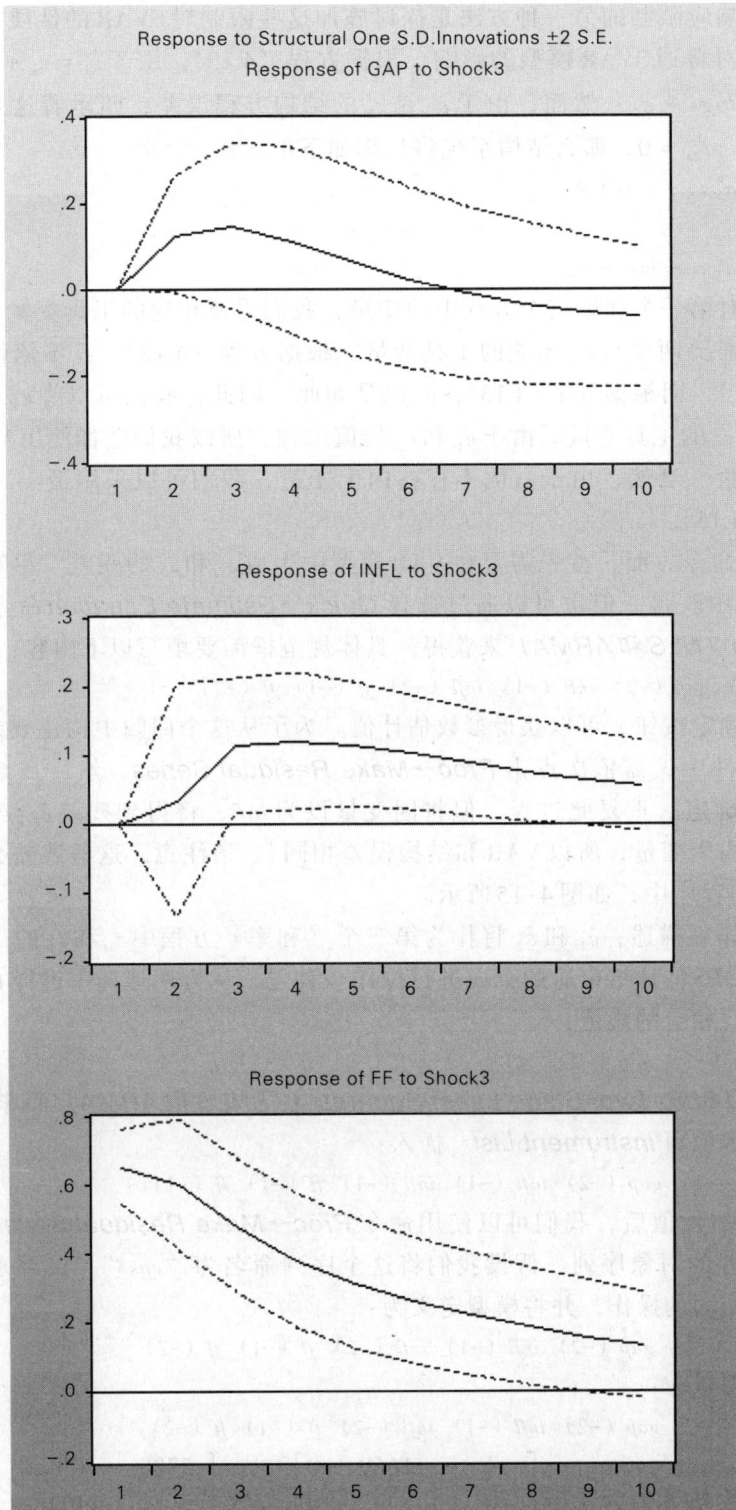

Response to Structural One S.D.Innovations ±2 S.E.
Response of GAP to Shock3

Response of INFL to Shock3

Response of FF to Shock3

图4-14 小型宏观模型中假设货币和需求冲击具有零效应的利率响应

处理脉冲响应限制的另一种方法是探讨施加这些限制时 SVAR 的性质。我们考虑零脉冲响应限制对普通 SVAR 模型的影响。根据方程（4.13），由于 $z_{jt} = e_{jt} + lags$，我们可以推导出 $z_{2t} = lags + \varepsilon_{2t}$。然而，由于 ε_{2t} 是 z_{2t} 的结构方程误差，暗示着这是一个结构方程，即 $a_{21}^0 = 0$，$a_{23}^0 = 0$，那么结构系统将呈现如下形式：

$$z_{1t} = a_{12}^0 z_{2t} + a_{13}^0 z_{3t} + lags + \varepsilon_{1t} \tag{4.15}$$

$$z_{2t} = lags + \varepsilon_{2t} \tag{4.16}$$

$$z_{3t} = a_{31}^0 z_{1t} + a_{32}^0 z_{2t} + lags + \varepsilon_{3t} \tag{4.17}$$

因此，针对第一个和第三个方程中的变量，我们需要相应的工具变量。从第三个方程出发，我们需要两个与 ε_{3t} 无关的工具变量。根据方程（4.12），e_{1t} 不依赖于 ε_{3t}（因为 ε_{3t} 是 η_{3t} 的倍数），而根据方程（4.13），e_{2t} 也是如此。因此，我们可以将 e_{1t} 和 e_{2t} 作为方程（4.17）中 z_{1t} 和 z_{2t} 的工具变量。由于 e_{1t} 和 e_{2t} 的值未知，所以我们选择使用 VAR 残差 $\hat{e}_{1t}$ 和 $\hat{e}_{2t}$ 作为工具变量。当然，由于右侧不存在内生变量，我们可以采用最小二乘法（OLS）来估计方程（4.15）。

在 EViews 命令方面，首先需要在 VAR 模型中生成 z_{1t} 和 z_{2t} 的残差。尽管这些残差可以从 VAR 输出中获得，但也可以通过选择 *Quick→Estimate Equation* 命令并选择 *LS - Least Squares（NLS 和 ARMA）* 来获得。具体规范框需要填写以下内容：

gap gap（-1）*gap*（-2）*infl*（-1）*infl*（-2）*ff*（-1）*ff*（-2）

通过点击确定按钮，可以获得参数估计值。为了从这个回归中构建残差 $\hat{e}_{1t}$，并将其保存在工作文件中，需依次点击 *Proc→Make Residual Series*，然后在给出残差名称"*res1*"后点击确定。重复此过程，但将因变量设为 *infl*，将得到残差 $\hat{e}_{2t}=\hat{\varepsilon}_{2t}$（由于该方程中没有右侧内生变量，所以 VAR 和结构误差相同）。请注意，这些残差会自动保存在名为"*eps2*"的程序中，如图 4-15 所示。

根据以上详细描述，$\hat{e}_{1t}$ 和 $\hat{\varepsilon}_{2t}$ 将作为第三个（利率）方程中 z_{1t} 和 z_{2t} 的工具变量。这一步骤可以在 OLS 估计结束后的页面进行操作。首先，从可用选项中选择 *Estimate*，然后按照要求填写相应的规范：

ff gap infl gap（-1）*gap*（-2）*infl*（-1）*infl*（-2）*ff*（-1）*ff*（-2）

建议采用 *TSLS - Two - Stage Least Squares（TSNLS 和 ARMA）* 而非 LS 方法。然后，系统会要求填写 *Instrument List*。插入：

res1 eps2 gap（-1）*gap*（-2）*infl*（-1）*infl*（-1）*ff*（-1）*ff*（-1）

在获得 IV 估计值后，我们可以使用命令 *Proc→Make Residual Series* 来创建一个包含该方程残差的对象序列。假设我们将这个序列命名为"*eps3*"。接下来，我们对第一个方程进行相同的操作，并将模型定义为：

gap infl ff gap（-1）*gap*（-2）*infl*（-1）*infl*（-2）*ff*（-1）*ff*（-2）

这些工具变量为：

eps2 eps3 gap（-1）*gap*（-2）*infl*（-1）*infl*（-2）*ff*（-1）*ff*（-2）

得到的参数估计值为 $A_0 = \begin{bmatrix} 1 & .1669 & 0 \\ 0 & 1 & 0 \\ -.494 & -.0258 & 1 \end{bmatrix}$，$B = \begin{bmatrix} .5788 & 0 & 0 \\ 0 & .7404 & 0 \\ 0 & 0 & .6596 \end{bmatrix}$，其中，

B的对角线元素是方程误差的标准差的估计值。IV参数估计结果与图4-13中的SVAR程序所示结果一致。[①]为了获得工具变量的结果，我们编写一个EViews程序，而非使用上述下拉菜单。该程序的代码被保存在*chomoreno_restrict.prg*中，具体实现细节如图4-15所示。

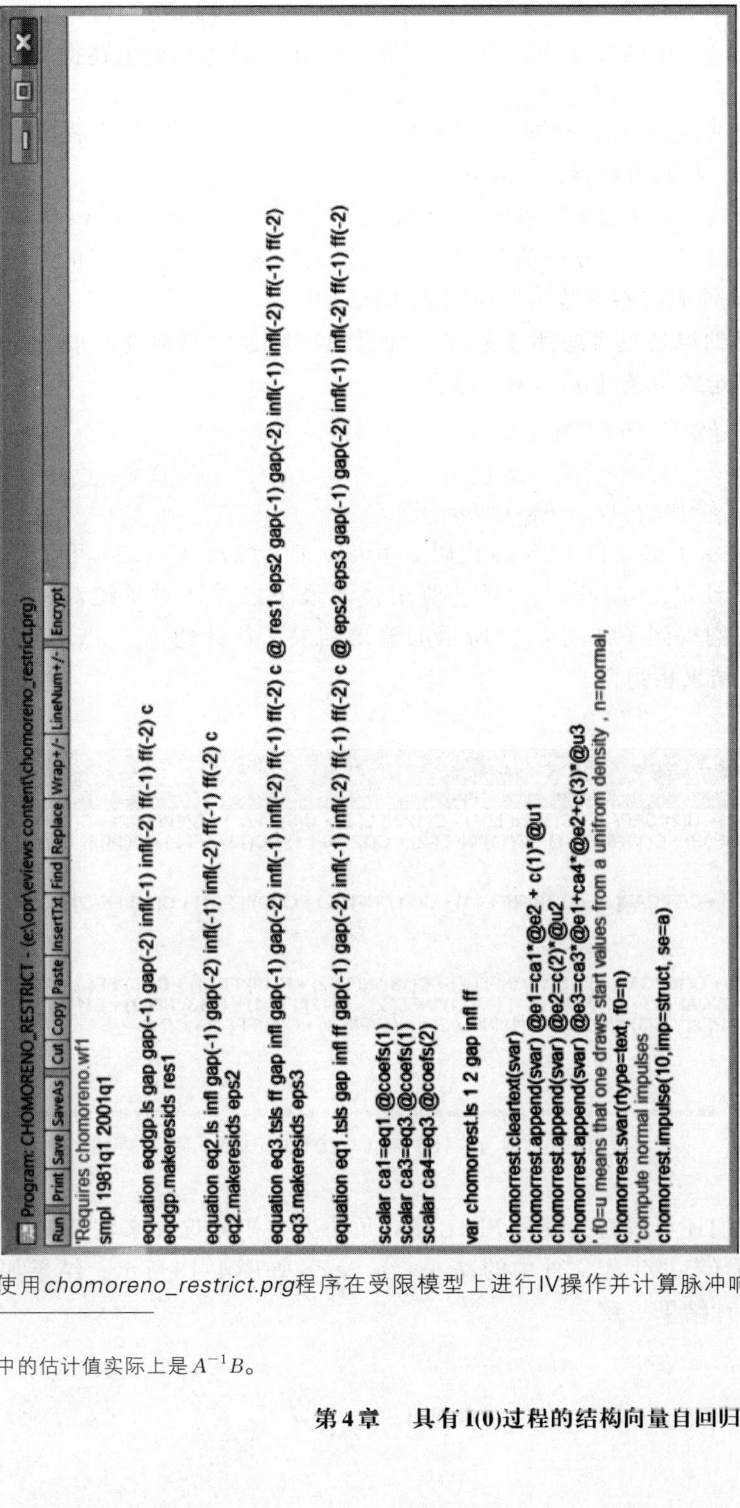


```
'Requires chomoreno.wf1
smpl 1981q1 2001q1

equation eqdgp.ls gap gap(-1) gap(-2) infl(-1) infl(-2) ff(-1) ff(-2) c
eqdgp.makeresids res1

equation eq2.ls infl gap(-1) gap(-2) infl(-1) infl(-2) ff(-1) ff(-2) c
eq2.makeresids eps2

equation eq3.tsls ff gap infl gap(-1) gap(-2) infl(-1) infl(-2) ff(-1) ff(-2) c @ res1 eps2 gap(-1) gap(-2) infl(-1) infl(-2) ff(-1) ff(-2)
eq3.makeresids eps3

equation eq1.tsls gap infl ff gap(-1) gap(-2) infl(-1) infl(-2) ff(-1) ff(-2) c @ eps2 eps3 gap(-1) gap(-2) infl(-1) infl(-2) ff(-1) ff(-2)

scalar ca1=eq1.@coefs(1)
scalar ca3=eq3.@coefs(1)
scalar ca4=eq3.@coefs(2)

var chomorrest.ls 1 2 gap infl ff

chomorrest.cleartext(svar)
chomorrest.append(svar) @e1=ca1*@e2 + c(1)*@u1
chomorrest.append(svar) @e2=c(2)*@u2
chomorrest.append(svar) @e3=ca3*@e1+ca4*@e2+c(3)*@u3
' f0=u means that one draws start values from a unifrom density , n=normal,
chomorrest.svar(rtype=text, f0=n)
'compute normal impulses
chomorrest.impulse(10,imp=struct, se=a)
```

图4-15　使用*chomoreno_restrict.prg*程序在受限模型上进行IV操作并计算脉冲响应的过程

① 图4-13中的估计值实际上是$A^{-1}B$。

在这种情况下，IV方法的一个显著特征是其在SVAR模型中自动施加了一个隐含的约束条件 $a_{13}^0 = 0$。该约束条件保证了第一个方程的VAR残差 e_{1t} 不会受到 η_{3t} 的影响。

通过引入滞后变量作为工具变量，我们可以对 z_{3t} 进行工具化处理，即 $z_{3t}-lags=\varepsilon_{3t}$。根据我们的假设，这种处理方式不会对 z_{1t} 产生影响。此外，我们还可以采用符号反转的方法来验证 $a_{13}^0 = 0$ 的成立性，即 $A_0^{-1} = \begin{bmatrix} * & * & 0 \\ 0 & * & 0 \\ * & * & * \end{bmatrix}$。通过执行上述操作，我们得出了 A_0 与 A_0^{-1} 在零元素位置上具有相同结构的结论。此外，我们可以将方程重新排列为一个递归结构。因此，我们可以得出结论 $a_{13}^0 = 0$。

在这个应用中，需要记住的一个重要点是，当第 l 个冲击对第 k 个变量没有即时影响时，我们可以将第 k 个方程的VAR残差用作估计第 l 个结构方程的工具（即"VAR工具原则"）。该原则将在后续内容中得到多次应用。

VAR工具的原理也可应用于系统估计量中，通过对模型进行重新规定，明确地将VAR残差与绑定约束条件 $a_{13}^0 = 0$ 相结合。

$$z_{1t} = a_{12}^0 \left(z_{2t} - lags\right) + lags + \varepsilon_{1t} \tag{4.18}$$

$$z_{2t} = lags + \varepsilon_{2t} \tag{4.19}$$

$$z_{3t} = a_{31}^0 \left(z_{1t} - lags\right) + a_{32}^0 \left(z_{2t} - lags\right) + lags + \varepsilon_{3t} \tag{4.20}$$

图4-16展示了必要的EViews代码，其中，C（22）、C（23）和C（24）分别对应于同期参数估计 a_{12}^0、a_{31}^0 和 a_{32}^0。通过使用普通最小二乘法对系统对象（$ch\_sys\_iv\_rest$）进行估计，我们得到了如图4-17所示的输出结果。估计的 a_{12}^0、a_{31}^0 和 a_{32}^0 与使用工具变量方法获得的结果相吻合。

```
S System: CH_SYS_IV_REST  Workfile: CHOMORENO::Chomoreno\
View Proc Object | Print Name Freeze | InsertTxt Estimate Spec Stats Resids
GAP = C(1)*GAP(-1) + C(2)*GAP(-2) + C(3)*INFL(-1) + C(4)*INFL(-2) + C(5)*FF(-1) + C(6)*FF(-2) + C(7) + C(22)*(INFL - (C(8)
*GAP(-1) + C(9)*GAP(-2) + C(10)*INFL(-1) + C(11)*INFL(-2) + C(12)*FF(-1) + C(13)*FF(-2) + C(14)))


INFL = C(8)*GAP(-1) + C(9)*GAP(-2) + C(10)*INFL(-1) + C(11)*INFL(-2) + C(12)*FF(-1) + C(13)*FF(-2) + C(14)


FF = C(15)*GAP(-1) + C(16)*GAP(-2) + C(17)*INFL(-1) + C(18)*INFL(-2) + C(19)*FF(-1) + C(20)*FF(-2) + C(21) + C(23)*(INFL -
(C(8)*GAP(-1) + C(9)*GAP(-2) + C(10)*INFL(-1) + C(11)*INFL(-2) + C(12)*FF(-1) + C(13)*FF(-2) + C(14))) + C(24)*(GAP-(C(1)
*GAP(-1) + C(2)*GAP(-2) + C(3)*INFL(-1) + C(4)*INFL(-2) + C(5)*FF(-1) + C(6)*FF(-2) + C(7)))
```

图4-16 方程（4.18）~（4.20）的EViews系统规格

此外，我们还可以直接使用FIML和对角协方差矩阵选项来估计限制系统。所需的系统对象代码（参见工作文件中的 $ch\_sys\_iv\_rest$）如图4-18所示，结果如图4-19所示，与工具变量估计结果一致。

System: CH_SYS_IV_REST Workfile: CHOMORENO::Chomoreno\

View | Proc | Object | Print | Name | Freeze | InsertTxt | Estimate | Spec | Stats | Resids

System: CH_SYS_IV_REST
Estimation Method: Iterative Least Squares
Date: 05/31/16   Time: 19:49
Sample: 1981Q3 2000Q1
Included observations: 75
Total system (balanced) observations 225
Estimation settings: tol=1.0e-12, derivs=analytic
Initial Values: C(1)=0.00000, C(2)=0.00000, C(3)=0.00000,
   C(4)=0.00000, C(5)=0.00000, C(6)=0.00000, C(7)=0.00000,
   C(22)=0.00000, C(8)=0.00000, C(9)=0.00000, C(10)=0.00000,
   C(11)=0.00000, C(12)=0.00000, C(13)=0.00000, C(14)=0.00000,
   C(15)=0.00000, C(16)=0.00000, C(17)=0.00000, C(18)=0.00000,
   C(19)=0.00000, C(20)=0.00000, C(21)=0.00000, C(23)=0.00000,
   C(24)=0.00000
Convergence achieved after 3 iterations

	Coefficient	Std. Error	t-Statistic	Prob.
C(1)	1.216215	0.139552	8.715162	0.0000
C(2)	-0.295935	0.136074	-2.174801	0.0308
C(3)	-0.058829	0.109891	-0.535337	0.5930
C(4)	-0.041853	0.106381	-0.393426	0.6944
C(5)	0.193684	0.117521	1.648078	0.1009
C(6)	-0.187740	0.104583	-1.795125	0.0741
C(7)	0.038279	0.080465	0.475719	0.6348
C(22)	-0.166892	0.108855	-1.533156	0.1268
C(8)	0.248145	0.137648	1.802754	0.0729
C(9)	-0.197354	0.134218	-1.470396	0.1430
C(10)	0.347231	0.108392	3.203469	0.0016
C(11)	0.241968	0.104930	2.305994	0.0221
C(12)	0.050672	0.115918	0.437136	0.6625
C(13)	0.059209	0.103157	0.573971	0.5666
C(14)	-0.120669	0.079368	-1.520382	0.1300
C(15)	0.190569	0.153738	1.239568	0.2166
C(16)	-0.120531	0.149907	-0.804037	0.4223
C(17)	0.124601	0.121063	1.029224	0.3046
C(18)	0.177445	0.117196	1.514096	0.1316
C(19)	0.916828	0.129468	7.081499	0.0000
C(20)	-0.151764	0.115215	-1.317225	0.1893
C(21)	-0.150377	0.088645	-1.696395	0.0914
C(23)	0.025835	0.111307	0.232109	0.8167
C(24)	0.494210	0.139227	3.549663	0.0005

Determinant residual covariance	0.057830

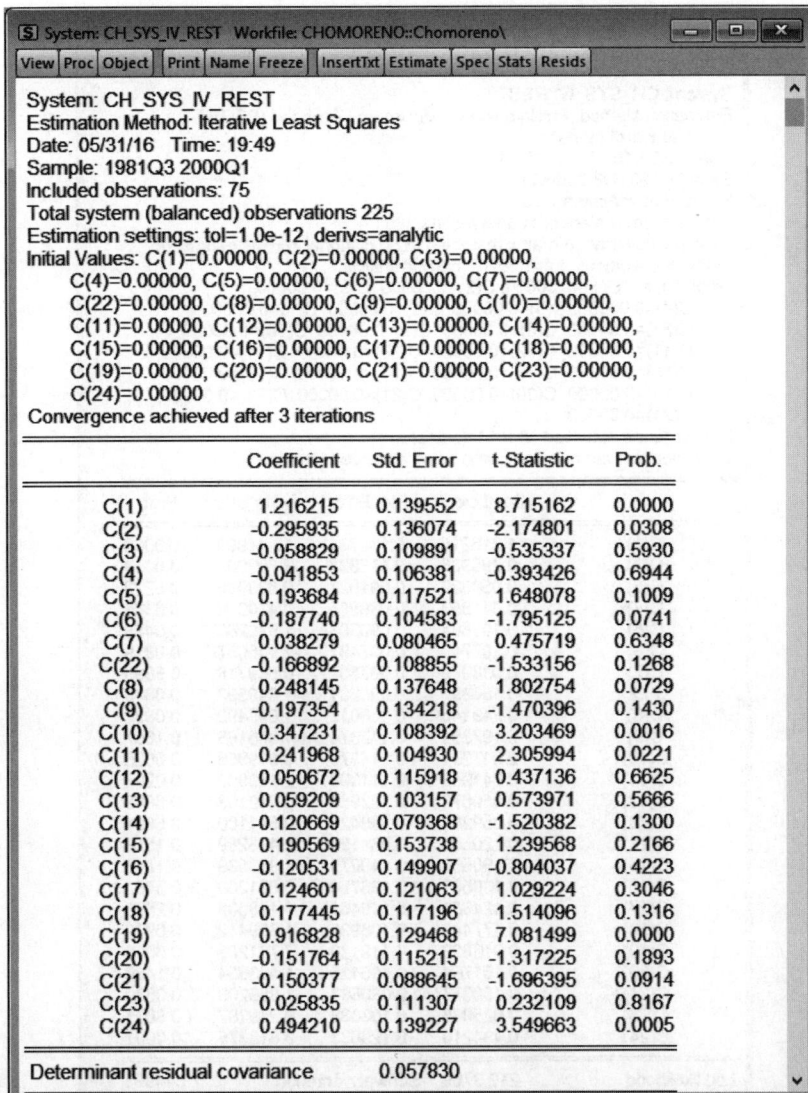

图4-17 : 基于方程（4.18）~（4.20）的非线性最小二乘估计

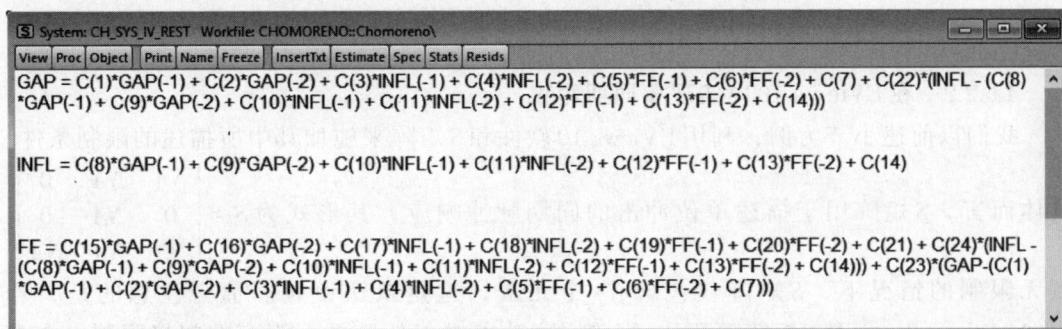

System: CH_SYS_IV_REST Workfile: CHOMORENO::Chomoreno\

View | Proc | Object | Print | Name | Freeze | InsertTxt | Estimate | Spec | Stats | Resids

GAP = C(1)*GAP(-1) + C(2)*GAP(-2) + C(3)*INFL(-1) + C(4)*INFL(-2) + C(5)*FF(-1) + C(6)*FF(-2) + C(7) + C(22)*(INFL - (C(8)*GAP(-1) + C(9)*GAP(-2) + C(10)*INFL(-1) + C(11)*INFL(-2) + C(12)*FF(-1) + C(13)*FF(-2) + C(14)))

INFL = C(8)*GAP(-1) + C(9)*GAP(-2) + C(10)*INFL(-1) + C(11)*INFL(-2) + C(12)*FF(-1) + C(13)*FF(-2) + C(14)

FF = C(15)*GAP(-1) + C(16)*GAP(-2) + C(17)*INFL(-1) + C(18)*INFL(-2) + C(19)*FF(-1) + C(20)*FF(-2) + C(21) + C(24)*(INFL - (C(8)*GAP(-1) + C(9)*GAP(-2) + C(10)*INFL(-1) + C(11)*INFL(-2) + C(12)*FF(-1) + C(13)*FF(-2) + C(14))) + C(23)*(GAP-(C(1)*GAP(-1) + C(2)*GAP(-2) + C(3)*INFL(-1) + C(4)*INFL(-2) + C(5)*FF(-1) + C(6)*FF(-2) + C(7)))

图4-18 假设 a_{13}=0，方程（4.15）~（4.17）的EViews系统规格

第4章   具有 I(0) 过程的结构向量自回归模型 ◇ 79 ◇

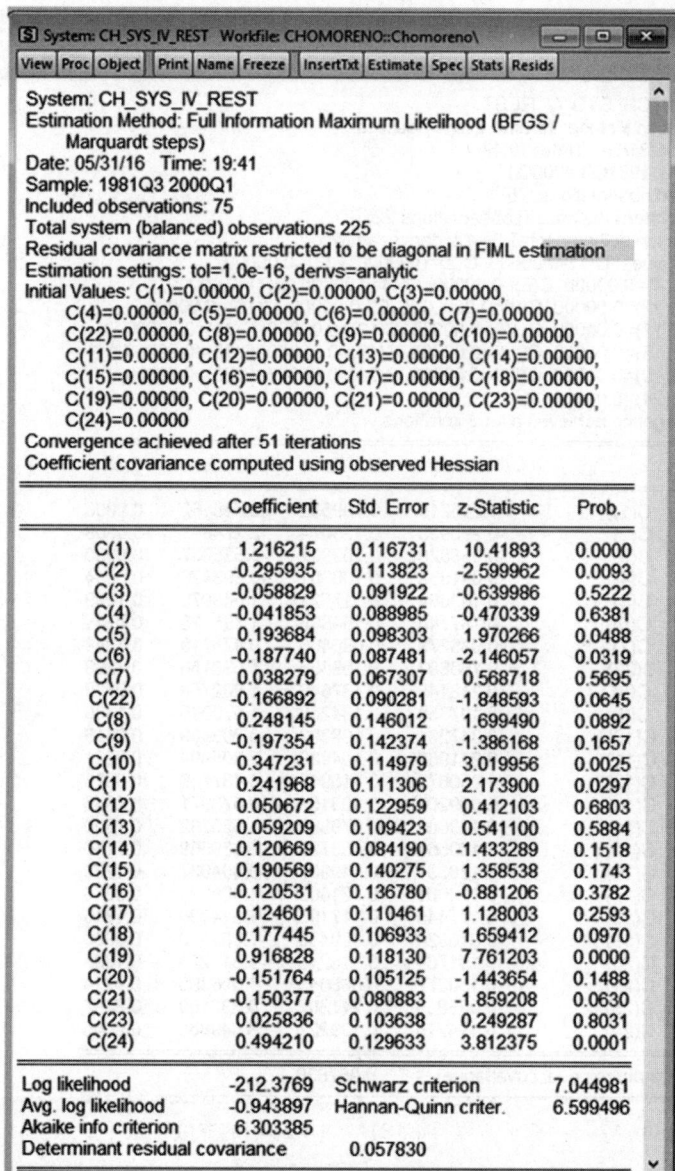

System: CH_SYS_IV_REST   Workfile: CHOMORENO::Chomoreno\

System: CH_SYS_IV_REST
Estimation Method: Full Information Maximum Likelihood (BFGS /
     Marquardt steps)
Date: 05/31/16   Time: 19:41
Sample: 1981Q3 2000Q1
Included observations: 75
Total system (balanced) observations 225
Residual covariance matrix restricted to be diagonal in FIML estimation
Estimation settings: tol=1.0e-16, derivs=analytic
Initial Values: C(1)=0.00000, C(2)=0.00000, C(3)=0.00000,
     C(4)=0.00000, C(5)=0.00000, C(6)=0.00000, C(7)=0.00000,
     C(22)=0.00000, C(8)=0.00000, C(9)=0.00000, C(10)=0.00000,
     C(11)=0.00000, C(12)=0.00000, C(13)=0.00000, C(14)=0.00000,
     C(15)=0.00000, C(16)=0.00000, C(17)=0.00000, C(18)=0.00000,
     C(19)=0.00000, C(20)=0.00000, C(21)=0.00000, C(23)=0.00000,
     C(24)=0.00000
Convergence achieved after 51 iterations
Coefficient covariance computed using observed Hessian

	Coefficient	Std. Error	z-Statistic	Prob.
C(1)	1.216215	0.116731	10.41893	0.0000
C(2)	-0.295935	0.113823	-2.599962	0.0093
C(3)	-0.058829	0.091922	-0.639986	0.5222
C(4)	-0.041853	0.088985	-0.470339	0.6381
C(5)	0.193684	0.098303	1.970266	0.0488
C(6)	-0.187740	0.087481	-2.146057	0.0319
C(7)	0.038279	0.067307	0.568718	0.5695
C(22)	-0.166892	0.090281	-1.848593	0.0645
C(8)	0.248145	0.146012	1.699490	0.0892
C(9)	-0.197354	0.142374	-1.386168	0.1657
C(10)	0.347231	0.114979	3.019956	0.0025
C(11)	0.241968	0.111306	2.173900	0.0297
C(12)	0.050672	0.122959	0.412103	0.6803
C(13)	0.059209	0.109423	0.541100	0.5884
C(14)	-0.120669	0.084190	-1.433289	0.1518
C(15)	0.190569	0.140275	1.358538	0.1743
C(16)	-0.120531	0.136780	-0.881206	0.3782
C(17)	0.124601	0.110461	1.128003	0.2593
C(18)	0.177445	0.106933	1.659412	0.0970
C(19)	0.916828	0.118130	7.761203	0.0000
C(20)	-0.151764	0.105125	-1.443654	0.1488
C(21)	-0.150377	0.080883	-1.859208	0.0630
C(23)	0.025836	0.103638	0.249287	0.8031
C(24)	0.494210	0.129633	3.812375	0.0001

Log likelihood	-212.3769	Schwarz criterion	7.044981
Avg. log likelihood	-0.943897	Hannan-Quinn criter.	6.599496
Akaike info criterion	6.303385		
Determinant residual covariance		0.057830	

图 4-19   在方程（4.15）～（4.17）中假设 $a_{13}=0$ 的 FIML 估计值

4.6.2.2   在 EViews 10 中实现零同期约束

我们以前述小节为例，利用 EViews 10 软件和 S 矩阵来施加其中所描述的限制条件。

具体而言，S 矩阵用于描述单位冲击的同期脉冲响应，其形式为 $S = \begin{bmatrix} NA & NA & 0 \\ 0 & NA & 0 \\ NA & NA & NA \end{bmatrix}$。

在无限制的情况下，S 矩阵仅包含 NA 个元素，这是默认设置。值得注意的是，若 $S(2，1)=0$，而且 S 矩阵等于 A_0^{-1} 矩阵，意味着对 A_0 矩阵的元素存在间接限制。在本例中，除了标准化外，并未对 $A_0=A$ 施加任何直接限制，即每个方程均指定了一个因变量。因此，$A = \begin{bmatrix} 1 & NA & NA \\ NA & 1 & NA \\ NA & NA & 1 \end{bmatrix}$，$B = \begin{bmatrix} NA & 0 & 0 \\ 0 & NA & 0 \\ 0 & 0 & NA \end{bmatrix}$，$S = \begin{bmatrix} NA & NA & 0 \\ 0 & NA & 0 \\ NA & NA & NA \end{bmatrix}$，$B$ 矩阵的对

角线表示了冲击的标准差。为了探讨 A 的间接限制条件，我们可以通过 $S = A_0^{-1}$ 来推导出 $A_0 S = I$ 的关系式。基于此，我们可以得出以下推论：

$$A = \begin{bmatrix} 1 & -a_{12}^0 & -a_{13}^0 \\ -a_{21}^0 & 1 & -a_{23}^0 \\ -a_{31}^0 & -a_{32}^0 & 1 \end{bmatrix} \begin{bmatrix} NA & s_{12} & 0 \\ 0 & NA & 0 \\ s_{31} & s_{32} & NA \end{bmatrix} = \begin{bmatrix} 1 & 0 & 0 \\ 0 & 1 & 0 \\ 0 & 0 & 1 \end{bmatrix}$$

通过将矩阵 A 的第一行和第二行与矩阵 S 的第三列相乘，矩阵 A 的第二行与矩阵 S 的第一列相乘，我们得到：

$(1 \times 0) - (a_{12}^0 \times 0) - (a_{13}^0 \times NA) = 0 \Rightarrow a_{13}^0 = 0$

$(-a_{21}^0 \times 0) + (1 \times 0) - (a_{23}^0 \times NA) = 0 \Rightarrow a_{23}^0 = 0$

$(-a_{21}^0 \times NA) + (1 \times 0) - (a_{23}^0 \times s_{31}) = 0 \Rightarrow a_{21}^0 = 0$

因此，我们无须直接对 A 矩阵施加这些限制。当描述 S 矩阵时，EViews 10 会自动执行此操作。

现在回到 VAR 屏幕，首先选择 Clear all。然后从"限制预设"下拉菜单中选择 Custom，按照上述方法填写 A 矩阵、B 矩阵和 S 矩阵，并点击"确定"。

我们估计得到的 A 矩阵为 $A = \begin{bmatrix} 1 & .16689 & 0 \\ 0 & 1 & 0 \\ -.49429 & -.0258 & 1 \end{bmatrix}$，在研究中，我们发现零元素

的数量小于 10^{-8}。这一结果与前一小节的实验结果相吻合。[1]

4.6.2.3　一个两期后的零限制

我们使用与 McKibbin 等人（1998）在其研究中使用的方法来对某个滞后长度不为零的冲击对变量的脉冲响应施加约束。根据他们的方法，利用方程（4.5）的 $C_j = D_j C_0$ 的结果，我们可以得到以下结论：因为 D_j 只是来自 VAR 模型的脉冲响应，所以可以在不考虑模型结构的情况下进行计算。因此，如果将 SVAR 模型设置为 $Az_t = lags + B\eta_t$，其中，η_t 是具有单位方差的误差项（在 EViews 中可能表示为 u_t），如果矩阵 $A = I$，则矩阵 B 将等于 C_0。因此，就 A、B 结构而言，则有 $C_j = D_j B$。

现在，假设我们希望在第二个预测期间将第一个变量对第三个冲击的脉冲响应设为零，这意味着：

$[C_2]_{13} = [D_2 B]_{13} = 0$

其中 $[F]_{ij}$ 代表的是矩阵 F 的第 i 行第 j 列元素。因此，约束条件可以设置为：

$$c_{13}^2 = \begin{bmatrix} d_{11}^2 & d_{12}^2 & d_{13}^2 \end{bmatrix} \begin{bmatrix} b_{13} \\ b_{23} \\ b_{33} \end{bmatrix} = 0$$

显然，这意味着 $b_{13}d_{11}^2 + b_{23}d_{12}^2 + b_{33}d_{13}^2 = 0$。因为 d_{ij}^2 是估计的 VAR 模型中已知的相应值，所以这为矩阵 B 的元素提供了一个线性约束。

---

[1]　请参考 *e10_example_4.prg* 文件，通过运用 EViews 编程语言来复现本例。

在EViews中，我们可以通过使用文本形式的约束来施加这个限制[①]。

我们使用Cho和Moreno数据集，拟合了一个包括变量gap、$infl$、ff和recover D的VAR（2）模型（就像第3章中所做的那样）。图4-20显示了产出缺口对VAR残差的两期后的脉冲响应，这些响应提供了d_{ij}^2的值，具体为$d_{11}^2 = 1.205556$；$d_{12}^2 = -.109696$；$d_{13}^2 = .222415$，根据这些值我们可以得到约束条件$1.205556b_{13} - .109696b_{23} + .222415b_{33} = 0$。通过这个约束条件我们可以消除变量$b_{33}$。

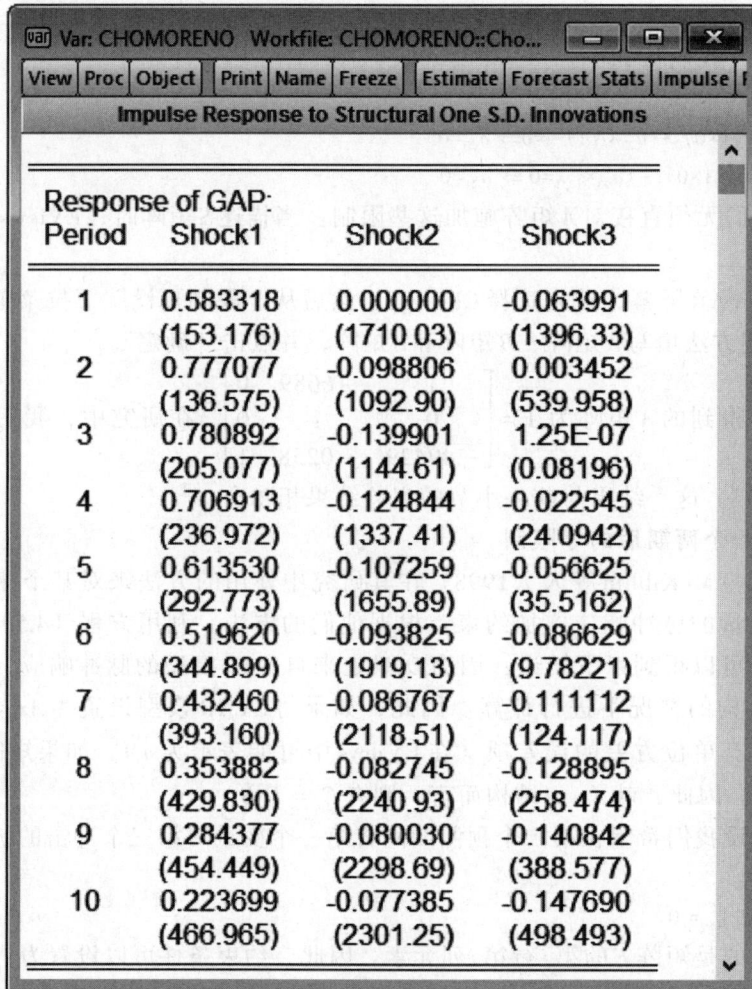

Var: CHOMORENO   Workfile: CHOMORENO::Cho...
View Proc Object | Print Name Freeze | Estimate Forecast Stats Impulse
Impulse Response to Structural One S.D. Innovations

Response of GAP:

Period	Shock1	Shock2	Shock3
1	0.583318	0.000000	-0.063991
	(153.176)	(1710.03)	(1396.33)
2	0.777077	-0.098806	0.003452
	(136.575)	(1092.90)	(539.958)
3	0.780892	-0.139901	1.25E-07
	(205.077)	(1144.61)	(0.08196)
4	0.706913	-0.124844	-0.022545
	(236.972)	(1337.41)	(24.0942)
5	0.613530	-0.107259	-0.056625
	(292.773)	(1655.89)	(35.5162)
6	0.519620	-0.093825	-0.086629
	(344.899)	(1919.13)	(9.78221)
7	0.432460	-0.086767	-0.111112
	(393.160)	(2118.51)	(124.117)
8	0.353882	-0.082745	-0.128895
	(429.830)	(2240.93)	(258.474)
9	0.284377	-0.080030	-0.140842
	(454.449)	(2298.69)	(388.577)
10	0.223699	-0.077385	-0.147690
	(466.965)	(2301.25)	(498.493)

图4-20　产出缺口对供给、需求和货币冲击的脉冲响应

为了估计包含3个变量的任何SVAR模型，需要对矩阵B施加3个约束。除上述约束外，我们还需要施加两个约束。由于我们不希望b_{13}、b_{23}和b_{33}都等于零（如果需要，

[①]　在EViews 10中，我们可以使用文本选项，并指定方程$d_{11}^2 S(1，3) + d_{12}^2 S(2，3) + d_{13}^2 S(3，3) = 0$来施加约束。

我们可以将其中一个设为零），因此设置 $b_{12} = 0$ 和 $b_{21} = 0$ 是合理的选择。用于估计包含第二期限制的模型相对应的结构代码的文本形式为：

@e1=C（1）*@u1+C（2）*@u3

@e2=C（3）*@u2+C（4）*@u3

@e3=C（5）*@u1+C（6）*@u2-（1.0/0.222415）*（1.205556*C（2）-0.109696*C（4））*@u3

图 4-20 中估计的脉冲响应证实了这种方法施加的正是我们所需的约束条件，特别是在第三期的 Shock3 中，证据尤为明显[①]。

我们可以使用相同的方法对脉冲的累积和 $\sum_{j=1}^{P} C_j$ 施加约束，因为 $\sum_{j=1}^{P} C_j = \left(\sum_{j=1}^{P} D_j\right) B$，所以当 $P=9$，并且 $\sum_{j=1}^{P} c_{13}^j = 0$ 时，就可以从 VAR 脉冲响应中找到第 P 个滞后 D_j 的累计值。

针对上述示例，这些值为：

$$\sum_{j=1}^{P} d_{11}^j = 8.756985, \quad \sum_{j=1}^{P} d_{12}^j = -1.176505, \quad \sum_{j=1}^{P} d_{13}^j = .480120$$

那么第三个文本命令将会变为：

@e3=C（5）*@u1+C（6）*@u2-（1.0/0.480120）*（8.756985*C（2）-1.176505*C（4））*@u3

我们可以通过上述命令强制累积脉冲 $\sum_{j=1}^{P} c_{13}^j$ 的值为零。

4.6.3　在布兰查德-佩罗蒂财政政策模型（The Blanchard-Perotti Fiscal Policy Model）中对参数施加限制

Blanchard 和 Perotti（2002）在支出和税收对 GDP 的影响的研究中包含了 3 个变量：z_{1t} 代表实际人均税收的对数；z_{2t} 代表实际人均支出的对数；z_{3t} 代表实际人均 GDP 的对数。SVAR 模型的形式如下（Blanchard 和 Perotti，2004）：

$$
\begin{aligned}
z_{1t} &= a_1 z_{3t} + a_2' \varepsilon_{2t} + lags + \varepsilon_{1t} \\
z_{2t} &= b_1 z_{3t} + b_2' \varepsilon_{1t} + lags + \varepsilon_{2t} \\
z_{3t} &= \delta_1 z_{1t} + \delta_2 z_{2t} + lags + \varepsilon_{3t}
\end{aligned}
\tag{4.21}
$$

根据 EViews 表示法，矩阵 A 和 B 的形式为：

$$
A = \begin{bmatrix} 1 & 0 & -a_1 \\ 0 & 1 & -b_1 \\ -\delta_1 & -\delta_2 & 1 \end{bmatrix}, \quad
B = \begin{bmatrix} * & a_2' & 0 \\ b_2' & * & 0 \\ 0 & 0 & * \end{bmatrix}
$$

参数 a_1 的值为 2.08，它表示税收相对于 GDP 的弹性。这个数值可以分解为税收相对于税基的弹性和税基相对于 GDP 的弹性的乘积。这些弹性值是针对多种不同的税收进行计算的，然后将它们综合在一起得出 a_1 的值。参数 b_1 的值为零，因为研究人员指出，在他们的研究中没有找到经济活动对政府支出产生自动反馈的证据（Blanchard 和 Perotti，2004）。

因为 $n=3$，所以在矩阵 A 和 B 中只能有 6 个参数被估计。即使将 a_1 固定为 2.08，将 b_1 固定为零，矩阵中仍然有 7 个未知参数。这意味着需要对 a_2' 或 b_2' 中的一个进行预设。

---

①　在 EViews 中，"Period 3" 代表两期之后的响应，因为 EViews 将同时期（零期滞后）称为 "1"。

通过观察矩阵 B 中的系数，我们可以看到，（2，1）元素 b_2' 表示支出对税收结构性冲击在同一季度内的响应，而（1，2）元素 a_2' 表示税收对支出的响应。Blanchard 和 Perotti 在他们的研究中通过将 a_2' 或 b_2' 中的一个设为零，然后估计另一个参数来解决这个问题。在支出对税收的结构性冲击没有直接响应的情况下，我们将使用 $b_2' = 0$ 进行估计。

从结构方程的角度考虑，当 $b_2' = 0$[①] 时有：

$$z_{1t} = 2.08z_{3t} + a_2'\epsilon_{2t} + lags + \sigma_1\eta_{1t} \tag{4.22}$$

$$z_{2t} = lags + \sigma_2\eta_{2t} = lags + \varepsilon_{2t} \tag{4.23}$$

$$z_{3t} = \delta_1 z_{1t} + \delta_2 z_{2t} + lags + \sigma_3\eta_{3t} \tag{4.24}$$

因为 $v_t = z_{1t} - 2.08z_{3t}$ 不依赖 η_{3t}，所以 Blanchard 和 Perotti 使用 $v_t = z_{1t} - 2.08z_{3t}$ 作为方程（4.24）中 z_{1t} 的工具变量，而且 z_{2t} 可以看作自身的工具变量。这种方法可以帮助他们估计 δ_1 和 δ_2，并获得对冲击 ε_{3t} 的估计。为了估计系统的其余参数，他们将 v_t 回归到滞后值和估计的 $\hat{\varepsilon}_{2t}$ 上，以此估计 a_2'。这种方法被称为 IV（工具变量）策略，用于解决模型中的参数估计问题。

在 Blanchard 和 Perotti 的研究中，由于他们将额外的回归变量引入方程作为控制变量，这使得对模型的研究更加复杂。这些额外的变量包括 1975 年第二季度临时税款减免的虚拟变量、时间的二次多项式，以及滞后系数中的季节变化的调整。为了处理季节性变化，需要构建形如 $z_{1t-j} \times S_{kt}(k = 1, \cdots, 4)$ 的乘法变量。Blanchard 和 Perotti 将所有这些变量添加到第 3 个方程中以获取 IV 的估计值。但是，在估计 SVAR 中的剩余系数时，他们只添加了税收减免虚拟变量、季节截距变化和二次多项式，以防止脉冲响应随季节变化而变化。在图 4-21 中，"Exogenous variables" 文本框中的回归器 "vec_*" 就代表了上述变量（由于扩展的变量集已经包含截距项，所以需要从方程和工具中集中移除常数项）。因此，Blanchard 和 Perotti 在处理数据时使用的一系列控制变量是为了更好地解释和控制模型中的影响因素，以提高模型的准确性和适应性。

由于 Blanchard 和 Perotti 在模型中引入了扩展的回归变量，所以在对 δ_1 和 δ_2 进行估计时，IV 估计和 MLE（最大似然）估计之间会存在差异。为了获得 MLE 估计，他们先将 a_1 和 b_2' 固定在特定的数值上，得到以下矩阵：

$$A = \begin{bmatrix} 1 & 0 & -2.08 \\ 0 & 1 & 0 \\ * & * & 1 \end{bmatrix}, B = \begin{bmatrix} * & * & 0 \\ 0 & * & 0 \\ 0 & 0 & * \end{bmatrix}$$

我们可以通过图 4-21 和图 4-22 了解到如何使用 $bp.wf1$ 工作文件来估计上述模型，并能得到 MLE 的估计值[②]：

$$A = \begin{bmatrix} 1 & 0 & -2.08 \\ 0 & 1 & 0 \\ .1343 & -.2879 & 1 \end{bmatrix}, B = \begin{bmatrix} .2499 & -.0022 & 0 \\ 0 & .0098 & 0 \\ 0 & 0 & .0096 \end{bmatrix}$$

---

① $a_2 = a_2'\sigma_1$。

② IV 估计的 δ_1 和 δ_2 分别为 -0.134 和 0.236，这和预期一样，与 MLE 估计的值不同。需要注意的是，因为外生变量的数量存在上限，所以不能将所有的回归变量作为外生变量直接添加到 SVAR 模型中。

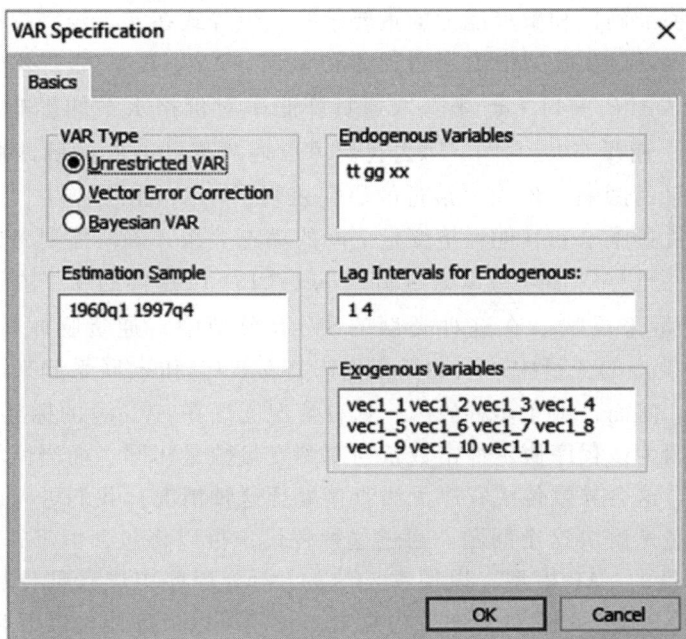

图 4-21 使用EViews进行Blanchard-Perotti模型的IV估计

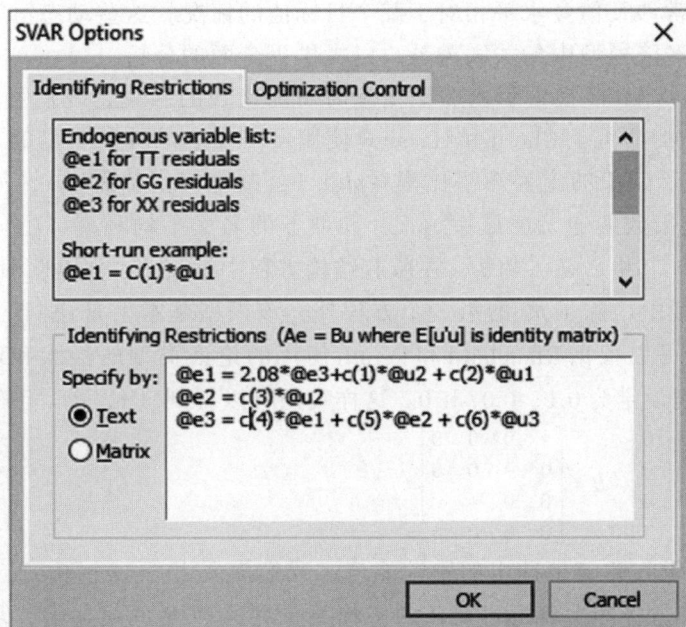

图4-22 在EViews中使用SVAR方法对Blanchard-Perotti模型进行估计

4.6.4 将股票、流量和恒等式纳入SVAR模型——一个美国财政债务模型

4.6.4.1 Cherif和Hasanov（2012）模型

除了尝试重新规范SVAR模型以解决困惑外，引入一些在宏观经济模型中常见的额

外项也是提高模型准确性和解释能力的重要策略。恒等式在宏观经济模型中起着至关重要的作用。如果在SVAR模型中出现通货膨胀率 $\pi_t = \Delta log(P_t)$，那么我们可以通过使用恒等式 $log(P_t) = log(P_t - 1) + \pi_t$ 来获取通货膨胀率对价格水平的影响。如果SVAR模型中只有变量 π_t，而没有 $log(P_t)$，那么我们可以通过累计通胀的脉冲响应来获取通货膨胀率对价格水平的影响。然而，最近的研究表明，在SVAR模型中，为了更准确地分析价格水平、通货膨胀率和其他经济变量之间的动态关系，确实需要考虑价格水平与其目标路径的偏差。这样的偏差可以通过引入 $log(P_t) - \overline{\pi} t$ 这样的项，或引入通货膨胀率和产出缺口等变量来反映。在这种类型的SVAR模型中，通货膨胀率 π_t 和价格水平 $log(P_t)$ 都出现在模型的变量中，因此需要引入将 $log(P_t)$ 和 π_t 联系起来的恒等式以考虑它们之间的关系。然而，由于多种原因，这种情况无法在EViews的标准SVAR程序中以传统方式处理。因为该程序假定冲击数量与观测变量数量相同，而当恒等式存在时，该方程的冲击为零，这会导致传统程序无法直接处理这种情况。我们可以通过替代由静态恒等式定义的变量来解决这个问题。通过这种替代，可以将包含恒等式的SVAR模型转化为包含较少变量的VAR模型，以便在传统的SVAR程序中进行估计和分析。但含有动态恒等式的SVAR模型的解决方案较为复杂，我们可以考虑使用以下解决方案。

动态恒等式经常出现在SVAR模型中。例如，当我们将股票变量，如家庭资产，引入到SVAR模型中时，会出现将这些资产、利率、收入和消费联系起来的恒等式。此外，财政规则通常涉及债务水平相对于某个目标值的情况。这些动态恒等式有助于我们更好地理解宏观经济模型中的关联关系，以提供更全面的分析。

为了了解在SVAR模型中引入股票变量时可能出现的问题，我们可以参考Cherif和Hasanov（2012）的研究。Cherif和Hasanov使用了一个包含4个变量的SVAR模型，这些变量包括相对于GDP的主要赤字比率（pb_t）（公共部门借款需求）、实际GDP增长率（Δy_t）、GDP平减指数的通货膨胀率（π_t）和债务的名义平均利率（i_t）。还有一个债务与GDP的比率 d_t，其中，d_{t-1} 和 d_{t-2} 在所有结构方程中被视为"外生"回归变量。

在SVAR模型中，除了 pb_t 的第一个方程外，该模型基本上是递归的。在 pb_t 的第一个方程中，我们可以根据Blanchard和Perotti使用的论证类型的经验和理论依据将 dy_t、π_t 和 i_t 的响应分别设定为0.1、0.07和0。这样我们可以得到（A，B）矩阵：

$$A = \begin{bmatrix} 1 & .1 & .07 & 0 \\ * & 1 & 0 & 0 \\ * & * & 1 & 0 \\ * & * & * & 1 \end{bmatrix}, B = \begin{bmatrix} * & 0 & 0 & 0 \\ 0 & * & 0 & 0 \\ 0 & 0 & * & 0 \\ 0 & 0 & 0 & * \end{bmatrix}$$

为了计算对税收和支出冲击的脉冲响应，我们需要考虑一个事实：因为 pb_t 依赖于 d_{t-1} 和 d_{t-2}，所以这些冲击将通过对 d_t 的依赖关系对 pb_t 产生间接影响，从而改变 d_t 的未来路径。出于估计目的，可以将 d_{t-1} 和 d_{t-2} 视为预先确定的，然而，在计算同期冲击之后的期间的脉冲响应时，因为冲击会改变它们的值并影响到 d_t 的路径，所以无法将它们视为预先确定的。为了解决这个问题，Cherif和Hasanov在系统中添加了以下恒等式：

$$d_t = \frac{1 + i_t}{(1 + \pi_t)(1 + \Delta y_t)} d_{t-1} + pb_t$$

接下来，可以从扩展系统中解决脉冲响应。由于系统中存在非线性关系，脉冲响应将依赖于 pb_t、i_t 等变量的具体数值，这对于 EViews 等软件来说是非标准的计算过程。为了在 EViews 的相对简单线性结构中进行计算，Cherif 和 Hasanov 选择将债务方程替换为一个对数线性化的版本[①]。

为了推导出这个对数线性化版本，我们假设 D_t 是名义债务，Y_t 是实际 GDP，P_t 是价格水平，PB_t 是名义初级赤字，那么，名义债务恒等式为：

$$D_t = (1 + i_t) D_{t-1} + PB_t$$

将上述恒等式除以 $P_t Y_t$，可以得到：

$$\frac{D_t}{P_t Y_t} = (1 + i_t) \frac{D_{t-1}}{P_t Y_t} + \frac{P_t B_t}{P_t Y_t}$$

现在，债务与 GDP 比率（d_t）是 $\frac{D_t}{P_t Y_t}$，而初级赤字与 GDP 比率将是 pb_t。因此，债务方程为：

$$d_t = (1 + i_t) \frac{D_{t-1}}{P_{t-1} Y_{t-1}} \frac{P_{t-1} Y_{t-1}}{P_t Y_t} + \frac{PB_t}{P_t Y_t}$$

$$= (1 + i_t) d_{t-1} \frac{P_{t-1} Y_{t-1}}{P_t Y_t} + pb_t$$

$$= (1 + i_t)(1 - \Delta p_t)(1 - \Delta y_t) d_{t-1} + pb_t$$

这个方程可以通过等式 $d_t = d^* e^{\hat{d}_t}$ 来进行对数线性化，其中，d^* 是稳态值，$\hat{d}_t$ 是 d_t 与稳态值之间的对数偏差。因此有：

$$d^* e^{\hat{d}_t} = (1 + i_t)(1 - \Delta p_t)(1 - \Delta y_t) d^* e^{\hat{d}_{t-1}} + pb_t$$

$$e^{\hat{d}_t} = (1 + i_t)(1 - \Delta p_t)(1 - \Delta y_t) e^{\hat{d}_{t-1}} + \frac{pb_t}{d^*}$$

令 $e^{\hat{d}_t} \simeq (1 + \hat{d}_t)$，则有：

$$1 + \hat{d}_t = (1 + \hat{d}_{t-1})(1 + i_t)(1 - \Delta p_t)(1 - \Delta y_t) + \frac{pb_t}{d^*}$$

忽略交叉乘积项后可以得到：

$$\hat{d}_t = \hat{d}_{t-1} + i_t - \Delta p_t - \Delta y_t + \frac{pb_t}{d^*} \tag{4.25}$$

由于上述恒等式并不影响估计结果，所以我们可以在 EViews 中以标准方式使用之前给出的矩阵 A 和 B 进行计算。

在计算变量对冲击的响应时确实会遇到问题。第一个问题是，如果将 d_t 添加到 SVAR 模型中，就不能将 d_{t-1} 和 d_{t-2} 视为外生变量，因为通过为它们分配一些滞后阶数，d_{t-1} 必然会被引入到 SVAR 模型中。因此，我们需要从外生变量中集中排除它们。第二个问题是，没有任何机制能够确保债务按照债务恒等式进行累积。也就是说，如果我们根据数据构建 $\hat{d}_t$，由于线性近似，它也很少会等于观测数据 $d_t - d^*$。第三个问题是，恒等式本身没有与之相关联的冲击。为了解决后两个问题，我们构建了一个序列 $\tilde{d}_t$，即

---

① 如果想要使用这个恒等式，需要重新构建包含恒等式的 SVAR 模型，并将其作为 EViews 的 SYSTEM 对象，这一过程在第 3 章中有描述。

$\hat{d}_t + nrnd^* .00001$，其中，我们在最后一项中为$\hat{d}_t$添加了一个小的随机数。

4.6.4.2　使用 EViews9.5 进行估计

为了解决上述问题，假设我们拟合一个包含变量pb、dy、dp、in和$\tilde{d}_t$的 SVAR（1）模型。在该模型中，我们只考虑一个滞后期，即$\hat{d}_{t-1}$，并未考虑到$\hat{d}_{t-2}$。尽管这个设置并没有完全拟合 Cherif 和 Hasanov 的模型，但以 SVAR（1）模型作为起点是效的，这可以为我们提供一种初始的分析框架。在这个 SVAR 模型[1]中，矩阵（A，B）为：

$$A = \begin{bmatrix} 1 & .1 & .07 & 0 & 0 \\ * & 1 & 0 & 0 & 0 \\ * & * & 1 & 0 & 0 \\ * & * & * & 1 & 0 \\ -(1/d^*) & 1 & 1 & -1 & 1 \end{bmatrix}, B = \begin{bmatrix} * & 0 & 0 & 0 & 0 \\ 0 & * & 0 & 0 & 0 \\ 0 & 0 & * & 0 & 0 \\ 0 & 0 & 0 & * & 0 \\ 0 & 0 & 0 & 0 & * \end{bmatrix}$$

拟合 SVAR（1）模型意味着最后一个方程涉及对$\tilde{d}_{t-1}$、pb_{t-1}、in_{t-1}、Δp_{t-1}以及Δy_{t-1}进行回归，回归方程为：

$$\phi_t = dhat - \left(\frac{pb_t}{d^*}\right) - in_t + \Delta p_t + \Delta y_t$$

使用$\tilde{d}_t$和$\hat{d}_t$的估计方程系数精确到小数点后四位，说明债务累积恒等式成立。这意味着使用$\tilde{d}_t$代替$\hat{d}_t$引入的误差非常小，对估计系数影响不大。因此，可以直接使用 EViews 中的 SVAR 程序来计算冲击对债务水平的影响。

现在假设我们想要在结构方程中捕捉债务的二阶滞后。这可以通过在 SVAR（2）模型中拟合相同的矩阵A和B来实现。那么，最后一个方程将涉及对ϕ_t的回归，其中包括$\{\tilde{d}_{t-1}, pb_{t-1}, in_{t-1}, \Delta p_{t-1}, \Delta y_{t-1}\}$和$\{\tilde{d}_{t-2}, pb_{t-2}, in_{t-2}, \Delta p_{t-2}, \Delta y_{t-2}\}$。代入数据，我们可以得到：

$$\begin{aligned} \phi_t &= .52\tilde{d}_{t-1} + .48\tilde{d}_{t-2} + .72pb_{t-1} - .48\Delta p_{t-1} - .48\Delta y_{t-1} + .48i_{t-1} \\ &= .52\tilde{d}_{t-1} + .48\tilde{d}_{t-2} + .48\left(\frac{pb_{t-1}}{d^*} - \Delta y_{t-1} - \Delta p_{t-1} + i_{t-1}\right) \\ &= \tilde{d}_{t-1} - .48\Delta\tilde{d}_{t-1} + .48\Delta\tilde{d}_{t-1} \\ &= \tilde{d}_{t-1} \\ &\Rightarrow \tilde{d}_t = \tilde{d}_{t-1} + \frac{pb_t}{d^*} + in_t - \Delta p_t - \Delta y_t \end{aligned}$$

正如我们所需要的那样，拟合包含 5 个变量的 SVAR（2）模型会产生如图 4-23[2]所示的债务比率的脉冲响应。但需要注意的是，在分析脉冲响应时，初始值可能会对结果产生影响。我们可以在拟合 VAR（2）后，通过命令"*Proc →Estimate Structural Factorization→Optimization Control → Starting values： Draw from Standard Normal*"更改初始值。从脉冲响应函数中可以看到，在受到冲击[3]后，债务与 GDP 的比率

---

① 可以使用 EViews 中的工作文件*debt.wf1*来估计这个 SVAR 模型。

② 请参考*cherif_hasanov.prg*中的代码。

③ 如果想在债务方程中允许两个滞后期，而其他变量只允许一个滞后期，那么 SVAR 模型可能不适用。在这种情况下，我们可以使用 SYSTEM 对象来设置一个系统，并进行估计。另外，根据*debtsvar1iv.prg*文件中的说明，我们还可以使用每个结构方程的 IV 方法来估计系统并根据*cherhas.prg*文件计算脉冲响应。

需要很长时间才能稳定下来。

值得关注的是 Cherif 和 Hasanov（2012）的评论："类似于 Favero 和 Giavazzi（2007）的研究，我们发现滞后债务的系数在绝对值上相似，但符号相反，这表明债务变化对 VAR 动态产生了影响。"如果这个评论是正确的，那么债务的演化过程可以表示为：

$$\hat{d}_t = \hat{d}_{t-1} + \phi_i^i \Delta \hat{d}_{t-1} - \phi_1^{\Delta p} \Delta \hat{d}_{t-1} - \phi_1^{\Delta y} \Delta \hat{d}_{t-1} + \phi_1^{pb} \hat{d}_{t-1} + \cdots$$

如果债务的变化被明确地引入到每个 SVAR 模型中，系统将对 $\Delta \hat{d}_t$ 呈现线性关系，因此将没有稳态的债务与 GDP 比率存在。然而，Cherif 和 Hasanov 似乎没有在每个 SVAR 模型中明确考虑债务的变化，并且没有对附加到水平变量 $\hat{d}_{t-1}$ 和 $\hat{d}_{t-2}$ 的参数施加约束。尽管如此，这些滞后变量的参数仍然非常接近于相等，且符号相反。这种参数的特点导致了债务动态的缓慢收敛。

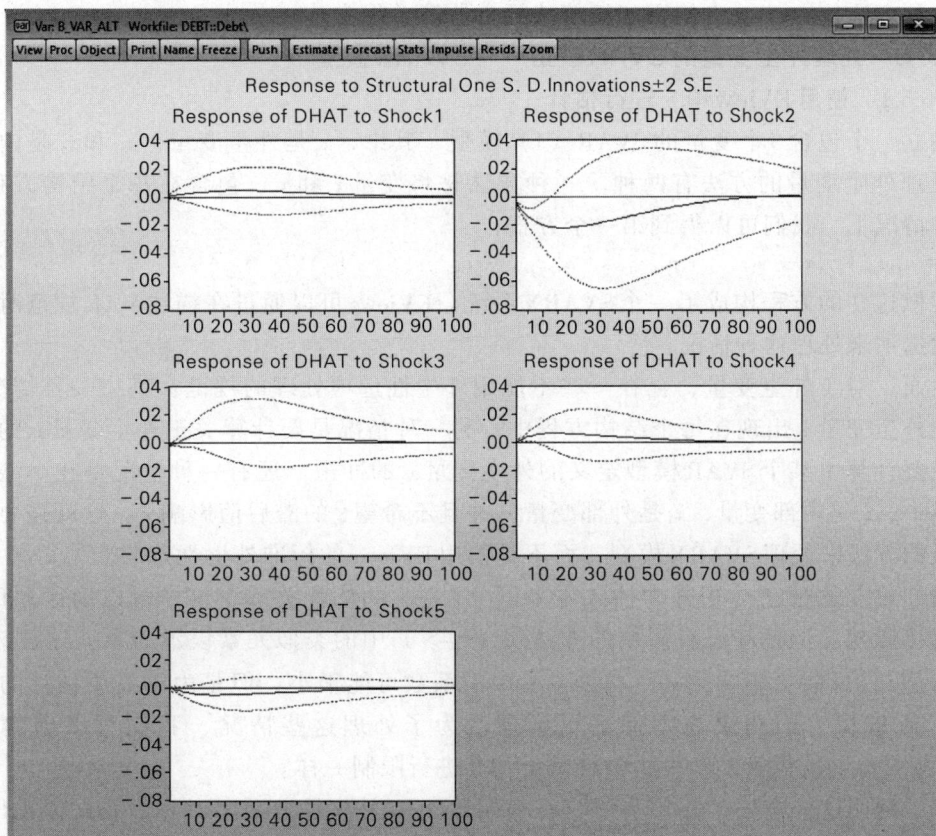

图4-23　在SVAR（2）模型中引入债务恒等式的脉冲响应

4.6.4.3　使用 EViews10 进行估计

在 SVAR（2）模型中，$\hat{d}_{t-1}$ 和 $\hat{d}_{t-2}$ 会出现在每个方程中。然而，根据 Cherif 和 Hasanov 的描述，从方程（4.25）中可以清楚地看出，第 5 个方程应该排除 $\hat{d}_{t-2}$，并且 $\hat{d}_{t-1}$

的系数应为1。研究人员通过使用$B_j = A_0^{-1}A_j$的关系来实施这些限制，通过这个关系，我们可以得到$A_0B_j = A_j$。当$A_1(5，5) = 1$时，我们有限制：

$$-\frac{1}{d^*}b_{15}^1 + b_{25}^1 + b_{35}^1 - b_{45}^1 + b_{55}^1 = 1$$

当$A_2(5，5) = 0$时，我们有限制：

$$-\frac{1}{d^*}b_{15}^2 + b_{25}^2 + b_{35}^2 - b_{45}^2 + b_{55}^2 = 0$$

因为i_t、Δp_t、Δy_t和pb_t在恒等式中没有滞后，所以产生了其他限制。这些限制条件可以表示为$A_j(5，k) = 0$，$j = 1$，2；$\cdots k = 1$，$\cdots$，4。例如，当$A_1(5，2) = 0$时，我们有限制：

$$-\frac{1}{d^*}b_{12}^1 + b_{22}^1 + b_{32}^1 - b_{42}^1 + b_{52}^1 = 0$$

因此，在估计SVAR之前[①]，需要对这些VAR系数施加限制条件。

这种方法比在OPR中使用的恒等式的方法简单得多。

4.6.5　处理外生变量的SVAR模型——SVARX模型

4.6.5.1　使用EViews9.5进行估计

建立一个包含3个变量的SVAR（1）模型，其中，x_t是外生变量，z_{1t}和z_{2t}是内生变量。处理外生变量的方法有两种。一种方法是将变量x_t和x_{t-1}包含在每个结构方程中。在这种情况下，我们可以得到第一个方程：

$$z_{1t} = a_{12}^0 z_{2t} + \gamma_1^0 x_t + \gamma_1^1 x_{t-1} + a_{11}^1 z_{1t-1} + a_{12}^1 z_{2t-1} + \varepsilon_{1t}$$

类似这样的方程构成了一个SVARX系统。EViews可以通过在描述VAR规范时使用外生性选项来处理这种情况。

然而，对于外生变量，存在一些不能用外生性选项处理的规范。其中一种情况是，不希望外生变量x_t出现在每个结构方程中。另一种情况是要计算关于外生变量x_t的动态乘数或要计算由某个SVAR模型定义的外生变量x_t的冲击。还有一种情况是在小型开放经济体中，z_t是内部变量，x_t是外部变量，并且不希望z_t的滞后值影响x_t。这就需要一种更高级的方法来处理SVARX模型，而不是使用EViews的标准外生性选项。

我们可以通过在A_0矩阵中插入零来消除z_t对x_t的依赖关系，这样可以确保z_t不对x_t产生直接影响。但是却没有简单的方法将$A_j(j > 1)$中的类似元素设置为零。这意味着z_t的滞后值z_{t-j}可能会影响到x_t。当然，A_1中的系数可能很小，但是由于需要估计的数量很大，所以将它们约束为零似乎更合理。为了处理这些情况，我们可以创建一个SYSTEM对象，就像第2章中对Brazilian VAR进行限制一样。

为了阐明这一方法，我们将研究在使用EViews外生性选项时对Brazilian SVAR模型的脉冲响应，并探讨如何计算外生变量的动态乘数或脉冲响应。因为巴西被视为一个小型开放经济体，我们希望确保其内部变量不会对外部变量产生影响，并将在名为"*brazil.wf1*"的工作文件中进行操作。构建SVAR模型需要处理5个内部变量，分别是：国民支出总额（n_t）、国内生产总值（y_t）、通货膨胀率（*infl*）、利率（*int*）和实际汇率

---

① 详见附属文件*e10_debt.wk1*的*e10_example_5.prg*。

（rer）。在巴西这个开放经济体中，同时存在总需求 n_t 和总供给 y_t 这两个变量。需要注意的是，正如第 2 章提到的那样，这些变量是相对于永久成分的偏差。此外，模型还包含两个外生变量，分别是 $ystar_t$（外部产出）和 rus_t（外部利率）。鉴于数据集较为有限，我们选择了 VAR（1）模型进行估计。以下是在 EViews 中进行操作的步骤，具体命令如图 4-24 所示。这样输入外生变量是为了得到一个相对容易修改的系统表示，便于后续的分析和研究。

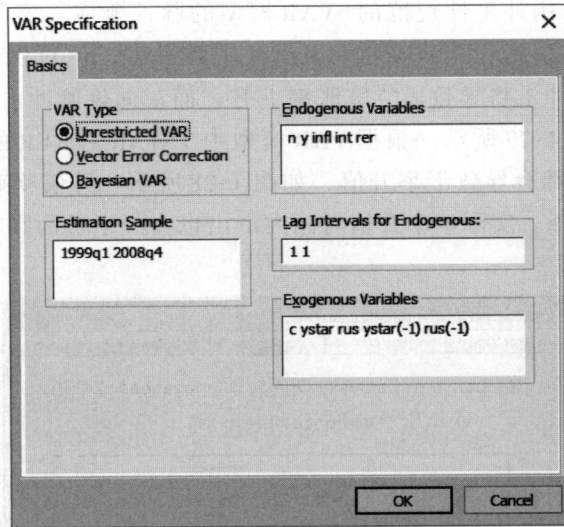

图 4-24　在 Brazilian SVAR（1）模型中被视为外生的外部变量

在上述 VAR 模型被运行之后，可以通过 EViews 的菜单选项 "*Proc → Make Sys-tem → Order by Variable*" 来生成相应的模型代码。然后，可以通过编辑这些代码来插入 ystar 和 rus 的结构方程，以确保国内和国外部门之间没有任何反馈效应。图 4-25 展示了如何进行这些设置。

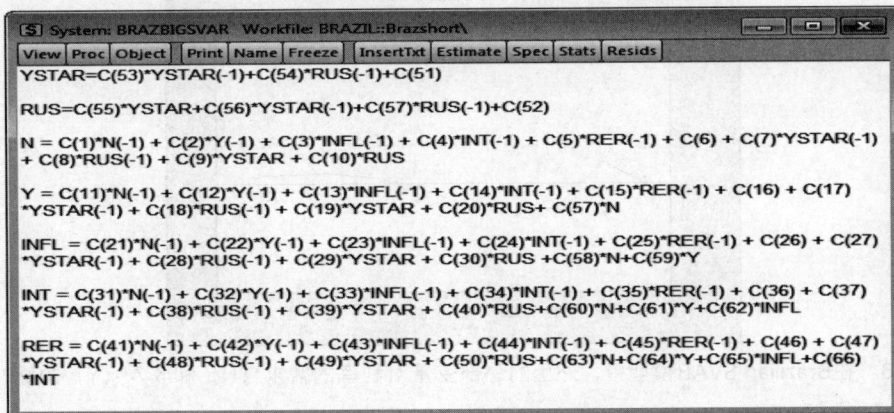

图 4-25　在 Brazilian SVAR（1）模型中，内部变量和外部变量之间没有滞后反馈效应

我们选择这种结构的原因是，通过将系数 C（53）~C（57）设为零，内部变量对外部变量的响应将成为动态乘数。如果所有（57个）原始系数都被估计，那么外部变量的冲击将导致非零的脉冲响应。需要注意的是，在这种选择的结构中，内部变量现在不对外部变量产生任何影响。

　　这个系统可以通过最小二乘法（OLS）进行估计。然后，可以使用"*brazsvarbig.prg*"将估计得到的系数 C（·）映射到矩阵 A_0 和 A_1 中。在没有估计 C（53）~C（57）的系数的条件下，该程序还可以生成脉冲响应以及动态乘数。

　　图4-26呈现了采用外生性规范的SVAR模型的脉冲响应。实际汇率的上升代表货币升值。我们可以观察到利率对需求（n_t）有显著影响，但对供给（y_t）的影响较小（这是合理的）。需求冲击将导致通货膨胀率上升，而正向供给冲击（即 y 冲击）将使通货膨胀率降低，如图4-27所示。根据VAR模型中YSTAR对RER的正参数估计，利率冲击和外国产出冲击都会导致汇率升值，如图4-28所示。升值将刺激需求上升，这可能反映了商品价格下降。实际汇率升值对国内产出也会产生负面影响，如图4-29所示。

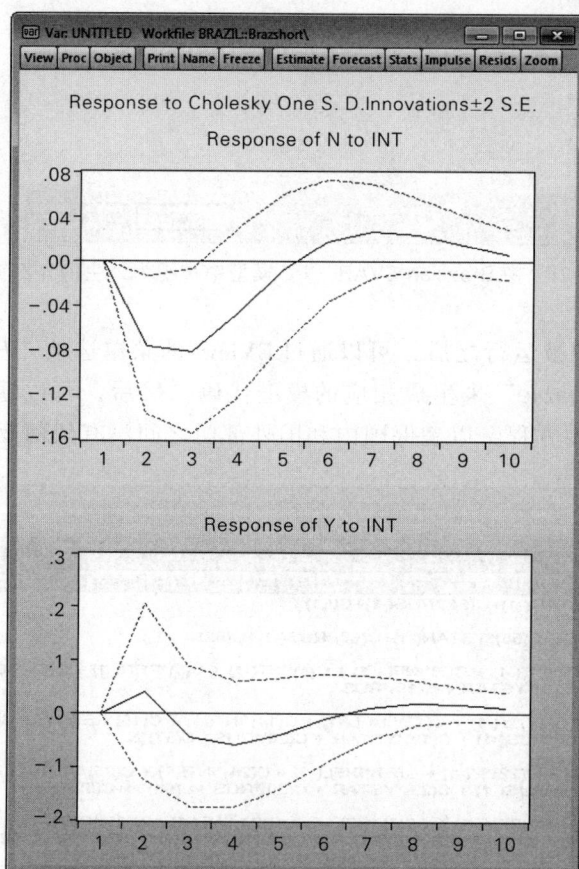

图4-26　在Brazilian SVAR模型中，外生的外部变量对利率的需求（N）和收入（Y）的脉冲响应

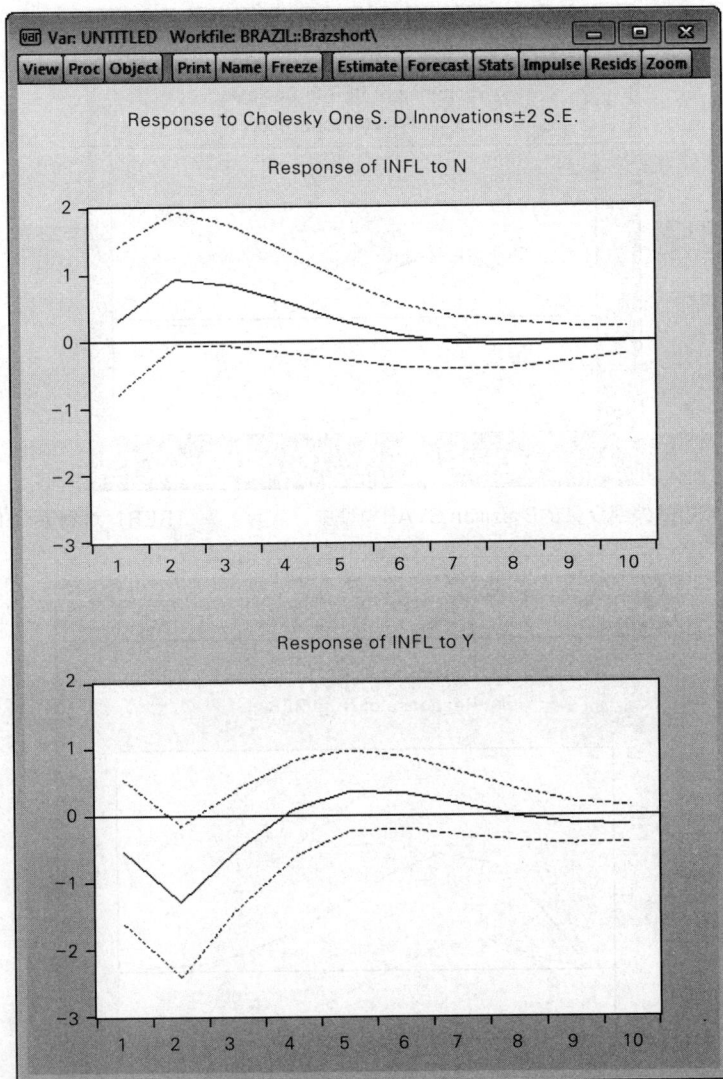

图 4-27　在具有外生的外部变量的Brazilian SVAR模型中，通货膨胀率（INFL）对需求（N）
和产出冲击（Y）的脉冲响应

我们还可以将把所有7个变量（包括内部变量和外部变量）视为内生变量，并使用EViews拟合一个递归SVAR（1）模型得到的脉冲响应，与在模型中没有内部变量对外部部门产生滞后影响的情况下的脉冲响应进行比较。也就是说，在SYSTEM对象BRAZBIGSVAR中，该模型不包括内部变量对外部部门的滞后影响。由于两种规范下的外部变量的冲击是不同的（当允许滞后反应时，y_t^*方程中的回归变量更多），我们将外部冲击的标准差设置为滞后反应解决方案的标准差。然后，这两种系统对于外部产出冲击的实际汇率冲击响应如图4-30所示。在短期内，两者之间显然没有太大的差异。

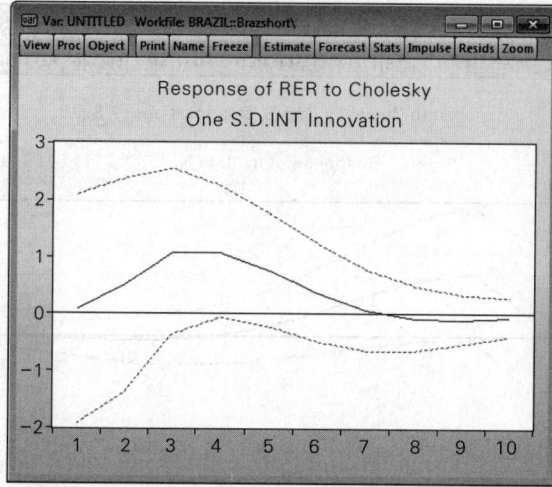

图4-28　在具有外生的外部变量的Brazilian SVAR模型中，实际汇率（RER）对利率（INT）的脉冲响应

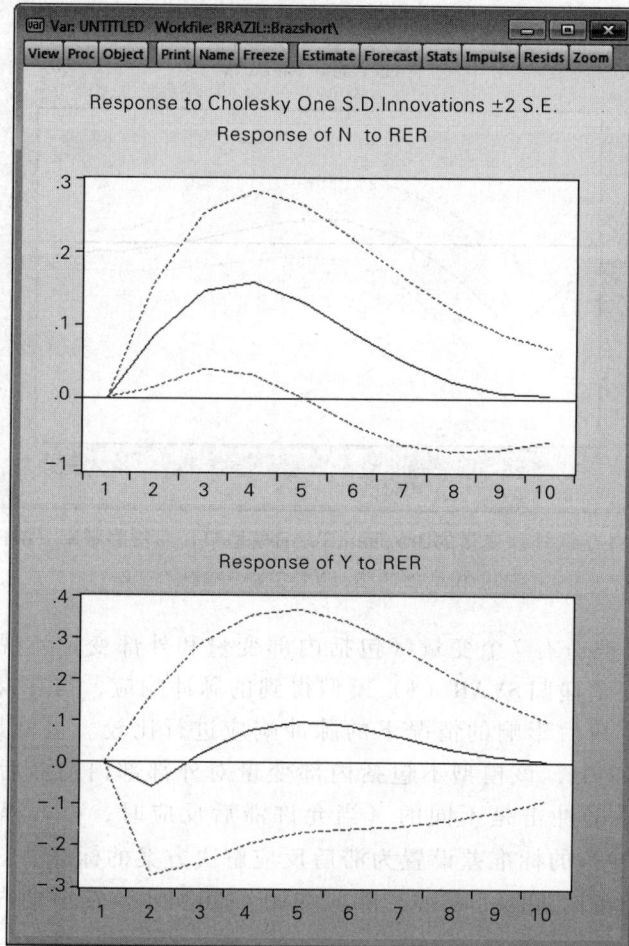

图4-29　在具有外生变量的Brazilian SVAR模型中，需求（N）和产出（Y）对实际汇率（RER）的脉冲响应

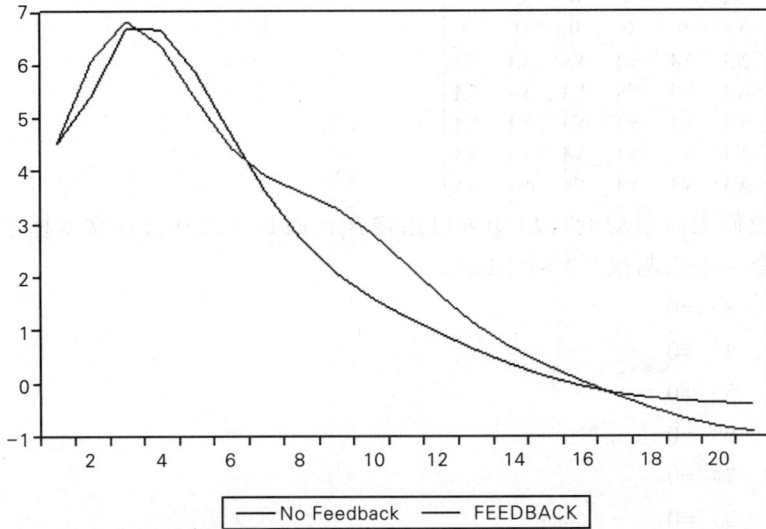

图4-30　在Brazilian SVAR模型中实际汇率（RER）对外国产出冲击（YSTAR）的脉冲响应

4.6.5.2　使用 EViews10 进行估计

我们打算在 EViews 10 中估计前一小节的 Brazilian SVAR 模型。在第 2 章中，我们介绍了如何建立 VAR 模型，以确保在外部方程中排除变量的滞后值。现在，我们需要对相应的 SVAR 模型应用递归结构，以排除方程间的同期效应。该 SVAR 模型涉及 5 个内部变量：国民支出总额（n_t）、国内生产总值（y_t）、通货膨胀率（$infl$）、利率（int）和实际汇率（rer），这些变量可以在工作文件 e10_brazil.wf1 中找到。外生的外部变量被视为两个国际变量：$ystar_t$（外部产出）和 rus_t（外部利率）。由于数据集较少，因此我们使用 VAR（1）模型进行拟合。这些变量排列顺序为 $ystar$、rus、n、y、$infl$、int、rer。

递归结构意味着 A 矩阵为：

$$A = \begin{bmatrix} 1 & 0 & 0 & 0 & 0 & 0 & 0 \\ NA & 1 & 0 & 0 & 0 & 0 & 0 \\ NA & NA & 1 & 0 & 0 & 0 & 0 \\ NA & NA & NA & 1 & 0 & 0 & 0 \\ NA & NA & NA & NA & 1 & 0 & 0 \\ NA & NA & NA & NA & NA & 1 & 0 \\ NA & NA & NA & NA & NA & NA & 1 \end{bmatrix}$$

B 矩阵为：

$$B = \begin{bmatrix} NA & 0 & 0 & 0 & 0 & 0 & 0 \\ 0 & NA & 0 & 0 & 0 & 0 & 0 \\ 0 & 0 & NA & 0 & 0 & 0 & 0 \\ 0 & 0 & 0 & NA & 0 & 0 & 0 \\ 0 & 0 & 0 & 0 & NA & 0 & 0 \\ 0 & 0 & 0 & 0 & 0 & NA & 0 \\ 0 & 0 & 0 & 0 & 0 & 0 & NA \end{bmatrix}$$

在对国外部门的外生性假设下，VAR（1）模型的滞后系数矩阵为：

$$B_1 = \begin{bmatrix} NA & NA & 0 & 0 & 0 & 0 & 0 \\ NA & NA & 0 & 0 & 0 & 0 & 0 \\ NA & NA & NA & NA & NA & NA & NA \\ NA & NA & NA & NA & NA & NA & NA \\ NA & NA & NA & NA & NA & NA & NA \\ NA & NA & NA & NA & NA & NA & NA \\ NA & NA & NA & NA & NA & NA & NA \end{bmatrix}$$

现在，我们无需手动填写L1矩阵以指定B_1，而是可以通过在文本框中选择"文本"并插入以下命令来强制执行VAR限制：

@L1（1, 3）=0

@L1（1, 4）=0

@L1（1, 5）=0

@L1（1, 6）=0

@L1（1, 7）=0

@L1（2, 3）=0

@L1（2, 4）=0

@L1（2, 5）=0

@L1（2, 6）=0

@L1（2, 7）=0

对于矩阵A和B，我们可以使用相同的方法。我们可以通过命令：

@UNITLOWER（A）

@DIAG（B）

将递归结构应用于矩阵A和B，而无须手动编写矩阵中的所有元素。这样做可以简化模型规范的编写过程。这两个命令需要在点击 *Proc* →*Estimate Structural Factor - ization* 后插入到文本框中。

第一个命令"@UNITLOWER（A）"表示A矩阵的对角线上的元素为单位元素1，对角线以上的元素为零。这代表模型将对A矩阵的下三角部分进行估计。第二个命令"@DIAG（B）"表示B矩阵为对角矩阵，即B矩阵的非对角线上的元素都为零。从上面可以看出，这是本例中所需的矩阵A和B的结构。如果我们想编写EViews程序，下面的代码可以帮助我们实现这一目标，或者我们也可以查看 *e10_example 6.prg* 文件中提供的程序：

```
' Requires e10_brazil.wf1
var brazilsvar.ls 1 1 ystar rus n y infl int rer
brazilsvar.results
brazilsvar.ls 1 1 ystar rus n y infl int rer _
@restrict @l1（1, 3）=0, @l1（1, 4）=0, @l1（1, 5）=0, _
@l1（1, 6）=0, @l1（1, 7）=0, @l1（2, 3）=0, _
@l1（2, 4）= 0, @l1（2, 5）= 0, @l1（2, 6）= 0, @l1（2, 7）=0
brazilsvar.cleartext（svar）
```

brazilsvar.append （svar） @UNITLOWER （A）

brazilsvar.append （svar） @DIAG （B）

brazilsvar. Svar

4.6.6　参数限制和部分外生性：外部工具

近年来，出现了一些探讨使用"外部工具"来估计 SVAR 模型方法的文献。这些变量类似于工具，它们与某些结构冲击不相关，因此对应的结构方程是外生的。然而，它们与其他结构冲击相关，即存在部分外生性。已有研究应用了这种方法，如 Olea 等人（2013）和 Mertens 与 Ravn（2012）。在 Mertens 与 Ravn 的研究中，他们采用了由 Romer 和 Romer（2010）构建的一组"叙事性"财政冲击作为外部工具，而 Olea 等人则利用 Kilian（2008）构建的有关石油供应不足的变量作为外部工具。要有效使用这些工具，确保它们不会出现在与其不相关的结构方程中至关重要。如果它们出现在这些方程中，将会"耗尽"用于估计模型中每个结构方程中这些变量系数的矩条件。因此，在包含这些工具的更大的系统方程中，必须存在一些参数限制。

为了展示这种方法的应用以及该方法在 EViews 中的实现方式，我们可以按照 Mertens 和 Ravn（2012）的方法来使用 Blanchard 和 Perotti 模型。该模型的一般形式为：

$$z_{1t} = a_1 z_{3t} + a_2' \varepsilon_{2t} + lags + \varepsilon_{1t}$$
$$z_{2t} = b_1 z_{3t} + b_2' \varepsilon_{1t} + lags + \varepsilon_{2t} \tag{4.26}$$
$$z_{3t} = \delta_1 z_{1t} + \delta_2 z_{2t} + lags + \varepsilon_{3t}$$

Mertens 和 Ravn 将 b_1 设为 0，这是一个合理的假设。然而，由于识别问题，他们需要将未知参数的数量减少到 6 个。所以，他们将 a_1 固定为特定值 2.08，然后将 a_2' 或 b_2' 设为零，只留下其中一个参数进行估计。

为了估计系统中剩余的 8 个参数，Mertens 和 Ravn 提出使用外部工具或代理变量。他们假设存在一个工具变量 m_t，满足 $E(m_t \varepsilon_{1t}) \neq 0$，$E(m_t \varepsilon_{2t}) = 0$，以及 $E(m_t \varepsilon_{3t}) = 0$。这些假设确保工具变量与每个方程中相应的结构冲击不相关。

为了了解如何在 EViews 中处理这个问题，我们将 Blanchard 和 Perotti 使用的 SVAR 模型扩展为包含 m_t 的方程。然后，SVAR 系统变为：

$$z_{1t} = a_1 z_{3t} + a_2' \varepsilon_{2t} + lags + \varepsilon_{1t} \tag{4.27}$$
$$z_{2t} = b_2' \varepsilon_{1t} + lags + \varepsilon_{2t} \tag{4.28}$$
$$z_{3t} = \delta_1 z_{1t} + \delta_2 z_{2t} + lags + \varepsilon_{3t} \tag{4.29}$$
$$m_t = lags + \rho \varepsilon_{1t} + \varepsilon_{mt} \tag{4.30}$$

其中，$E(\varepsilon_{mt} \varepsilon_{jt}) = 0$，$j = 1，\cdots 3$。

这个结构包含了上述关于外部工具 m_t 的限制条件。因此，方程（4.27）~（4.30）构成了一个具有十个限制条件的标准 SVAR 模型，这些限制条件来自所有冲击之间的无关性。其中 2 个限制条件用于估计 ρ 和 ε_{mt} 的标准差，而剩下的 8 个限制条件用于估计参数 a_1 和 a_2' 等。因此，该模型是完全可识别的。在 EViews 中，我们使用（A，B）技术来估计该模型，其中，$A z_t = B \eta_t + lags$，矩阵 A 和 B 定义为：

$$A = \begin{bmatrix} 1 & 0 & -a_1 & 0 \\ 0 & 1 & 0 & 0 \\ -\delta_1 & -\delta_2 & 1 & 0 \\ 0 & 0 & 0 & 1 \end{bmatrix}, \quad B = \begin{bmatrix} \sigma_1 & a_2'\sigma_1 & 0 & 0 \\ b_2'\sigma_1 & \sigma_2 & 0 & 0 \\ 0 & 0 & \sigma_3 & 0 \\ \rho & 0 & 0 & \sigma_m \end{bmatrix}$$

需要注意的是，在 Mertens 和 Ravn（2012）以及 Olea 等人（2013）的应用中，似乎在 m_t 的方程中没有使用滞后项。如果想要加入滞后项，那么需要使用 SYSTEM 对象对 A_j（即滞后）矩阵施加零限制条件，就像前面的小节中所描述的那样。

4.6.7　因子增强型结构化向量自回归模型

通常，研究人员可以使用许多变量来影响宏观经济结果。因此，金融因素和信心可能对家庭决策至关重要。由于很少有单一的度量这些因素的标准，特别是在涉及金融从业人员、家庭或企业态度的调查数据时，人们倾向于使用许多近似的指标。同时，因为这些指标数量较多，无法全部放入一个 SVAR 模型中，所以需要进行一些聚合。对于涉及失业率、工业生产和就业增长等宏观经济变量的简单系统，Sargent 和 Sims（1977）发现两个动态因子可以解释 80% 或更多的这些变量的方差。其中一个因子主要与实际变量相关，另一个因子与通货膨胀率相关。Bernanke 等人（2005）扩展了这种方法，并建议在 SVAR 模型中增加少量的因子。

在第 2 章中，我们讨论了 Bernanke 等人（2005 年）提出的因子增强型 VAR 模型。这种模型在实施因子导向方法时存在两个困难：一是如何衡量因子；二是如何将它们纳入 SVAR 模型中，特别是如何决定怎样估计 SVAR 模型的同期部分。在第 2 章中，我们遵循了 Bernanke 等人的方法，从一组 119 个系列 X_t 中提取了 3 个主成分因子，并用 $\hat{F}_t$ 表示（在第 2 章中称为 pc1_x、pc2_x 等）。X_t 中未包含的一个变量是 R_t（联邦基金利率）。我们可以考虑构建一个同时包含 $\hat{F}_t$ 和 R_t 的 SVAR 模型，以捕捉货币冲击对 $\hat{F}_t$ 因子的影响。然而，由于 R_t 会受到 $\hat{F}_t$ 的影响，并且没有理由认为利率不会与计算主成分的 X_t 中的某些变量同时发生变化，因此使用 $\hat{F}_t$ 和 R_t 递归的 SVAR 模型将是不合适的。所以，我们需要对 SVAR 模型施加其他的识别假设，以使其能够被估计。

Bernanke 等人构想了一个包括信息变量 X_t、因子 $\hat{F}_t$ 以及联邦基金利率 R_t 的方程系统：

$$X_t = \Lambda F_t + \Lambda' R_t + e_t \tag{4.31}$$

$$F_t = \Phi_{11} F_{t-1} + \Phi_{12} R_{t-1} + \varepsilon_{1t} \tag{4.32}$$

$$R_t = \Phi_{21} F_{t-1} + \Phi_{22} R_{t-1} + BF_t + \varepsilon_{2t} \tag{4.33}$$

在方程（4.31）中，X_t 是一个 $N \times 1$ 的 "信息变量" 向量，F_t 是一个 $K \times 1$ 的因子向量，R_t 是名义利率，N 远大于 K。方程（4.31）对应于他们在论文[①]中的方程（2）。方程（4.32）~（4.33）对应于他们在论文中的方程（1），只不过是以 SVAR 形式而不是 VAR 形式编写的。SVAR 结构来源于他们的示例，其中，因子 F_t 与中央银行的利率决策规则同期进入方程。在他们的示例中，所有进入方程（1）的因子都会滞后地对货币政策工具的变化作出响应（论文第 401 页）。论文中的实证部分主要关注一个可观察因子，即利率 R_t。然而，他们也提出了用一组可观察变量 Y_t 替代 R_t 的可能性。在他们的应用中，

---

① Bernake 等人（200年）提出的因子增强型 VAR 模型。

方程（4.31）中的向量 X_t 代表一个包含119个变量的大型数据集，其中，R_t 被排除在外[①]。该数据集包括"快速变动"和"慢速变动"的变量。它们之间的区别在于70个慢速变动的变量 X_t^s 在 X_t 中不会同期依赖于 R_t，而快速变动的变量 X_t^f 确实与 R_t 具有同期依赖性。

根据因子结构，Bernanke 等人的关键识别假设是慢速变动的变量同期依赖于因子，但与利率不具有依赖性，即：

$$X_t^s = GF_t + v_t$$

假设从 X_t^s 的 N^s 个元素中提取出 K 个主成分 PC_s。根据 Bai 和 Ng（2006，2013）的研究，主成分 PC_t^s 与 K 个因子之间的渐近关系可以表示为 $F_t = (H \times PC_t^s) + \xi_t$，其中，$\xi_t$ 是 $O_p\left(\dfrac{1}{\sqrt{N^s}}\right)$ 的误差项。当 N^s 趋于无穷大且 $\dfrac{\sqrt{N^s}}{T}$ 趋近于零时，主成分渐近地涵盖了因子空间。Bai 和 Ng（2013）考虑了 H 成为单位矩阵所需的条件，并列出了在形成主成分时需要强制执行的一些条件，但这些方法不太可能在 FAVAR 应用中使用。因此，将方程（4.32）～（4.33）中的 F_t 替换为 $F_t = HPC_t^s$ 将会得到 $A_{11}^1 = H^{-1}\Phi_{11}H$，并且有：

$$PC_t^s = A_{11}^1 PC_{t-1}^s + A_{12}^1 R_{t-1} + H^{-1}\varepsilon_{1t} \tag{4.34}$$

$$R_t = A_{21}^1 PC_{t-1}^s + A_{22}^1 R_{t-1} + A_{21}^0 PC_t^s + \varepsilon_{2t} \tag{4.35}$$

这是一个关于 R_t 和 PC_t^s 的 SVAR 模型，与常规的 SVAR 模型不同的是，PC_t^s 方程中的冲击是同期相关[②]的。然而，$H^{-1}\varepsilon_{1t}$ 中存在未知的 H 意味着我们无法计算关于 ε_{1t} 的脉冲响应，也无法从 $H^{-1}\varepsilon_{1t}$ 的协方差矩阵中估计 H，因为 $H^{-1}\varepsilon_{1t}$ 中有 K^2 个元素，而 H 中只有 $K \times \dfrac{K+1}{2}$ 个元素。尽管如此，一旦估计了 R_t 和 PC_t^s 的 SVAR 模型，我们就可以计算对于货币冲击 ε_{2t} 的脉冲响应。

为了确定对变量 X_t^f 和 X_t^s 的影响，需要将它们表示为 SVAR 变量的函数。因此，在假定 F_t 与 v_t 不相关的条件下，通过因子和主成分之间的映射关系 $X_t^s = GH(PC_t^s) + v_t$，以及对 X_t^s 与 PC_t^s 的回归，能够一致地估计 GH。由此可以计算 X_t^s 对货币冲击的脉冲响应。一般地，有：

$$X_t = (\Lambda H)PC_t^s + \Lambda' R_t + e_t \tag{4.36}$$

并且可以通过相同的过程获得权重 ΛH 和 Λ'。

现在，将 X 的 K 个主成分 PC_t^x 表示为 $PC_t^x = w'X_t$，其中，w' 是从主成分分析中得到的权重矩阵。然后，利用方程（4.36）的关系可以得到：

$$\begin{aligned}
PC_t^x &= w'\left[\left((\Lambda H)PC_t^s + \Lambda' R_t + e_t\right)\right] \\
&= (w'\Lambda H)PC_t^s + w'\Lambda' R_t + w'^{e_t} \\
&= G_1 PC_t^s + G_2 R_t + w'^{e_t}
\end{aligned} \tag{4.37}$$

通过 PC_t^x 对 PC_t^s 和 R_t 进行回归，可以一致地估计 $w'\Lambda H$ 和 $w'\Lambda'$。将这一结果添加到

[①] 我们遵循 Boivin 提供的 Matlab 程序。

[②] 因为在方程（4.34）的所有方程中都出现了相同的自变量，所以对这些方程的参数使用普通最小二乘法估计可以得到有效的估计量。然而，由于来自 $H^{-1}\epsilon_{1t}$ 的误差具有非对角协方差矩阵，这意味着，当我们在计算 $H^{-1}\Phi_{11}H$ 和 $H^{-1}\Phi_{12}H$ 的标准误时，需要考虑这个非对角协方差结构。

SVAR 系统中，就可以得到完整的系统以确定脉冲响应。

上述分析描述了一个可用于查找 X_t 中的变量对利率冲击的脉冲响应的 SVAR 模型。然而，这并不是 Bernanke 等人所使用的系统。相反，他们首先将 PC_t^x 对 PC_t^y 和 R_t 进行回归，以估计方程（4.37）中的 G_1 和 G_2，然后使用 $\tilde{F}_t = PC_t^x - G_2 R_t$ 来构建一个块递归 SVAR 模型，并排序为 $(\tilde{F}_t, R_t)$。那么，这样的方法是否可以从涉及 PC_t^x 和 R_t 的 SVAR 中恢复一个涉及 $\tilde{F}_t$ 和 R_t 的 SVAR 模型呢？答案是否定的。我们可以通过 $\tilde{F}_t = PC_t^x - G_2 R_t$ 的定义以及从方程（4.37）中得到 $\tilde{F}_t = G_1 PC_t^y + w'e_t$ 来了解其中的原因。因此，假设主成分 PC_t^y 的数量不超过 PC_t^x，那么可以得到 $PC_t^y = \Phi_1 \tilde{F}_t + \Phi_2 e_t$。

将这个结果代入方程（4.34）~（4.35）可以看到，这两个方程都含有 e_t 作为误差项，也就是说，$\tilde{F}_t$ 与 R_t 方程的误差项相关[1]。

因此，如果将 R_t 回归到 $\tilde{F}_{t-1}$、R_{t-1} 和 $\tilde{F}_t$ 上，那么会得到 R_t 方程参数的不一致估计，进而脉冲响应也会不一致[2]。因此，Bernanke 等人用于解释同期性的方法无法准确捕捉到利率冲击对感兴趣变量的影响。所以，为了获得一致的估计结果，需要使用包含慢速变量的 SVAR 模型，并从方程（4.36）中恢复对 X_t（如工业生产 ip_t）的脉冲响应。

在实际应用中，还需要进行一些额外的调整，以计算感兴趣变量的脉冲响应。首先，由于像 ip_t 这样的变量已经被进行了标准化处理，因此需要乘以 ip_t 的标准差，以还原原始工业生产变量的响应。其次，工业生产这样的变量以增长形式（具体来说是对数差分形式）进入 X_t，因此，为了获得对工业生产水平的影响，需要对脉冲响应进行累积。最后，需要对这些累计值进行指数运算，以得到工业生产水平的响应。

图 4-31 展示了联邦基金利率冲击对一系列变量的脉冲响应，这一示例来自 Bernanke 等人的研究。每个图中呈现的两个冲击分别基于仅使用慢速移动变量的 FAVAR 模型以及 Bernanke 等人使用的"净化"方法得到的结果。冲击的大小与这些作者所使用的相同。呈现的变量包括 LEHCC（建筑工人的平均小时工资）、CMCDQ（实际个人消费支出）、PUNEW（消费者物价指数 CPI，所有项目）、EXRJAN（日元/美元汇率）、IP（工业生产指数）和 HSFR（住宅开工总数）。因为这些变量是按对数变化的，所以除了住房开工数外的所有变量的脉冲响应都是累计的。因此，这些响应测量了利率冲击对 CPI、工业生产等水平的影响。正如 Fisher 等人（2016）指出的，这种规范意味着工业生产和消费水平将永久受到一个期间的利率冲击的影响，这一点从图表中也可以明显看出。除此之外，还可以看出，Bernanke 等人的方法获得的不一致估计明显大于使用慢速移动变量 SVAR 获得的估计，这一点在评估对于工业生产、汇率和 CPI 等变量的影响[3]时尤为显著。

---

[1] 同样，e_{t-1} 也会影响方程（4.34）~（4.35）的误差项，因此这个系统将不再是一个 SVAR 过程，而是一个 SVARMA 过程。

[2] Boivin 和 Giannoni（2009）提出了这种策略的迭代版本，但仍然无法一致地估计所使用的 SVAR 的参数。

[3] Bernanke 等人提出的原始 FAVAR 模型的 EViews 代码可以在"EViews Content"文件夹中的子目录"BBE"中找到。请查看名为"*bbe_f1.prg* 和 *bbe_f2.prg*"的文件。程序 *bbe_f1_alt.prg* 实现了本节中描述的替代方法。

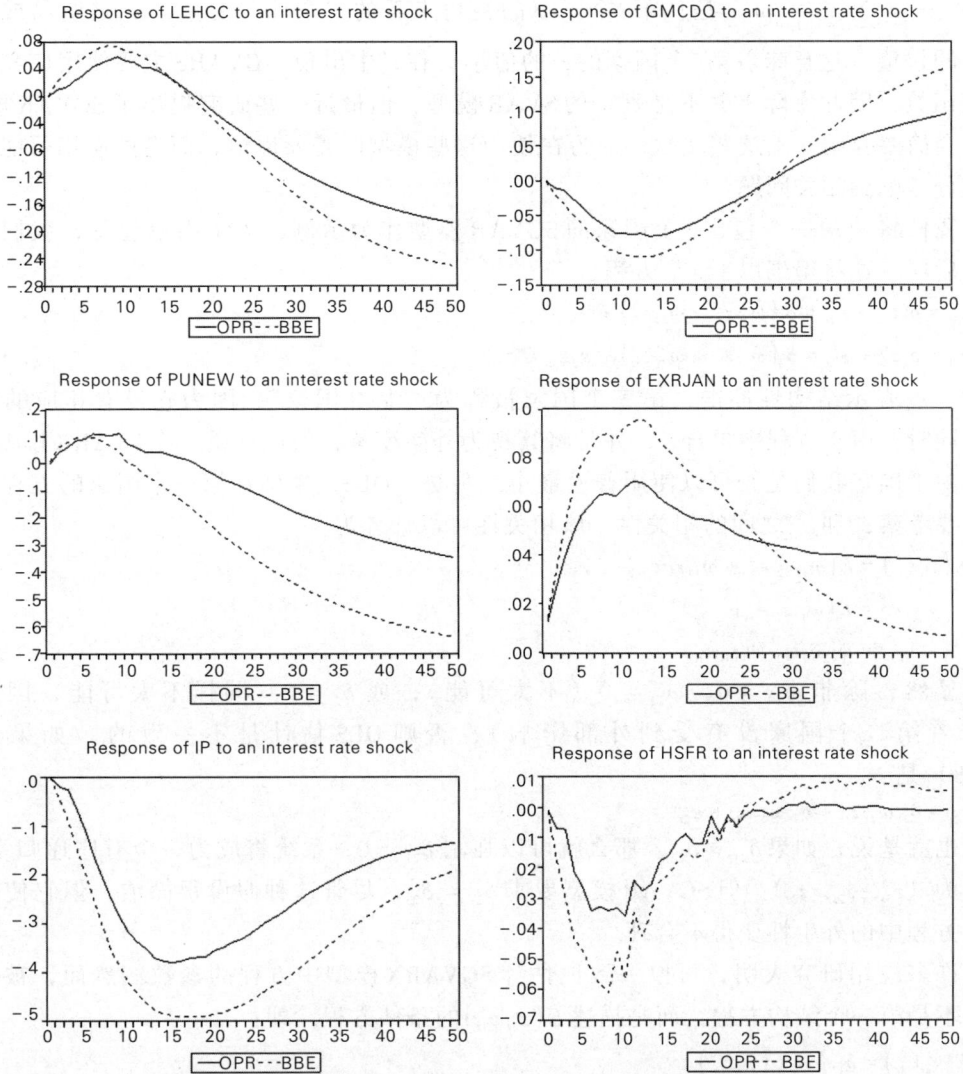

图4-31　OPR与Bernanke等人对利率冲击的脉冲响应比较

关于FAVAR模型的应用有许多。比如，Eickmeier和Hofmann（2013）使用FAVAR模型来分析美国货币传导，通过私人部门资产负债表、信用风险溢价和资产市场等因素，以研究全球金融危机前观察到的"不平衡"现象，如房价高涨、私人债务快速增长和信用风险溢价降低。而Lombardi等人（2010）则利用一组非能源商品价格系列提取两个因子，并将它们与选定的宏观经济变量一同放入VAR模型中。

4.6.8　全球结构冲击向量自回归模型（SGVARs）

VARX系统的一个例子是全球VAR（Global VAR，简称GVAR）。在GVAR模型中，对于第i个国家，存在一个典型的VAR系统，将z_{it}（第i个国家GDP的对数）表示为全球变量z_{it}^*的函数：

$$z_{it} = A_i z_{t-1} + \delta_i z_{it}^* + \varepsilon_{it}$$

其中，$z_{it}^* = \sum_{j=1, j \neq i}^{n} \omega_{ij} z_{jt}$ 是从第 i 个国家的视角来看的"全球"变量，ω_{ij} 是贸易或金融流量的权重。这意味着第 i 个国家的 z_{it} 的值不会在 z_{it}^* 中出现。GVARS 主要使用广义脉冲响应函数，因此实际上并不是真正的 SVAR 模型，但最近一些研究提出了 SGVAR 模型。我们会简要介绍一下这些文献，因为在使用这些模型时需要谨慎，而有些应用可能并没有充分考虑到相关问题。

我们将使用一个包含 3 个国家的 SGVAR 模型作为示例，为了简单起见，我们将忽略滞后项。这将得到以下 3 个方程：

$$z_{1t} = \delta_1 z_{1t}^* + \varepsilon_{1t} = \delta_1 (\omega_{12} z_{2t} + \omega_{13} z_{3t}) + \varepsilon_{1t}$$
$$z_{2t} = \delta_2 z_{2t}^* + \varepsilon_{2t} = \delta_2 (\omega_{21} z_{1t} + \omega_{23} z_{3t}) + \varepsilon_{2t} z_{3t} = \varepsilon_{3t} \tag{4.38}$$

其中，ε_{jt} 表示结构性冲击，第三个国家被称为"基准国家"，因为它没有相应的 z_{3t}^* 变量。同时，由于方程中包含 z_{it}^*，并且将其视为外生变量，所以这是一个 SVARX 模型。

为了确定我们是否可以使用普通最小二乘法（OLS）来估计第一个国家的方程，我们需要考察 z_{1t}^* 和 ε_{1t} 之间的相关性。该相关性可以计算为：

$$E(z_{1t}^* \varepsilon_{1t}) = E(\omega_{12} z_{2t} \varepsilon_{1t} + \omega_{13} z_{3t} \varepsilon_{1t})$$
$$= E(\omega_{12} z_{2t} \varepsilon_{1t})$$
$$= \omega_{12} \delta_2 \omega_{21} E(z_{1t} \varepsilon_{1t})$$

显然，除非 $\omega_{12} = 0$，$\omega_{21} = 0$（不太可能），或 $\delta_2 = 0$（同样不太可能，因为这意味着第二个国家没有受到外部影响），否则 OLS 估计是不一致的。如果方程（4.38）是：

$$z_{2t} = \delta_{21} \omega_{21} z_{1t} + \delta_{23} \omega_{23} z_{3t} + \varepsilon_{2t}$$

也就是说，如果 $\delta_{21} \neq \delta_{23}$，那么就可以强制 $\delta_{21} = 0$，系统将成为一个有序递归系统，排序为 (z_{3t}, z_{2t}, z_{1t})。但 SGVAR 模型要求 $\delta_{21} = \delta_{23}$，尽管这种假设很简洁，但它使得 z_{1t}^* 在 z_{1t} 方程中的外生性变得不合理。

许多应用研究表明，可以一致地估计 SGVARX 模型中方程的参数。然而，被估计的并不是第一个结构方程，而是描述 $E(z_{1t}|z_{1t}^*)$ 的条件方程，即：

$$E(z_{1t}|z_{1t}^*) = \delta_1 z_{1t}^* + E(\varepsilon_{1t}|z_{1t}^*)。$$

在冲击的联合正态性假设下，$E(\varepsilon_{1t}|z_{1t}^*) = \rho z_{1t}^*$，其中，$\rho$ 与 $\text{corr}(\varepsilon_{1t}, z_{1t}^*)$ 成正比，除非 $\delta_2 = 0$，否则 ρ 不等于零。因此，条件方程变为：

$$E(z_{1t}|z_{1t}^*) = (\delta_1 + \rho) z_{1t}^*$$

因此，被一致估计的是 $(\delta_1 + \rho)$，而不是基本 SGVARX 模型中的 δ_1。对于某些目的，如预测，估计的是否为 $\delta_1 + \rho$ 可能是无关紧要的，但对于脉冲响应分析来说，估计的是否为 $\delta_1 + \rho$ 确实是重要的。

EViews 确实不方便用于估计 GVAR 模型。然而，一些使用 MATLAB 的软件可以帮助进行 GVAR 模型的估计。我们可以通过网址 *http://www-cfap.jbs.cam.ac.uk/research/gvartoolbox/download.html* 来下载这些软件。

4.6.9　DSGE（动态随机一般均衡）模型和 SVAR 模型的起源

像 DSGE 这样的理论模型具有结构方程：

$$z_{1t} = \phi z_{1t-1} + \psi E_t z_{1t+1} + \rho z_{2t} + v_{1t} \qquad (4.39)$$

如果结构性冲击没有串联相关性，它们所属的系统通常会简化为变量的 VAR（1）模型。如果冲击存在一阶串联相关性，那么系统的 VAR 模型的最大阶数为 2。这对 SVAR 有什么影响呢？

假设存在一个包含上述方程的三变量结构系统，并且存在一个 VAR（1）的解，则：

$$z_{1t} = b_{11}^1 z_{1t-1} + b_{12}^1 z_{2t-1} + b_{13}^1 z_{3t-1} + e_{1t}$$

以及：

$$E_t z_{1t+1} = b_{11}^1 z_{1t} + b_{12}^1 z_{2t} + b_{13}^1 z_{3t} \qquad (4.40)$$

通过使用方程（4.40）消除方程（4.39）中的期望可以得到：

$$z_{1t} = \phi z_{1t-1} + \psi (b_{11}^1 z_{1t} + b_{12}^1 z_{2t} + b_{13}^1 z_{3t}) + \rho z_{2t} + v_{1t}$$

其还可以写成：

$$(1 - \psi b_{11}^1) z_{1t} = \phi z_{1t-1} + (\psi b_{12}^1 + \rho) z_{2t} + \psi b_{13}^1 z_{3t} + v_{1t}$$

整理方程中的项我们可以得到：

$$z_{1t} = a_{11}^1 z_{1t-1} + a_{12}^0 z_{2t} + a_{13}^0 z_{3t} + \varepsilon_t \qquad (4.41)$$

$$a_{11}^1 = \frac{\phi}{(1 - \psi b_{11}^1)}, \quad a_{12}^0 = \frac{(\psi b_{12}^1 + \rho)}{(1 - \psi b_{11}^1)}$$

$$a_{13}^0 = \frac{\psi b_{13}^1}{(1 - \psi b_{11}^1)}, \quad \varepsilon_t = \frac{v_{1t}}{(1 - \psi b_{11}^1)}$$

这个方程是 SVAR 模型中的结构方程。在这个系统中有 3 个参数，与原始的 DSGE 方程中的 3 个参数相对应。因此，SVAR 模型实际上是对 DSGE 方程的重新参数化。需要注意的是，与标准 SVAR 模型不同的是，该方程中排除了 z_{2t-1} 和 z_{3t-1}。因此，DSGE 模型在估计中采用了排除限制的方法以实现识别。在实践中，DSGE 模型还可以使用其他限制来实现识别，这是因为 DSGE 模型中的未知参数数量比隐含的 SVAR 模型要少，即参数 b_{ij}^1 可能是少于 3 个参数的函数。因此，方程（4.41）中的 SVAR 模型的参数会受到一些限制，这些限制通常被称为跨方程限制，因为基本参数集也会出现在其他方程中。Pagan 和 Robinson（2016）对 DSGE 模型和 SVAR 模型之间的关系进行了详细讨论。

| 4.7 | 结构性冲击响应的标准误

因为 $\hat{C}_j = \hat{D}_j \hat{C}_0$，所以现在脉冲响应是那些在 VAR 中找到的响应的组合。我们在第 3 章中讨论了如何计算 D_j 的标准误，但现在，由于 $\hat{C}_j$ 是 "两个" 随机变量 $\hat{D}_j$ 和 $\hat{C}_0$ 的乘积，所以在计算 $\hat{C}_j$ 的标准误时存在着一些复杂的问题。通常，对于这种乘积的渐近标准误可以使用 Delta 方法计算，但这需要假定 $\hat{D}_j$ 和 $\hat{C}_0$ 在大样本中都被视为正态分布，对于 $\hat{D}_j$ 来说，这可能是一个合理的假设，但对于 $\hat{C}_0$ 而言则不太可能成立，接下来我们将探讨为什么会出现这种情况。

为了以最简单的形式阐述该论点，现在我们构建一个由货币需求函数和利率规则组成的双变量结构系统。在这种情况下，我们关心的是 C_0，假设方程中没有滞后值，并且收入效应被设定为零（如果引入收入，则需要构建一个三变量系统）。因此，标准化后的系统为：

$$m_t = a_{12}^0 i_t + \varepsilon_{1t} \tag{4.42}$$

$$i_t = a_{21}^0 m_t + \varepsilon_{2t} \tag{4.43}$$

以矩阵形式表示为：

$$\begin{bmatrix} 1 & -a_{12}^0 \\ -a_{21}^0 & 1 \end{bmatrix} \begin{bmatrix} m_t \\ i_t \end{bmatrix} = \begin{bmatrix} \varepsilon_{1t} \\ \varepsilon_{2t} \end{bmatrix}$$

因此，当前时期的脉冲响应为：

$$C_0 = A_0^{-1} = \begin{bmatrix} 1 & -a_{12}^0 \\ -a_{21}^0 & 1 \end{bmatrix}^{-1} = \begin{bmatrix} \dfrac{1}{1 - a_{12}^0 a_{21}^0} & \dfrac{a_{12}^0}{1 - a_{12}^0 a_{21}^0} \\ \dfrac{a_{21}^0}{1 - a_{12}^0 a_{21}^0} & \dfrac{1}{1 - a_{12}^0 a_{21}^0} \end{bmatrix}$$

需要注意的是，我们估计的脉冲响应是结构系数 a_{12}^0 和 a_{21}^0 的估计量的函数。因此，可能会出现两种问题：

（1）$\hat{a}_{12}^0$ 和 $\hat{a}_{21}^0$ 可能在有限样本中不服从正态分布。正如之前所强调的，这些系数实际上是通过工具变量估计得出的，如果工具变量不够有效，即使是在相当大的样本规模中，这些估计量的分布也可能远离正态分布。如果系统是递归的，因为工具变量就是变量本身，那么这不应该成为问题，但在其他情况下，我们就不能如此有信心了。

（2）当前时期的脉冲响应 C_0 涉及随机变量的比率。尽管随机变量的乘积通常可以使用 δ 方法很好地处理，但当涉及比率时，情况就不太一样了。图 4-32 取自 Pagan 和 Robertson（1998）的研究，展示了使用 Gordon 和 Leeper（1994）研究中的货币供求模型的例子，该模型是上述两个方程系统的更复杂的版本。很明显，系数 a_{ij}^0 的估计值并不服从正态分布，这会影响货币供应冲击对利率的影响（$\eta = \dfrac{a_{21}^0}{1 - a_{12}^0 a_{21}^0}$）。

FIGURE 1. —SIMULATED DENSTIIES FOR ESTIMATES IN GORDON AND LEERER MODEL

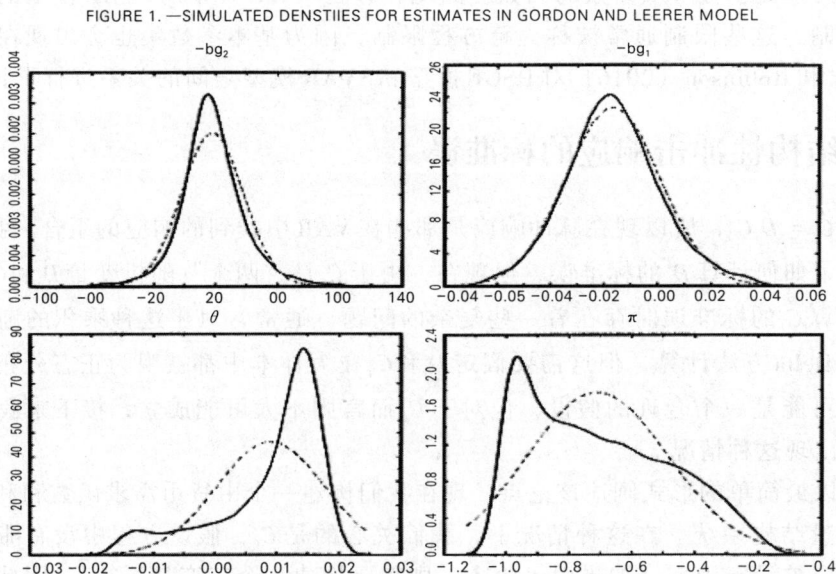

图4-32　通过Leeper和Gordon的货币需求和供应模型的参数估计器模拟的密度函数

如果存在弱工具变量，对于像 EViews 这样的软件生成的 SVAR 模型的"置信区间"，则需要谨慎对待。已知 Anderson-Rubin 检验是在存在弱工具变量的情况下测试假设的一种有效方法，而 MacKinnon 和 Davidson（2010）认为"wild bootstrap"方法可以比 Anderson-Rubin 统计量产生更好的结果。我们还需要注意，对于存在弱工具变量的情况，引导法并不是一个完美的解决方案，因为在工具变量较弱的情况下，引导法的性能无法得到保证。然而，相对于渐近理论，引导法通常更可靠。一般来说，如果问题是"除数"问题，而不是弱工具变量问题，即如果是 $\dfrac{\hat{a}_{12}^0}{1 - \hat{a}_{12}^0 \hat{a}_{21}^0}$ 的分布导致的问题，而不是 $\hat{a}_{ij}^o$ 的分布问题，那么引导法优于渐进理论。对于弱工具变量的处理还存在更一般的方法，但这些方法通常涉及对 a_{ij}^0 进行假设检验，而非脉冲响应等函数。

4.8 SVAR的其他估计方法

4.8.1 贝叶斯估计法

如果 SVAR 模型被准确识别，那么 SVAR 模型产生的预测结果将与基础 VAR 模型完全相同。这意味着在预测中，我们主要关心的是矩阵 B_1 的估计，而不是 A_0 和 A_1 矩阵。因此，在这一情境下，SVAR 的主要价值在于通过已识别的冲击来解释预测结果。然而，如果可以对 A_0 和 A_1 设定一些先验条件，从而得到一个 BSVAR 模型，那么情况就会产生变化[①]。因此，我们首先需要考虑如何在给定一些先验条件的情况下推导出这些参数的后验分布，其次需要考虑使用哪种类型的先验条件。Sims 和 Zha（1998）指出了这种方法存在的一个难题，即传统的先验条件通常适用于 B_1 矩阵，比如在第 3.4 节中提到的 Minnesota 先验。在 $B_1 = A_0^{-1} A_1$ 的条件下，我们需要对这两个矩阵进行联合先验。对此，他们提出了 $p(A_0, A_1) = p(A_1|A_0) P(A_0)$ 的概念，并为 $p(A_1|A_0)$ 和 $P(A_0)$ 规定了先验条件。特别是，$p(A_1|A_0)$ 采用了 Minnesota 形式，这意味着需要规定参数 λ_0、λ_1、λ_3。由于 SVAR 模型意味着对自身滞后与其他滞后的先验方差之间的区别并不重要，所以这些参数不包含 λ_2。至于残差方差的先验条件，由于 VAR 误差项 e_t 的协方差矩阵是 $A_0^{-1} (A_0^{-1})'$，所以残差方差的先验实际上与 A_0 有关。在 EViews 软件中，可以选择 Wishart 先验或无信息（平坦）先验。对于平稳性和共趋势行为类型的限制，可以通过第 3.4 节中描述的虚拟变量先验条件进行实施。通过选择这些先验条件，可以得出 $A_1|A_0$ 的后验密度通常呈正态分布。

表 4-1 展示了采用 Sims-Zha 先验的简单宏观模型的预测性能，将其与第 3.4.4 节中的表 3-1 进行比较可得：与 VAR 模型相比，使用 Sims-Zha 的 Normal-Wishart 先验在预测通货膨胀率方面略有改善。

[①] 更一般地，SVAR 模型将包括 A_0、$A_1\cdots A_p$ 等参数，但为了简化起见，我们只使用一个 SVAR（1）模型。

表 4-1 　　　　　　　　　　使用贝叶斯估计法预测简单宏观模型的表现

（1998年第1季度至2000年第1季度）

Prior($\mu_5 = \mu_6 = 0$)	Variable	RMSE	MAE
Sims/Zha Normal-Wishart	*Infl*	0.803	0.777
	Gap	1.162	0.973
Sims/Zha Normal-Flat	*infl*	1.272	1.221
	Gap	1.333	1.082

值得注意的是，目前有一种趋势是采用与上述描述不同的贝叶斯估计方法，以在选择先验条件时提供更大的灵活性。假设 SVAR 模型的对数似然函数为 $L(\theta)$，其中，θ 代表待估参数，那么后验密度则由数据的联合密度 $f(z_1, \cdots, z_t|\theta)$ 与先验分布 $p(\theta)$ 的乘积构成。因此，后验密度的对数可以表示为 $C(\theta) = L(\theta) + logp(\theta)$。通过最大化 $C(\theta)$ 关于 θ 的导数，可以获得后验分布的众数估计 $\hat{\theta}$。从渐进的角度来看，后验密度通常呈正态分布。因此，我们可以假设在给定的样本下，参数 $\hat{\theta}$ 的密度遵循 $N(\theta_{mode}, (\frac{\partial^2 C}{\partial \theta^2})^{-1})$ 分布。实际上，我们通常将其视为"建议分布"，而参数 $\hat{\theta}$ 的实际后验密度还需进一步的模拟。但 EViews 并不支持对任意的似然函数 $L(\theta)$ 进行贝叶斯估计。我们通过在 EViews 中应用 *optimize*（）函数来最大化 $C(\theta)$，可以获取众数，并随后使用正态密度进行近似。由于先验条件是参数 θ 的平滑函数，将 $logp(\theta)$ 添加到对数似然中会使得最大化 $C(\theta)$ 相对于最大化 $L(\theta)$ 来说更容易。

4.8.2　利用高阶矩信息

迄今为止，研究人员们仅利用了前两阶矩来确定 VAR 模型的参数。如果数据服从正态分布且方差保持不变，那么在这种情况下，总结模型中不会包含更多用于确定结构的信息。但是，如果存在非正态分布或变化的方差，那么捕捉这些特征的总结模型会提供额外信息以确定参数。Rigobon（2003）以及 Lanne 和 Lutkepohl（2008）的研究已经提出了一些关于这方面方法的提议。

Rigobon 利用了有关无条件方差中断的信息。通过 VAR 和 SVAR 冲击之间的关联，我们可以得到：

$e_t = A_0^{-1} B \eta_t = \overline{A} \eta_t$

$\eta_t \sim n.i.d(0, I_n)$

$cov(e_t) = \Omega = \overline{A}\,\overline{A}'$

在对 A_0 施加一些限制后，我们可以使用上述最后一个关系来确定 $\overline{A}$。

现在假设无条件方差在时间点 R 发生了变化。这意味着：

（1）当 $t = 1, \cdots, R$ 时，$\eta_t \sim n.i.d(0, I_n)$，$cov(e_t) = \Omega_1$。

（2）当 $t = R + 1, \cdots, T$ 时，$\eta_t \sim n.i.d(0, D)$，D 是对角矩阵，$cov(e_t) = \Omega_2$。

由此可得：

$$\Omega_1 = \overline{A}\,\overline{A}'$$
$$\Omega_2 = \overline{A}\,D\,\overline{A}'$$

在矩阵 $\overline{A}$ 中有 n^2 个参数，而在矩阵 D 中有 n 个参数。为了估计这些参数，综合模型中的两个协方差矩阵 Σ_1 和 Σ_2，包含 $\dfrac{n(n+1)}{2} + \dfrac{n(n+1)}{2}$ 个参数。由此，我们可以在不对 $\overline{A}$ 施加任何限制的情况下估计 $\overline{A}$ 中的所有参数。同时由于递归模型对 $\overline{A}$ 施加了一些特定的限制，我们也可以借此测试递归模型的有效性。

虽然这个想法非常巧妙，但它需要在我们知道 $cov(e_t)$ 的中断时间，并且 A_0 不发生变化的情况下才能应用。到目前为止，我们还不清楚为什么会出现这种情况。如果要实施这种估计方法，需要我们同时对 Σ_1 和 Σ_2 进行对角化。我们可以使用广义奇异值分解（generalized singular value decomposition）替代与 Cholesky 分解对应的标准奇异值分解来实现上述估计方法。

在上述示例中，我们已知无条件波动性会在特定时间点发生变化，也就是说，两种模式的切换时间已知。但是，我们也可以使用数据来选择不同的模式，而实际上无条件波动性并未发生突变，如具有状态相关波动性的马尔可夫转换模型。在这种情况下，我们首先确定每个模式适用的时间段，然后通过计算每个模式适用的观测数据的残差平方平均值来估计每个模式的特定方差，即 Ω_1 和 Ω_2。这个方法被应用于 Herwartz 和 Lutke-pohl（2011）的研究中。他们建立了一个模型，用于同时估计 A_0 和 MS 模型的转换概率。他们在报告中阐述：“似然函数非常非线性……目标函数存在多个局部最优解”，因此需要一个非常好的数值算法来找到全局最大值。这也是许多马尔可夫转换模型的特点。

就像在方差突变的情况下那样，可能还存在其他方法来获取额外的方程，从而确定比递归模型允许的更多的 $\overline{A}$ 元素。例如，这些额外的方程可能源自 GARCH 结构或误差的非正态性。

4.8.3 对冲击施加独立性限制

当我们回归到最初的观察时就会发现，与结构性冲击 ε_{jt} 不相关的替代方法之一是假设它们相互独立。Gourieroux 和 Monfort（2014）认为，当 SVAR 冲击 ε_t 与 VAR 冲击线性相关，即 $\varepsilon_t = He_t$，且它们独立但不一定服从正态分布时，矩阵 H 将是唯一的。也就是说，尽管存在许多线性组合可以使结构性冲击不相关，但只有一种线性组合 H 可以同时满足结构性冲击不相关且相互独立的要求。从直观上看，独立性要求结构性冲击 ε_{it}^k 和 ε_{it}^k 对于所有的 k、$l = 1$、...、∞（经过均值校正）都不相关，这将排除许多模型，也导致了 H 的唯一性。对于给定的矩阵 H，我们可以计算结构性冲击 ε_t，并进行独立性测试，以验证结构性冲击是否满足独立性的要求。如果某个矩阵 H 无法通过独立性测试，则需要将其拒绝。然而，需要注意的是，独立性测试本身并不是唯一的，有多种方法可以用来测试冲击的独立性。此外，独立性测试的功效可能非常低，即可能无法准确地检测到冲击之间的独立性。另外，如果结构性冲击 ε_t 服从正态分布，那么这种方法可能无法有效地工作，因为正态分布假设并不符合实际情况。因此，我们可能会思考是否可以期望数据服从正态分布。对于某些实际数据来说，正态性或许是可以接受的假设，但金融数据通常表现出缺乏独立性的特点，如 GARCH 误差的普遍存在，因此在 SVAR 模型中利用独立性的思路是具有吸引力的。

这一思想已经在不同的方向上得到了延伸。Lanne等人（2015）还表明，独立冲击的假设（最多有一个边际分布是高斯分布）可以唯一地确定矩阵 H。他们的应用研究使用了一些金融数据，并假设结构性冲击 ε_t 是由 t 分布的混合形成的。这使得他们能够通过极大似然估计（MLE）来估计矩阵 H。当然，还有其他可能的密度函数可以使用，因此仅仅选择一个密度函数可能会导致规范错误，但我们可以进行相应的检验来验证选择的合理性。Herwartz 和 Plodt（2016）通过进行一些独立性统计检验来选择模型，并选择具有最大 p 值的模型。这种方法的思路是，较高的 p 值意味着拒绝独立性零假设的概率最低。

这些观点非常有用。有一种论点认为，如果我们要进行验证，其中一个冲击因素变化而其他冲击因素保持不变，那么独立性是必需的。此外，在包含利率和汇率等金融序列的 SVAR 模型中，利用高阶矩信息可以避免诸如假定 H 为三角形之类的假设（即假设 SVAR 是递归的）。这样的数据很可能表现出非正态性，而且很难想象这些金融序列在同时期是相互无关的。实际上，使用更高阶的矩信息可能是最大的问题。一般来说，对于建模复杂的概率密度函数，需要大样本量，而在宏观经济学中，这种情况很少出现。

第 5 章

使用I(0)变量和符号限制进行SVAR模型分析

|5.1| 引言

到目前为止，我们已经讨论了一些估计SVAR系统参数的方法，这些方法要么直接对结构本身施加参数限制，要么对脉冲响应施加参数限制。在过去的十年中，一种新的方法，即在脉冲响应中施加符号限制，已经得到广泛使用，并且在宏观经济学和SVAR分析中引起了很多关注。这一方法的早期研究包括Faust（1998）、Canova和De Nicoló（2002）以及Uhlig（2005）等。表5-1摘自Fry和Pagan（2011）的研究综述，他们对采用符号限制方法的研究进行了部分总结。我们旨在详细阐释此方法的工作原理，然后评估其能力和局限性。为了完成前述任务，第5.2节研究了在之前章节中用于示例的两个模型，分别为市场模型和简单宏观模型。在这两个模型中，我们提出了可能合理的符号限制，以定义嵌入的冲击类型的方向性。第5.3节将介绍两种方法，用于寻找与符号限制相一致的脉冲响应集合，并将这些方法应用于第5.2节使用的两个简单模型中。第5.4节深入探讨了使用符号限制的优缺点，特别强调了在尝试使用符号限制来定位SVAR模型中特定冲击时可能会遇到的一些挑战。第5.5节讨论了当SVAR系统存在块外生性（Block Exogeneity）时会产生的影响，而第5.6节则详细说明了如何计算受符号限制约束的脉冲响应的标准误差。

表 5-1	应用符号限制的实证VAR研究总结
Fluctuations	Peersman（2005）STNI
	Rüffer *et al.*（2007）STNI
	Sanchez（2007）STNF

Ex Rate	An （2006） STOI
	Farrant/Peersman （2006） STNF
	Lewis （2007） STNF
	Bjørnland/Halvorsen （2008） MTNI
	Scholl/Uhlig （2008） STNI
Fiscal Policy	Mountford/Uhlig （2005，2008） STNI
	Dungey/Fry （2009） MPTNI
Housing	Jarociński/Smets （2008） MTNI
	Vargas-Silva （2008） STOI
Monetary Policy	Faust （1998） STOI
	Canova/De Nicoló （2002） STOF
	Mountford （2005） STNI
	Uhlig （2005） STOI
	Rafiq/Mallick （2008） STOI
	Scholl/Uhlig （2008） STNI
Technology	Francis/Owyang/Theodorou （2003） MPTOI
	Francis/Owyang/Roush （2005） MPTOF
	Dedola/Neri （2006） SPTOF
	Chari/Kehoe/McGrattan （2008） MPTNF
	Peersman/Straub （2009） STNF
Various	Hau and Rey （2004） STNF
	Eickmeier/Hofmann/Worms （2009） STNI
	Fujita （2009） STOI

注：限制类型：S = 仅符号限制，M = 符号和数值限制

冲击类型：P = 永久性冲击，T = 短期冲击

冲击数量：O = 仅一个，N = 多个

限制来源：F = 正式，I = 非正式

我们将阐述使用该方法时需要解决的4个问题：

1. 符号限制解决了结构识别问题，但未解决模型识别问题。

2. 缺乏唯一的模型选择引发了关于选择哪个模型的困扰，甚至现有方法可能选择的

模型与正确模型相去甚远。此外，许多用于选择代表性模型的策略受到模型集合的构建方式的影响，这也可能对最终选择产生影响。

3. 单纯的符号限制虽然可以确定冲击的方向，但无法确定其幅度。然而，可以通过引入适当的模型结构进行校正，具体来说，可以通过对结构方程进行归一化处理来实现。

4. 模型中存在多个冲击的问题需要持续解决与改进。

尽管我们在提及脉冲响应函数（IRFs）时提到"符号"，但这可能会引起误解。实际上，任何与结构模型可计算内容相关的限制，如参数和协方差的符号，以及相同数量的定量约束等，都可以通过相同的方法处理，唯一需要的是具备进行数值计算的能力。

|5.2| 简单结构模型及其符号限制

我们将再次使用两个简单模型来阐明这些论点。其中之一是市场模型，以 SVAR（1）的形式表示为：

$$q_t = -\beta p_t + \phi_{qq} q_{t-1} + \phi_{qp} p_{t-1} + \varepsilon_{Dt}$$
$$q_t = \alpha p_t + \phi_{pq} q_{t-1} + \phi_{pp} p_{t-1} + \varepsilon_{St}$$

其中，q_t 代表数量，p_t 代表价格，$\varepsilon_{Dt} \sim i.i.d(0, \sigma_D^2)$ 表示需求冲击，$\varepsilon_{St} \sim i.i.d(0, \sigma_S^2)$ 表示供给冲击，并且满足 $cov(\varepsilon_{Dt}, \varepsilon_{St}) = 0$。我们将供给冲击视为正的成本冲击。

与该模型相关联的 VAR 模型为：

$$q_t = b_{qq} q_{t-1} + b_{qp} p_{t-1} + e_{1t}$$
$$p_t = b_{pq} q_{t-1} + b_{pp} p_{t-1} + e_{2t}。$$

在这种情况下，我们可以合理期望当需求和成本冲击为正时，数量和价格的同时响应符号与表 5-2 中所示的符号相一致。

表 5-2　　　　　　　　市场模型的符号限制（正向需求/成本冲击）

Variable\ Shock	Demand	Cost
p_t	+	+
q_t	+	−

在应用这些限制时需要谨慎。以市场模型为例，符号限制为 $\begin{bmatrix} - & - \\ - & + \end{bmatrix}$，需求和供给冲击仍然被视为负的而不是正的。因此，在这种模式下，它们仍然可以代表需求和供给冲击。显然，符号组合如 $\begin{bmatrix} + & - \\ + & + \end{bmatrix}$ 和 $\begin{bmatrix} - & + \\ - & + \end{bmatrix}$ 也是可以接受的。然而，随着冲击数量的增加，可能会出现大量可能的组合，检查所有组合也将变得相当复杂。出于这种原因，将通过符号限制确定的冲击数量保持在较小的范围内是非常有必要的。

简单宏观模型涉及产出缺口（y_t）、通货膨胀率（π_t）和政策利率（i_t），其 SVAR 形式如下：

$$y_t = x'_{t-1}\gamma_y + \beta_{yi}i_t + \beta_{y\pi}\pi_t + \varepsilon_{yt}$$
$$\pi_t = x'_{t-1}\gamma_\pi + \beta_{\pi i}i_t + \beta_{\pi y}y_t + \varepsilon_{\pi t}$$
$$i_t = x'_{t-1}\gamma_i + \beta_{iy}y_t + \beta_{i\pi}\pi_t + \varepsilon_{it}$$

其中，$x'_t = \begin{pmatrix} y_t & \pi_t & i_t \end{pmatrix}$ 的 VAR 形式为：

$$y_t = x'_{t-1}\alpha_y + e_{1t}$$
$$\pi_t = x'_{t-1}\alpha_\pi + e_{2t}$$
$$i_t = x'_{t-1}\alpha_i + e_{3t}$$

因此，我们可以期望在正冲击下，表5-3中的符号限制成立。

表5-3　　　　　　　　　　宏观模型冲击的符号限制

Variable\ Shock	Demand	Cost- Push	Interest Rate
y_t	+	−	−
π_t	+	+	
i_t	+	+	+

|5.3| 我们如何使用符号限制信息？

利用符号限制信息查找脉冲响应的过程涉及两种方法，这两种方法都使用一组不相关的冲击。这两种方法的第一步是生成一组不相关的冲击 ε_t 的脉冲响应。第二步，通过检验这些响应是否符合所期望的脉冲符号，来筛选出符合要求的响应。这个筛选过程将被多次重复，从而得到多个符合符号限制的脉冲响应集合。第三步，通常需要以某种方式对这些集合进行汇总和分析。

我们的第一种方法通过重新组合初始的响应集合来找到多组脉冲响应集，我们将这种方法称为SRR，其中的R代表重新组合。在第二种方法中，因为并非所有 A_0 矩阵中的参数都可以从数据中估计得到，所以脉冲响应集合是通过变化 A_0 矩阵来找到的。脉冲响应集合的变化主要来自 A_0 中不可估计的系数。我们将这种方法称为SRC，其中的C代表系数。

5.3.1　SRR方法

SRR方法的关键在于选择一组基本冲击 η_t，这些冲击是不相关的，且均值为零、方差为单位方差。获取这些冲击的一种方法是通过使用假设系统是递归的情况下估计得到的结构性冲击。尽管这种假设可能完全错误，但我们只是试图获得一组不相关的基本冲击。在这种情况下：

$$A_0^{recur}z_t = A_1 z_{t-1} + \varepsilon_t^R$$

其中，A_0^{recur} 是一个具有单位对角线的上三角矩阵（方程已标准化），ε_t^R 是递归系统的结构性冲击。然后，可以使用 ε_t^R 的估计标准差来生成标准化的冲击：

$$\overline{\varepsilon}_{jt}^{R} = \frac{\varepsilon_{jt}^{R}}{std(\varepsilon_{jt}^{R})}$$

这样得到的 $\overline{\varepsilon}_{jt}^{R}$ 将具有单位方差。因此，如果将 η_t 设置为 $\overline{\varepsilon}_t^R$，那么就可以将其看作 $i.i.d(0, I_n)$ 序列[①]。

一旦找到基本冲击序列 η_t，就可以使用 MA 结构来确定脉冲响应。在递归模型中，脉冲响应可以表示如下：

$$z_t = C^{recur}(L)\varepsilon_t^R = C^R(L)\overline{\varepsilon}_t^R = C^R(L)\eta_t$$

这表明基本冲击 η_t 的脉冲响应与原始冲击序列不同。因此，SRR 方法涉及通过以某种方式重新组合来自基本冲击的冲击，以确保新的冲击序列保持不相关，即 $\eta_t^* = Q\eta_t$，其中，n×n 矩阵 Q 必须满足以下特性：

$$Q'Q = I_n, \quad QQ' = I_n \tag{5.1}$$

需要注意的是，即使基本冲击序列 η_t 来自递归系统，但是新的冲击序列 η_t^* 不一定来自递归系统。此外，我们还可以通过重新排列递归系统中的变量来找到 Q 矩阵的示例，以生成新的冲击序列。

为什么我们要对矩阵 Q 施加两个限制呢？第二个限制是用于确保新的冲击也是不相关的，因为：

$$var(\eta_t^*) = Qvar(\eta_t)Q' = QQ' = I_n$$

我们可以通过观察 $z_t = C^R(L)\eta_t = C^R(L)Q'Q\eta_t = C^*(L)\eta_t^*$，来理解第一个限制的作用。通过重新组合基本冲击序列 η_t，并用 Q 矩阵进行正交转换，我们获得了一组新的脉冲响应 C_j^*，但它们是相对于新的冲击序列 η_t^* 的响应。

有多种方法可以找到满足所需属性的矩阵 Q。其中两种常见的方法基于吉文斯旋转（Givens rotations）和豪斯霍尔德变换（Householder transforms）。需要强调的是，矩阵 Q 并不是唯一的，这引发了我们所谓的模型识别问题。任何给定的 Q 都会产生一组新的冲击，从而生成一个新的模型。因为 z_t 的方差是相同的，所以这些模型在观测上是等价的。为了证明这一点，我们将 B_1 设为 0，那么就有 $var(z_t) = C_0C_0' = C_0QQ'C_0 = C_0^*C_0^{*'}$。这个过程不仅限于第一个 η_t^*，而是反复进行的。通过改变 Q，可以生成多组脉冲响应。每当生成这些脉冲响应后，都需要测试它们是否符合所维持的符号限制。因此，这为通过符号限制找到 SVAR 模型提供了以下操作步骤：

1. 从具有协方差矩阵 I_n 的不相关冲击 η_t 开始。

2. 使用具有属性 $Q'Q = QQ' = I_n$ 的 Q 生成新的冲击 $\eta_t^* = Q\eta_t$。

3. 计算这组冲击的脉冲响应。

4. 如果它们具有正确的符号，保留它们；否则，丢弃它们。

---

① 这并不是获取 η_t 的唯一方法。假设我们有一个关于 p_t、q_t 的 VAR（1）模型，并且 VAR 模型中误差项 e_t 的协方差矩阵为 Ω。对 Ω 进行奇异值分解会得到 $P'\Omega P = D$，其中，D 是一个对角矩阵。因此，$D^{-1/2}P'\Omega PD^{-1/2} = I$，可以取 $\eta_t = D^{-1/2}Pe_t$，这样 η_t 就具有所需的特性。在 Matlab 和 Gauss 等软件中，可以通过 Ω 的 Cholesky 分解轻松找到 P 和 D。因此，对于任何具有可获取 e_t 的累积模型，都可以对其协方差矩阵进行 Cholesky 分解，从而创建一组基本冲击 η_t。

5. 选择另一个 Q 并重复上述步骤。

寻找正交矩阵

如前所述，有多种方法可以找到矩阵 Q，吉文斯矩阵就是一个不错的选择。

吉文斯矩阵

吉文斯矩阵具有特定的结构，结构中包括余弦项和正弦项。当有两个变量（n=2）时，它的形式如下：

$$Q = \begin{bmatrix} \cos\lambda & -\sin\lambda \\ \sin\lambda & \cos\lambda \end{bmatrix}, \quad 0 \leq \lambda \leq \pi$$

利用 $\cos^2\lambda + \sin^2\lambda = 1$，很容易得出 $Q'Q = I_2$，这满足我们所需的属性。因此，如果我们设置 $\lambda = \dfrac{\pi}{10} = 0.314$，那么就可以得到：

$$Q = \begin{bmatrix} 0.951 & -0.309 \\ 0.309 & 0.951 \end{bmatrix}$$

新的冲击 η_t^* 也将按以下方式从基本冲击中形成：

$$\eta_{1t}^* = 0.951\eta_{1t} - 0.309\eta_{2t}$$
$$\eta_{1t}^* = 0.309\eta_{1t} + 0.951\eta_{2t}$$

因此，通过使用一系列 λ 的值，可以生成许多不同的 Q 矩阵和脉冲响应。由于 λ 取值范围在 0 到 π 之间，所以我们可以建立一个离散的数值网格来覆盖这个范围。另一种选择是使用随机数生成器，从 0 到 π 的均匀分布中随机抽取 λ，以生成多个不同的 Q 矩阵和相应的脉冲响应。

假设在第 m 次抽取中获得了 $\lambda^{(m)}$，其中，m = 1，...，M。一旦得到 $\lambda^{(m)}$，就可以计算相应的 $Q^{(m)}$，从而获得 M 个具有脉冲响应函数 $C_i^{(m)}$ 的模型。尽管这些模型在 λ 的数值上有所不同，但由于它们能够准确拟合 z_t 数据的方差[①]，所以这些模型是等效的。只有满足所维护的符号限制的 $Q^{(m)}$ 所生成的冲击才会被保留。

在包含 3 个变量的 VAR 模型中（如简单宏观模型），一个 3×3 的吉文斯矩阵 Q_{12} 的形式为：

$$Q_{12} = \begin{bmatrix} \cos\lambda & -\sin\lambda & 0 \\ \sin\lambda & \cos\lambda & 0 \\ 0 & 0 & 1 \end{bmatrix}$$

换句话说，这个矩阵是一个单位矩阵，其中第一列和第二列以及对应的行被余弦项和正弦项替换，λ 的取值范围在 0 到 π 之间[②]。

Q_{12} 被称为吉文斯旋转。然后，利用 $\cos^2\lambda + \sin^2\lambda = 1$ 这一事实，我们可以得到 $Q'_{12}Q_{12} = I_3$。对于一个包含 3 个变量的系统，还有两种可能的吉文斯旋转，分别是 Q_{13} 和 Q_{23}。每个 Q_{ij} 取决于单独的参数 $\lambda_k (k = 1，...，3)$。实际上，使用该方法的大多数研究人员已经采用了基本吉文斯矩阵的多重组合作为 Q。例如，在一个包含 3 个变量的系统中，我们会使用：

---

① 假设 z_t 具有零均值。

② 一般情况下，Q_{ij} 是通过取一个 $n×n$ 的单位矩阵，并设置 $Q_{ij}^{ii}=\cos\lambda$，$Q_{ij}^{ij}=-\sin\lambda$，$Q_{ij}^{ji}=\sin\lambda$，$Q_{ij}^{jj}=\cos\lambda$ 来形成的，其中上标指代 Q_{ij} 的行和列。

$$Q_G(\lambda) = Q_{12}(\lambda_1) \times Q_{13}(\lambda_2) \times Q_{23}(\lambda_3)$$

显然，Q_G 是正交的，因此通过 $\eta_t^* = Q_G \eta_t$ 形成的冲击将是不相关的。由于上述 Q_G 矩阵依赖于 3 个不同的 λ_k，所以可以从 $U(0, \pi)$ 的密度函数中随机选择每个 λ_k。

豪斯霍尔德变换

还可以使用豪斯霍尔德变换来找到适当的 Q 矩阵。在模型中包含 3 个变量的情况下，可以从均值为零、协方差矩阵为 I_3 的三维多元正态分布中生成一个 3×3 的矩阵 W。然后对 W 进行 QR 分解。

在一些统计分析软件中，如 MATLAB、GAUSS、Stata 等，可以使用 QR 分解来生成正交矩阵 Q。QR 分解将矩阵 W 分解为 $W = Q_R R$，其中，Q_R 是单位矩阵，R 是上三角矩阵。因此，我们可以将 Q_R 用作 Q 矩阵，以确保生成的冲击序列满足符号限制。当 n 较大时，使用 QR 分解的方法计算效率更高，并且在数值上更容易实现。这个方法最早由 Rubio-Ramírez 等人在 2006 年提出。

5.3.2　SRC方法

因为冲击与 SVAR 相关，根据第 4 章的内容，当 A_0 在对角线上为单位矩阵时，只有 $\dfrac{n(n-1)}{2}$ 个 A_0 的元素可以被估计。在使用冲击无相关性的限制后，A_0 中将有 $\dfrac{n(n-1)}{2}$ 个不可估计的参数。如果要进行估计，则需要将这些参数固定为某些值。Ouliaris 和 Pagan（2016）提出的 SRC 方法的思想是选择 A_0 中不可估计参数的某些值，然后使用一种确保冲击无相关性的方法来估计其余参数。

因为对于不可估计参数的值没有唯一的设定方式，所以更改这些参数值将导致许多不同的脉冲响应，这类似于在 SRR 中改变 Q 值。因此，该方法的关键在于生成许多不可估计参数的值，而这些值将取决于一些被标记为 θ 的量。总体而言，我们将通过随机数生成器生成 θ 的不同候选值来找到不可估计参数的值。具体的执行方式可能会根据情境而有所不同。需要强调的是，由于 SVAR 是完全确定的，所以使用不同的 θ 值找到的模型在观测上是等价的。

5.3.3　SRC和SRR方法在市场模型中的应用

由于符号限制与同时期的响应相关，因此有时省略简单市场模型中的动态因素可能是有益的。它的形式为：

$$q_t = \alpha p_t + \varepsilon_{1t} \tag{5.2}$$

$$q_t = -\beta p_t + \varepsilon_{2t} \tag{5.3}$$

在这个模型中，q_t 表示数量，p_t 表示价格，ε_{jt} 是均值为 0、方差为 σ_j^2 的独立同分布的随机扰动，并且彼此之间不相关。第一个方程可能代表供给曲线，第二个方程代表需求曲线，其中 α 和 β 都是正数。由于省略了方程（5.2）~（5.3）中的滞后项，所以这不是 SVAR，而是一个结构性系统。尽管如此，省略滞后项是有益的，而且这可以在不失一般性的情况下实现。基于这个模型，我们可以构建如下形式的方程：

$$\sigma_s^{-1} q_t = \left(\dfrac{\alpha}{\sigma_s}\right) p_t + \eta_{1t} \tag{5.4}$$

$$\sigma_D^{-1} q_t = -\left(\frac{\beta}{\sigma_D}\right) p_t + \eta_{2t} \tag{5.5}$$

其中，η_{jt} 是均值为 0、方差为 1 的独立同分布的随机扰动项。这个模型可以表示为：

$$aq_t = bp_t + \eta_{1t} \tag{5.6}$$

$$cq_t = dp_t + \eta_{2t} \tag{5.7}$$

对 ε_{jt} 的单位冲击等价于对供给（$e_{S,t} = \sigma_S \eta_{1t} = \varepsilon_{1t}$）和需求（$e_{D,t} = \sigma_D \eta_{2t} = \varepsilon_{2t}$）的一个标准差冲击。这些冲击的相应脉冲响应为：$\begin{bmatrix} a & -b \\ c & -d \end{bmatrix}^{-1}$。

5.3.3.1 SRR 方法在市场模型中的应用

启动标准的符号限制方法可以从一个递归模型开始。对于市场模型，这可以是：

$$q_t = s_1 \eta_{1t} \tag{5.8}$$

$$p_t = \phi q_t + s_2 \eta_{2t} \tag{5.9}$$

这里的数据是关于 q_t 和 p_t 的，η_{jt} 是均值为 0、方差为 1 的独立同分布的随机扰动项，s_j 是两个方程的误差的标准差。

SRR 的第一阶段通过应用某种加权矩阵 Q 来处理初始冲击 η_{1t} 和 η_{2t}，从而生成新的冲击 η_{1t}^* 和 η_{2t}^*，即 $\eta_t^* = Q\eta_t$。如上所述，Q 的选择需要确保 $QQ' = Q'Q = I$，这意味着新的冲击也是不相关的，并具有单位方差。用于实现这一目标的一个矩阵是吉文斯矩阵 $Q = \begin{bmatrix} \cos\lambda & -\sin\lambda \\ \sin\lambda & \cos\lambda \end{bmatrix}$，其中，$\lambda$ 的取值范围是 $(0, \pi)$。应用这个矩阵后，新的冲击 $\eta_t^* = Q\eta_t$ 将表示为：

$$\cos\lambda \eta_{1t} - \sin\lambda \eta_{2t} = \eta_{1t}^*$$

$$\sin\lambda \eta_{1t} + \cos\lambda \eta_{2t} = \eta_{2t}^*$$

利用方程（5.8）~（5.9）中的 η_{1t} 和 η_{2t} 表达式，我们可以得到：

$$\left(\cos(\lambda)/s_1\right) q_t - \left(\sin(\lambda)/s_2\right)\left(p_t - \phi q_t\right) = \eta_{1t}^*$$

$$\left(\sin(\lambda)/s_1\right) q_t + \left(\cos(\lambda)/s_2\right)\left(p_t - \phi q_t\right) = \eta_{2t}^*$$

进行重新排列后，可得：

$$\left[\left(\cos(\lambda)/s_1\right) + \sin(\lambda)(\phi/s_2)\right] q_t - \left(\sin(\lambda)/s_2\right) p_t = \eta_{1t}^* \tag{5.10}$$

$$\left[\left(\sin(\lambda)/s_1\right) - \cos(\lambda)(\phi/s_2)\right] q_t + \left(\cos(\lambda)/s_2\right) p_t = \eta_{2t}^* \tag{5.11}$$

现在，方程（5.10）~（5.11）与方程（5.6）~（5.7）具有相同的形式，其中：

$$a = \left(\cos(\lambda)/s_1\right) + \sin(\lambda)(\phi/s_2) \quad b = \left(\sin(\lambda)/s_2\right)$$

$$c = \left(\sin(\lambda)/s_1\right) - \cos(\lambda)(\theta/s_2) \quad d = -\left(\cos(\lambda)/s_2\right) \tag{5.12}$$

$$\varepsilon_{jt} = \eta_{jt}^*$$

由于两组随机变量都不相关且具有相同的分布，因此上述等式成立。

现在，使用矩阵 Q，可以将 η_t 的脉冲响应重新组合为 η_t^* 的脉冲响应，通常情况下，这是 SRR 方法中所采用的策略的描述方式。

另一个观点是，SRR 方法通过将 SVAR 模型的 A_0 系数表示为 λ 的函数，并在区间 $(0, \pi)$ 上使 λ 变化，以生成多个脉冲响应，然后应用符号限制来决定哪些脉冲响应该被保留。因此，我们使市场模型的参数 A_0 依赖于 λ 和通过 ϕ、s_1 和 s_2 的数据来生成多个脉冲响应。

5.3.3.2 SRC方法在市场模型中的应用

与SRR将模型参数表示为λ的方式不同，在SRC方法中，我们回到方程（5.2），将系数α（假定为不可估计的系数）作为θ的函数，并允许θ在适当的范围内变化。通过给定θ的值以确定α，然后，从数据中找出可估计的系数，以便产生不相关的冲击。

在将θ设置为某个值θ^*之后，可以使用以下方法进行估计：

1. 计算残差$\hat{\varepsilon}_{1t}^* = q_t - \alpha(\theta^*)p_t$。

2. 使用这些残差的标准差$\hat{\sigma}_1^*$来估计σ_1。

3. 使用$\hat{\varepsilon}_{1t}^*$作为p_t的工具变量，通过工具变量（IV）估计法来估计系数β，以得到$\hat{\beta}^*$。

4. 利用$\hat{\beta}^*$计算残差$\hat{\varepsilon}_{2t}^* = q_t + \hat{\beta}^* p_t$。然后，利用这些残差的标准差$\hat{\sigma}_2^*$来估计第二个冲击的标准差。根据估计过程的性质，残差$\hat{\varepsilon}_{1t}^*$和$\hat{\varepsilon}_{2t}^*$是正交的。

根据先前的结果，对于一个标准差冲击的同期脉冲响应该是$\begin{bmatrix} 1 & -\alpha(\theta^*) \\ 1 & \hat{\beta}^* \end{bmatrix}^{-1}\begin{bmatrix} \hat{\sigma}_1^* & 0 \\ 0 & \hat{\sigma}_2^* \end{bmatrix}$。

因此，与SRR方法生成的脉冲响应相比，这些脉冲响应是直接可比的。然而，它们与数据相关的方式不同于SRR方法中的λ和数据之间的关系，而是依赖于θ和通过IV估计的数据。

由于这种方法是通过变化系数α，也就是改变θ来获得一系列脉冲响应，所以它就是前面提到的SRC方法。当然，这里的IV方法只是简单解释了SRC的工作原理。一旦形成$\alpha(\theta^*)$，那么就可以在这个精确识别的系统中应用MLE估计法，因为在这个系统中，使用IV估计和使用MLE估计得到的结果是相同的。有时，MLE估计法可能存在收敛问题，需要尝试多个不同的起始值，如果出现这种情况，应使用IV估计作为起始值，这是因为MLE估计值必须与IV估计值相等。

5.3.3.3 SRR方法与SRC方法的比较

这两种方法值得更详细的讨论，我们需要注意以下两点：

1. 通常情况下，我们通过从均匀分布$(-1, 1)$中随机抽取θ，并将α设置为$\alpha = \dfrac{\theta}{1 - abs(\theta)}$[①]，来确保$\alpha$的取值范围覆盖了$(-\infty, \infty)$。SRR则使用从均匀分布$(0, \pi)$中随机抽取$\lambda$的方法，因为$\lambda$控制着谐波项的形式。在这两种方法中，都需确定要使用多少个θ和λ的试验值，即要计算有多少组脉冲响应。需要注意的是，在某些情况下，或许可以限制非可估参数的值，如将θ限制为小于50，这将对θ的生成方式产生影响（或者可能会直接舍弃那些非可估参数超出范围的模型）。

2. 在具有n个变量且没有参数限制的SVAR模型中，SRR方法生成的λ_j的数量为$n(n-1)/2$，也就是当$n=3$时，模型需要3个λ_j'。SRC方法中使用的θ_j的数量也是如此。

---

① Ouliaris 和 Pagan（2016）还考虑了其他生成θ的方法。据发现，这些替代方法能更好地覆盖α的参数空间。

因此，无论是SRR还是SRC，它们在面对由系统的维度引起的问题时是相同的。然而，需要注意的是，当在模型中同时应用参数限制和符号限制时，θ_j的数量可能会显著减少，这一点将会在后面的内容中详细介绍。但这样的结果应该是显而易见的，因为参数限制增加了A_0中可估计参数的数量，而θ_j与非可估计的参数相关，所以只需要生成较少数量的θ_j即可。

5.3.4 模拟市场模型中SRC和SRR方法的比较

为了更详细地研究这两种方法，我们通过以下市场模型模拟数据[1]：

$$q_t = 3p_t + \sqrt{2}\,\varepsilon_{2t}$$
$$q_t = -p_t + \varepsilon_{1t}$$

(5.13)

价格和数量的真实脉冲响应（需求冲击在前，供应冲击在后）为$\begin{bmatrix} 0.75 & 0.3536 \\ 0.25 & -0.3536 \end{bmatrix}$。

我们从均匀分布的随机数生成器中生成了500个θ和λ的值，其中，λ的取值范围为$(0,\ \pi)$，θ的取值范围为$(-1,\ 1)$。然后，将基于这些θ和λ值生成的脉冲响应与表5-2中的符号限制进行比较。SRR方法生成的脉冲响应与符号限制兼容的比例为87.8%，而SRC方法则为85.4%，尽管这是一个较高的比例，但由于模型是正确的，所以这也符合预期的结果。通过检查这些响应，我们发现在每种方法的500组响应中，至少有一组与真实脉冲响应最为接近[2]，其具体数值如下：

$$SRC = \begin{bmatrix} 0.7369 & 0.3427 \\ 0.2484 & -0.3605 \end{bmatrix},\ SRR = \begin{bmatrix} 0.7648 & 0.3529 \\ 0.2472 & -0.3563 \end{bmatrix}$$

显然，在每种方法的500组响应中，至少有一组与真实脉冲响应相匹配，更改市场模型的参数值也不会改变这个结论。

然而，样本大小也会对结果产生一定的影响。在上述模拟中，我们使用了1 000个观测值。当将观测值减少到100个时，就会得到：

$$SRC = \begin{bmatrix} 0.7421 & 0.3615 \\ 0.1702 & -0.3923 \end{bmatrix},\ SRR = \begin{bmatrix} 0.7828 & 0.4119 \\ 0.1780 & -0.3806 \end{bmatrix}$$

虽然SRC和SRR方法都得出了合理的匹配结果，但似乎SRC方法倾向于更好地拟合真实的脉冲响应。

5.3.5 将SRC和SRR与简单宏观模型和短期冲击进行比较

现在，我们将在包含3个变量的简单宏观模型[3]的背景下比较这两种方法。这个模型也在Fry和Pagan（2011）的研究中使用过。该系统中的变量包括产出缺口y_{1t}、季度通货膨胀率y_{2t}和名义利率y_{3t}，所有变量都被假定为$I(0)$。此外，模型中还存在3个短期冲击，分别标记为需求、成本和利率。表5-3列出了当期脉冲响应的预期符号。

对该模型拟合一个SVAR（1）[4]，其中各方程为：

---

① 注意，我们已经将ε_{1t}作为了需求方程的冲击，并将其与式（5.3）中的ε_{2t}进行了比较。

② 我们只使用一个简单的欧几里得范数来定义最接近真实数值的匹配值。脉冲响应是对一个标准差的冲击所作出的反应。

③ 在本节中，我们可以通过位于"SIGN"文件夹中的*src.prg*和*srr.prg*文件中的代码来复现结果。

④ 作为示例，我们假定了一个一阶SVAR模型，但在实证研究中，该模型的阶数为二。

$$y_{1t} = a_{12}^0 y_{2t} + a_{13}^0 y_{3t} + a_{12}^1 y_{2t-1} + a_{13}^1 y_{3t-1} + a_{11}^1 y_{1t-1} + \varepsilon_{1t} \tag{5.14}$$

$$y_{2t} = a_{21}^0 y_{1t} + a_{23}^0 y_{3t} + a_{22}^1 y_{2t-1} + a_{23}^1 y_{3t-1} + a_{21}^1 y_{1t-1} + \varepsilon_{2t} \tag{5.15}$$

$$y_{3t} = a_{31}^0 y_{1t} + a_{32}^0 y_{2t} + a_{32}^1 y_{2t-1} + a_{33}^1 y_{3t-1} + a_{31}^1 y_{1t-1} + \varepsilon_{2t} \text{。} \tag{5.16}$$

SRR方法首先将a_{12}^0、a_{13}^0和a_{23}^0设置为0，以此来构建一个递归模型，然后利用依赖于λ_1、λ_2和λ_3的Q_G矩阵重新组合从该模型中得到的脉冲响应。相比之下，SRC方法则首先将a_{12}^0和a_{13}^0固定为一些特定值，然后计算残差$\hat{\varepsilon}_{1t}$。随后，通过将a_{23}^0固定为某个值，并使用$\hat{\varepsilon}_{1t}$作为y_{1t}的工具变量来估计方程（5.15）。在估计方程（5.16）时，使用方程（5.14）～（5.15）的残差$\hat{\varepsilon}_{1t}$和$\hat{\varepsilon}_{2t}$，作为y_{1t}和y_{2t}的工具变量。①

一旦找到所有的冲击，就可以计算脉冲响应。但有3个参数被视为是不可估计的，因此需要我们生成它们。这些参数的生成方法是，首先定义：

$$a_{12}^0 = \frac{\theta_1}{(1-abs(\theta_1))}, \quad a_{13}^0 = \frac{\theta_2}{(1-abs(\theta_2))}, \quad a_{23}^0 = \frac{\theta_3}{(1-abs(\theta_3))}$$

然后，从随机数生成器中获得θ_1、θ_2和θ_3的实际值。需要注意的是，这需要3个不同的随机变量θ_j，它们分别对应于吉文斯矩阵中的3个λ_j。至于市场模型，这两种方法在计算上是等效的。

与市场模型不同的是，满足符号限制的脉冲响应并不容易找到。这两种方法也只保留了大约5%的脉冲响应。Fry和Pagan在他们论文的图1中绘制了SRR的1 000个脉冲响应。图5-1提供了与SRC方法相同数量的脉冲响应（这里的正成本冲击反映了负生产率冲击，因为Fry和Pagan在其图表中引入了正的生产率冲击，因此在进行比较时，这一因素需要纳入考虑）。

SRC方法似乎产生了比SRR方法更广范围的脉冲响应。具体来说，在SRC方法中，需求对产出的最大同时效应是SRR方法的两倍多。需要注意的是，因为SRC和SRR方法范围内的所有脉冲响应具有正确的符号，并且在观测上是等价的，所以SRC和SRR方法范围内的所有脉冲响应都是有效的②。

很显然，模型中存在许多保留了符号信息并且与数据相符的脉冲响应值，这意味着存在广泛的数值分布。由于这种分布跨越了不同模型，与数据的变化无关，因此，在文献中将这种范围称为"置信区间"是不合适的。当然，在实际应用中，我们通常不知道A_1和Ω的确切值，因此需要对它们进行估计，这就会产生一个置信区间，我们将在后续部分详细讨论这个问题。尽管这种对数据的依赖性为脉冲响应的分布带来了一些额外的变化，但这并不应与在观测上等效的模型中的变化混为一谈。

---

① 由于SVAR是完全识别的，这个工具变量（IV）程序实际上等同于全信息最大似然估计（FIML）。之所以用工具变量的方式来解释它，是因为当我们处理永久性冲击时，这种方法更容易理解。然而，考虑到像EViews和Stata等软件通常通过FIML来估计SVAR，一般来说，将a_{ij}设置为生成的值然后执行FIML会更加方便。

② 这表明，使用SRC和SRR找到的脉冲响应可能不在相同的空间内。在考虑市场模型的情境下，我们可以找到一个与来自SRR的α完全相同的来自SRC的α。然而，这两种方法找到的β估计值将会有所不同，从而导致不同的脉冲响应。这两组脉冲响应之间存在着非奇异的变换关系，但这种变换会因不同尝试而不同。如果它不变化，那么脉冲响应将覆盖相同的空间。

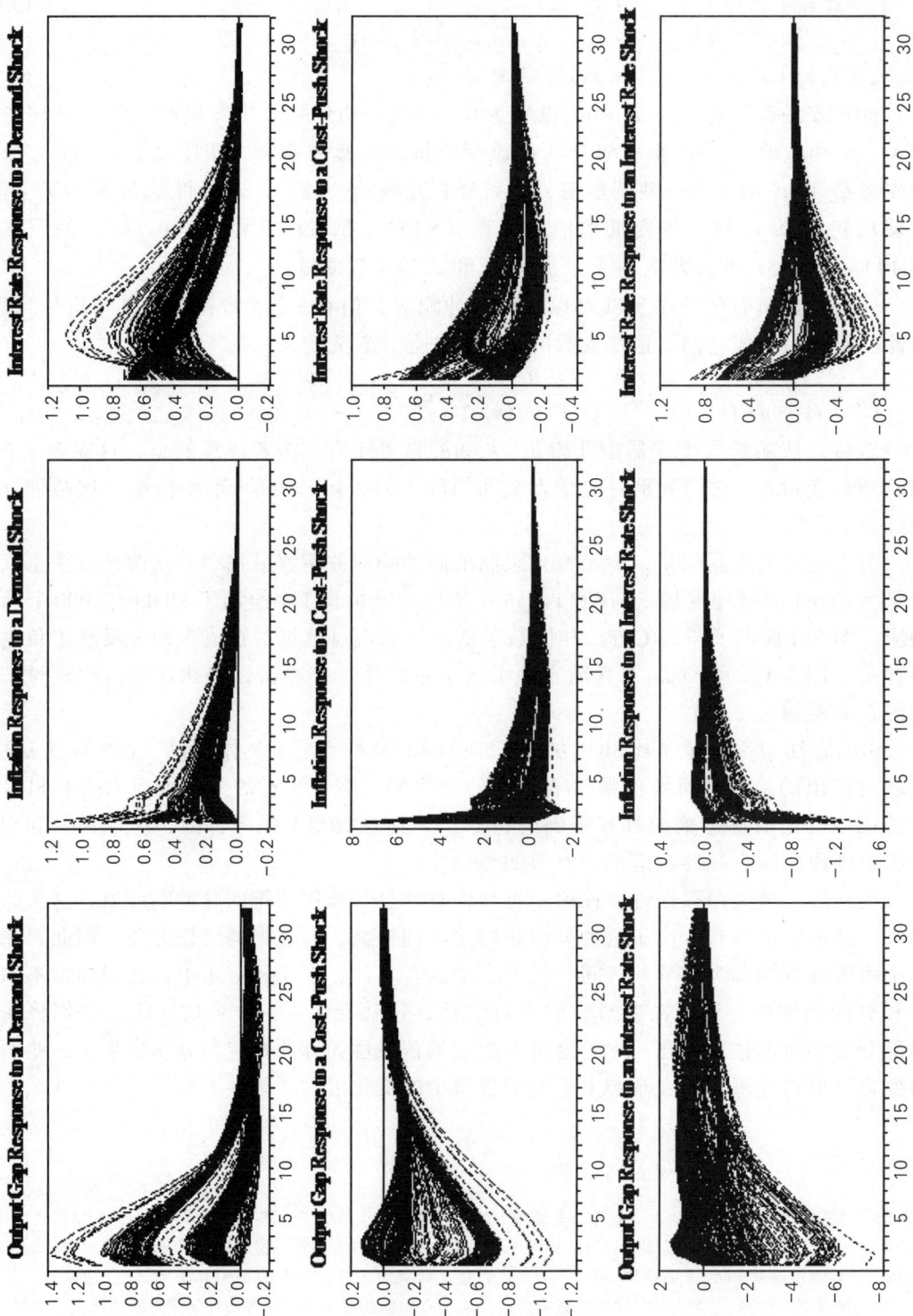

图5-1 通过SRC方法，在使用Cho-Moreno数据的简单宏观模型中，生成了满足符号
限制的1 000个脉冲响应

值得注意的是，SRC 和 SRR 在生成尽可能广的范围的脉冲响应时都存在着潜在问题。对于 SRR 而言，这种问题有两个方面。首先，这涉及选择初始脉冲响应集合。如前所述，我们可以通过 Cholesky 分解或奇异值分解来完成这个过程。Cholesky 分解需要对变量进行排序，所选择的变量排序方式不同，初始脉冲响应也将有所不同。奇异值分解（SVD）提供了另一组脉冲响应。对于给定的 Q 矩阵，根据用于启动过程的不同分解选择，也将获得不同的脉冲响应。其次，对于 Q 矩阵本身，吉文斯变换和基于模拟的方法提供了具有所需属性的 Q 矩阵，但可能存在其他满足条件的 Q 矩阵。如果存在其他 Q 矩阵，那么将这些不同的 Q 矩阵应用于相同的初始模型时，可能会产生不同的脉冲响应。这个问题在 SRC 方法中同样存在。现在问题涉及要生成那些被认为是未知的参数。更具体地说，在我们的简单宏观模型示例中，a_{12}^0、a_{13}^0 和 a_{23}^0 是生成的参数。但我们也可以选择 a_{12}^0、a_{32}^0 和 a_{21}^0 作为参数，如果是这样的话，那么估计将由从方程（5.14）开始变为从方程（5.16）开始。

SRC 方法和 SRR 方法都存在着潜在问题，但在实验次数很多的前提下，这或许并不是一个实际的问题。很可能无论是初始脉冲响应的选择还是未知参数的选择，生成的脉冲响应范围都大致相同。可能会发生的情况是，一些选择需要更多的试验才能生成一个相对完整的脉冲响应集。从根本上来说，这个问题出现的原因在于 SRR 和 SRC 都首先专注于生成一组对不相关冲击的脉冲响应，然后再检查它们是否满足符号限制条件。然而，SRR 和 SRC 方法都无法保证脉冲响应集合是穷尽的。

|5.4| 符号限制的优越性与局限性

5.4.1 符号限制无法提供单一模型—多模型问题

那么我们该如何解决满足符号限制的多模型问题呢？如果这些模型在满足符号限制的条件下差异较小，那么选择一个单一的模型可能是合理的做法。在实际应用中，人们通常使用中位数和一些百分位数（如 5% 和 95%）来描述结果的分布情况。在处理多个模型响应时，中位数可能存在一些问题。为了解决这个问题，出现了一种特定的方法。这种方法的具体步骤是选择具有两个冲击的模型，首先分别观察这两个冲击对第一个变量的影响，然后从每个模型的冲击响应中选择中位数，并将它们表示为 $C_{11}^{(k_1)} = med\{C_{11}^{(k)}\}$ 和 $C_{12}^{(k_2)} = med\{C_{12}^{(k)}\}$。其中，$k_1$ 是具有 C_{11} 冲击中位数的模型，k_2 是具有 C_{12} 冲击中位数的模型。通常情况下，k_1 和 k_2 代表不同的模型，因此这些中位数也来自不同的模型，这可能会导致理解上的困难。这就类似于从一个货币模型中得出货币冲击的脉冲响应，然后从一个实际商业周期（RBC）模型中得出技术冲击的脉冲响应。此外，如果它们来自不同的模型，它们就不再是不相关的，这是因为要求它们使用一个共同的 Q 矩阵来构建。SVAR 方法的主要目标是确保冲击之间保持不相关性，如果它们之间存在相关性，那么就无法应用方差分解等技术。

中位数存在的另一个问题是，脉冲响应集合的汇总取决于它们的生成方式，即取决于 θ 和 λ 的选择方式。在最简单的情况下，我们可以通过将系统风险系数（SRC）应用于市场模型来观察这个问题。在这个模型中，参数估计值 $\hat{\beta}$ 依赖于 $\alpha(\theta)$，因此，不同模型之间，$\hat{\beta}$ 的密度必须取决于 θ 的密度。由于选择的 θ 密度的不同，组合 α 和 $\hat{\beta}$ 得到的脉冲响应的中位数值也会有所变化。因此，需要认识到，虽然对于给定的一组脉冲响应存在一个单一的中位数，但这个中位数的值取决于 θ 和 λ 的选择方式。

上述问题已经在 Baumeister 和 Hamilton（2015）的文章中指出，他们对用于总结脉冲响应范围的贝叶斯方法提出了批评。这很大程度上取决于人们是希望用单一的指标来总结生成的脉冲响应，还是只对结果的范围感兴趣，因为结果的范围不受生成 θ 和 λ 的方法的影响，尽管需要模拟许多模型才能确保这一点。如果我们用 $\widehat{\beta_{max}}$ 和 $\widehat{\beta_{min}}$ 分别表示 $\hat{\beta}$ 的最大值和最小值，那么使用 $\widehat{\beta_{max}}$ 和 $\widehat{\beta_{min}}$ 的平均值来总结结果似乎是一个合理的方法。相对于使用中位数或其他百分位数，用这种方法来总结结果对于 α 的生成方式不太敏感。当我们生成了许多模型时，平均值能够更稳健地反映结果的范围。

当然，平均值可能与单个模型无关。我们可以选择使用 Fry 和 Pagan（2007）提出的中位数目标（MT）方法来选择一个单一模型。MT 方法会找到与中位数响应最接近的模型。找到这个模型是有价值的，因为如果该模型的响应与中位数响应有显著差异，那么我们就可以推断所呈现的脉冲响应和汇总统计数据时存在的问题，即与相关冲击相关的问题。

在使用 Blanchard 和 Quah（1989）的数据对需求和供应函数进行符号限制时，MT 方法和中位数通常会非常接近。然而，在简单宏观模型中，MT 方法和中位数之间可能存在显著差异，正如图 5-2 所示。

一些其他用来缩小范围的方法有：

1. Uhlig（2005）提出了一个标准，偏好选择绝对值最大的脉冲响应。他认为选择定性响应模型可能是有益的，特别是对于那些需要施加符号限制的变量。他提到的惩罚函数方法就是为了实现这一目标（论文第 414 页）[1]。然而，目前还不清楚为什么选择范围内的极端值是一个好主意。

2. 一些研究者不仅在同期脉冲响应上施加符号限制，还在更多方面的脉冲响应上施加符号限制。就像在简单宏观模型的 1 000 个脉冲响应中所观察到的那样，这种方法可以显著缩小模型的范围。然而，在许多情况下，这种方法可能并不会带来太多帮助。这是因为在简单宏观模型中，脉冲响应可以通过关系 $C_j = D_j C_0$ 得到。其中，D_j 是由 VAR 模型固定的，并且不依赖于结构设定。只要 $D_0 > 0$，任何 $C_0 > 0$ 都会自动确保 $C_j > 0$。

3. 还可以使用附加标准来拒绝许多生成的脉冲响应，因为它们可能在经济上不合理。Kilian 和 Murphy（2012）将这些标准称为"附加的经济动机不等式限制"。在研究中，他们使用石油供应弹性的估计量作为衡量标准来评估脉冲响应的合理性。

模型识别的问题并不仅限于符号限制。在递归系统中，变量的排序有许多可能性，因此存在许多可能的模型，它们都可以同样适应数据。通常情况下，研究者会通过类似于"我们尝试了其他排序并获得了类似的结果"的陈述来处理这个问题，这似乎意味着只有一个狭窄的响应范围。

---

[1] Bernake 等人（2005 年）提出的因子增强型 VAR 模型。

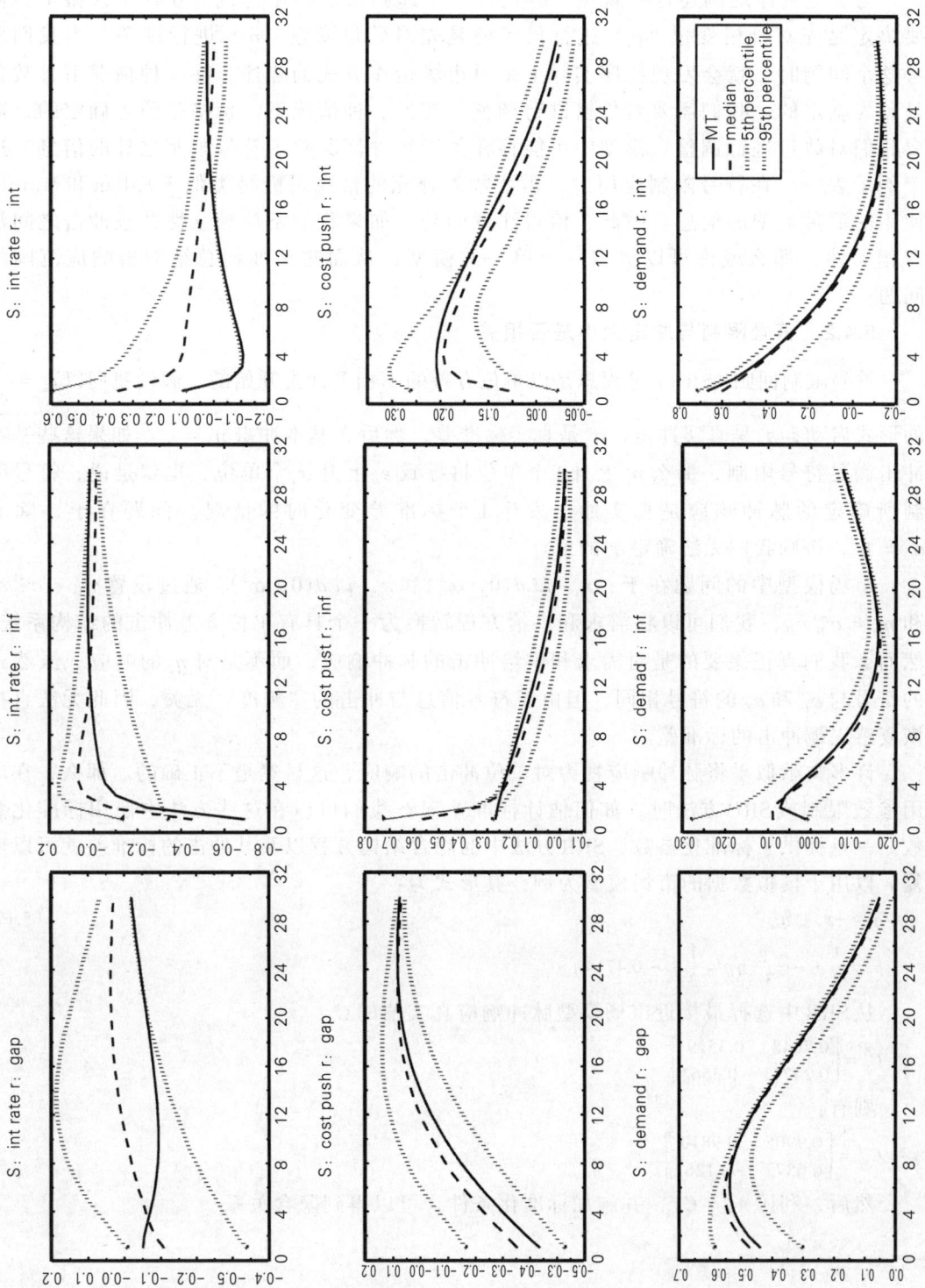

图5-2 简单宏观模型中符号限制的脉冲响应——中位数、5%和95%百分位数以及MT方法

为了更具体地阐述这一观点，我们以一个递归市场模型为例。在这个模型中，需要决定是先对价格变量（p_t）进行排序还是先对数量变量（q_t）进行排序。当我们思考这个问题时，就会发现排序实际上是对市场运作方式的陈述。在一种情况下，数量是预先确定的，我们需要对价格进行调整。在另一种情况下，价格是预先确定的，需要我们对数量进行调整。模型中可能存在关于每种情况除了符号限制之外的信息。这个例子表明，在符号限制应用中，需要额外补充的信息可能是类似于 Kilian 和 Murphy 使用的那种类型的信息。因此，值得注意的是，如果我们坚持独立性并且冲击之间没有相关性，那么或许可以提出一个单一的模型，从而避免如何总结冲击响应范围的问题。

5.4.2 符号限制与冲击大小是否相关

符号限制回归（SRR）过程总是以单位方差的不相关冲击开始的。假设我们以 $v_{it} = \dfrac{\varepsilon_{it}}{\sigma_i}$ 的形式启动，ε_{it} 是真实冲击，σ_i 是真实标准差，然后，基本冲击 $\eta_{it} = v_{it}$。如果这些基本冲击满足符号限制，那么 η_{it} 上升 1 个单位将导致 ε_{it} 上升 σ_i 个单位，也就是说，符号限制所确定的脉冲响应是真实冲击发生 1 个标准差变化时的情况。问题在于，除非 $\sigma_i = 1$[①]，否则我们无法确定 σ_i 的值。

市场模型中的问题在于：$\varepsilon_{Dt} \sim i.i.d(0,\ \sigma_D^2)$ 和 $\varepsilon_{St} \sim i.i.d(0,\ \sigma_S^2)$。通过设置 $\eta_{1t} = \sigma_S^{-1}\varepsilon_{St}$ 和 $\eta_{2t} = \sigma_D^{-1}\varepsilon_{Dt}$，我们可以将需求和供给方程转换为一个具有单位方差冲击的结构系统。然而，我们真正想要的是对需求和供给冲击的脉冲响应，而不是对 η_{it} 的响应。虽然 η_{it} 的符号与 ε_{Dt} 和 ε_{St} 的符号相同，但由于符号信息与冲击的"幅度"无关，因此无法直接恢复感兴趣冲击的标准差。

许多文献似乎将脉冲响应视为对单位冲击的响应，这显然是不正确的。那么，在应用参数限制或 SRC 方法时，如何估计标准差呢？我们可以在这些方法中使用标准化参数。一旦提供了标准化参数，SRR 方法中的隐含结构方程以及其冲击的标准差就可以恢复。以用于模拟数据的市场模型为例，其形式为：

$$q_t = -p_t + \eta_{1t} \tag{5.17}$$

$$p_t = \frac{1}{3}q_t - \frac{\sqrt{2}}{3}\eta_{2t} = \frac{1}{3}q_t - 0.4714\eta_{2t}$$

从 SRR 中选择最接近市场模型脉冲响应真实值的 C_0：

$$C_0 = \begin{bmatrix} 0.7648 & 0.3529 \\ 0.2472 & -0.3563 \end{bmatrix}$$

则有：

$$C_0^{-1} = \begin{bmatrix} 0.9905 & 0.9810 \\ 0.6872 & -2.1262 \end{bmatrix}$$

然后，利用 $A_0 = C_0^{-1}$，并施加标准化条件，可以得到隐含关系：

---

① 在递归系统中，我们可以通过观察与冲击相关的方程的因变量的响应来估计对一个标准差冲击的影响。然而，在非递归系统中，这种方法并不适用，而符号限制分析通常会生成许多非递归系统。只有当我们知道模型的正确结构是递归的时候，我们才能通过模型变量的响应来推断冲击的标准差。

$$q_t = -\left(\frac{0.9905}{0.9810}\right)p_t + \frac{1}{0.9905}\eta_{1t} \tag{5.18}$$

$$p_t = \left(\frac{0.6876}{2.1262}\right)q_t - \frac{1}{2.1262}\varepsilon_{2t} = 0.32q_t - 0.4703\eta_{2t}$$

从这些方程中可以计算出冲击的标准差为 1.01 和 0.4703，而真实值分别为 1 和 0.4714。当然，SRR 会产生许多脉冲响应，因此会有许多 σ_i 的值。

值得强调的是，上述内容也同样适用于 SRC 方法，这是因为该方法将 σ_i 作为可估参数集的一部分。就像脉冲响应需要以某种方式进行总结一样，σ_i^m 对于第 m 个模型也是如此。除非通过某种标准选择了特定的 m 值，否则不会有单一的标准差。

刚刚概述的问题重要吗？在某些情况下，答案是否定的。真实脉冲响应并不依赖于 σ_i。还有一些情况不需要知道冲击的标准差，如预测方差和变量分解，这是因为 $z_t = C(L)\varepsilon_t = C(L)\sigma\sigma^{-1}\varepsilon_t = C^*(L)\eta_t^*$。然而，在许多情况下，政策问题的解答确实依赖于冲击的标准差，如回答利率上升 100 个基点的冲击会产生什么效应这样的问题。不知道真实冲击的标准差可能会导致另一个问题，即在比较不同国家（或不同时期）的财政政策冲击时，脉冲响应的幅度差异可能仅仅是由于这些国家（或时期）的冲击标准差不同而导致的。

5.4.3 如何确定真实脉冲响应在生成的模型范围内的位置？

通常，符号限制是从某个 DSGE（动态随机一般均衡）模型中获得的。执行此操作的方法是计算该模型在一系列参数范围内的脉冲响应，然后选择对参数值稳健的脉冲响应函数。相反，如果从 DSGE 模型中模拟数据，然后使用带有符号限制的 SVAR 方法来获取脉冲响应，是否能够恢复真实的脉冲响应呢？一般而言，我们只能说真实的脉冲响应将位于由 SRR 或 SRC 生成的 M 个模型中（前提是 M 足够大）。但在这一范围内，它们究竟位于哪里呢？没有任何迹象表明真实的脉冲响应一定位于中位数处，因为从任何意义上说，中位数并不一定是最可能的位置，它主要是对生成的脉冲响应范围的描述。Fry 和 Pagan（2011）模拟了一个宏观模型，由此发现真实的脉冲响应位于百分位数（如 12.5 和 0.4）的位置，而不是位于中位数（第 50 个百分位数）的位置。因此，中位数可能并不总是最佳选择，除了作为生成模型范围描述的一种方式外，它并没有太多值得推荐的理由。这一结果在 Jääskelä 和 Jennings（2011）的研究中也得到了证实。

对市场模型进行类似分析，得出的中位数响应为：

$$SRC\begin{bmatrix} 0.4082 & 0.3119 \\ 0.5284 & -0.4432 \end{bmatrix}, \quad SRR\begin{bmatrix} 0.6234 & 0.5665 \\ 0.3429 & -0.2655 \end{bmatrix}$$

这两者既不相同，也不与真实值一致，这可能仅仅是由于 λ 和 θ 的生成方式不同。事实上，在 SRC 中，需求冲击对价格的中位数响应为 0.4082，而真实响应值 0.75 位于第 89 个百分位数，因此中位数响应值仅约为真实值的一半。除非有其他额外信息偏好某组脉冲响应，否则中位数并不比其他百分位数更有吸引力。正如上述结果所示，真实脉冲响应所在的百分位数也可能因使用不同的 SRC 或 SRR 方法而不同。

5.4.4 关于多个冲击，我们应该如何处理？

存在多个冲击也可能使问题变得复杂化。通常，研究人员只想关注一个特定的冲击。这意味着在模型中会有 n 个不相关的冲击，且其中 $n-1$ 个是"未命名的"。关于这些"未命名"冲击对于模型的影响我们一无所知，那么我们该怎么解决这个问题呢？

我们以一个关于市场模型的例子来说明这个问题，该模型中存在两个冲击。假设我们唯一已知的关于这些冲击的信息可以用 C_0 表示为 $\begin{bmatrix} + & ? \\ + & ? \end{bmatrix}$，其中，"?"表示没有提供符号信息。显然，在这种情况下，我们没有足够的信息来区分这两个冲击，因为如果在生成的响应中找到模式 $\begin{bmatrix} + & + \\ + & + \end{bmatrix}$，那么在同一模型中存在两个需求冲击将是不合理的。

在应用研究中，有时会提到这个问题，但关于如何解决它的详细信息确实很有限。一种猜测是，当找到一组符合要求的符号限制时，搜索过程就会终止。然而，实际上，如果模型中存在两个具有所需符号限制的冲击，那么该模型应该被拒绝，因为两个具有相同符号模式的冲击同时存在是不合理的。

5.4.5 符号限制的用途

符号限制有4种潜在用途：

1. 符号限制可以告诉我们与数据相容的可能模型（脉冲响应）的范围。

2. 在使用符号限制进行估计时，由于无法满足这些限制而导致模型被拒绝的次数信息是具有价值的。在 Peersman（2005）的研究中，使用符号限制进行估计的 SVAR 模型中有超过99.5%的生成模型被拒绝，这表明数据与所设定的符号限制在很大程度上不相容。

3. 符号限制可以帮助我们了解响应的形状，这有助于我们选择参数模型。

4. 有时，我们可能希望应用参数约束来分离特定的冲击，但对于其他冲击的隔离可能会存在疑虑。在这种情况下，符号限制可以利用较弱的信息来捕捉剩余的冲击。通过结合参数限制和符号限制，我们可以更全面地考虑模型中各种冲击的影响。正如第6章将描述的那样，SRC方法非常适合处理参数限制和符号限制的组合，SRR方法也以这种方式进行了扩展，详见 Arias 等人（2018）的研究。

|5.5| 块外生性系统中的符号限制

假设我们正在使用一个包含外生变量的 VAR 模型，例如在开放经济的背景下，存在两组变量 z_{1t} 和 z_{2t}。为了方便起见，我们将前者称为外部变量，将后者称为内部变量。原始系统是递归的，但重要的是，在外部变量 z_{1t} 的 VAR 方程中并没有出现内部变量 z_{2t} 的滞后项。这意味着 SVAR 的移动平均（MA）形式为 $z_t = C(L)\eta_t$，并且可以分割为：

$$\begin{bmatrix} z_{1t} \\ z_{2t} \end{bmatrix} = \begin{bmatrix} C_{11}(L) & 0 \\ C_{21}(L) & C_{22}(L) \end{bmatrix} \begin{bmatrix} \eta_{1t} \\ \eta_{2t} \end{bmatrix}$$

将矩阵 Q 应用到冲击 η_t 上会得到 $z_t = C(L)Q'Q\eta_t = C^*(L)\eta_t^*$，以分块形式写出来会是：

$$\begin{bmatrix} z_{1t} \\ z_{2t} \end{bmatrix} = \begin{bmatrix} C_{11}(L) & 0 \\ C_{21}(L) & C_{22}(L) \end{bmatrix} \begin{bmatrix} F_{11} & F_{12} \\ F_{21} & F_{22} \end{bmatrix} \begin{bmatrix} \eta_{1t}^* \\ \eta_{2t}^* \end{bmatrix}$$

$$= \begin{bmatrix} C_{11}(L)F_{11} & C_{11}(L)F_{12} \\ C_{21}(L)F_{11} + C_{22}(L)F_{21} & C_{21}(L)F_{12} + C_{22}(L)F_{22} \end{bmatrix} \begin{bmatrix} \eta_{1t}^* \\ \eta_{2t}^* \end{bmatrix}$$

为确保 η_{1t}^* 对应于外部冲击，并且外部变量不会受到任何滞后的内部冲击的影响，必须满足 $F_{12}=0$。因此，$F=Q'$ 意味着 $Q_{21}=0$。但 $Q'Q=I_n$，所以我们必须有：

$$\begin{bmatrix} F_{11} & 0 \\ F_{21} & F_{22} \end{bmatrix}\begin{bmatrix} Q_{11} & Q_{12} \\ 0 & Q_{22} \end{bmatrix}=\begin{bmatrix} I & 0 \\ 0 & I \end{bmatrix}$$

这就会造成 $F_{21}Q_{11}=0$，即 $F_{21}=0$。但 $F_{21}=Q_{12}$，也就是说矩阵 Q 必须采用 $\begin{bmatrix} Q_{11} & 0 \\ 0 & Q_{22} \end{bmatrix}$ 的形式，即需要分别组合外部和内部的基本冲击。尽管我们没有 $Q_{11}'Q_{22}=0$，但新的冲击 $\eta_{1t}^*=Q_{11}\eta_{1t}$ 和 $\eta_{2t}^*=Q_{22}\eta_{2t}$ 仍然不相关。这种现象是由 $E(\eta_{1t}\eta_{2t}')=0$ 引起的 $E(Q_{11}\eta_{1t}\eta_{2t}'Q_{22}')=0$ 造成的。

|5.6| 符号限制脉冲的标准误差

5.6.1　SRR方法

假设 $\hat{C}_j$ 是递归模型中一个标准差的冲击在第 j 个滞后期的脉冲响应。这意味着：

$$z_t=\hat{C}_0\eta_t+\hat{C}_1\eta_{t-1}+\cdots$$

其中，η_t 是标准化的递归冲击，即基准冲击。然后可以得到：

$$z_t=\hat{C}_0Q'Q\eta_t+\hat{C}_1Q'Q\eta_{t-1}+\cdots$$
$$=\hat{C}_0Q'\eta_t^*+\hat{C}_1Q'\eta_{t-1}^*+\cdots$$

η_t^* 表示符号限制的冲击。因此，我们有 $\hat{C}_j^*=\hat{C}_jQ'$，所以 $vec(\hat{C}_j^*)=(Q\otimes I)vec(\hat{C}_j)$。

现在假设 $ver(\hat{C}_j)$ 服从均值为 $vec(\overline{C}_j)$、方差为 V 的正态分布（至少在大样本中）。因为开始该过程的递归模型很可能是错误的，所以均值不必等于真实的脉冲响应。因此，$vec(\hat{C}_j^*)$ 的均值将是 $(Q\otimes I)E[vec(\hat{C}_j)]$，而 $\hat{C}_j^*$ 的方差将为：

$$var(vec(\hat{C}_j^*))=var\{vec(\hat{C}_j^*)-(Q\otimes I)vec(\overline{C}_j)\}$$
$$=var\{(Q\otimes I)(vec(\hat{C}_j)-vec(\overline{C}_j))\}$$
$$=(Q\otimes I)var(\hat{C}_j)(Q'\otimes I)$$

因此，脉冲响应的标准误差根据由 Q 总结的模型而变化。这意味着不同的模型规范可能会导致不同的标准误差估计。此外，脉冲响应的方差还受到启动该过程的标准化递归模型冲击方差的影响。这个共同的成分也会对估计结果产生影响。

5.6.2　SRC方法

在SRC方法中，标准误差取决于用于估计可估计参数的方法。可以使用多种方法来估计结构系统的参数，如FIML、IV、贝叶斯方法等。不同的估计方法可能会导致不同的标准误差估计。一旦选择了一个模型并进行参数估计，标准误差就可以立即计算出来。

5.7 在EViews 10中实现符号限制和参数限制

数据文件 *e10_svaroz.wf1* 中包含了关于产出缺口（y_t）、通货膨胀率（π_t）、利率（r_t）和实际汇率（q_t）[1]的数据。对于这些数据，我们假设其结构模型是部分递归的，也就是说，第一个方程和第二个方程之间存在一些参数限制：

$$y_t = \alpha_{11}^1 y_{t-1} + \alpha_{12}^1 \pi_{t-1} + \alpha_{13}^1 r_{t-1} + \alpha_{14}^1 q_{t-1} + \varepsilon_{1t}$$

$$\pi_t = a_{21}^0 y_t + \alpha_{21}^1 y_{t-1} + \alpha_{22}^1 \pi_{t-1} + \alpha_{23}^1 r_{t-1} + \alpha_{24}^1 q_{t-1} + \varepsilon_{2t}$$

$$r_t = a_{31}^0 y_t + a_{32}^0 \pi_t + a_{34}^0 q_t + \alpha_{31}^1 y_{t-1} + \alpha_{32}^1 \pi_{t-1} + \alpha_{33}^1 r_{t-1} + \alpha_{34}^1 q_{t-1} + \varepsilon_{3t}$$

$$q_t = a_{41}^0 y_t + a_{42}^0 \pi_t + a_{43}^0 r_t + \alpha_{41}^1 y_{t-1} + \alpha_{42}^1 \pi_{t-1} + \alpha_{43}^1 r_{t-1} + \alpha_{44}^1 q_{t-1} + \varepsilon_{4t}$$

如果该模型是完全递归的，那么 $a_{34}^0 = 0$，也就是说实际汇率不会对利率产生当期影响。

考虑到这种限制可能不太合理，那么 a_{34}^0 取非零值可能更为合适。这会引发一个识别问题，但我们可以通过对同时期脉冲响应施加符号限制来找到可能脉冲响应的受限范围。下面提供了一个使用这种限制的示例，假设汇率冲击为正，并称之为"风险溢价"。

重要的是要注意，上述系统的部分递归性质意味着两个冲击项 ε_{1t} 和 ε_{2t} 完全由参数限制确定，不会受分离利率和风险溢价冲击的符号限制的影响。换句话说，第一个方程和第二个方程中的估计参数与 a_{34}^0 的值无关，因此 y_t 对于第二个冲击的零期冲击响应必须为零。所以，首先将 a_{34}^0 设置为零是有必要的。随后，检查需求和供给冲击的零期冲击响应是否具有正确的符号，并在响应不符合要求时拒绝该模型。如果零期冲击响应具有正确的符号，那么只需要评估 ε_{3t} 和 ε_{4t} 的响应符号。

正冲击的同期响应符号矩阵见表5-4。

表5-4　　　在部分递归的开放经济模型中，不同冲击对变量的同时期符号限制

	Demand(+)	Cost Push(+)	Interest Rate(+)	Risk Premium(+)
y	+	−	−	+
π	+	+	−	+
r	+	?	+	−
q	?	?	+	+

采用 Ouliaris 和 Pagan（2016）的 SRC 方法产生了一系列脉冲响应。其中就涉及通过某种模拟方法生成一系列 a_{34}^0 的值。所使用的方法是从均匀（−1，1）分布中绘制，并使用转换 $\dfrac{a_{34}^0}{1 - abs(a_{34}^0)}$ 将其映射到 $(-\infty, \infty)$ 中。在 EViews 10 中，可以使用以下命令执行此

---

[1]　我们以每单位本地货币兑换外币的方式来表示实际汇率。因此，q_t 的增加表示本地货币升值。

操作[1]：

```
! theta1 = @runif （-1 ， 1）
a34 = ! theta1 / （1-@abs （! theta1））
opensigns_e10.append （svar） @A （3 ， 4）= a34
```

这将产生一个单独的脉冲响应集，并可以使用不同的 a_{34}^0 值进行重复。

需要注意的是，我们要在 EViews 程序中添加代码来检查特定 a_{34}^0 值生成的冲击响应是否具有正确的符号[2]。这可以通过将估计的 S 矩阵中的期望元素的符号与表 5-4 中的符号进行匹配来完成。需要注意的是（例如），风险溢价冲击可以出现在估计的 S 矩阵的最后两列中的任意一列，因此需要同时检查这两列。最好的方法是首先检查这些列中是否有与表 5-4 中的风险溢价冲击符号相匹配的列。如果没有匹配，则可以拒绝这些响应；如果有匹配，则在后续步骤中忽略该列，并继续查看是否存在具有所需利率冲击符号的冲击（即 S 的一列）。

基本上，这里采用的 SRC 方法主要依赖于对 SVAR 模型施加参数假设，然后确定如何使用符号限制来分离未被这些参数约束所确定的剩余冲击。

| 5.8 | 小结

因为符号限制被许多研究人员接受和使用，所以它们看起来很有吸引力。然而，这种方法的可靠性取决于底层信息的充分性。如果底层信息不足，就会导致结果不可靠。通常情况下，符号限制 SVAR 的结果被呈现得好像很强有力。然而，在本章中，我们认为这种呈现是一种错觉。这是因为符号限制方法在实际应用中存在许多未解决的问题。获得一组单一的脉冲响应函数是符号限制 SVAR 方法中的一个关键问题。为了解决这个问题，研究人员通常需要在符号限制的基础上施加一些额外的经济理论或实证假设。这些额外的信息的选择和施加将取决于具体的背景和制度因素。总体而言，对于符号限制 SVAR 方法，需要认真思考建模过程，并且对于是否可以自动化该方法存在一些疑问。在使用符号限制 SVAR 方法时，考虑将参数限制和符号限制结合起来，而不仅仅是将其作为替代参数方法的手段似乎是最佳的方式。

---

① 注意，如果 a_{34}^0 具有非随机值，如 -0.186，那么我们将使用以下命令替换上述命令（A(i, j)= $-a_{ij}^0$）：
opensigns_e10.append （svar） @A （3, 4）=0.186。

② 有关此代码的示例，请参阅 e10_opensigns.prg。

第 6 章

基于永久和暂时冲击的 SVARs 建模

|6.1| 引言

前几章的研究假设我们所使用的所有变量都是协方差平稳的。但人们越来越认识到许多经济变量无法用这种方式描述，并且变量的性质可以影响 SVAR 分析的执行方式以及应用的限制类型。本章第 2 节将探讨变量的性质，并根据它们是否具有一阶积分（I（1））或零阶积分（I（0））对变量进行区分。一个 I（1）的变量被认为具有随机趋势，因此可以被视为非平稳的，而一个 I（0）的变量则可能被认为是平稳的。

在某些情况下，我们可能会使用平稳性的概念，尽管这并不是一种严格的区别。通常情况下，I（1）变量具有永久性成分，而 I（0）变量仅具有暂时性成分。①本章的第 2 节将探讨这些变量的本质以及在包含某些 I（1）变量的 SVAR 系统中可能存在的两种冲击类型。面对永久性和暂时性成分之间的差异，一种常见的解决方法是提取 I（1）变量中的永久性成分，并将剩余的暂时性成分用于替代原始变量。然而，最常采用的方法是在 SVAR 中使用 Hodrick-Prescott 过滤数据。因此，第 3 节将解释这种方法为何不是有效的方法。在本章的后续部分，我们将使用未经过滤的原始数据进行 SVAR 分析。第 4 节通过一系列实例，详细阐述了如何对前几章所述方法进行修正以适应 I（1）和 I（0）变量的处理。这些实例均基于非平稳变量间不存在协整的情境展开讨论。②

本章的核心内容在于，变量既可以是平稳的，也可以是非平稳的，但在构建 SVAR 模型时必须明确区分这两种情况。在第 4 节的应用中，我们从一个简单的货币/收入双变量模型开始，该模型中的两个变量均是非平稳变量。接着，我们研究了 Blanchard 和 Quah（1989）提出的具有这些特征的混合双变量模型。随后，我们探讨了 Peersman（2005）关于石油价格冲击的四变量模型。最后，我们将注意力重新转向小型宏观模型。尽管之前已对数据进行了调整以确保所有变量均呈平稳性，但本次我们将使用未经

---

① 在特殊情况下，存在一种 I（1）变量，其变化受到具有负单位根的 MA（1）创新的影响（即 $\epsilon_t - \epsilon_{t-1}$）。

② 第 7 章详细阐述了在存在协整关系的情况下所需进行的调整。

调整的 GDP 数据，并将其视为 $I(1)$ 过程。显然，这一改变对于货币冲击的脉冲响应产生了显著影响。

|6.2| 变量与冲击

经济序列 y_t 最初被认为在确定性趋势的周围是平稳的，即：

$$y = \phi + \psi t + z_t; \quad z_t = b_1 z_{t-1} + e_t (b_1 < 1) \tag{6.1}$$

通过对 y_t 进行回归分析，可以得到 ϕ 和 ψ 的估计值。同时，可以构建残差 $\hat{z}_t$。该方法考虑了以下两个事实：

（1）从视觉上看，许多序列中存在一致的上升或下降运动；

（2）这些上升或下降运动的偏离是持续存在的。若 y_t 表示 GDP 的对数，则 $\hat{z}_t$ 被称为产出缺口。

自 20 世纪 50 年代末以来，时间序列分析领域出现了一种新的观点，即 $b_1=1$（Quenouille，1957）。为了比较两种不同情况，我们令 $\phi=0$，$\psi=0$，使得 $z_t=y_t$。在这种情况下，AR（1）序列 $y_t = b_1 y_{t-1} + e_t$ 在 $b_1=1$ 时具有单位根，因此该序列 y_t 被定义为 $I(1)$ 或一阶积分。值得注意的是，这个过程是不稳定的。尽管存在一些不稳定但未整合的序列，但在此我们将忽略它们。[1]

一旦 $I(1)$ 过程出现，人们就认识到需要引入一些额外的概念。其中之一是观察到单位根的过程就意味着 z_t 的方差是无限的。为了很好地理解这一点，我们可以通过推导 $y_0=0$ 时的 y_t 的方差来观察。结果是 $t\sigma_e^2$，这表明方差随着时间的增加而不断增加，并最终趋于无限大。由于方差依赖于时间 t，相对于具有确定性趋势的方程（6.1），$I(1)$ 序列被认为具有随机趋势。在这里，"趋势"一词以两种不同的含义使用。为了区分它们，我们可以问一个问题：当 $t\to\infty$ 时，y_t 返回到 y_0 的概率是多少？对于方程（6.1）来说，这个概率趋近于零。然而，当 $\phi=0$，$\psi=0$，$b_1=1$ 时，存在一种纯随机游走过程，它始终会回到起点，但是由于方差的增加，返回的时间会变长。因此，在显示上下运动的序列图中看到的大部分是关于 $\phi\neq0$，而不是是否存在单位根过程。

为了对与冲击性质相关的分析进行更深入的研究，我们需要引入第二个概念。我们可以考虑在时间 t 将 e_t 增加一个单位，并从时间 $t+1$ 开始将其重置为其初始值的实验。在纯随机游走的情况下，这种变化的影响使得 y_{t+j} 对所有 $j\geqslant0$ 上升一个单位，因此这种变化的效果是永久性的。然而，如果 $|b_1|<1$，则该序列为 $I(0)$，执行相同的实验时，y_{t+j} 上升 b_1^j。随着 j 的增加，这个影响会逐渐减小（假设 $|b_1|<1$），并且最终趋于零。由于这种影响逐渐消失，所以效果是短暂的。在这种情况下，我们将 e_t 称为永久性冲击；而在另一种情况下，我们将其称为暂时性冲击。需要注意的是，这里讨论的是冲击的影响，而不是冲击本身的性质。无论是哪种情况，冲击都被认为是非整合（平稳）过程。与这些冲击效应相关的概念进一步表明，一个序列 y_t 可以被分解为永久性和暂时性成分。如果一个序列是 $I(0)$，那么它只具有暂时性成分。

---

① 关于长记忆过程的综述，请参阅 Baillie（1996）的研究。

为了处理多个序列，我们需要扩展关于冲击的定义。假设存在3个序列，因此会有3个冲击和一个3×3的矩阵C，用于表示这3个冲击对3个变量的长期影响。第k个冲击对第1个变量的长期影响可以表示为$\sum_{limj \to \infty} \dfrac{\partial y_{1t+j}}{\partial e_{kt}}$，因此$C$矩阵将以行排列变量，以列排列冲击。首先，我们假设所有的3个变量都是I（1），并且该矩阵具有如下形式：

$$C = \begin{array}{c} \\ v_1 \\ v_2 \\ v_3 \end{array} \begin{array}{ccc} s_1 & s_2 & s_3 \\ \left[\begin{array}{ccc} * & * & 0 \\ * & * & 0 \\ * & 0 & 0 \end{array}\right] \end{array}$$

*表示效应不为零。因此，我们可以推断出，在此情况下，第一个冲击（s_1）对所有3个变量都具有非零的长期效应。第二个冲击（s_2）仅影响系统中的前两个变量，而最后一个冲击（s_3）在长期内对任何变量都没有影响。因此，我们可以得出结论，前两个冲击是永久性的，而最后一个冲击是暂时性的，因为它对所有变量的长期效应为零。值得注意的是，尽管永久性冲击可能对某些I（1）变量具有零长期效应，但并非对所有变量都如此。通过计算矩阵C的秩，我们可以确定永久性冲击的数量，在本例中为两个，这意味着只有一个暂时性冲击存在。

现在让我们假设，除了有3个I（1）变量之外，我们还有2个I（1）变量和1个I（0）变量，我们将I（0）变量设定为第三个变量（即假设的C矩阵的第3行）。在这种情况下，假设我们的矩阵C呈现如下形式：

$$C = \begin{array}{c} \\ v_1 \\ v_2 \\ v_3 \end{array} \begin{array}{ccc} s_1 & s_2 & s_3 \\ \left[\begin{array}{ccc} * & 0 & 0 \\ 0 & 0 & * \\ 0 & 0 & 0 \end{array}\right] \end{array}$$

由于第三个变量是I（0），因此最后一行仅包含零元素。此外，矩阵表明第一个冲击对第一个变量具有持久影响，第二个冲击是暂时性的，因为它对I（1）变量没有长期影响，而第三个冲击对第二个变量具有持久影响。由于该矩阵的秩为2，因此将存在两个持久的冲击。此案例的重要性在于强调变量的性质和冲击的性质可能存在显著差异。我们将会在接下来的应用中遇到此类情况。

|6.3| 为何在结构向量自回归模型（SVARs）中不能使用I（1）变量的瞬时部分？

本节探讨的问题是对I（1）序列进行某种方式的过滤，并将该过滤序列应用于VAR模型。由于永久性和暂时性分解没有唯一确定的方法，所以每种方法都引入了一些额外的约束条件，以便将成分划分为单一的部分。观察其中的Beveridge-Nelson（BN）分解方法，从中得出的教训具有指导意义。

假设我们有n个I（1）变量且它们不具有协整关系。那么，根据Beveridge和Nelson的分解定义，y_t的持久成分可以表示为：

$$y_t^{BN,P} = \lim_{T \to \infty} E_t(y_T) = y_t + E_t \sum_{j=1}^{\infty} \triangle y_{t+j}$$

为了计算 $y_t^{BN,P}$，我们需要描述一个过程来表示 $\triangle y_t$。假设该过程是一个一阶向量自回归模型（VAR（1）），其形式为 $\triangle y_t = \Gamma_1 \triangle y_{t-1} + \varepsilon_t$。根据该模型，我们可以推导出暂时性（$y_t - y_t^{BN,P}$）：

$$y_t^{BN,T} = y_t - y_t^{BN,P} = -E_t \sum_{j=1}^{\infty} \triangle y_{t+j} = -\Gamma_1 (I_n - \Gamma_1)^{-1} \triangle y_t$$

进一步推广到一个具有系数 Γ_1，$\cdots$，Γ_p 的 VAR（p）模型 $\triangle y_t$ 时，我们可以推导出 $y_t^{BN,T} = -\sum_{j=0}^{p-1} \Phi_j \triangle y_{t-j}$ 的表达式，其中 Φ_j 是关于 Γ_1，$\cdots$，Γ_p 的函数。

本分析结果揭示了一个事实，即当 $\triangle y_t$ 遵循 VAR（p）模型时，y_t 的过滤（瞬时）成分会综合考虑 $\triangle y_t$，$\cdots$，$\triangle y_{t-p+1}$ 的影响。基于此，我们假设了一个 SVAR（2）模型，其形式如下：

$$A_0 \triangle y_t = A_1 \triangle y_{t-1} + A_2 \triangle y_{t-2} + \varepsilon_t$$

其中，$A(L) \triangle y_t = \varepsilon_t$，$A(L) = (A_0 - A_1 L - A_2 L^2)$。所以，$\triangle y_t = A(L)^{-1} \varepsilon_t$，又因为 $y_t^{BN,T} = \Phi_0 \triangle y_t + \Phi_1 \triangle y_{t-1}$，所以得出：

$$y_t^{BN,T} = \Phi_0 A(L)^{-1} \varepsilon_t + \Phi_1 A(L)^{-1} \varepsilon_{t-1}$$

研究结果表明，暂时性的处理过程并不符合 VAR 模型的要求，除非在特殊情况下，即当 y_t 为标量且 $\triangle y_t$ 为 AR（1）模型时。在这种情况下，Φ_0 是一个标量，$\Phi_1 = 0$，因此可以表示为 $A(L) y_t^{BN,T} = \Phi_0 \varepsilon_t$。然而，对于高维的 y_t，$\Phi_0 A(L)^{-1}$ 与 $A(L)^{-1} \Phi_0$ 并不满足交换律。因此，将有限阶 VAR 中的 BN 滤波器的暂时性用于分析会导致误差。

目前存在其他提取暂时性的方法，如通过平均 y_t 以消除永久成分的滤波器 Hodrick-Prescott 和 Band-Pass。这些方法具有以下结构特点：

$$y_t^P = \sum_{j=0}^{m} \omega_{\pm j} y_{t \pm j}$$

$$= \sum_{j=0}^{m} \omega_{\pm j} y_t + \sum_{j=1}^{m} \omega_j \triangle_j y_{t+j} - \sum_{j=1}^{m} \omega_{-j} \triangle_j y_t$$

其中，$\triangle_k y_t = y_t - y_{t-k}$。[①]值得注意的是，大多数过滤器都具有对称性，这意味着 $\omega_{-j} = \omega_j$。基于此，我们可以推导出暂时性：

$$y_t^T = y_t - y_t^P = (1 - \sum_{j=0}^{m} \omega_{\pm j}) y_t - \sum_{j=1}^{m} \omega_j \triangle_j y_t + \sum_{j=1}^{m} \omega_j \triangle_j y_{t+j}$$

$1 - \sum_{j=0}^{m} \omega_{\pm j} = 0$ 是必要的，否则 y_t^T 将是非平稳的（与 y_t 相同）。这一要求意味着暂时性将是：

$$y_t^T = \sum_{j=1}^{m} \omega_j \triangle_j y_{t+j} - \sum_{j=1}^{m} \omega_j \triangle_j y_t$$

ω_j 是通过应用与永久和暂时的性质相关的多个标准得出的。Band-Pass 滤波器关注波谱的频率，而 Hodrick-Prescott 滤波器选择它们来使永久成分平滑。[②]因此，这些方法

---

① 值得注意的是，$\triangle_j y_t = y_t - y_{t-j} = \triangle y_t + \triangle y_{t-1} + \ldots + \triangle y_{t-j+1}$。

② 当 λ 取值为 1 600，并将 HP 滤波器应用于季度数据时，通过选择 m=14，可以对瞬时性进行合理的近似处理，从而得到 HP 滤波后的数据。

分别提供了当前、过去和未来增长率的不同加权平均值。

同样的问题也出现在BN滤波器中，即过滤后序列的过程将不再是VAR。然而，在这种情况下问题更加严重，因为除非 $m=0$，否则暂时性总是具有MA结构，并且当 $m>0$ 时，过滤后的数据将取决于未来的冲击。这是因为HP和Band-Pass是双侧滤波器，而BN是单侧滤波器。显然，在任何回归中使用这种双侧滤波器都是非常不理想的。这样做将导致系数估计量的不一致性。

|6.4| 基于非协整 $I(1)$ 和 $I(0)$ 变量的SVAR模型分析

6.4.1 基于 $I(1)$ 变量的双变量系统研究

我们假设存在两个非协整的 $I(1)$ 变量 ζ_{1t} 和 ζ_{2t}（这些将被视为以水平表示的变量的对数）。由于不存在协整，因此需要使用一阶差分进行工作，即SVAR将用 $z_{1t} = \triangle\zeta_{1t}$ 和 $z_{2t} = \triangle\zeta_{2t}$ 来表示。为了说明目的，我们将其视为一个SVAR（1）模型：

$$A_0 z_t = A_1 z_{t-1} + \varepsilon_t$$

为了详细说明这个问题，我们令 ζ_{1t} 等于产出的对数，ζ_{2t} 等于货币供应量的对数。然后，令 z_{1t} 等于产出增长，z_{2t} 等于货币供应量增长。由于存在两个 $I(1)$ 变量且没有协整关系，所以该系统中必须存在两个永久性冲击。结构性脉冲响应来自于 $z_t = C(L)\varepsilon_t$。

现在让我们来研究这些序列的 $I(1)$ 性质对脉冲响应的影响。根据定义：

$$\zeta_{t+M} = \zeta_{t-1} + \sum_{k=0}^{M} \triangle\zeta_{t+k} = \zeta_{t-1} + \sum_{k=0}^{M} z_{t+k}$$

$$\text{so } \frac{\partial \zeta_{t+M}}{\partial \varepsilon_t} = \sum_{k=0}^{M} \frac{\partial z_{t+k}}{\partial \varepsilon_t} = \sum_{k=0}^{M} C_k$$

$$\Rightarrow \lim_{M \to \infty} \frac{\partial \zeta_{t+M}}{\partial \varepsilon_t} = \sum_{k=0}^{\infty} C_k$$

由于 $C(L) = C_0 + C_1 L + C_2 L^2 + \cdots$，可以将其简写为 $\sum_{k=0}^{\infty} C_k$，即 $C(1)$。根据引言中使用的术语，我们将此称为"长期响应"矩阵。该矩阵展示了在时间 t 发生的冲击对无穷远处 ζ_t 水平的影响。因此，我们可以利用该矩阵定义冲击的长期效应。此外，我们还可以定义瞬时冲击 ε_{kt} 为 $C(1)$ 的第 k 列全为零的冲击。如果 $C(1)$ 的第 k 列中存在非零元素，则意味着第 k 个冲击是永久性的。需要注意的是，永久性冲击并不一定会影响所有 $I(1)$ 变量，只需影响其中一个即可。

现在考虑第二种情况，即第二个冲击对 ζ_{1t} 具有零长期效应。这可以通过长期响应矩阵进行总结：

$$C(1) = \begin{bmatrix} c_{11}(1) & 0 \\ c_{12}(1) & c_{22}(1) \end{bmatrix} \tag{6.2}$$

我们将 $c_{12}(1)$ 元素设定为0。值得注意的是，基于这一假设，第二个冲击是永久性的，因为 $c_{22}(1)$ 不为零。

$C(1)$ 的具体形式对于本章节的研究具有重要意义。解决 $I(1)$ 过程的关键是，我们需要确定 $C(1)$ 中的零点对于表示 z_{jt} 的SVAR模型的参数约束有何影响。

6.4.1.1 基于 EViews 的双 I（1）变量模型的应用研究

两个变量 ζ_{jt} 来表示 GDP 的对数和实际 M2 余额的对数。限制条件是第二个冲击（货币）对产出（GDP 的对数）具有零长期效应。SVAR 以 $z_{1t} = \triangle\zeta_{1t}$ 和 $z_{2t} = \triangle\zeta_{2t}$ 的形式表达，即 GDP 和货币的增长速率（在数据集 gdp_m2.wf1 中被称为 s_dgdp，s_dm2）。我们假设矩阵 $C=C$（1）为方程（6.2）。表 6-1 提供了使用 EViews 估计该模型的命令。所得的输出和累积脉冲响应函数分别如图 6-1 和图 6-2 所示。值得注意的是，根据构造，图 6-2 中的输出对第二个冲击的响应为零。

表 6-1 　　　　　　　　 使用 EViews 估计带有长期约束的货币-产出增长模型

File → Open →EViews Workfile
找到 *gdp_m2.wf1* 并打开它
Object→New Object→Matrix − Vector − Coef
请选择矩阵，2 行 2 列，并填写 2×2 矩阵
将 $\begin{bmatrix} NA & 0 \\ NA & NA \end{bmatrix}$ 工作文件命名为 *C1*
Quick →Estimate VAR
内生变量 s_dgdp s_dm2
内生变量 11 的滞后间隔
外生变量 c
估计样本 1981q3 2000q1
Proc →Estimate Structural Factorization→Matrix
选择长期模式的矩阵，并将其放入
将 *C1* 作为名称然后点击 OK
Impulse→Impulse Definition →Structural Decomposition
这些是 d*gdp* 对 *dm2* 的响应。如果你想要 *log gdp* 和 *log m2* 的水平
请在 *Impulse Definition* 框中选择 *Accumulated Responses*

```
Var: GDPM    Workfile: UNTITLED::gdp_m2\

View  Proc  Object  | Print  Name  Freeze  | Estimate  Forecast  Stats  Impulse  Resids  Zoom
                              Structural VAR Estimates

Structural VAR Estimates
Date: 02/02/16   Time: 17:43
Sample: 1981Q3 2000Q1
Included observations: 75
Estimation method: method of scoring (analytic derivatives)
Convergence achieved after 5 iterations
Structural VAR is just-identified

Model: Ae = Bu where E[uu']=I
Restriction Type: long-run pattern matrix
Long-run response pattern:
        C(1)                0
        C(2)              C(3)

                Coefficient    Std. Error    z-Statistic    Prob.

        C(1)      1.052866      0.085966      12.24745      0.0000
        C(2)      0.508288      0.203255      2.500744      0.0124
        C(3)      1.723155      0.140695      12.24745      0.0000

Log likelihood      -168.5552

Estimated A matrix:
        1.000000      0.000000
        0.000000      1.000000
Estimated B matrix:
        0.546303     -0.254799
        0.301918      0.873391
```

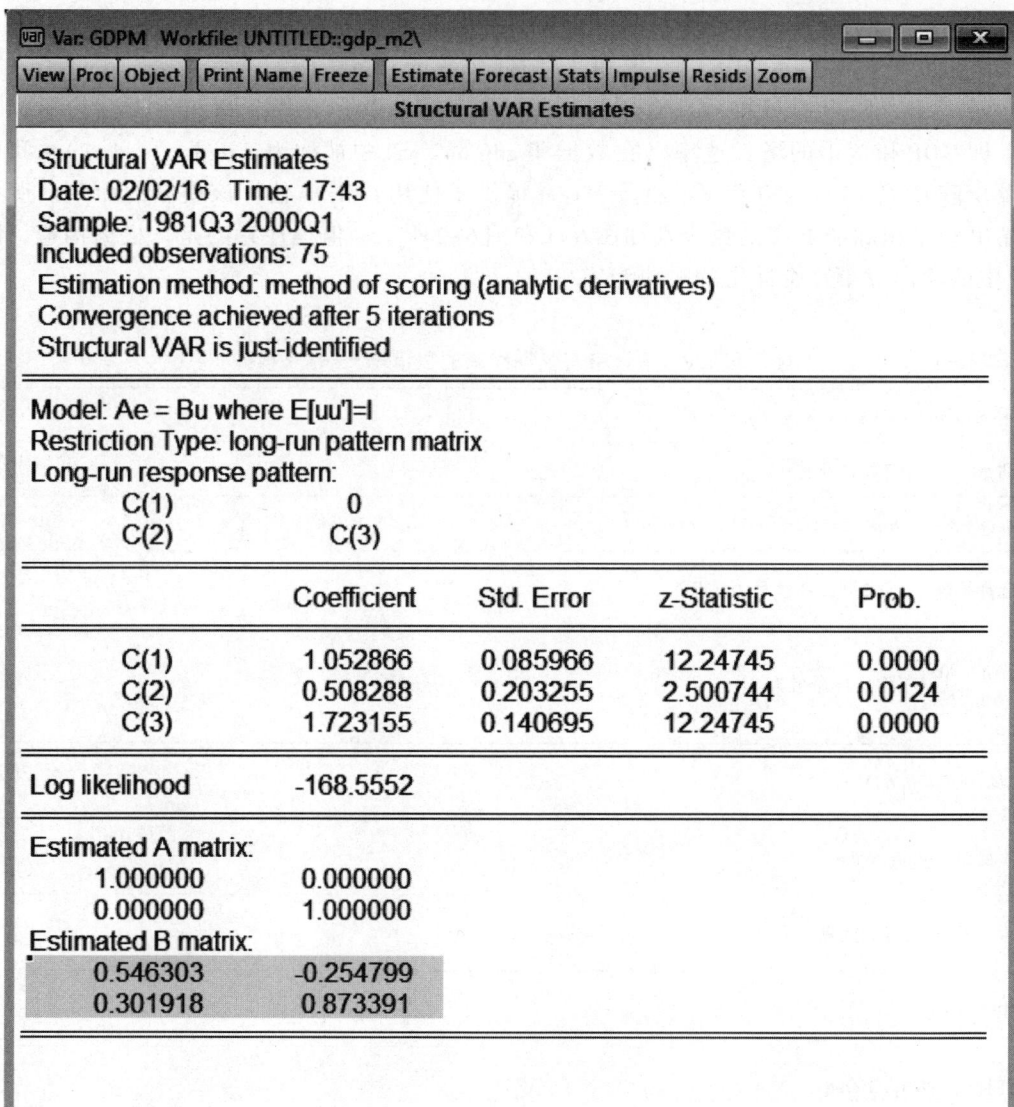

图6-1　货币/GDP模型的SVAR结果：货币对GDP的长期效应为零

　　需要指出的是，使用这种方法，EViews无法提供脉冲响应的标准误差。然而，可以使用最初由Shapiro和Watson（1988）提出的替代估计方法来解决这一问题。

6.4.1.2　使用EViews进行双I（1）变量模型的另一种应用

　　Shapiro和Watson（1988）强调对C（1）的限制意味着SVAR具有特定的参数形式，只要施加了这些限制，就可以直接估计。SVAR的表达式为$A(L)z_t = \varepsilon_t$，其中，基础的VAR是$B(L)z_t = e_t$，结构误差的MA形式为$z_t = C(L)\varepsilon_t$。因此：

$$C(L) = A(L)^{-1} \Rightarrow C(L)A(L) = I_n$$
$$\Rightarrow C(1)A(1) = I_n$$

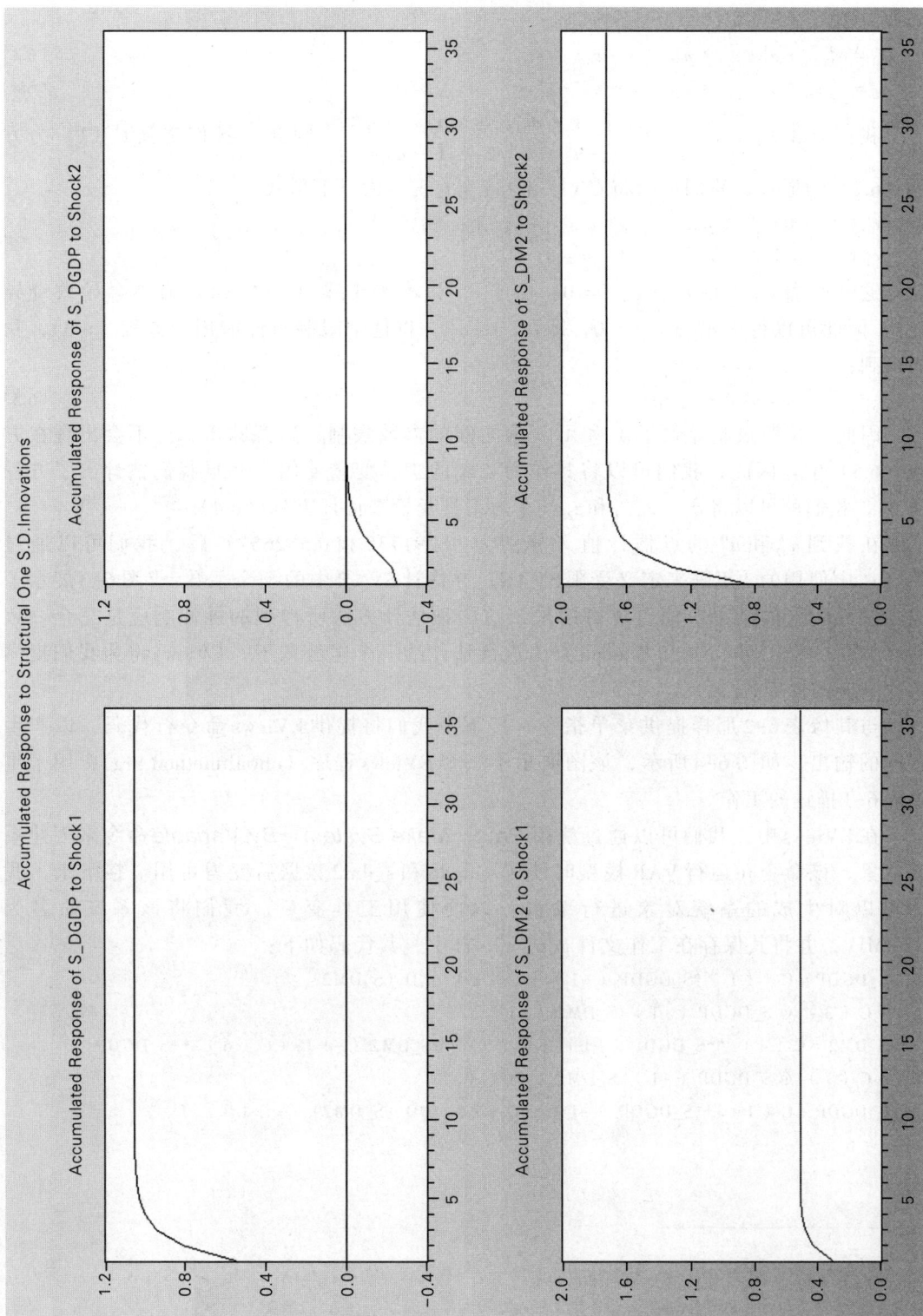

图6-2　货币-产出模型中货币对GDP的长期效应为零时的脉冲响应

由于两变量SVAR（1）系统是：

$$z_{1t} = a_{12}^0 z_{2t} + a_{11}^1 z_{1t-1} + a_{12}^1 z_{2t-1} + \varepsilon_{1t} \tag{6.3}$$

$$z_{2t} = a_{21}^0 z_{1t} + a_{21}^1 z_{1t-1} + a_{22}^1 z_{2t-1} + \varepsilon_{2t} \tag{6.4}$$

我们有 $A(L) = A_0 - A_1 L = \begin{bmatrix} 1 - a_{11}^1 L & -a_{12}^0 - a_{12}^1 L \\ -a_{21}^0 - a_{21}^1 L & 1 - a_{22}^1 L \end{bmatrix}$。因此，我们定义 C（1）为方程（6.2）的形式，我们可以将 C（1）A（1）$= I_n$ 表示为以下形式：

$$\begin{bmatrix} c_{11}(1) & 0 \\ c_{12}(1) & c_{22}(1) \end{bmatrix} \begin{bmatrix} 1 - a_{11}^1 & -a_{12}^0 - a_{12}^1 \\ -a_{21}^0 - a_{21}^1 & 1 - a_{22}^1 \end{bmatrix} = \begin{bmatrix} 1 & 0 \\ 0 & 1 \end{bmatrix}$$

这意味着 $c_{11}(1)(-a_{12}^0 - a_{12}^1) = 0$。由于 $c_{11}(1)$ 不等于零（若 C（1）为零会导致奇异性），因此可以得出 $a_{12}^0 + a_{12}^1 = 0$，即 $a_{12}^0 = -a_{12}^1$。将这个限制条件应用于方程（6.3），我们得到：

$$z_{1t} = a_{11}^1 z_{1t-1} + a_{12}^0 \triangle z_{2t} + \varepsilon_{1t} \tag{6.5}$$

因此，长期限制导致了 A_0 和 A_1 元素之间的参数限制，这意味着 z_{2t-1} 不会出现在方程（6.5）中。因此，我们可以将其作为 $\triangle z_{2t}$ 的工具变量使用。一旦我们估计出了方程（6.5），我们就可以将 $\hat{\varepsilon}_{1t}$、z_{1t-1} 和 z_{2t-1} 作为工具变量来估计方程（6.4）。[1]

在找到 a_{12}^0 和 a_{21}^0 的点估计值（分别为 -0.291735 和 0.552657）后，我们可以通过 EViews 中使用的 A 矩阵来定义受限 SVAR，并估计 SVAR 中的剩余系数。[2]图6-3展示了累积脉冲响应的结果。值得注意的是，这两种估计方法所得到的脉冲响应是完全一致的。然而，采用 Shapiro 和 Watson 方法进行估计的一个优势在于，EViews 将为我们提供脉冲响应的标准误差。

与其像表6-2那样提供菜单指令，接下来我们将提供 EViews 命令行代码，以产生相同的输出。如图6-4所示，该图展示了一个 EViews 程序（ch6altmethod.prg），用于重现表6-1描述的工作。

在 EViews 中，我们可以通过使用 *Proc→Make System→By Variable* 命令来创建系统对象，该命令在运行 VAR 模型时使用 s_dgdp 和 s_dm2 数据后变得可用。接下来，我们可以对生成的系统对象进行编辑，以便使用工具变量。我们将该系统命名为 GDPMIV，并将其保存在工作文件 gdp_m2.wf1 中，其代码如下：

```
S_DGDP = C（1）**S_DGDP（-1）+ C（2）**D（S_DM2）
+ C（3）@ S_DGDP（-1）S_DM2（-1）C
S_DM2 = C（4）**S_DGDP（-1）+ C（5）**S_DM2（-1）+ C（6）**S_DGDP
+ C（7）@ S_DGDP（-1）S_DM2（-1）C
S_DGDP - C（1）**S_DGDP（-1）- C（2）**D（S_DM2）-- C（3））
```

---

① 本方法可应用于 VAR（p）模型中，此时第一个方程的回归变量为 $\triangle z_{2t}$，$\triangle z_{2t-1}$，…，$\triangle z_{t-p+1}$，而 z_{2t-p} 则作为 $\triangle z_{2t}$ 的工具。结果表明，对应 z_{2t} 的参数估计之和为零（即 $\sum_{j=0}^{p} [A_j]_{12} = 0$）。

② 通过采用标准的 EViews SVAR 方法（详见表6-1）和表6-2中所介绍的 IV 方法，我们得到了 a_{12}^0 和 a_{21}^0 这两个参数的值，它们在两种方法下是一致的。

表 6-2	使用 IV 方法拟合具有长期约束的货币-产出增长模型
File → Open →EViews Workfile	
前往包含 gdp_m2.wf1 的目录，并点击它	
Quick →Estimate Equation	
选择 2SLS 作为第一个方程中的工具选项。	
方程规格：s_dgdp s_dgdp（-1）d（s_dm2）c	
工具清单：s_dgdp（-1）s_dm2（-1）	
确保所选常数已包含在工具列表中，并勾选相应的选项	
估计样本：1981q3 2000q1	
Proc→ Make Residual Series → Name eps1	
Estimate	
方程规格：s_dm2 s_dgdp s_dgdp（-1）s_dm2（-1）c	
工具清单：s_dgdp（-1）s_dm2（-1）eps1	
确保所选常数已包含在工具列表中，并勾选相应的选项	
Quick →Estimate VAR	
内生变量 s_dgdp s_dm2	
内生变量 11 的滞后间隔	
外生变量 c	
Proc →Estimate Structural Factorization	
@e1=-0.291735*@e2+c（1）*@u1	
@e2=c（3）*@e1+c（2）*@u2	
Impulse→ Impulse Definition → Structural Decomposition	

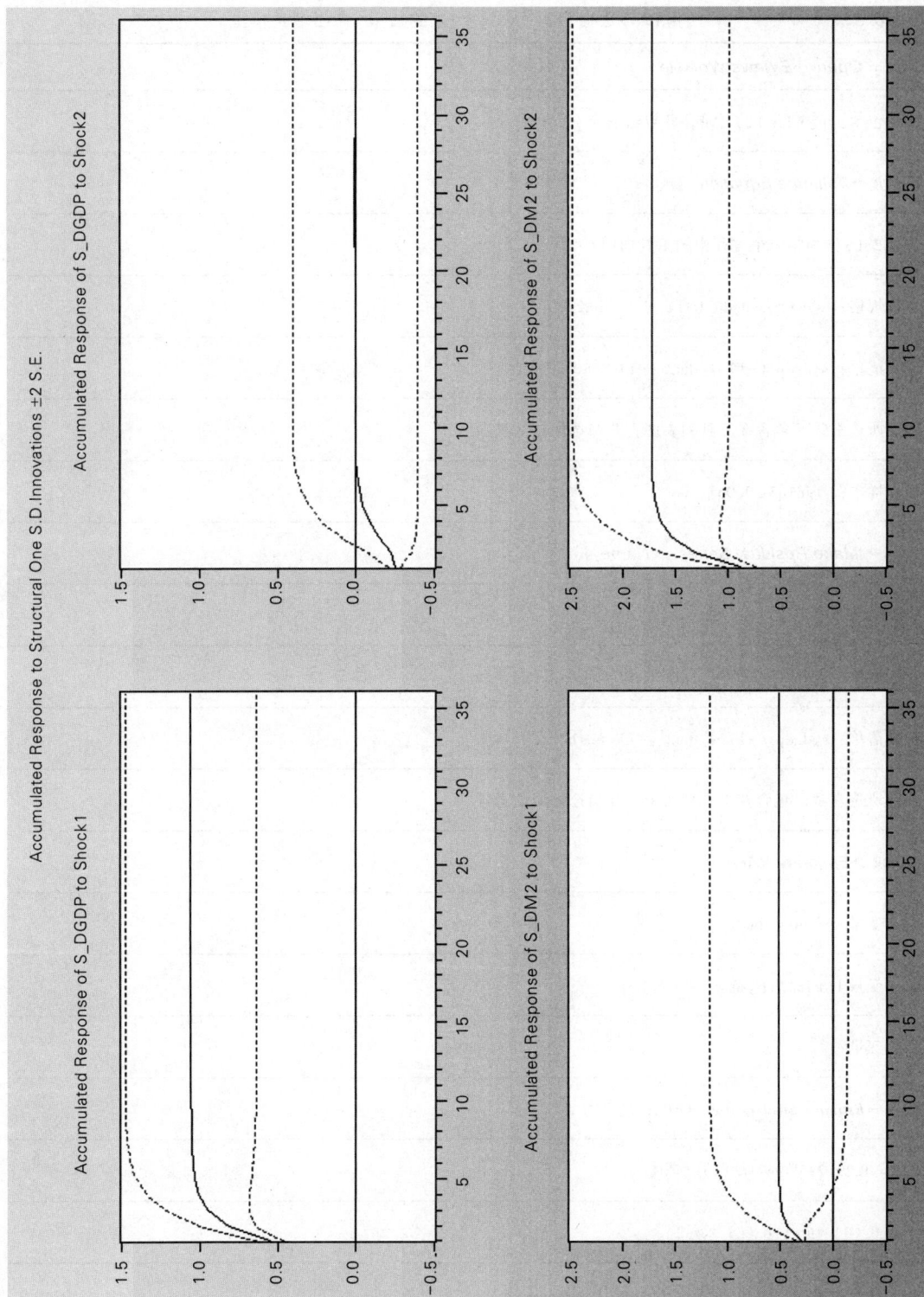

图6-3　货币-产出模型中货币对GDP的长期效应为零时的累积脉冲响应

图6-4 使用IV方法在货币−产出模型中施加长期约束的EViews程序ch6altmethod.prg

请注意，最后一个工具（即第一个方程中的估计残差）在第二个方程中的@符号之后出现，并明确引用了估计系数元素（即C（1）、C（2）和C（3）），以确保在第二个方程中用作为工具变量的残差等于第一个方程的隐含残差。接下来，选择*Estimate→Two Stage Least Squares*，即可获得与之前程序相同的参数估计值。此外，为了使用系统方法获取脉冲响应，我们运行如图6-5所示的程序gdpmsystem.prg。

根据第4章的解释，估计模型的等效方法可以采用最大似然估计（MLE）结合必要的限制条件，以确保 z_{1t} 对 z_{2t} 冲击的长期响应为零。其中，第一个关键的限制条件是残差协方差矩阵是对角的，从而确保模型具备结构性。第二个限制条件是，结构VAR中的第一个方程中与 z_{2t}（即同期和滞后）相关的系数之和必须为零，见方程（6.5）。

图6-6展示了施加加总约束所需的EViews代码。值得注意的是，对于第一个方程，S_DM2及其滞后项（即SM2_DM2（−1））的系数之和为零。由于这一约束，系统可以被精准地确定。

通过使用FIML方法和对角协方差选项进行模型估计，我们得到了如图6-7所示的结果。参数C（2）和C（6）的估计值与使用SVAR程序获得的结果一致。[①]

[①] 在MLE子目录下的程序 *gdp_m2_mle.prg* 利用EViews中的 *optimize*（）函数，通过最大化用户自定义的似然函数来对模型进行估计。其结果与使用FIML估计器所得到的结果具有等价性。

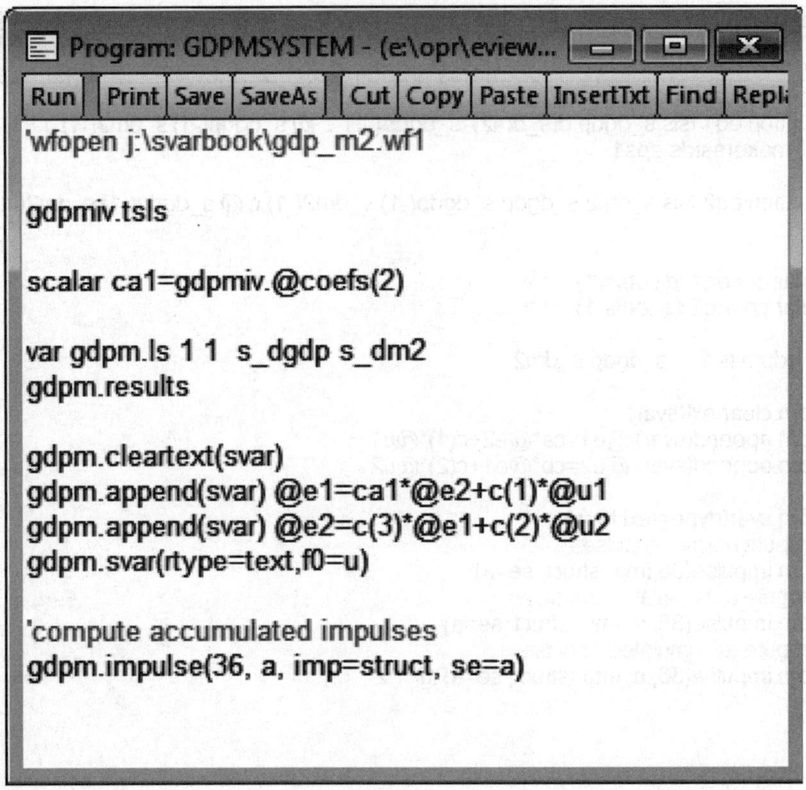

```
📄 Program: GDPMSYSTEM - (e:\opr\eview...    ▢  ▢  ✕

 Run  Print  Save  SaveAs   Cut  Copy  Paste  InsertTxt  Find  Repl

'wfopen j:\svarbook\gdp_m2.wf1

gdpmiv.tsls

scalar ca1=gdpmiv.@coefs(2)

var gdpm.ls 1 1 s_dgdp s_dm2
gdpm.results

gdpm.cleartext(svar)
gdpm.append(svar) @e1=ca1*@e2+c(1)*@u1
gdpm.append(svar) @e2=c(3)*@e1+c(2)*@u2
gdpm.svar(rtype=text,f0=u)

'compute accumulated impulses
gdpm.impulse(36, a, imp=struct, se=a)
```

图6-5　本研究使用EViews软件中的gdpmsystem.prg程序，旨在生成货币-产出模型的脉冲响应函数

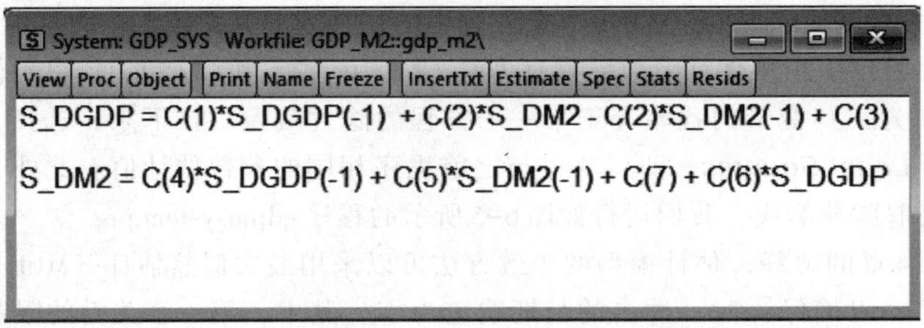

```
S System: GDP_SYS  Workfile: GDP_M2::gdp_m2\           ▬  ▢  ✕
View Proc Object  Print Name Freeze  InsertTxt Estimate Spec Stats Resids
S_DGDP = C(1)*S_DGDP(-1) + C(2)*S_DM2 - C(2)*S_DM2(-1) + C(3)

S_DM2 = C(4)*S_DGDP(-1) + C(5)*S_DM2(-1) + C(7) + C(6)*S_DGDP
```

图6-6　利用EViews系统对象进行带有零长期约束的货币/GDP模型估计

6.4.2　基于永久与暂时冲击的双变量系统研究——以Blanchard和Quah模型为例

Blanchard和Quah（BQ）（1989）研究了一个问题，其中涉及两个序列，一个为$I(1)$，另一个为$I(0)$，且$I(0)$变量的结构方程中的冲击是暂时性的。具体而言，在该研究中，ζ_{1t}表示$I(1)$，ζ_{2t}表示$I(0)$，其中，ζ_{1t}等于GNP的对数，ζ_{2t}等于去趋势失业率（u_t）。研究者通过估计一个SVAR模型来分析$z_{1t} = \triangle\zeta_{1t}$和$z_{2t} = \triangle\zeta_{2t}$之间的关系。基于他们的假设，该模型必须包含一个永久性冲击和一个暂时性冲击。这一经济推理表明，需求冲击对产出通常具有暂时性影响，即对GNP没有长期效应，而供应冲击则对GNP产生永久性影响。

View Proc Object | Print Name Freeze | InsertTxt Estimate | Spec Stats Resids

System: GDP_SYS
Estimation Method: Full Information Maximum Likelihood (BFGS / Marquardt
    steps)
Date: 04/12/16 Time: 20:07
Sample: 1981Q3 2000Q1
Included observations: 75
Total system (balanced) observations 150
Residual covariance matrix restricted to be diagonal in FIML estimation
Estimation settings: tol=1.0e-13, derivs=analytic (linear)
Initial Values: C(1)=0.50000, C(2)=0.50000, C(3)=0.50000, C(4)=0.50000,
    C(5)=0.50000, C(7)=0.50000, C(6)=0.50000
Convergence achieved after 20 iterations
Coefficient covariance computed using observed Hessian

	Coefficient	Std. Error	z-Statistic	Prob.
C(1)	0.397470	0.103096	3.855322	0.0001
C(2)	-0.291735	0.135905	-2.146618	0.0318
C(3)	0.502727	0.110055	4.567963	0.0000
C(4)	-0.268512	0.234349	-1.145780	0.2519
C(5)	0.411424	0.125584	3.276092	0.0011
C(7)	0.074905	0.248953	0.300881	0.7635
C(6)	0.552657	0.408182	1.353946	0.1758

Log likelihood	-165.4936	Schwarz criterion	4.816128
Avg. log likelihood	-1.103291	Hannan-Quinn criter.	4.686195
Akaike info criterion	4.599829		
Determinant residual covariance		0.381504	

图6-7 货币与国内生产总值模型的有限信息最大似然估计（对角协方差选项）

我们再次得到了移动平均表示法 $z_t = C(L)\varepsilon_t$。需要特别注意的是，在 SVAR 模型中，变量为 $\triangle\zeta_{1t}$ 和 ζ_{2t}，其中 $C(1)$ 代表了 ζ_{1t} 对冲击的长期响应，而对 ζ_{2t} 的累积响应则没有明确的限制。因此，我们对 $C(1)$ 施加的限制与需求冲击对 GNP 的对数的水平的影响相关，即 $c_{12}(1) = 0$。现在，SVAR（1）的第一个方程为：

$$\triangle\zeta_{1t} = a_{12}^0 \zeta_{2t} + a_{11}^1 \zeta_{1t-1} + a_{12}^1 \zeta_{2t-1} + \varepsilon_{1t}$$

与先前的应用相同，在施加约束条件 $c_{12}(1) = 0$ 后，该方程演变为：

$$\triangle\zeta_{1t} = a_{12}^0 \triangle\zeta_{2t} + a_{11}^1 \triangle\zeta_{1t-1} + \varepsilon_{1t}$$

可以将 ζ_{2t-1} 用作 $\triangle\zeta_{2t}$ 的工具变量。这一情况与前一小节所讨论的货币/GDP 案例相似，因此我们可以采用相同的估计方法。在 *bqdata.wf1* 中，我们将变量 $\triangle\zeta_{1t}$ 和 ζ_{2t} 分别命名为 dya_t 和 u_t，其中，$\triangle u_t$ 代表 du_t。

6.4.2.1 利用 EViews 9.5 对 Blanchard 和 Quah 模型进行估计

与前一节的应用相比，这里的主要区别在于 Blanchard 和 Quah 使用了 SVAR（8）而不是 SVAR（1）。然而，关于处理 VAR（p）模型的方法已在之前的脚注中进行了详细讨论。为了估计SVAR（8）模型，我们在图6-8中提供了相应的程序代码（*bq.prg*）。图6-9展示了所得到的参数估计结果，而图6-10则呈现了脉冲响应的相关信息。

```
Program: BQ - (e:\opr\eviews content\bq.prg)
[Run] [Print] [Save] [SaveAs] [Cut] [Copy] [Paste] [InsertTxt] [Find] [Replace] [Wrap+/-] [LineNum+/-]   [Encrypt]

'wfopen j:\svarbook\bqdata.wf1
smpl 1950q2 1987q4

equation eq1.tsls dya du dya(-1 to -8) du(-1 to -7) c @ dya(-1 to -8) du(-1 to -7) u(-8)
eq1.makeresids eps1

equation eq2.tsls u dya dya(-1 to -8) u(-1 to -8) c @ dya(-1 to -8) u(-1 to -8) eps1
eq2.results

scalar ca=eq1.@coefs(1)
scalar cb=eq2.@coefs(1)

var bq.ls 1 8  dya u @ c
bq.cleartext(svar)
bq.append(svar) @e1=ca*@e2+c(1)*@u1
bq.append(svar) @e2=cb*@e1+c(2)*@u2

' f0=u means that one draws start values from a uniform density , n=normal,
bq.svar(rtype=text, f0=u)
'compute normal impulses
bq.impulse(36,imp=struct, se=a)
```

图6-8　用EViews程序bq.prg来估计Blanchard-Quah模型

　　类似地，我们使用EViews的FIML估计器来复制Blanhard-Quah的应用，其系统对象代码在图6-11中给出。值得注意的是，在第一个（输出）方程中，失业率u的系数被约束为等于失业率滞后系数之和的负值。通过使用FIML和对角协方差矩阵对该系统进行估计，我们得到了如图6-12所示的输出结果。滞后系数$C(2)+C(4)+C(6)+C(8)+C(10)+C(12)+C(14)+C(16)$的参数估计之和为3.5474，标准误差为1.279038。这一结果与使用工具变量方法和SVAR程序估计的u的同期系数估计相吻合，如图6-9所示。[①]

　　通过两个实例的研究，我们发现当结构方程中的持久性冲击对第一个变量没有长期影响时，该方程中的其他变量将以差分形式出现。这种情况可能出现的原因是第二个冲

---

　　① 在MLE子目录中，程序*bq_mle.prg*利用EViews中的*optimize*（）函数，通过最大化用户自定义的似然函数，实现了Blanchard-Quah模型的完全信息极大似然（FIML）估计。

击是持久性的，对第一个变量没有长期影响，或者它只是一个暂时性的冲击。这一结论适用于任意数量的变量。因此，在存在 $I(1)$ 和 $I(0)$ 变量的情况下，如果由 $I(0)$ 变量引入的冲击是暂时性的，那么所有这些变量将以差分形式出现在与 $I(1)$ 变量相关的方程中。

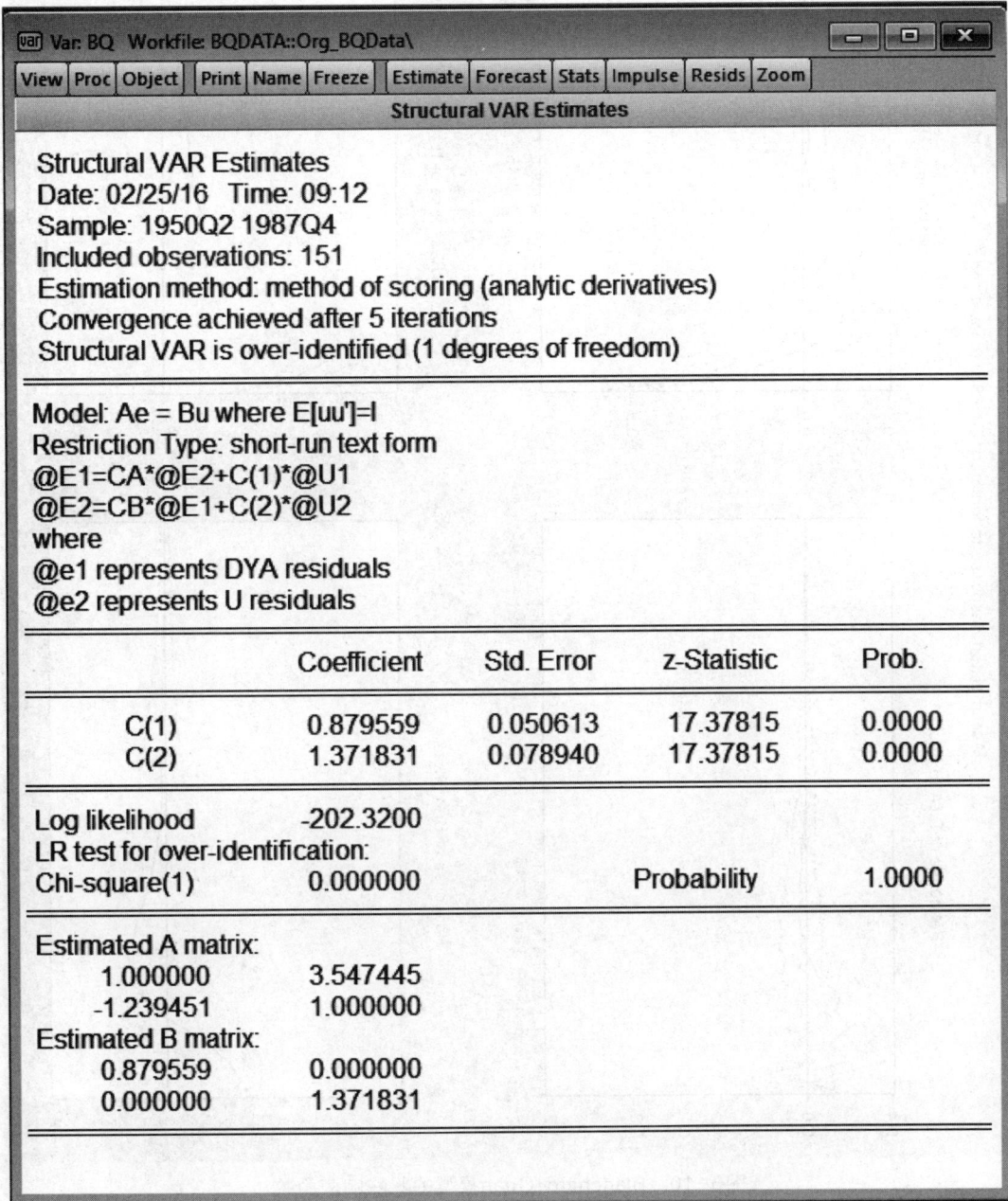

Var: BQ Workfile: BQDATA::Org_BQData\

View | Proc | Object | Print | Name | Freeze | Estimate | Forecast | Stats | Impulse | Resids | Zoom

Structural VAR Estimates

Structural VAR Estimates
Date: 02/25/16 Time: 09:12
Sample: 1950Q2 1987Q4
Included observations: 151
Estimation method: method of scoring (analytic derivatives)
Convergence achieved after 5 iterations
Structural VAR is over-identified (1 degrees of freedom)

Model: Ae = Bu where E[uu']=I
Restriction Type: short-run text form
@E1=CA*@E2+C(1)*@U1
@E2=CB*@E1+C(2)*@U2
where
@e1 represents DYA residuals
@e2 represents U residuals

	Coefficient	Std. Error	z-Statistic	Prob.
C(1)	0.879559	0.050613	17.37815	0.0000
C(2)	1.371831	0.078940	17.37815	0.0000

Log likelihood   -202.3200
LR test for over-identification:
Chi-square(1)   0.000000   Probability   1.0000

Estimated A matrix:
  1.000000   3.547445
 -1.239451   1.000000
Estimated B matrix:
  0.879559   0.000000
  0.000000   1.371831

图6-9　Blanchard-Quah模型的SVAR/IV输出结果

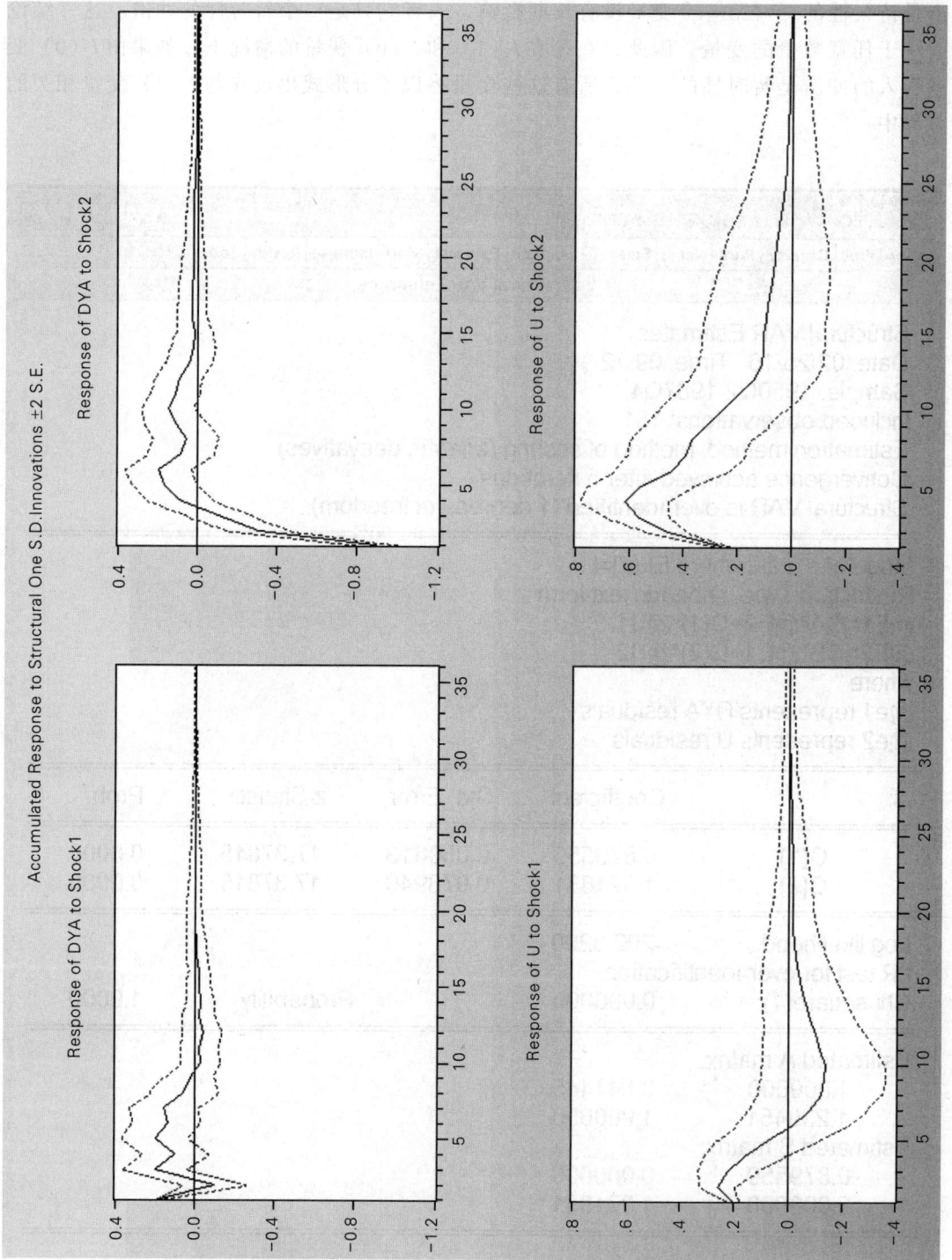

图6-10　Blanchard-Quah模型的脉冲响应函数

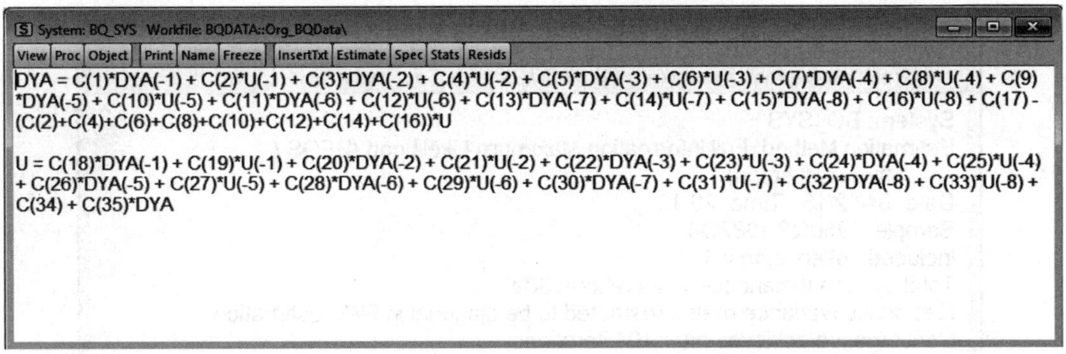

图6-11　用于估计Blanchard-Quah模型的EViews系统对象代码

6.4.2.2　使用 EViews 10 估计 Blanchard 和 Quah 模型

如前所述，当涉及永久性冲击时，需要明确指出哪些冲击具有该特性，以及哪些 I（1）变量直接受永久性冲击的影响。通常情况是，某些永久性冲击仅对一个变量产生影响，而对其他变量没有影响，即长期效应为零。长期响应矩阵用于确定永久性和暂时性冲击。在前述讨论中，这一角色由 C 矩阵承担。然而，EViews 10 利用辅助矩阵 F 来描述 VAR 中变量对冲击的累积响应。以变量 y_t 为例，我们在 VAR 中使用 $z_t = \triangle y_t$，并将其作为 SVAR 中受到 3 个冲击的第二个变量。那么，z_t 对第三个冲击的累积响应即为 y_t 对该冲击的响应。在 EViews 10 中，通过令 F（2，3）=0 来强制施加此限制。

然而，若变量 z_t 不对应于 I（1）变量的变化，则累积脉冲响应无法给出这些变量的长期脉冲响应。我们很难知道这些脉冲响应的和可能是什么，因此与这些相关的 F 的元素应标记为 NA。

在使用 EViews 10 系统中点击 Proc→Estimate Structural Factorization 时，将呈现矩阵 A、B、S 和 F，并需要为其元素分配已知值。除非在第 0 期的脉冲响应函数上有限制，否则 S 保持默认设置；同样地，除非对累积响应有约束性的长期限制，否则 F 也保持默认设置。因此，只需使用 EViews 10 描述这些矩阵以施加所需限制即可。在 Blanchard 和 Quah 的案例中，SVAR（8）由 dya 和 u 构成：

$$A = \begin{bmatrix} 1 & NA \\ NA & 1 \end{bmatrix} B = \begin{bmatrix} NA & 0 \\ 0 & NA \end{bmatrix}$$

$$S = \begin{bmatrix} NA & NA \\ NA & NA \end{bmatrix} F = \begin{bmatrix} NA & 0 \\ NA & NA \end{bmatrix}$$

通过 F 矩阵，我们可以确定永久性冲击为第一个，而暂时性冲击为第二个，因为后者对 GNP 没有长期影响。所使用的数据文件是 *e10_bqdata.wf1*。[①]利用上述矩阵，我们得出了与前一部分一致的结论。

---

① 在 e10_bqdata.wf1 中，我们打开了一个名为 bqvar 的 VAR 对象，旨在对 BQ 模型进行估计。通过运行程序 e10_bq.prg，我们利用 EViews 10 代码成功复现了 Blanchard 和 Quah（1989）的研究结果。

System: BQ_SYS Workfile: BQDATA::Org_BQData\

View | Proc | Object | Print | Name | Freeze | InsertTxt | Estimate | Spec | Stats | Resids

System: BQ_SYS
Estimation Method: Full Information Maximum Likelihood (BFGS /
　　　Marquardt steps)
Date: 04/12/16　Time: 20:15
Sample: 1950Q2 1987Q4
Included observations: 151
Total system (balanced) observations 302
Residual covariance matrix restricted to be diagonal in FIML estimation
Convergence achieved after 104 iterations
Coefficient covariance computed using outer product of gradients

	Coefficient	Std. Error	z-Statistic	Prob.
C(1)	-0.256784	0.253480	-1.013034	0.3110
C(2)	4.150758	2.239455	1.853467	0.0638
C(3)	-0.065862	0.181929	-0.362021	0.7173
C(4)	-0.467450	1.131254	-0.413214	0.6794
C(5)	-0.194283	0.170410	-1.140092	0.2542
C(6)	-0.359713	0.575014	-0.625574	0.5316
C(7)	0.039507	0.123827	0.319050	0.7497
C(8)	-0.029679	0.605371	-0.049027	0.9609
C(9)	0.040176	0.135465	0.296581	0.7668
C(10)	0.132529	0.672223	0.197150	0.8437
C(11)	-0.053082	0.193800	-0.273900	0.7842
C(12)	0.383941	0.650549	0.590180	0.5551
C(13)	-0.090535	0.146497	-0.617995	0.5366
C(14)	-0.412134	0.609838	-0.675809	0.4992
C(15)	0.113277	0.121984	0.928623	0.3531
C(16)	0.149194	0.414051	0.360327	0.7186
C(17)	-0.044998	0.090679	-0.496233	0.6197
C(18)	-0.326684	0.720472	-0.453430	0.6502
C(19)	2.155087	2.683908	0.802966	0.4220
C(20)	-0.347301	0.913503	-0.380186	0.7038
C(21)	-2.701482	6.936652	-0.389450	0.6969
C(22)	-0.004149	0.260370	-0.015935	0.9873
C(23)	1.398498	4.167793	0.335549	0.7372
C(24)	-0.113559	0.394192	-0.288081	0.7733
C(25)	-0.736872	2.180773	-0.337895	0.7354
C(26)	-0.177568	0.531596	-0.334028	0.7384
C(27)	0.397804	1.300591	0.305864	0.7597
C(28)	-0.330406	0.856299	-0.385853	0.6996
C(29)	-0.136276	1.119803	-0.121696	0.9031
C(30)	-0.132171	0.360474	-0.366660	0.7139
C(31)	0.142402	1.158915	0.122875	0.9022
C(32)	0.068896	0.167900	0.410336	0.6816
C(33)	0.233391	0.748477	0.311821	0.7552
C(34)	-0.044572	0.172448	-0.258468	0.7960
C(35)	1.239451	4.144715	0.299044	0.7649

Log likelihood	-184.2845	Schwarz criterion	3.603800
Avg. log likelihood	-0.610214	Hannan-Quinn criter.	3.188551

图6-12　Blanchard-Quah模型的FIML估计（对角协方差选项）

6.4.2.3 在双变量设置中说明 IV 和 FIML 方法

在 SVAR（2）中，z_t 变量将是 $z_{1t} = \triangle y_t$，而另一个变量 z_{2t} 被假设为 I（0）。当 $B = \begin{bmatrix} b_{11} & 0 \\ 0 & b_{22} \end{bmatrix}$ 时，结构方程为：

$$z_{1t} = a_{12}^0 z_{2t} + a_{11}^1 z_{1t-1} + a_{12}^1 z_{2t-1} + a_{11}^2 z_{1t-2} + a_{12}^2 z_{2t-2} + b_{11} u_{1t} \tag{6.6}$$

$$z_{2t} = a_{21}^0 z_{1t} + a_{21}^1 z_{1t-1} + a_{22}^1 z_{2t-1} + a_{21}^2 z_{1t-2} + a_{22}^2 z_{2t-2} + b_{22} u_{2t} \tag{6.7}$$

在当前情况下，我们可以利用 VAR 中的 4 个工具 z_{1t-1}、z_{1t-2}、z_{2t-1} 和 z_{2t-2} 来估计每个方程中的 5 个参数。然而，这导致系统参数（以及冲击）无法完全确定。

在 EViews 10 中，我们可以施加一系列限制。这些限制可以用于减少 A、B 中的待估参数数量，或者生成适用于使用工具变量（IV）估计器的估计方法所需的工具。

1. 首先假设 $a_{12}^0 = 0.5$。那么 $A = \begin{bmatrix} 1 & -0.5 \\ NA & 1 \end{bmatrix}$，$B = \begin{bmatrix} NA & 0 \\ 0 & NA \end{bmatrix}$，从而得到该系统的表达式：

$$z_{1t} = 0.5z_{2t} + a_{11}^1 z_{1t-1} + a_{12}^1 z_{2t-1} + a_{11}^2 z_{1t-2} + a_{12}^2 z_{2t-2} + b_{11} u_{1t} \tag{6.8}$$

$$z_{2t} = a_{21}^0 z_{1t} + a_{21}^1 z_{1t-1} + a_{22}^1 z_{2t-1} + a_{21}^2 z_{1t-2} + a_{22}^2 z_{2t-2} + b_{22} u_{2t} \tag{6.9}$$

我们可以通过最小二乘法（OLS）对第一个方程（6.8）进行拟合，以 $z_{1t} - 0.5z_{2t}$ 作为因变量。随后，我们可以使用残差 $\hat{u}_{1t}$ 作为方程（6.9）中 z_{1t} 的工具变量。从 VAR 中可获得的工具变量总数为 4 个，它们可以作为方程（6.9）中除 z_{1t} 之外的 4 个变量的"自身工具变量"。值得注意的是，这种限制类型可以减少需要估计的参数数量。

2. 接下来，我们将重新估计方程（6.6）~（6.7），但需要遵循以下限制条件：

$$A = \begin{bmatrix} 1 & NA \\ NA & 1 \end{bmatrix}, S = \begin{bmatrix} NA & 0 \\ NA & NA \end{bmatrix}, B = \begin{bmatrix} NA & 0 \\ 0 & NA \end{bmatrix}$$

因此，z_{1t} 的第一个向量自回归方程将变为：

$$z_{1t} = b_{11}^1 z_{1t-1} + b_{12}^1 z_{2t-1} + b_{11}^2 z_{1t-2} + b_{12}^2 z_{2t-2} + e_{1t}$$
$$= b_{11}^1 z_{1t-1} + b_{12}^1 z_{2t-1} + b_{11}^2 z_{1t-2} + b_{12}^2 z_{2t-2} + d_{11} u_{1t} + d_{12} u_{2t}$$

现在，S（1，2）=0 表示 $d_{12} = 0$。因此，这个方程的 VAR 误差 e_{1t} 是 $d_{11} u_{1t}$。由于 u_{1t} 和 u_{2t} 是不相关的，我们看到 $\hat{e}_{1t}$ 可以作为系统第二个方程（6.7）[①] 中 z_{1t} 的工具变量。它是一个生成的工具变量。在估计了方程（6.7）之后，$\hat{\varepsilon}_{2t}$ 可以作为方程（6.6）中 z_{2t} 的生成工具变量使用。请注意，这个限制并没有改变需要估计的参数数量，而是提供了一种产生工具变量的方法。

3. 现在假设 $A = \begin{bmatrix} 1 & NA \\ NA & 1 \end{bmatrix}$，$S = \begin{bmatrix} NA & NA \\ NA & NA \end{bmatrix}$，$B = \begin{bmatrix} NA & 0 \\ 0 & NA \end{bmatrix}$，$F = \begin{bmatrix} NA & 0 \\ NA & NA \end{bmatrix}$，那么基于 F 的设置，方程（6.6）变为：

$$z_{1t} = a_{12}^0 \triangle z_{2t} + a_{11}^1 z_{1t-1} - a_{12}^2 \triangle z_{2t-1} + a_{11}^2 z_{1t-2} + \varepsilon_{1t}(= b_{11} u_{1t}) \tag{6.10}$$

当前可以利用的工具变量包括 z_{1t-1}、z_{1t-2}、z_{2t-1} 和 z_{2t-2}，因此我们恰好拥有所需数量的工具。值得注意的是，由于长期限制，需要估计的参数数量已从 5 个减少到 4 个。在完成方程（6.10）的估计后，我们可以将估计的残差 $\hat{\varepsilon}_{1t}$ 作为方程（6.7）中的生成指

---

① 参考 Pagan 和 Robertson（1998）的研究成果。

标使用。通过累积 $z_{1t} = \triangle y_t$ 对 ε_{2t} 的脉冲响应，我们可以确定 y_t 对 ε_{2t} 的长期响应。EViews 提供了估计的 F 矩阵中 I（1）变量长期响应的估计值。

4. 最后，假设 z_{1t} 是一个强外生变量，类似于一个外来变量。为了反映这一情况，我们需要利用 $L1$ 和 $L2$ 矩阵对 VAR 进行约束。此外，为了使模型具备递归特性，我们还需要进行进一步的优化。因此，所构建的系统可以表示为：

$$z_{1t} = a_{11}^1 z_{1t-1} + a_{11}^2 z_{1t-1} + b_{11} u_{1t}$$
$$z_{2t} = a_{21}^0 z_{1t} + a_{21}^1 z_{1t-1} + a_{22}^1 z_{2t-1} + a_{21}^2 z_{1t-2} + a_{22}^2 z_{2t-2} + b_{22} u_{2t}$$

为了估计该系统，我们可以首先将 OLS 方法应用于第一个方程，然后利用第二个方程中的指标 $\hat{\varepsilon}_{1t}$、z_{1t-1}、z_{1t-2}、z_{2t-1} 和 z_{2t-2} 进行估计。该过程将在 EViews 10 软件中实现：

$$A = \begin{bmatrix} 1 & 0 \\ NA & 1 \end{bmatrix}, \ B = \begin{bmatrix} NA & 0 \\ 0 & NA \end{bmatrix}, \ S = \begin{bmatrix} NA & NA \\ NA & NA \end{bmatrix}, \ F = \begin{bmatrix} NA & NA \\ NA & NA \end{bmatrix}, \ L1 = \begin{bmatrix} NA & 0 \\ NA & NA \end{bmatrix}, \ L2 = \begin{bmatrix} NA & 0 \\ NA & NA \end{bmatrix}$$

6.4.2.4　通过工具变量进行最大似然估计的插件

EViews 利用最大似然估计和非线性优化技术来估计 SVAR 的未知参数。当未知参数的初始值合理时，通常能够快速收敛。然而，在实际应用中，设定合理的初始值并非易事。

如前所述，对于精确识别的 SVAR 而言，其最大似然估计器（MLE）等同于工具变量（IV）估计器。IV 估计的优势在于，它要求我们考虑的模型采用线性两阶段最小二乘法，从而避免了数值优化问题。因此，它为寻找 SVAR 的初始值提供了一种自然机制，并且 EViews 中的 FIML 程序也可使用。

考虑到 SVAR 模型中的 A、B、S 和 F 矩阵所隐含的限制，以及描述性 VAR 中滞后变量的一些零限制，我们开发了一个名为"IVMLE"的 EViews 插件，用于构建和估计估计 SVAR 所需的 IV 回归。然后，我们使用这些 IV 参数估计值初始化 EViews 的 SVAR 估计器。由于起始值与最终 ML 估计值相等，收敛过程通常非常快速，并且不会出现任何数值或收敛问题。

IVMLE 插件对于依赖于重复调用 SVAR 的例行程序非常有用，如用于估计标准误差的自助法或蒙特卡洛实验。用户可以通过双击文件 *ivmle.apiz* 来安装该插件。安装完成后，用户可以在估计 VAR 模型之后从"Add-ins"菜单中调用 IVMLE 插件，如图 6-13 所示。

为了帮助用户了解如何使用该插件以及其工作原理，我们还提供了一个详细的用户手册。用户可以在"Manage Add-ins"菜单中找到该手册，并高亮显示 IVMLE 条目，然后单击"Docs"按钮以获取手册。

6.4.3　双变量模型的解析解

在我们一直研究的具有长期限制的双变量 SVAR 模型中，获得估计的 a_{12}^0 的解析表达式是非常有益的，因为它有助于我们更好地理解后续的推理问题。在这里，我们将正式处理 $p=1$ 的情况。在这种情况下，a_{12}^0 和 a_{12}^1 之和为零，即 $[-A_0 + A_1]_{12} = 0$。其中，$[F]_{ij}$ 表示矩阵 F 的第 i 行第 j 列的元素（注意，A_0 的定义包含了 $-a_{ij}^0$（i≠j）的元素），而对角线上的元素为 1。

$$A_0 = \begin{bmatrix} 1 & -a_{12}^0 \\ -a_{21}^0 & 1 \end{bmatrix}$$

现在，因为 $B_j = A_0^{-1} A_j$，所以 $A_1 = A_0 B_1$，$[-A_0 + A_1]_{12} = [-A_0 + A_0 B_1]_{12}$。

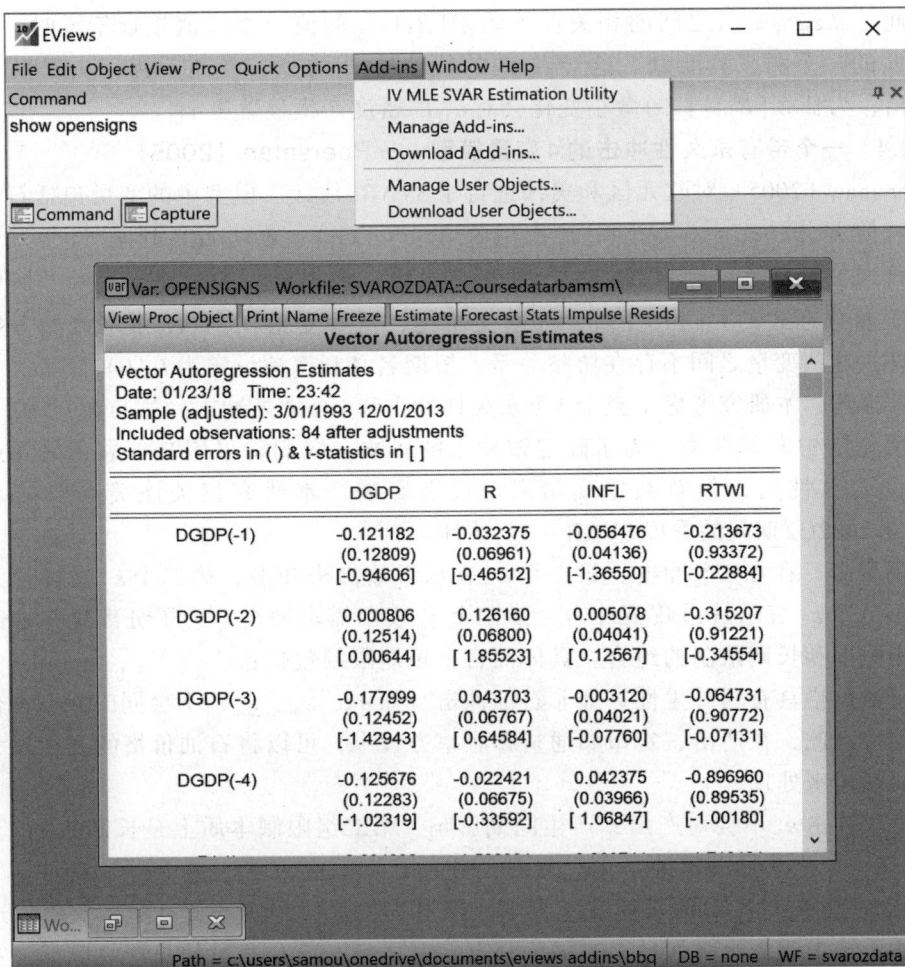

图6-13　在VAR对象中调用IVMLE插件的示例

因此，右侧矩阵表示为该矩阵的第（1，2）个元素：

$$\begin{pmatrix} -1 & a_{12}^0 \\ a_{21}^0 & -1 \end{pmatrix} + \begin{pmatrix} 1 & -a_{12}^0 \\ -a_{21}^0 & 1 \end{pmatrix} \times \begin{pmatrix} b_{11}^1 & b_{12}^1 \\ b_{21}^1 & b_{22}^1 \end{pmatrix}$$

将第（1，2）个元素设为零，即表示 $a_{12}^0 + b_{12}^1 - a_{12}^0 b_{22}^1 = 0$，这意味着：

$$a_{12}^0 = \frac{-b_{12}^1}{1 - b_{22}^1} = \frac{-[B(1)]_{12}}{[B(1)]_{22}} \tag{6.11}$$

对于SVAR（p），我们会得到：

$$a_{12}^0 = \frac{-\sum_{j=1}^p b_{12}^j}{1 - \sum_{j=1}^p b_{22}^j}$$

值得注意的是，z_{2t} 的 VAR（1）模型可以表示为：

$$z_{2t} = b_{22} z_{2t-1} + b_{21}^1 z_{1t-1} + e_{2t}$$
$$\Rightarrow \triangle z_{2t} = (b_{22}^1 - 1) z_{2t-1} + b_{21}^1 z_{1t-1} + e_{2t}$$
$$= -[B(1)]_{22} z_{2t-1} + b_{21}^1 z_{1t-1} + e_{2t}$$

因此，$\triangle z_{2t}$ 与 z_{2t-1} 之间的相关性依赖于 $[B(1)]_{22}$ 的值。当该值接近于零时，z_{2t-1} 将成为 $\triangle z_{2t}$ 的一个弱工具变量。这导致 a_{12}^0 的估计量 $\hat{a}_{12}^0$ 的分布受到干扰。从方程（6.11）可以看出，为什么 $[B(1)]_{22}$ 的微小变化会对 $\hat{a}_{12}^0$ 的密度产生显著影响。

6.4.4 一个带有永久性冲击的4变量模型——Peersman（2005）

Peersman（2005）对欧元区和美国进行了SVARs估计。模型中的变量包括石油价格对数的一阶差分（$z_{1t} = \triangle lpoil_t$）、产出增长（$z_{2t} = \triangle y_t$）、短期名义利率（$z_{3t} = s_t$）和消费者物价通货膨胀率（$z_{4t} = \triangle p_t$）。石油价格对数、产出对数和价格水平对数被假设为具有一阶差分形式的 I（1）变量。如前文所述，这些变量在SVAR中将以差分形式出现。此外，这些变量之间不存在协整关系。短期名义利率被设定为 I（0）变量。

根据描述，本研究考虑了至少3个永久性冲击和1个额外冲击，这与在 I（0）变量 s_t 上的标准化结构方程有关。为了确定该冲击的影响，我们将采用 Peersman 的观点，即将其视为永久性的，但对某些变量来说没有影响。本研究仅关注美国数据，涉及1980Q1 至 2002Q2 期间的季度 SVAR（3）估计。

在模型中，存在4个冲击：第一个 ε_{1t} 表示石油价格冲击，第二个 ε_{2t} 被标记为供应冲击，第三个 ε_{3t} 表示货币政策冲击，第四个 ε_{4t} 表示需求冲击。为了分离这些冲击，我们将采用短期和长期限制的组合。具体而言，短期限制包括：

1. 石油价格具有弱外生性，即非石油冲击（如 ε_{2t}、ε_{3t}、ε_{4t}）不会同时对石油价格 z_{1t} 产生影响。因此，在产出、货币和通货膨胀率方程中，可以将石油价格的变化视为一个外生回归变量来处理。

2. 货币冲击 ε_{3t} 不会对产出 z_{2t} 产生同期影响。第二组限制本质上是长期的：

• 存在一个永久性需求冲击 ε_{4t}，其对 GDP 的长期效应为零。

• 货币冲击 ε_3 对产出的长期效应为零，但对其他 I（1）变量具有非零效应。这一假设使得货币冲击成为永久性冲击，因为只有在对所有 I（1）变量的长期效应都为零的情况下，它才会是暂时性的。

这些假设意味着 C（1）和 EViews 中的 B 矩阵具有以下形式：

$$C(1) = \begin{bmatrix} * & * & * & * \\ * & * & 0 & 0 \\ * & * & * & * \\ * & * & * & * \end{bmatrix}, \quad B = A_0^{-1} = \begin{bmatrix} * & 0 & 0 & 0 \\ * & * & 0 & * \\ * & * & * & * \\ * & * & * & * \end{bmatrix}$$

研究表明，C（1）受到2个限制条件，而 A_0 受到4个限制条件，从而使得该模型得以准确确定。

在区分冲击时，我们采用了以下方法：石油和供给对产出的长期效应并非为零，而需求和货币冲击对产出的长期影响却是零。通过石油价格的外生性，我们将石油与供给进行了区分。此外，由于货币冲击对产出没有同期影响，我们将货币与需求进行了分离。

目前，Peersman 所提出的 SVAR 模型中的 VAR 可以表示为 $B(L)z_t = e_t = B\varepsilon_t$，从而满足 $C(1) = B^{-1}(1)B = \Psi B$ 的条件。因此，Peersman 所施加的长期限制条件为 $c_{23}(1) = 0$ 和 $c_{24}(1) = 0$。这意味着对于 EViews 矩阵 B 的元素（ψ^{ij} 是 Ψ 的元素），存在以下约束：

$$\psi^{21}(1)b_{13} + \psi^{22}(1)b_{23} + \psi^{23}(1)b_{33} + \psi^{24}(1)b_{43} = 0 \tag{6.12}$$

$$\psi^{21}(1)b_{14} + \psi^{22}(1)b_{24} + \psi^{23}(1)b_{34} + \psi^{24}(1)b_{44} = 0 \tag{6.13}$$

另外，存在上述短期约束条件，即 $b_{12} = 0$、$b_{13} = 0$、$b_{14} = 0$、$b_{23} = 0$。Peersman 采用了方程（6.12）和（6.13），并结合了对 b 的约束条件进行估计。

6.4.4.1　在 EViews 9.5 中使用的 Peersman 模型

一种可行的替代方法是采用 Shapiro-Watson 方法来实施所有的限制条件。接下来，我们将逐一探讨 Peersman 提出的各个方程。

1.石油价格的通货膨胀率

$\triangle lpoil_t = lags + \varepsilon_{1t}$

其中，"lags" 是所有变量（包括 s_t）的滞后项。因此，我们可以对变量进行最小二乘法分析，以获得 $\hat{\varepsilon}_{1t}$。

2.输出增长模型

$\triangle y_t = a_{21}^0 \triangle lpoil_t + a_{23}^0 \triangle s_t + a_{24}^0 \triangle(\triangle lp_t) + lags + \varepsilon_{2t}$

在这里，$\triangle(\triangle lp_t)$ 反映了需求冲击对产出的长期效应为零的假设。由于货币对产出没有永久性影响，因此 s_t 以差分形式出现。因此，可以使用 $\triangle lp_{t-1}$、s_{t-1} 和 $\hat{\varepsilon}_{1t}$ 作为工具来估计该方程，从而得到 $\hat{\varepsilon}_{2t}$。

3.利率方程模型

$s_t = a_{31}^0 \triangle lpoil_t + a_{32}^0 \triangle y_t + a_{34}^0 \triangle lp_t + lags + \varepsilon_{3t}$

我们已经拥有了 $\hat{\varepsilon}_{1t}$ 和 $\hat{\varepsilon}_{2t}$ 这两个工具，用于估计 $\triangle lpoil_t$ 和 $\triangle y_t$。然而，为了估计 $\triangle lp_t$，我们还需要另外一个工具。根据假设，货币冲击对产出没有同期影响，因此我们可以利用 VAR 的简化形式误差 e_{2t}（即 VAR 模型中估计 $\triangle y_t$ 方程的误差）与 ε_{3t} 之间的无相关性，将估计的 VAR 残差 $\hat{e}_{2t}$ 作为额外的工具。①

4.通货膨胀率模型

$\triangle lp_t = a_{41}^0 \triangle lpoil_t + a_{42}^0 \triangle y_t + a_{43}^0 s_t + lags + \varepsilon_{4t}$

在这个最终方程中，所有残差 $\hat{\varepsilon}_{1t}$、$\hat{\varepsilon}_{2t}$ 和 $\hat{\varepsilon}_{3t}$ 被用作估计方程的工具。

使用 IV 方法进行估计的代码存储在 *peersman.prg* 文件中，其内容如图 6-14 所示。SVAR 程序的结果展示在图 6-15 中，而针对石油价格、cpi 和产出水平对 4 个冲击的累积脉冲响应分别呈现在图 6-16 至图 6-18 中。这些结果与 Peersman 的研究结果相吻合。

显然，利率冲击对石油价格和价格水平（CPI）产生长期影响，这可能被视为不理想的情况。脉冲响应收敛值远离零且相互之间存在差异，因此实际石油价格在长期内对一个时期的利率冲击作出反应。当然，我们不会期望名义冲击会改变石油对于 CPI 的相对价格，并且 Fisher 等（2016）在研究中施加了货币冲击不能在长期内影响实际石油价格的限制条件。研究发现，尽管 Peersman 的原模型只有轻微的价格难题，但当货币冲击被限制为对实际石油价格没有长期影响时，情况就会发生变化。

---

① 一种观点认为，一个更好的工具是 $\hat{e}_{4t}$，它来源于货币冲击对价格具有零同期效应的假设。从 New Keynesian 模型的视角来看，这一观点更具合理性，因为货币对价格的影响是在对产出的影响之后产生的。

```
'wfopen J:\svarbook\peersman.wf1
smpl 1980q1 2002q2
equation eq1.ls dpoil  dpoil(-1 to -3) duscpi(-1 to -3) c time
eq1.makeresids eps1
equation eq2.tsls dusgdp dusint dduscpi dpoil dpoil(-1 to -3) dusgdp(-1 to -3) dusint(-1 to -2) dduscpi(-1 to -3) dpoil(-1 to -3) duscpi(-1 to -3) c time @ eps1 dpoil(-1 to -3) dusgdp(-1 to -3) dusint(-1 to -3) duscpi(-1 to -3) c time
eq2.results
eq2.makeresids eps2
equation eq3.tsls usint  dpoil dusgdp duscpi dpoil(-1 to -3) dusgdp(-1 to -3) usint(-1 to -3) duscpi(-1 to -3) c time @ eps1 eps2 res2 dpoil(-1 to -3) dusgdp(-1 to -3) usint(-1 to -3) duscpi(-1 to -3) c time
eq3.results
eq3.makeresids eps3
equation eq4.tsls duscpi dpoil dusgdp usint  dpoil(-1 to -3) dusgdp(-1 to -3) usint(-1 to -3) duscpi(-1 to -3) c time @ eps1 eps2 eps3 dpoil(-1 to -3) dusgdp(-1 to -3) usint(-1 to -3) duscpi(-1 to -3) c time
eq4.results

var peersman.ls 1 3 dpoil dusgdp usint duscpi  @ c time

scalar ca1=eq2.@coefs(3)
scalar ca2=eq2.@coefs(1)
scalar ca3=eq2.@coefs(2)

scalar ca4=eq3.@coefs(1)
scalar ca5=eq3.@coefs(2)
scalar ca6=eq3.@coefs(3)

scalar ca7=eq4.@coefs(1)
scalar ca8=eq4.@coefs(2)
scalar ca9=eq4.@coefs(3)

peersman.cleartext(svar)

peersman.append(svar) @e1=c(1)*@u1
peersman.append(svar) @e2=ca1*@e1+ca2*@e3+ca3*@e4+c(2)*@u2
peersman.append(svar) @e3=ca4*@e1+ca5*@e2+ca6*@e4+c(3)*@u3
peersman.append(svar) @e4=ca7*@e1+ca8*@e2+ca9*@e3+c(4)*@u4
' f0=u means that one draws start values from a uniform density, n=normal,
peersman.svar(type=text, f0=n,c=1e-10)
peersman.results
'compute normal impulses
peersman.impulse(50,imp=struct, se=a)@ 1 2 3
peersman.impulse(30,imp=struct, se=a)
'compute accumulated impulses
peersman.impulse(30, a, imp=struct, se=a)
```

图6-14　EViews程序peersman.prg复制Peersman（2005）

通过使用FIML直接估计Peersman模型，我们发现了一个来自识别假设的隐含限制，该限制是由IV方法自动实施的。具体而言，在产出增长方程中，s_t和$\triangle lp_t$对应的滞后系数之和必须等于同期系数a_{23}^0和a_{24}^0，但符号相反。这样的处理保证了$c_{23}(1)=0$和$c_{24}(1)=0$，并满足了估计模型所需的6个识别限制中的2个。此外，石油价格方程还提供了另外3个约束条件，以确保石油价格对产出、利率和通货膨胀率具有外生性。

Structural VAR Estimates
Date: 02/04/16   Time: 06:24
Sample: 1980Q1 2002Q2
Included observations: 90
Estimation method: method of scoring (analytic derivatives)
Convergence achieved after 6 iterations
Structural VAR is over-identified (6 degrees of freedom)

Model: Ae = Bu where E[uu']=I
Restriction Type: short-run text form
@E1=C(1)*@U1
@E2=CA1*@E1+CA2*@E3+CA3*@E4+C(2)*@U2
@E3=CA4*@E1+CA5*@E2+CA6*@E4+C(3)*@U3
@E4=CA7*@E1+CA8*@E2+CA9*@E3+C(4)*@U4
where
@e1 represents DPOIL residuals
@e2 represents DUSGDP residuals
@e3 represents USINT residuals
@e4 represents DUSCPI residuals

	Coefficient	Std. Error	z-Statistic	Prob.
C(1)	14.11005	1.051701	13.41641	0.0000
C(2)	0.647575	0.048267	13.41641	0.0000
C(3)	1.024799	0.076384	13.41641	0.0000
C(4)	0.387080	0.028851	13.41641	0.0000

Log likelihood	-547.3138			
LR test for over-identification:				
Chi-square(6)	7.99E-14		Probability	1.0000

Estimated A matrix:
1.000000	0.000000	0.000000	0.000000
0.015836	1.000000	-0.297656	-1.898772
0.008121	-0.498148	1.000000	-2.701259
-0.009260	0.367328	0.156762	1.000000

Estimated B matrix:
14.11005	0.000000	0.000000	0.000000
0.000000	0.647575	0.000000	0.000000
0.000000	0.000000	1.024799	0.000000
0.000000	0.000000	0.000000	0.387080

图6-15　Peersman（2005）的结构VAR估计（使用peersman.prg）

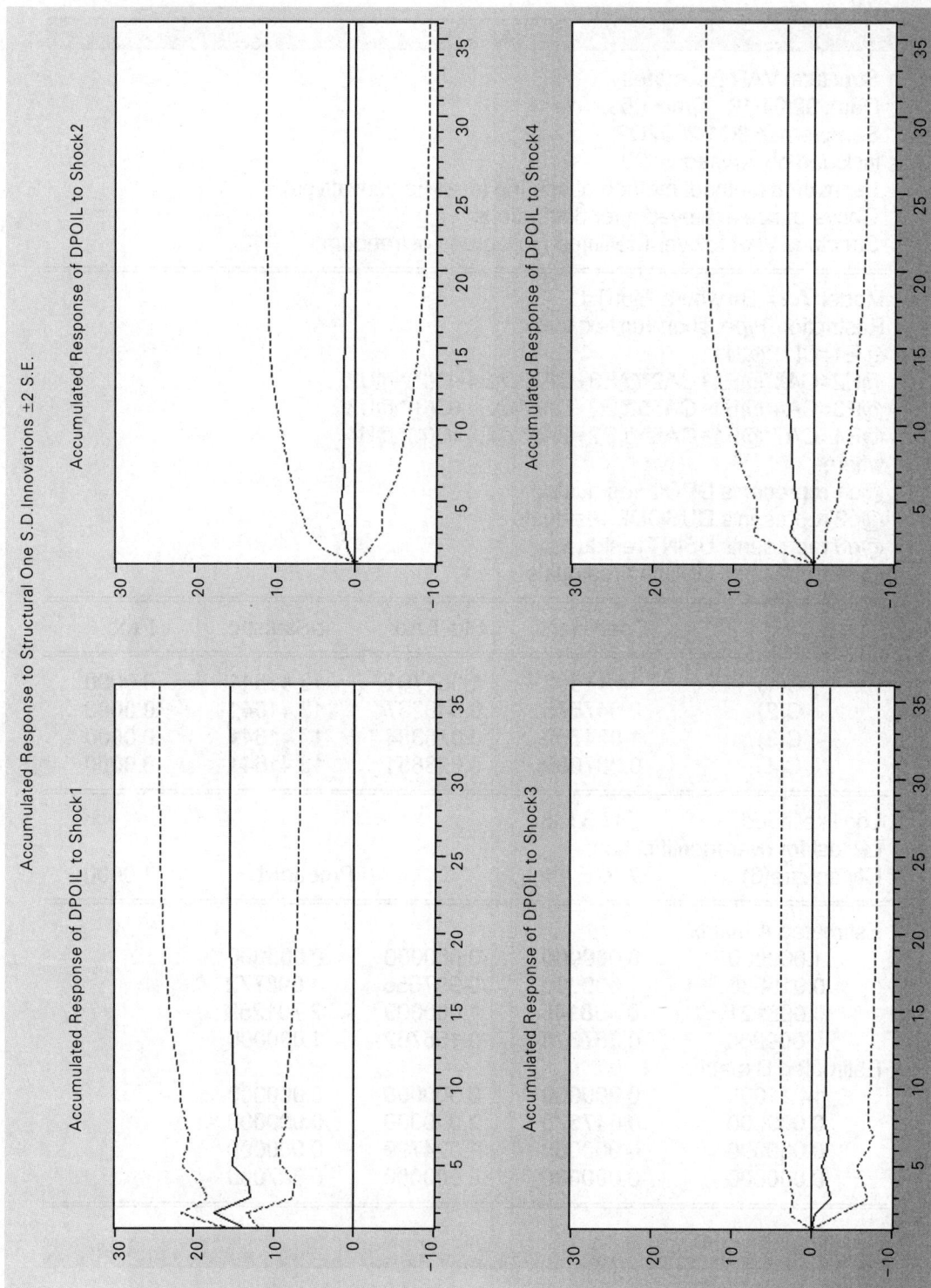

图6-16　石油价格水平的累积脉冲响应：Peersman（2005）模型

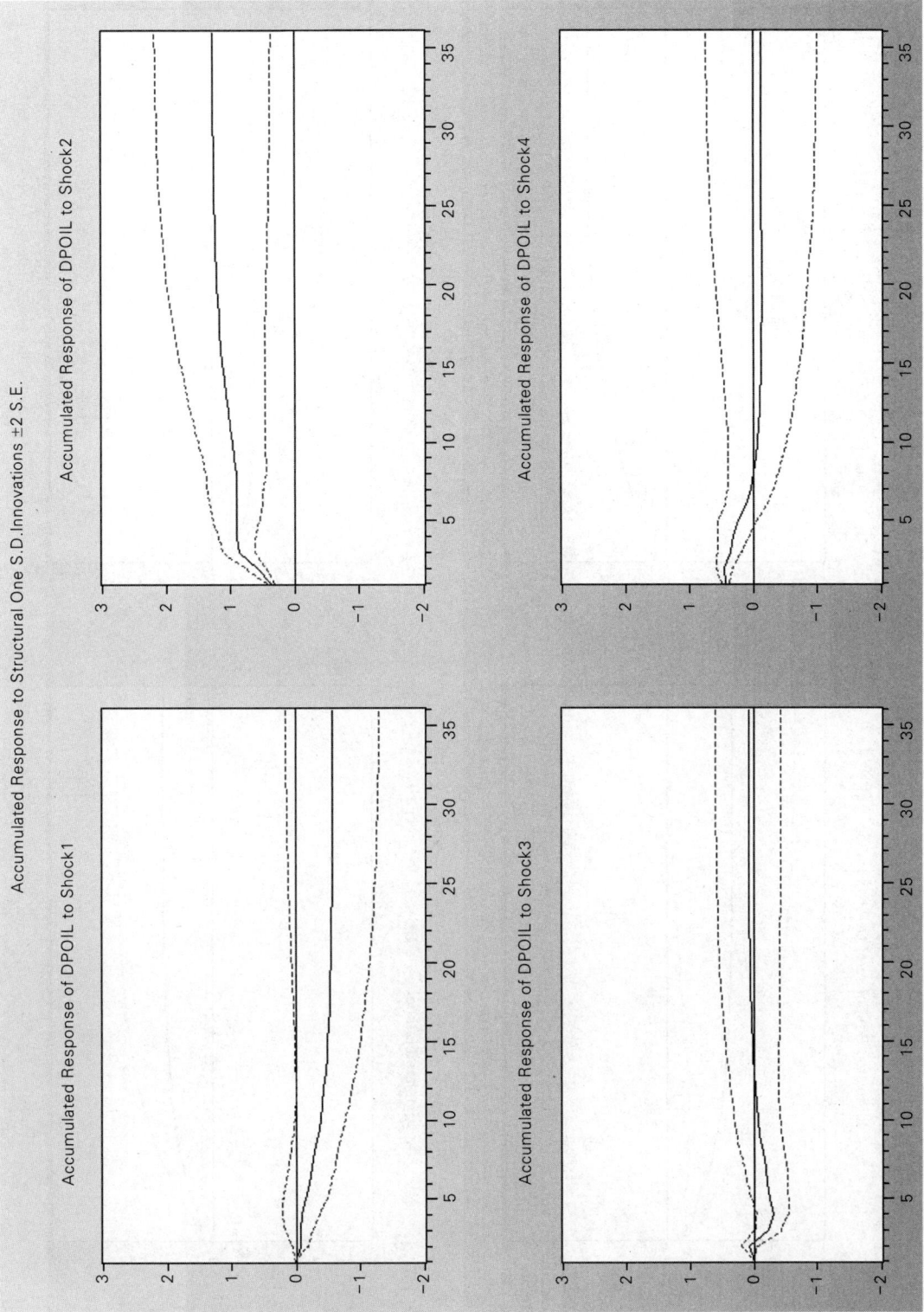

图6-17 Peersman（2005）模型中输出的累积脉冲响应

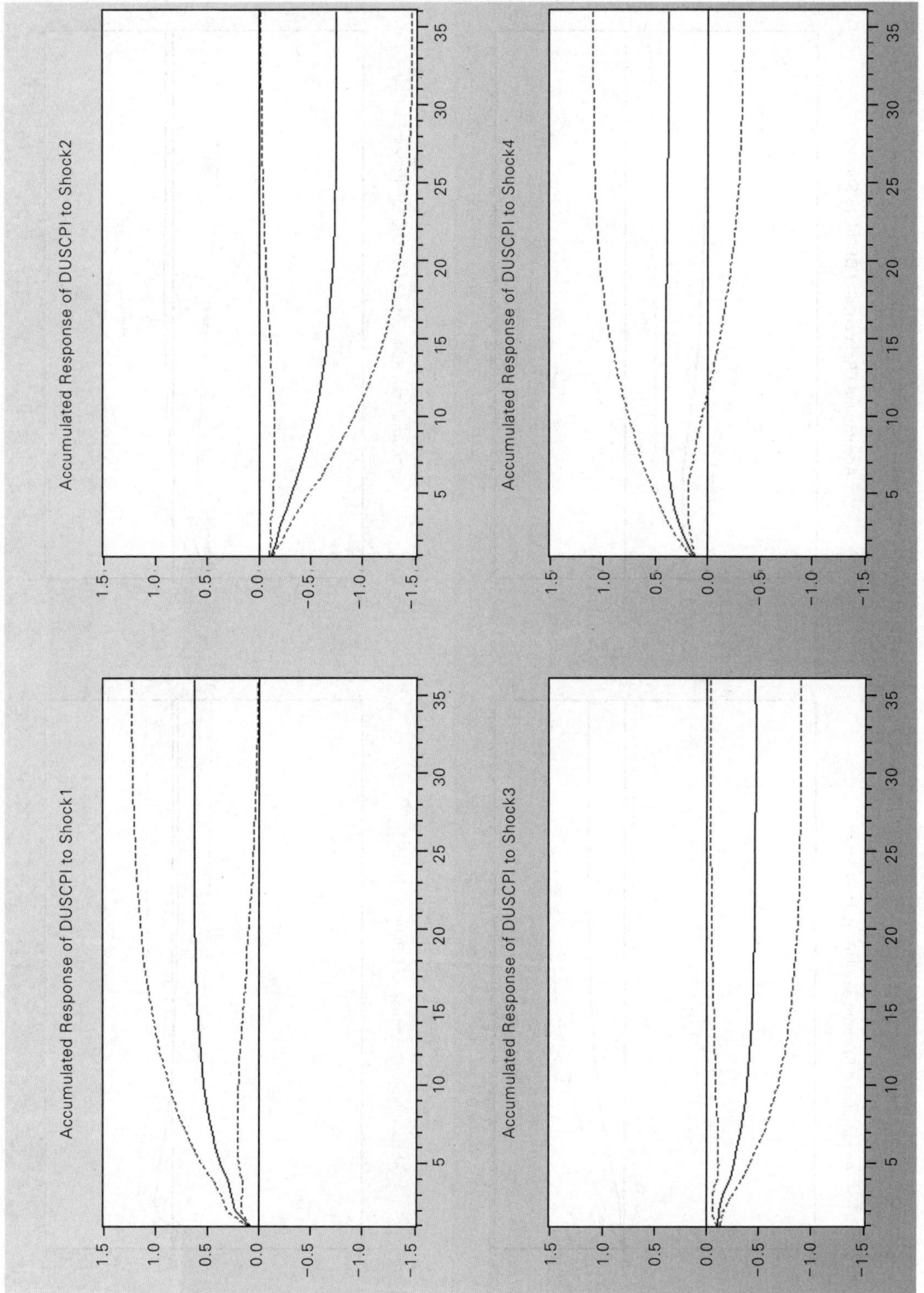

图6-18　Peersman（2005）模型中CPI的累积脉冲响应

为了实现精确识别，我们需要引入一个额外的约束条件。具体而言，货币冲击 ε_{3t} 对产出 z_{2t} 不能产生同期影响，即 $[B]_{23} = 0$。这一约束条件要求我们在通货膨胀率方程中将利率变量的系数 a_{43}^0 限定为 $-\dfrac{a_{23}^0}{a_{24}^0}$。

这个要求可以通过直观的解释来阐述。从通货膨胀率方程出发，利率的扰动在当前时期使通货膨胀率增加了 a_{43}^0。在产出增长方程中没有对输出增长施加任何约束的情况下，这将通过通货膨胀率渠道（即 $\triangle(\triangle lp)_t$）以 $a_{24}^0 * a_{43}^0$ 的影响作用于输出增长。为了抵消这一影响，我们需要对输出增长方程中的利率项系数 a_{23}^0 进行约束，使其等于 $-a_{24}^0 * a_{43}^0$。由于 a_{23}^0 和 a_{24}^0 已经分别用于约束货币和需求冲击的长期影响，因此与对 a_{23}^0 和 a_{24}^0 的约束一起实施最后一个条件的唯一方法是将 a_{43}^0 设置为 $-\dfrac{a_{23}^0}{a_{24}^0}$。①

图 6-19 展示了用于估计 Peersman 模型的系统对象代码。通过使用 FIML 方法和对角协方差矩阵进行估计，我们得到了一些结果，如 C（21）=-0.329765、C（22）=-0.205430 和 C（23）=0.237539。这些结果暗示了 a_{23}^0 的同期系数估计值为 C（21）+C（22）+C（23）=-0.297656，其标准误差为 0.142151，采用 delta 方法计算得出。类似地，我们可以从 C（24）+C（25）+C（26）中获得 a_{24} 的估计值，即 a_{24}=-1.898772，其标准误差为 0.830540。最后，值得注意的是，$\dfrac{a_{23}^0}{a_{24}^0}$ = 0.156762。所有这些估计值与使用工具变量方法获得的结果相吻合。②

选择这个模型可以说明，在 SVAR 中，当存在一个 I（0）变量的水平形式时，使用差分形式的 I（1）变量（这是适当的）会导致与 I（0）变量相关的冲击对 I（1）变量的水平产生永久性影响，除非采取相应措施以确保这种情况不会发生。因此，如果我们期望价格水平对货币冲击的长期响应为零，那么上述第 4 个方程中的 $\triangle s_t$ 应作为回归量而非 s_t。许多 SVAR 研究似乎都面临着这一困难，其中一些已在 Fisher 等人（2016）的研究中提及。

6.4.4.2　EViews 10 中的 Peersman 模型

Peersman 模型的假设意味着在 EViews 10 中，A、B、S 和 F 矩阵具有以下形式：

$$A = \begin{bmatrix} 1 & 0 & 0 & 0 \\ NA & 1 & NA & NA \\ NA & NA & 1 & NA \\ NA & NA & NA & 1 \end{bmatrix}, \quad B = \begin{bmatrix} NA & 0 & 0 & 0 \\ 0 & NA & 0 & 0 \\ 0 & 0 & NA & 0 \\ 0 & 0 & 0 & NA \end{bmatrix},$$

$$F = \begin{bmatrix} NA & NA & NA & NA \\ NA & NA & 0 & 0 \\ NA & NA & NA & NA \\ NA & NA & NA & NA \end{bmatrix}, \quad S = \begin{bmatrix} NA & NA & NA & NA \\ NA & NA & NA & NA \\ NA & NA & NA & NA \\ NA & NA & NA & NA \end{bmatrix}$$

---

① 根据代数推导，我们可以得出以下结论：当满足特定条件时，$[B]_{23} = [A_0^{-1}]_{23} = 0$。

② 请查阅 MLE 子目录下的 peersman_mle.prg 程序代码，该代码实现了一种等效的方法，该方法利用了 op-timize（）函数和用户自定义的似然函数。

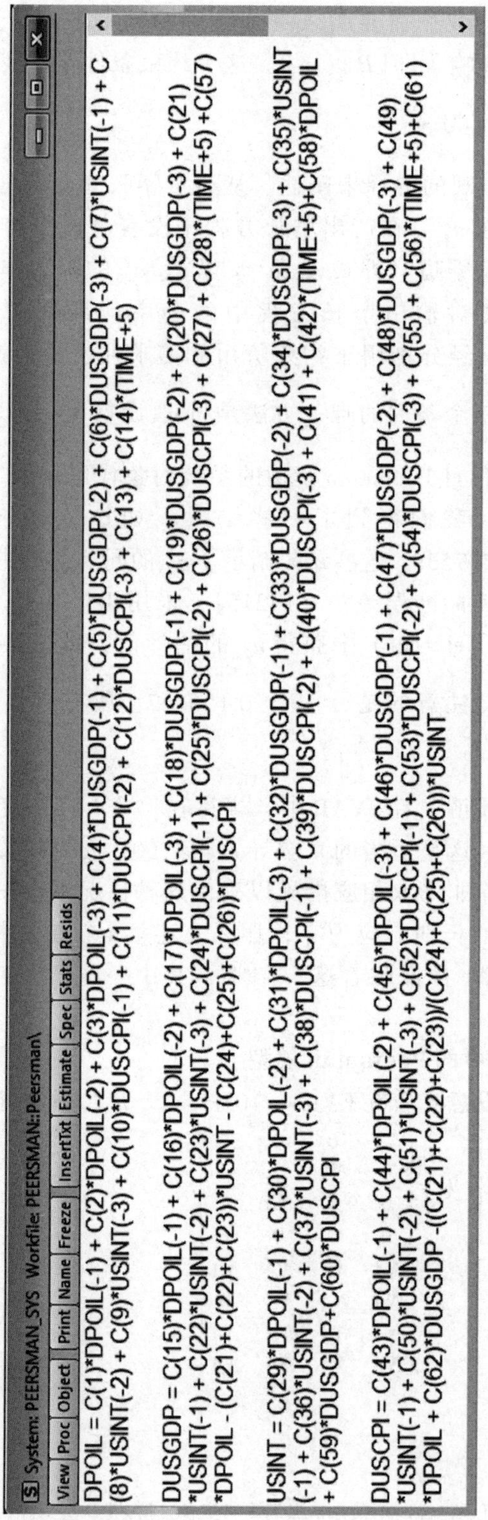


```
DPOIL = C(1)*DPOIL(-1) + C(2)*DPOIL(-2) + C(3)*DPOIL(-3) + C(4)*DUSGDP(-1) + C(5)*DUSGDP(-2) + C(6)*DUSGDP(-3) + C(7)*USINT(-1) + C
(8)*USINT(-2) + C(9)*USINT(-3) + C(10)*DUSCPI(-1) + C(11)*DUSCPI(-2) + C(12)*DUSCPI(-3) + C(13) + C(14)*(TIME+5)

DUSGDP = C(15)*DPOIL(-1) + C(16)*DPOIL(-2) + C(17)*DPOIL(-3) + C(18)*DUSGDP(-1) + C(19)*DUSGDP(-2) + C(20)*DUSGDP(-3) + C(21)
*USINT(-1) + C(22)*USINT(-2) + C(23)*USINT(-3) + C(24)*DUSCPI(-1) + C(25)*DUSCPI(-2) + C(26)*DUSCPI(-3) + C(27) + C(28)*(TIME+5) +C(57)
*DPOIL - (C(21)+C(22)+C(23))*USINT - (C(24)+C(25)+C(26))*DUSCPI

USINT = C(29)*DPOIL(-1) + C(30)*DPOIL(-2) + C(31)*DPOIL(-3) + C(32)*DUSGDP(-1) + C(33)*DUSGDP(-2) + C(34)*DUSGDP(-3) + C(35)*USINT
(-1) + C(36)*USINT(-2) + C(37)*USINT(-3) + C(38)*DUSCPI(-1) + C(39)*DUSCPI(-2) + C(40)*DUSCPI(-3) + C(41) + C(42)*(TIME+5)+C(58)*DPOIL
+ C(59)*DUSGDP+C(60)*DUSCPI

DUSCPI = C(43)*DPOIL(-1) + C(44)*DPOIL(-2) + C(45)*DPOIL(-3) + C(46)*DUSGDP(-1) + C(47)*DUSGDP(-2) + C(48)*DUSGDP(-3) + C(49)
*USINT(-1) + C(50)*USINT(-2) + C(51)*USINT(-3) + C(52)*DUSCPI(-1) + C(53)*DUSCPI(-2) + C(54)*DUSCPI(-3) + C(55) + C(56)*(TIME+5)+C(61)
*DPOIL + C(62)*DUSGDP -((C(21)+C(22)+C(23))/(C(24)+C(25)+C(26)))*USINT
```

图6-19 估计Peersman（2005）的系统对象代码

冲击被分开是因为石油和供应对产出没有长期影响，而需求和货币冲击有长期影响。我们通过石油价格的外生性将石油与供应区分开来；通过货币冲击对产出没有同期效应的事实将货币与需求分离。请注意，如果货币冲击是暂时性的，它对所有 I（1）变量必须具有零效应，因此在这种情况下，F 需要是：$\begin{bmatrix} NA & NA & NA & 0 \\ NA & NA & 0 & 0 \\ NA & NA & NA & 0 \\ NA & NA & NA & NA \end{bmatrix}$。因此，在 Peersman 模型中存在 4 个永久性冲击，但只有 3 个 I（1）变量。

此情况可能会给工具变量方法带来问题。在不存在协整关系的情况下，当永久性冲击的数量与 I（1）变量的数量相等时，工具变量方法有效；但当永久性冲击的数量增加时可能不再适用。该问题表现为对数 GDP 对货币和需求冲击的长期（估计）响应不为零，如图 6-16 所示。估计的冲击值接近但并非完全为零。

为了利用给定的 A、B、S、F 矩阵进行模型估计，我们采用 EViews 10，并遵循以下"文本"限制（见图 6-20）：

@A（1，1）=1
@A（2，2）=1
@A（3，3）=1
@A（4，4）=1
@A（1，2）=0
@A（1，3）=0
@A（1，4）=0
@DIAG（B）
@F（2，3）=0
@F（2，4）=0
@S（2，4）=0

采用该方法所估计的脉冲响应满足零长期限制，因此当存在比 I（1）变量更多的永久性冲击时，该方法在效果上优于 IV 方法。[1]

6.4.5 对带有永久性供应冲击的小型宏观模型的再次探讨

6.4.5.1 利用 EViews 9.5 进行工具变量估计

小型宏观模型在解决价格谜题方面存在困难。有趣的是，如果我们假设由 Cho 和 Moreno 测量的产出缺口（从 GDP 的对数中剔除确定性趋势）是 I（1）而不是 I（0），将会得到什么结果？其他两个变量仍然被视为 I（0）。[2]

---

[1] 请在工作文件 e10_peersman.wf1 中打开名为 peersman_e10 的 VAR 对象，以便复制本示例。通过使用 EViews 代码，e10_Peersman.prg 实现了对该示例的复制。

[2] 这表明 GDP 增长的基本过程可以用方程式 $\triangle y_t = b + v_t$ 来描述，其中，v_t 代表独立于时间的趋势项。

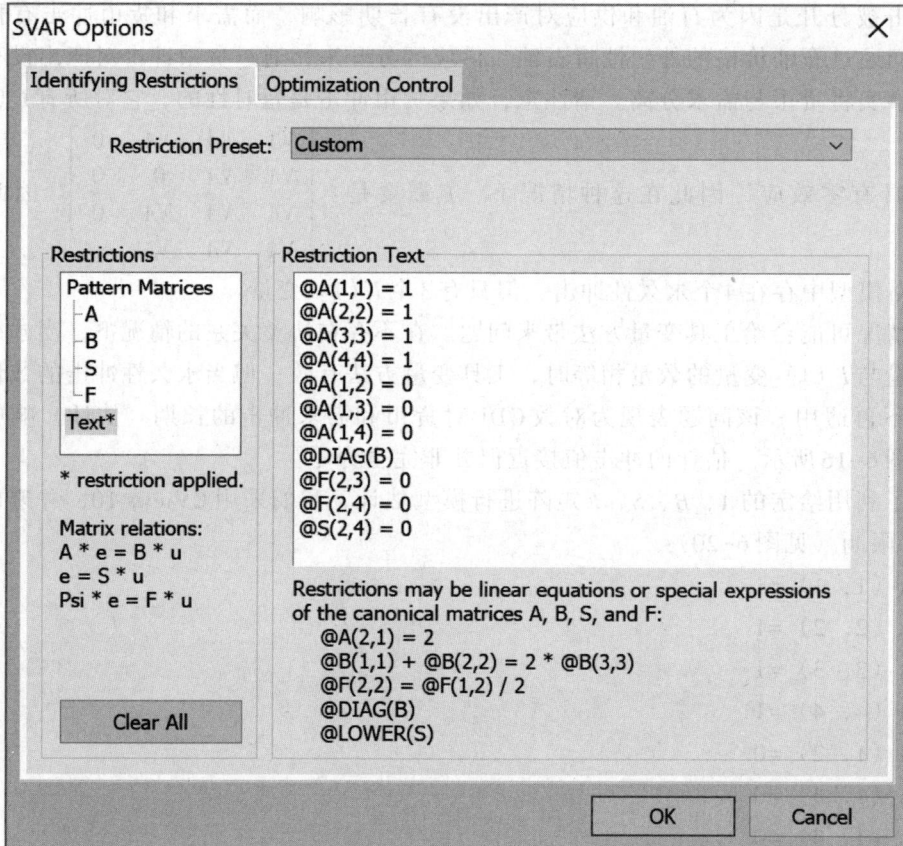

图6-20 使用文本限制估计Peersman（2005）

这意味着系统中存在一个永久性供给侧冲击，并且我们假设还有两个暂时性冲击。因此，SVAR将包括$\triangle y_t$（产出缺口的变化）、利率（i_t）和通货膨胀率（π_t）。在这里，y_t是I（1），而π_t和i_t都是I（0）。考虑到SVAR（2）的情况，系统的规范是：

$$\triangle y_t = a_{12}^0 \triangle i_t + a_{13}^0 \triangle \pi_t + a_{11}^1 \triangle y_{t-1} + a_{12}^1 \triangle i_{t-1} + a_{13}^1 \triangle \pi_{t-1} + a_{11}^2 \triangle y_{t-2} + \varepsilon_{1t} \tag{6.14}$$

$$i_t = a_{21}^0 \triangle y_t + a_{23}^0 \pi_t + a_{21}^1 \triangle y_{t-1} + a_{22}^1 i_{t-1} + a_{23}^1 \pi_{t-1} + a_{21}^2 \triangle y_{t-2} + a_{22}^2 i_{t-2} + a_{23}^2 \pi_{t-2} + \varepsilon_{2t} \tag{6.15}$$

$$\pi_t = a_{31}^0 \triangle y_t + a_{32}^0 \triangle i_t + a_{31}^1 \triangle y_{t-1} + a_{33}^1 \pi_{t-1} + a_{31}^1 i_{t-1} + a_{31}^2 \triangle y_{t-2} + a_{32}^2 i_{t-2} + a_{33}^2 \pi_{t-2} + \varepsilon_{3t} \tag{6.16}$$

在第一个方程中，$\triangle i_t$和$\triangle \pi_t$的存在保证了第二个和第三个冲击的暂时性。

根据方程（6.14），我们可以使用π_{t-2}、i_{t-2}（以及滞后值）作为工具进行估计，从而得到残差$\hat{\varepsilon}_{1t}$。为了估计利率方程（6.15），我们拥有变量的滞后值和$\hat{\varepsilon}_{1t}$，但这样会导致我们缺少一个工具。在第4章的递归系统中，利率对产出具有零同期影响，因此我们再次应用了这一假设。然而，我们并没有将该系统设计为递归系统。相反，我们利用了第4章中建立的事实，即在该假设下，VAR方程中的$\triangle y_t$的残差，即$\hat{e}_{1t}$，可以用作利率方程的工具。因此，我们使用$\hat{\varepsilon}_{1t}$、$\hat{e}_{1t}$和变量的滞后值作为工具来估计该方程。这给出了残差$\hat{\varepsilon}_{2t}$，可以与$\hat{\varepsilon}_{1t}$一起用于估计通货膨胀率方程。图6-21中的Chomoreno_perm.prg提供了实现此操作的代码。

```
'Requires chomoreno.wf1
smpl 1981q1 2001q1
equation eq1.tsls dgap diff dinfl diff(-1) dgap(-1 to -2) infl(-2) dinfl(-1) c @ c dgap(-1 to -2) infl(-1) infl(-2) dinfl(-1) ffr(-2) diff(-1)

eq1.makeresids eps1
equation eqdgp.ls  dgap c dgap(-1 to -2) inff(-1 to -2)
eqdgp.makeresids res1

equation eq2.tsls ff dgap inff dgap(-1 to -2) inff(-1 to -2) @ c eps1 res1 dgap(-1 to -2) inff(-1 to -2)
eq2.makeresids eps2

equation eq3.tsls inff dgap ff dgap(-1 to -2) inff(-1 to -2) @ c eps1 eps2 dgap(-1 to -2) inff(-1 to -2) inff(-1 to -2)
eq3.makeresids eps3

var chomorperm.ls 1 2 dgap ff inff

scalar ca1=eq1.@coefs(1) 'ff
scalar ca2=eq1.@coefs(2) 'inff

scalar ca3=eq2.@coefs(1) 'gap
scalar ca4=eq2.@coefs(2) 'inff

scalar ca5=eq3.@coefs(1) 'gap
scalar ca6=eq3.@coefs(2) 'ff

chomorperm.cleartext(svar)

chomorperm.append(svar) @e1=ca1*@e2+ca2*@e3+c(1)*@u1
chomorperm.append(svar) @e2=ca3*@e1+ca4*@e3+c(2)*@u2
chomorperm.append(svar) @e3=ca5*@e1+ca6*@e2+c(3)*@u3

' f0=u means that one draws start values from a uniform density , n=normal.
chomorperm.svar(type=text, f0=n,c=1e-10)

'compute normal impulses
chomorperm.impulse(36,imp=struct, se=a)
```

图6-21　EViews程序chomoreno_perm.prg，用于在小型宏观模型中允许一个永久性和两个暂时性冲击

图6-22展示了IV/SVAR的结果，而图6-23呈现了相应的脉冲响应。值得注意的是，除了对正利率冲击的产出略有上升外，结果与预期更为接近，这与递归模型所得到的结果有所不同。递归模型将所有数据视为 $I(0)$，这突显了正确指定由SVAR表示的系统的重要性。

人们可以使用FIML方法来估计该系统。图6-24展示了所需的系统对象代码。如同以往，为了准确识别该系统，我们需要满足3个限制条件。其中2个限制条件来自长期约束，通过对通货膨胀率的同期系数 a_{12} 进行限制，使其等于滞后系数之和的负值，即 $-(C(3)+C(4))$，并对 a_{13} 进行限制，使其等于 $-(C(5)+C(6))$。此外，要求利

率对产出具有零同期影响，这意味着在通货膨胀率方程中的利率系数 a_{32}^0 必须等于 $-(\dfrac{a_{12}^0}{a_{13}^0})$。这一条件确保了来自通货膨胀率渠道的利率对产出的同期影响是 $-a_{12}^0$，从而完全抵消了更直接的利率渠道本身对产出的同期影响，即 a_{12}^0。

　　使用 FIML 和对角协方差矩阵对系统进行估计，得到如图 6-25 所示的结果。这些估计值与 IV/SVAR 相同，结果在图 6-22 中展示。以产出增长方程中的利率为例，其隐含系数估计值为 $-(C(5)+C(6))=0.369652$，而通货膨胀率方程中的利率系数估计值为 0.84695。[①]

```
Structural VAR Estimates
Date: 02/04/16   Time: 07:05
Sample: 1981Q4 2000Q1
Included observations: 74
Estimation method: method of scoring (analytic derivatives)
Convergence achieved after 5 iterations
Structural VAR is over-identified (3 degrees of freedom)


Model: Ae = Bu where E[uu']=I
Restriction Type: short-run text form
@E1=CA1*@E2+CA2*@E3+C(1)*@U1
@E2=CA3*@E1+CA4*@E3-+C(2)*@U2
@E3=CA5*@E1+CA6*@E2+C(3)*@U3
where
@e1 represents DGAP residuals
@e2 represents FF residuals
@e3 represents INFL residuals
```

	Coefficient	Std. Error	z-Statistic	Prob.
C(1)	0.726430	0.059712	12.16553	0.0000
C(2)	0.734593	0.060383	12.16553	0.0000
C(3)	1.143837	0.094023	12.16553	0.0000

Log likelihood	-215.2684			
LR test for over-identification:				
Chi-square(3)	3.29E-14		Probability	1.0000

```
Estimated A matrix:
    1.000000   -0.369652   -0.436447
   -0.484235    1.000000   -0.665990
    1.150318    0.846957    1.000000
Estimated B matrix:
    0.726430    0.000000    0.000000
    0.000000   -0.734593    0.000000
    0.000000    0.000000    1.143837
```

图6-22　带有一个永久性冲击和两个暂时性冲击的小型宏观模型的结构VAR估计

[①]　在 MLE 子目录中，可参考 chomoremo_perm_mle.prg 文件，该文件提供了一种等效的方法，该方法利用 optimize（）函数和用户自定义的似然函数进行计算。

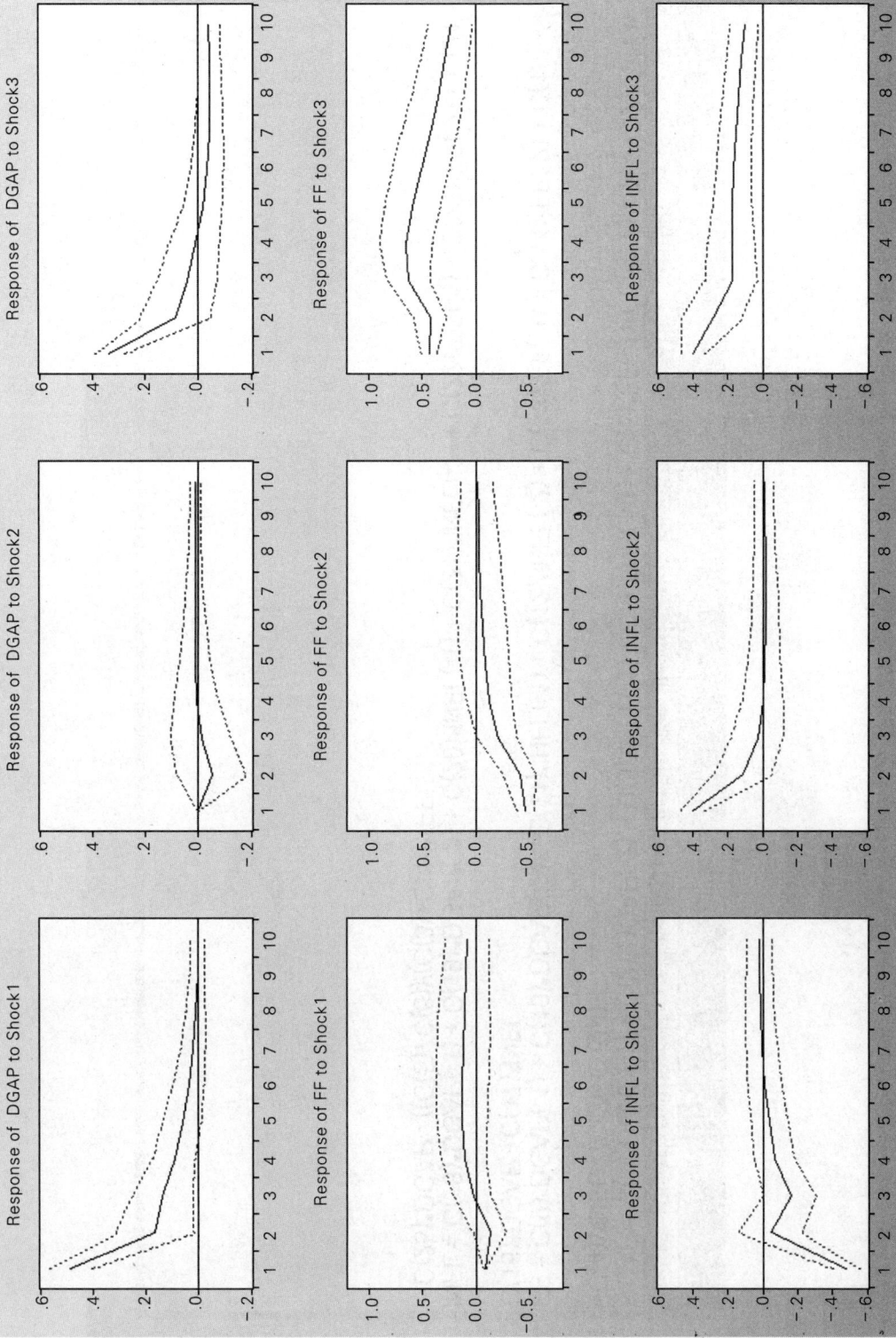

图6-23　带有一个永久性和一个暂时性冲击的小型宏观模型的脉冲响应

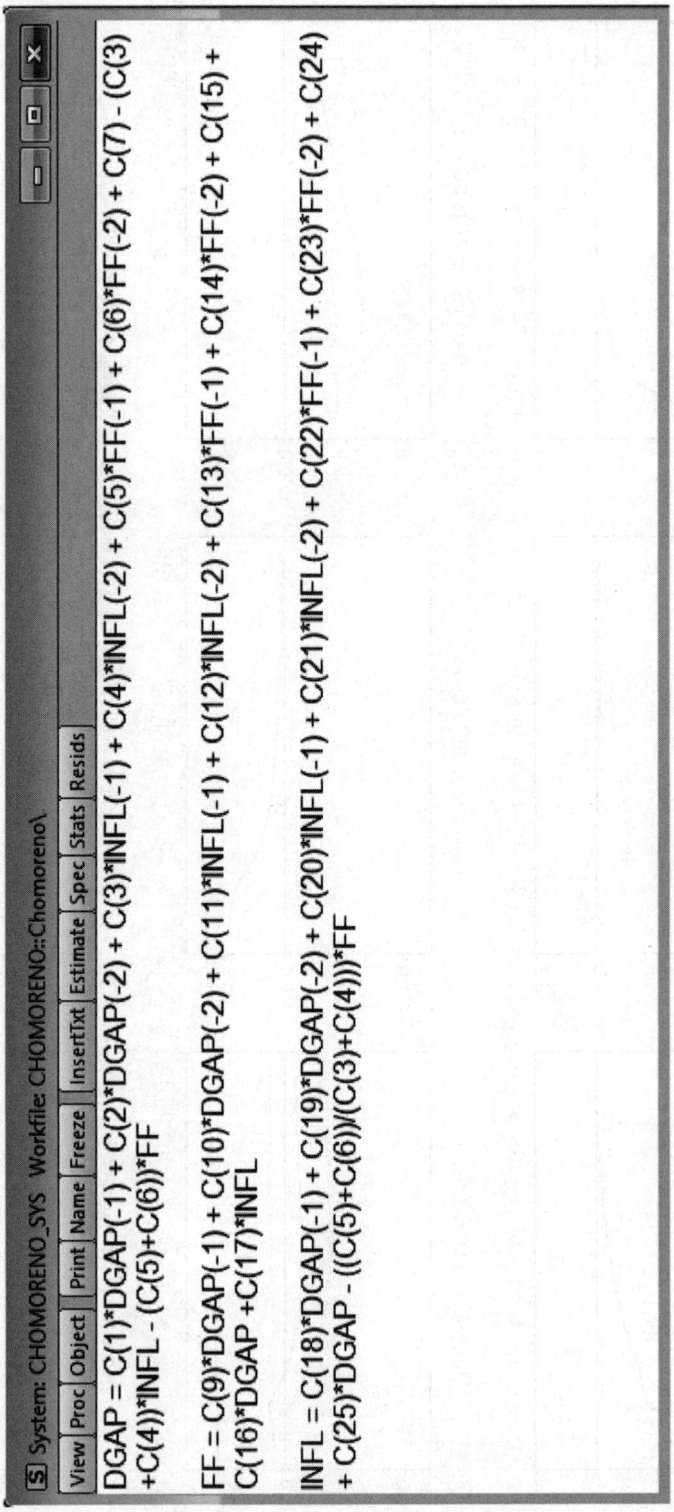

```
S System: CHOMORENO_SYS  Workfile CHOMORENO::Chomoreno\

View Proc Object Print Name Freeze InsertTxt Estimate Spec Stats Resids

DGAP = C(1)*DGAP(-1) + C(2)*DGAP(-2) + C(3)*INFL(-1) + C(4)*INFL(-2) + C(5)*FF(-1) + C(6)*FF(-2) + C(7) - (C(3)
+C(4))*INFL - (C(5)+C(6))*FF

FF = C(9)*DGAP(-1) + C(10)*DGAP(-2) + C(11)*INFL(-1) + C(12)*INFL(-2) + C(13)*INFL(-1) + C(14)*FF(-2) + C(15) +
C(16)*DGAP +C(17)*INFL

INFL = C(18)*DGAP(-1) + C(19)*DGAP(-2) + C(20)*INFL(-1) + C(21)*INFL(-2) + C(22)*FF(-1) + C(23)*FF(-2) + C(24)
+ C(25)*DGAP - ((C(5)+C(6))/(C(3)+C(4))*FF
```

图6-24 使用一个永久性和两个暂时性冲击估计小型宏观模型的系统对象代码

System: CHOMORENO_SYS
Estimation Method: Full Information Maximum Likelihood (BFGS /
   Marquardt steps)
Date: 04/12/16   Time: 20:24
Sample: 1981Q4 2000Q1
Included observations: 74
Total system (balanced) observations 222
Residual covariance matrix restricted to be diagonal in FIML estimation
Convergence achieved after 117 iterations
Coefficient covariance computed using observed Hessian

	Coefficient	Std. Error	z-Statistic	Prob.
C(1)	0.158337	0.185477	0.853674	0.3933
C(2)	0.047650	0.191235	0.249171	0.8032
C(3)	-0.265014	0.186009	-1.424738	0.1542
C(4)	-0.171433	0.144227	-1.188629	0.2346
C(5)	-0.337427	0.301856	-1.117841	0.2636
C(6)	-0.032224	0.118086	-0.272888	0.7849
C(7)	0.114214	0.094548	1.208008	0.2270
C(9)	-0.375210	0.218265	-1.719055	0.0856
C(10)	0.622947	0.157929	3.944483	0.0001
C(11)	-0.148312	0.185964	-0.797531	0.4251
C(12)	0.153594	0.132227	1.161589	0.2454
C(13)	0.867812	0.129006	6.726892	0.0000
C(14)	-0.161784	0.113688	-1.423047	0.1547
C(15)	-0.071770	0.098924	-0.725502	0.4681
C(16)	0.484235	0.188271	2.572011	0.0101
C(17)	0.665990	0.409320	1.627065	0.1037
C(18)	0.554275	0.287459	1.928191	0.0538
C(19)	0.449994	0.445639	1.009772	0.3126
C(20)	0.346700	0.188178	1.842397	0.0654
C(21)	0.340529	0.239768	1.420245	0.1555
C(22)	0.947369	0.636473	1.488467	0.1366
C(23)	-0.181561	0.214793	-0.845283	0.3980
C(24)	-0.250043	0.163771	-1.526785	0.1268
C(25)	-1.150318	0.620770	-1.853050	0.0639

Log likelihood	-204.2380	Schwarz criterion	6.915860
Avg. log likelihood	-0.919991	Hannan-Quinn criter.	6.466689
Akaike info criterion	6.168596		
Determinant residual covariance	0.276528		

图6-25　小型宏观模型的FIML估计（对角协方差矩阵），包含一个持久性冲击和两个暂时性冲击

6.4.5.2　使用EViews 9.5进行估计的另一种方法

在第2章中，D_j代表VAR的脉冲响应，因此$D(1) = \sum_{j=0}^{\infty} D_j$是一个无限时域上的累积响应矩阵。利用Eviews 10的符号表示法，我们可以得到以下等式：

$$F = D(1)A^{-1}B$$

这个等式可以用不同的方式表达，如：

$$FB^{-1} = D(1)A^{-1}$$

$$\Rightarrow BF^{-1} = AD(1)^{-1}$$

对于当前的模型，我们有：

$$A = \begin{bmatrix} 1 & -a_{12}^0 & -a_{13}^0 \\ -a_{21}^0 & 1 & -a_{23}^0 \\ -a_{31}^0 & -a_{32}^0 & 1 \end{bmatrix}, \quad D(1)^{-1} = \begin{bmatrix} d^{11}(1) & d^{12}(1) & d^{13}(1) \\ d^{21}(1) & d^{22}(1) & d^{23}(1) \\ d^{31}(1) & d^{32}(1) & d^{33}(1) \end{bmatrix}$$

$$F = \begin{bmatrix} f_{11} & 0 & 0 \\ f_{21} & f_{22} & f_{23} \\ f_{31} & f_{32} & f_{33} \end{bmatrix}, \quad B = \begin{bmatrix} b_{11} & 0 & 0 \\ 0 & b_{22} & 0 \\ 0 & 0 & b_{33} \end{bmatrix}, \quad S(1, 3) = 0$$

其中，$d^{ij}(1)$ 是 D^{-1} 的第 (i, j) 个元素。

现在 F^{-1} 的第一行是 $[f^{11}\ 0\ 0]$，因此 BF^{-1} 的第一行是 $[b_{11}f^{11}\ 0\ 0]$。基于此，我们规定 $AD(1)^{-1}$ 的第 $(1, 2)$ 和 $(1, 3)$ 元素必须为零。这一规定构成了限制条件：

$$d^{12} - a_{12}^0 d^{22}(1) - a_{13}^0 d^{23}(1) = 0 \tag{6.17}$$

$$d^{13} - a_{12}^0 d^{32}(1) - a_{13}^0 d^{33}(1) = 0 \tag{6.18}$$

因此，长期限制很容易施加在 A 上。

主要问题在于短期限制。根据 $S(1, 3) = 0$ 的等式，我们可以得到 $[A^{-1}B]_{13} = 0$。由此可知，$a^{13}b_{33} = 0$，从而得出 $a^{13} = 0$。进一步考虑 $a^{13} = [\dfrac{(a_{12}^0 a_{23}^0 - a_{13}^0)}{det(A)}]$ 的关系，我们可以推导出 $a_{12}^0 a_{23}^0 - a_{13}^0 = 0$，即 $a_{23}^0 = \dfrac{a_{13}^0}{a_{12}^0}$。通过解方程 $(6.17) \sim (6.18)$，我们得到 a_{12}^0 和 a_{13}^0 的值，能够求得 a_{23}^0 的值。

问题在于如何在短期限制内持续求解 A 的逆。

建立模型的一个替代方案是使用以下方程来代替第一个方程：

$$e_{1t} = b_{11}\eta_{1t} + b_{12}\eta_{2t}$$

考虑到 ε_{3t} 对 y_t 无影响的事实，我们可以将这 3 个方程表示为以下形式：

$$A = \begin{bmatrix} 1 & 0 & 0 \\ -a_{21}^0 & 1 & -a_{23}^0 \\ -a_{31}^0 & -a_{32}^0 & 1 \end{bmatrix}, \quad D(1)^{-1} = \begin{bmatrix} d^{11}(1) & d^{12}(1) & d^{13}(1) \\ d^{21}(1) & d^{22}(1) & d^{23}(1) \\ d^{31}(1) & d^{32}(1) & d^{33}(1) \end{bmatrix}$$

$$B = \begin{bmatrix} b_{11} & b_{12} & 0 \\ 0 & b_{22} & 0 \\ 0 & 0 & b_{33} \end{bmatrix}, \quad F = \begin{bmatrix} f_{11} & 0 & 0 \\ f_{21} & f_{22} & f_{23} \\ f_{31} & f_{32} & f_{33} \end{bmatrix}$$

由于 $S(1, 3) = 0$ 的限制已经在第一个方程中被捕捉到，我们现在需要解决如何应用长期限制。为此，我们将基本关系重新写为 $F^{-1} = B^{-1}AD(1)^{-1}$。为了应用这种形式，我们需要求 B 的逆矩阵：

$$B^{-1} = |B|^{-1}\begin{bmatrix} b_{22}b_{33} & -b_{12}b_{33} & 0 \\ 0 & b_{11}b_{33} & 0 \\ 0 & 0 & b_{11}b_{22} \end{bmatrix}$$

使用：

$$B^{-1}A = |B|^{-1}\begin{bmatrix} b_{22}b_{33} & -b_{12}b_{33} & 0 \\ 0 & b_{11}b_{33} & 0 \\ 0 & 0 & b_{11}b_{22} \end{bmatrix}\begin{bmatrix} 1 & -a_{12}^0 & -a_{13}^0 \\ -a_{21}^0 & 1 & -a_{23}^0 \\ -a_{31}^0 & -a_{32}^0 & 1 \end{bmatrix}$$

$$= |B|^{-1}\begin{bmatrix} b_{22}b_{33} + a_{21}^0 b_{12}b_{33} & -(b_{22}b_{33}a_{12}^0 - b_{12}b_{33}) & -(b_{22}b_{33}a_{13}^0 - a_{23}^0 b_{12}b_{33}) \\ -a_{21}^0 b_{11}b_{33} & b_{11}b_{33} & 0 \\ 0 & 0 & b_{11}b_{22} \end{bmatrix}$$

由于 $F^{-1}(1, 2) = 0$，$F(1, 3) = 0$，我们可以通过 $B^{-1}AD(1)^{-1}$ 的 （1，2）和 （1，3）元素来计算这些元素。令 （1，2）元素等于零，得到：

$$0 = (b_{22}b_{33} + a_{21}^0 b_{12}b_{33})d^{12}(1) - (b_{22}b_{33}a_{12}^0 - b_{12}b_{33})d^{22}(1) - (b_{22}b_{33}a_{13}^0 - a_{23}^0 b_{12}b_{33})d^{23}(1)$$

由于 b_{33} 取消了限制，结果是：

$$(b_{22} + a_{21}^0 b_{12})d^{12}(1) + (b_{22}a_{12}^0 - b_{12})d^{22}(1) - (b_{22}a_{13}^0 + a_{23}^0 b_{12})d^{23}(1) = 0$$

同样地，（1，3）元素限制会是：

$$(b_{22} + a_{21}^0 b_{12})d^{13}(1) + (b_{22}a_{12}^0 - b_{12})d^{23}(1) - (b_{22}a_{13}^0 + a_{23}^0 b_{12})d^{33}(1) = 0$$

在第 4.6.2.3 节中，我们探讨了对此类限制的施加。基本上，为了解释 IV 是一种比在 EViews 9.5 中使用 SVAR 程序更简单的方法来施加短期和长期限制的组合，我们需要将 A 或 B 进行反转。

6.4.5.3　利用 EViews 10 进行估计

我们现在使用与上述相同的变量和假设。待估计的系统可以由以下 4 个矩阵进行总结：

$$A = \begin{bmatrix} 1 & NA & NA \\ NA & 1 & NA \\ NA & NA & 1 \end{bmatrix}, \quad B = \begin{bmatrix} NA & 0 & 0 \\ 0 & NA & 0 \\ 0 & 0 & NA \end{bmatrix},$$

$$F = \begin{bmatrix} NA & 0 & 0 \\ NA & NA & NA \\ NA & NA & NA \end{bmatrix}, \quad S = \begin{bmatrix} NA & NA & 0 \\ NA & NA & NA \\ NA & NA & NA \end{bmatrix}$$

在进行 $dgap$、$infl$ 和 ff 的 VAR （2）估计后，我们选择 Proc→Estimate Structural Factorization 选项，并指定相应的矩阵。然而，为了简化操作流程，我们现在采用另一种方式来完成这一步骤，即点击"文本"按钮，用户只需提供所需矩阵的元素值，无须包含 NA 条目。根据上述要求，我们可以将以下命令插入到"文本"框中，具体操作如图 6-26 所示。点击确认后，系统将自动进行模型估计。

@A （1，1）=1

@A （2，2）=1

@A （3，3）=1

@DIAG （B）

@F （1，2）=0

@F （1，3）=0

@S （1，3）=0

研究结果与在 chomorperm.prg 中使用 IV 方法得到的结果完全一致。[①]

6.5　基于工具变量思维方法优势的实例分析

数据集 data_canada.wf1 提供了关于加拿大的对数 GDP 的变化（$dgdp$）、利率（int）和通货膨胀率（inf）的数据。本研究将采用 SVAR （2）模型进行估计。为了估计该系统，我们需要满足以下 3 个限制条件：

---

① 请在工作文件 e10_chomoreno.wf1 中打开名为 chomorperm_e10 的 VAR 对象，以实现本例的复制。此外，还请参考 e10_chomorperm.prg 文件。

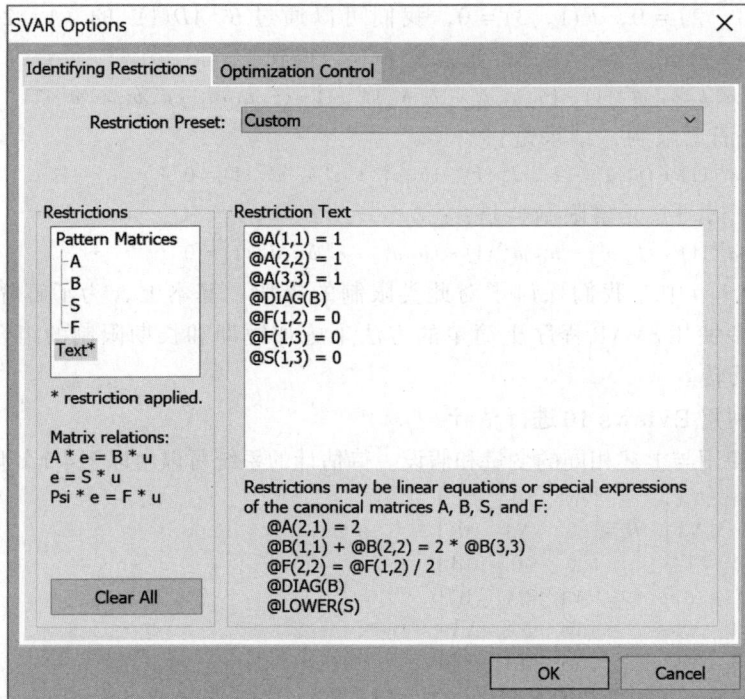

图6-26　基于永久性冲击的小型宏观模型估计

（1）通货膨胀率方程不受到来自 $dgdp$ 和 int 的同期影响；

（2）总需求冲击（在通货膨胀率的结构方程中）对 GDP 水平没有长期效应。

通过执行以下代码，实现了对数据的归一化处理以及零限制的约束：

@A（1，1）=1

@A（2，2）=1

@A（3，3）=1

@A（3，1）=0

@A（3，2）=0

@F（1，3）=0

@DIAG（B）

然而，在进行估计时，可能会遇到一些错误信息，例如"在满足 S 或 F 的限制之前达到收敛"或"由于未满足一阶或二阶条件，优化结果可能不可靠"。这 3 个零限制满足了识别的数量条件，但未满足识别的秩条件。尽管 EViews 会认为模型已经识别，但实际上它只是简单地计算了是否有足够的限制条件。

我们探讨了利用工具变量进行估计的方法。首先，我们关注 inf 方程。该方程中未涉及 $dgdp$ 和 int，因此可以进行估计并得到残差。然而，长期约束条件要求需求冲击对 GDP 的影响为零。这意味着我们可以将 $dgdp$ 的 VAR 方程的残差作为工具变量应用于 inf 方程（但不包括其他方程），因为需求冲击正是存在于此。尽管如此，我们已经拥有足

够的工具来估计 *inf* 方程。实际上，我们需要的是用于估计 *dgdp* 或 *int* 等其他方程的工具，而上述约束并未提供相关信息。

若我们采取以下限制条件，则估计过程将变得简洁明了。由于最后一个限制条件的存在，我们现在具备了所需的工具，即可以将国内生产总值（GDP）的向量自回归（VAR）方程的残差应用于利率方程中。

@A（1，1）=1

@A（2，2）=1

@A（3，3）=1

@A（3，1）=0

@A（3，2）=0

@F（1，2）=0

@DIAG（B）

|6.6| 脉冲响应测量不确定性问题

长期限制是否能够产生可靠利息的数量的估计量？回答这个问题涉及两个问题：

1. 是否存在由模型设定引起的估计量的偏倚？
2. 是否存在由弱工具导致的偏倚和推断问题？

Faust 和 Leeper（1997）对第一个问题进行了探讨。假设选定的 SVAR 是一阶的。根据方程（6.11），我们可以得出在双变量情况下的结论：

$$a_{12}^0 = \frac{-b_{12}^1}{1 - b_{22}^1} = \frac{-[B(1)]_{12}}{[B(1)]_{22}}$$

然而，如果真实的 SVAR 是 *p* 阶的，那么 a_{12}^0 需要通过以下方式进行估计：

$$a_{12}^0 = \frac{-\sum_{j=1}^{p} b_{12}^j}{1 - \sum_{j=1}^{p} b_{22}^j} = \frac{-[B^*(1)]_{12}}{[B^*(1)]_{22}}$$

因此，选择阶数过低的 SVAR 会导致对 A_0（包括相关的脉冲响应）的估计存在偏差。Faust 和 Leeper（1997）提出了这一观点，并指出真实阶数可能为无穷大的可能性，这最初是由 Sims 在其因果关系的研究中提出的。为了改进 B（1）的估计器，使其对真实阶数具有稳健性，可以利用 B（1）与零频率下序列的多元谱密度相关的事实。有关这方面的建议可以参考 Christiano 等（2006）的研究。

第二个问题源于我们之前观察到的现象，即 A_0 的估计量本质上是工具变量（IV），并且可能是弱工具变量。这可能导致在有限样本中估计的 A_0 系数密度与正态分布有较大偏离[1]。我们在第 4 章中已经展示了这一情况。此外，有很好的理由认为，当引入长期限制时，这可能是一个主要问题。在 Blanchard 和 Quah 分析的经典双变量情况下，z_{2t-8} 被用作 $\triangle z_{2t}$ 的工具变量，因此当 z_{2t} 接近整合过程时，相关性会非常弱。为了评估这

---

[1] 鉴于 EViews 中报告的脉冲响应的渐进标准误差假设为正态分布，在存在弱工具的情况下，我们必须对其采取谨慎态度。这一观点已在第 4 章中得到强调。

个工具的质量，我们需要对 $du_t(\triangle z_{2t})$ 进行回归，使用 $\{du_{t-j}\}_{j=1}^{7}$ 和 u_{t-8} 作为自变量。然后，u_{t-8} 系数为零的 F 统计量远小于 10，这表明存在弱工具变量的问题。图 6-27 显示了 $\hat{a}_{ij}^0$ 和脉冲响应的分布是非正态的，而图 6-28 显示问题在于 $[B(1)]_{12}$ 非常接近于零。[1]

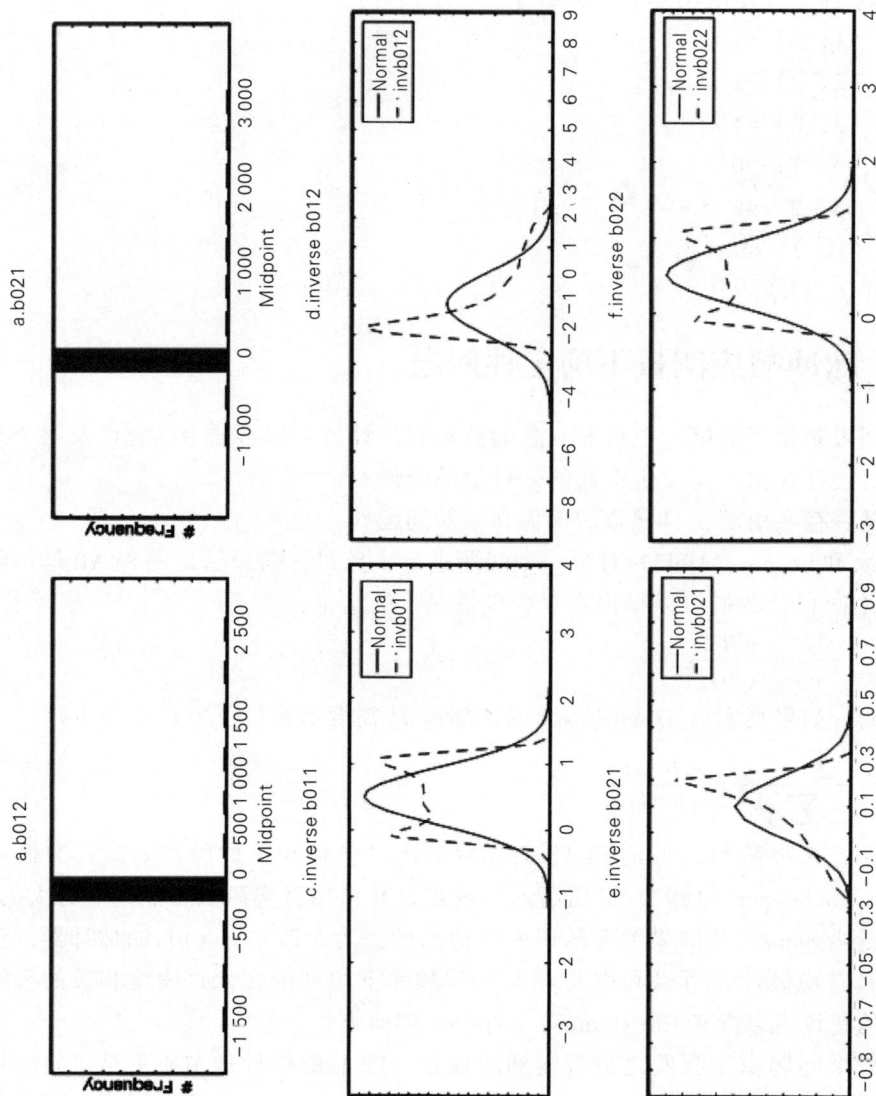

图6-27　Blanchard-Quah模型的结构参数分布和冲击脉冲响应

---

① 本研究通过图表展示了 Blanchard-Quah 模型中 $\hat{a}_{ij}^0$ 的密度分布情况。需要特别指出的是，在标记时我们采用了 B0 而非 A0 来表示同期系数矩阵。

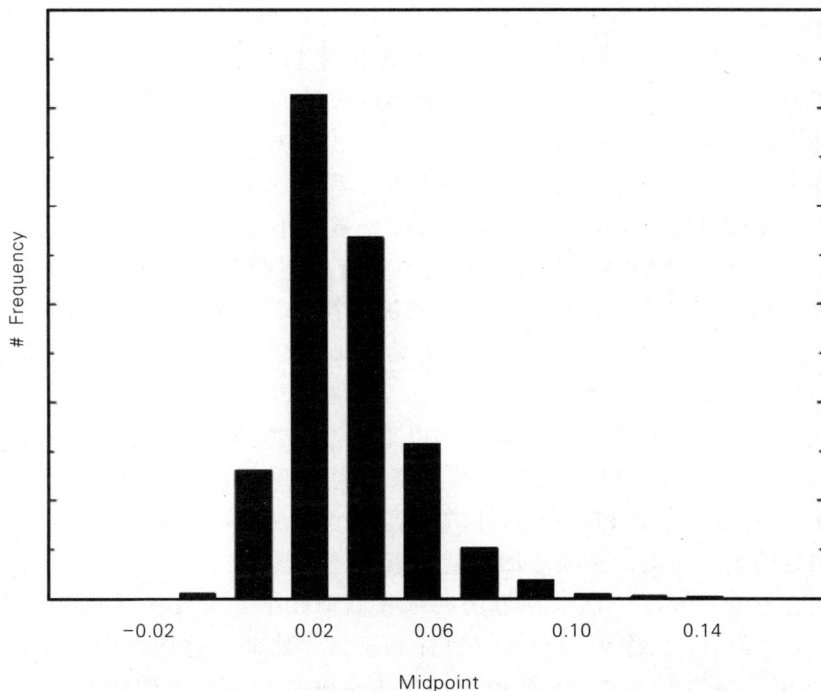

图6-28　Blanchard-Quah模型中$[B(1)]_{12}$的分布

鉴于当$[B(1)]_{12}$接近零时会出现弱相关性，因此对$\hat{a}_{12}^{0}$在"局部为零"（$[B(1)]_{12}$）背景下的分布进行研究具有重要价值。尽管已有一些相关工作，如Gospodinov等（2010），但关于脉冲响应和二元变量以外的背景的研究仍然较少。然而，Chevillon等（2015）最近的研究为我们提供了一种新的方法，他们将已知与弱工具配合良好的Anderson-Rubin（1949）测试与一种调整方法相结合，该方法考虑了所使用的工具接近非平稳的事实。他们不仅研究了Blanchard-Quah模型，还对Gali估计的IS-LM结构进行了研究，并在下一章中进行了讨论。这种方法具有很大的潜力。

|6.7| 存在永久性和暂时性冲击时的信号限制

当所有变量被整合且不存在协整关系时，所有冲击均具有持久性。在这种情况下，我们采用差分变量来构建SVAR模型，并按照常规方法进行符号限制下的SVAR估计。然而，若SVAR模型中存在$I(0)$变量，则部分冲击可能是暂时性的。因此，我们需要探讨$I(1)$和$I(0)$变量的混合对前一章所介绍的两种施加符号限制信息的方法（即SRR和SRC方法）的影响。

在SRR方法中，当脉冲响应混合时，需谨慎地重新组合它们。假设存在永久性基础冲击（η_{t}^{P}）和暂时性冲击（η_{t}^{T}）。标准SRR方法将所有的η_{t}组合在一起以产生新的冲击（η_{t}^{*}），但这会涉及将永久性和暂时性冲击一起组合，而结果η_{t}^{*}必然是永久性的。为

确保部分 η_t^* 是暂时性的，我们只能通过重新组合 η_t^T 来构建它们。这意味着我们可以形成 $\hat{\eta}_t^{P*} = Q_P \eta_t^P$ 和 $\hat{\eta}_t^{T*} = Q_T \eta_t^T$，其中，每个 Q_P 和 Q_T 来自 Givens 或 Householder 变换。问题的核心在于产生不相关的基础冲击，并具有正确数量的永久性和暂时性冲击。

另一种方法即 SRC 方法，同样要求建立一个 SVAR 模型，以产生正确数量的永久性和暂时性冲击，但在此之后，只需生成一些未知系数即可。

本研究旨在探讨如何构建一个系统，该系统基于小型宏观模型，并受到长期参数限制的约束。该系统与第 6.4.5 节中提出的模型相对应。然而，在该模型中使用的短期限制条件（即货币政策对产出没有同期影响）被替换为符号限制。通过比较 SRC 和 SRR，我们发现这两种方法在此类情况下产生了非常相似的结果。显然，SRC 能够很好地适应存在参数和符号限制组合的情况。

在寻找基本暂时性冲击时，SRR 采用以下方法：首先，将 a_{23} 设定为零，然后利用 $\hat{\varepsilon}_{1t}$ 作为 $\triangle z_{1t}$ 的工具估计方程（6.15）；接下来，利用 $\hat{\varepsilon}_{1t}$ 和 $\hat{\varepsilon}_{2t}$ 来估计方程（6.16），从而得出冲击 $\hat{\varepsilon}_{3t}$；最后，将 $\hat{\varepsilon}_{2t}$ 和 $\hat{\varepsilon}_{3t}$ 的脉冲响应重新组合，以寻找新的暂时性冲击。因此，为了确定初始的基本冲击，必须施加长期约束和递归假设。

我们现在来探讨 SRC 方法。该方法要求我们估计第二个方程（6.15），并且需要有 $\hat{\varepsilon}_{1t}$、y_{2t-1}、y_{3t-1} 和 $\triangle z_{1t-1}$ 作为实现这一目标的工具。然而，这比所需的工具少了一项。在第 6.4.5 节中，我们引入了一个假设，即货币政策对 GDP 没有同期影响，从而得到了这个额外的工具。现在我们只有符号限制可用，因此需要固定 a_{23}^0 并创建一个新的因变量 $y_{2t} - a_{23}^0 y_{3t}$。现在，有了正确数量的工具，一旦方程被估计出来，我们就可以得到残差 $\hat{\varepsilon}_{2t}$。我们可以将这些残差与 $\hat{\varepsilon}_{1t}$、y_{2t-1}、y_{3t-1} 和 $\triangle z_{1t-1}$ 一起用于估计最后一个方程。因此，SRC 方法用某个值替换 a_{23}^0，这与市场模型发生的情况完全相同，即一旦 a_{23}^0 被 θ 的某个函数替换，每个 θ 都会生成一组新的脉冲响应。然而，值得注意的是，随着 θ 的变化，长期限制始终通过 SVAR 的设计来强制执行，即通过将方程（6.14）作为其一部分使用。由于这种参数（长期）限制将需要估计的参数数量减少了一个，因此只需要指定一个参数即可获得所有的脉冲响应。符号限制用于确定两个暂时性冲击中哪一个是需求冲击，哪一个是货币政策冲击。由于永久性冲击无论如何都不依赖于分配给 a_{23}^0 的值，因此它对于该系数的变化值是不变的（就像 SRR 脉冲响应对于 λ 不变一样）。现在，通过 SRC 技术使用永久性冲击估计 SVAR 会导致 45% 的响应满足所有符号限制，而纯暂时性冲击只有 5%。

第 7 章

具有协整关系和 I(0) 变量的 SVAR 模型

7.1 引言

在第 6 章中我们分析了系统中的变量被积分并且存在永久性和暂时性冲击时，对建模的影响。然而，假设变量之间没有协整关系，那么，在 VAR 模型中，系统中的 I（1）变量将以一阶差分形式出现，I（0）变量将以水平形式出现。

本章详细介绍了当 I（1）变量之间存在协整关系时，分析方法会发生哪些变化。首先，总和模型转换为向量误差修正模型（VECM），解释模型转换为结构性向量误差修正模型（SVECM）。我们会在第 2 节中详细介绍这些模型。第 3 节会介绍为了应用第 6 章提到的方法，我们如何将 SVECM 模型转换为 SVAR 模型。第 4 节通过两个具体的例子来说明这些方法的应用，第一个例子是 Gali（1999）关于生产率冲击影响的论文，第二个例子是 Gali（1992）的 IS-LM 模型。

本章的重点主要是在 SVECM 中如何分离永久性和短期性冲击。一旦了解了进行这种分离的方法，我们就可以继续使用类似于第 6 章中的方法进行分析。在本章中，并没有特别讨论通过施加符号限制来区分冲击的新问题。

7.2 向量误差修正模型（VECM）与结构性向量误差修正模型（SVECM）

当变量中存在协整关系时，合适的总和模型不再是 VAR 模型，而是 VECM。当系统中存在 $r < n$ 个协整关系时，VECM 的表达式为：

$$\Delta \zeta_t = \alpha \beta' \zeta_{t-1} + \Phi_1 \Delta \zeta_{t-1} + e_t \tag{7.1}$$

在这个模型中，ζ_t 表示 I（1）变量的一阶差分（通常是对数级别）。α 和 β 是 $n \times r$ 的矩阵，其中，α 表示加载矩阵，β 表示协整向量。$\xi_{t-1} = \beta' \zeta_{t-1}$ 表示误差修正项。

我们的策略是将 VECM 中的信息转化为 VAR，以便能够利用先前章节中讨论的工具。Gali（1992，1999）似乎是最早采取这种策略的人之一。将 Φ_1 设置为零是最简单的，因为这样做可以消除与系统的同期部分有关的问题。由于我们对结构性系统感兴趣，因此需要区分 VECM 和 SVECM。为了将 VECM 转换为 SVECM，我们通过 Φ_0 对方程（7.1）进行预乘[①]，如下所示：

$$VECM: \Delta\zeta_t = \alpha\beta'\zeta_{t-1} + e_t$$
$$SVECM: \Phi_0\Delta\zeta_t = \Phi_0\alpha\beta'\zeta_{t-1} + \Phi_0 e_t$$
$$= \alpha^*\beta'\zeta_{t-1} + \varepsilon_t$$
$$= \alpha^*\xi_{t-1} + \varepsilon_t$$

|7.3| SVECM 的 SVAR 形式

7.3.1 模型中只存在永久性和短期性冲击

SVECM 中有 r 个短期冲击和 $n-r$ 个永久冲击：

$$SVECM: \Phi_0\Delta\zeta_t = \alpha^*\xi_{t-1} + \varepsilon_t \tag{7.2}$$

因此，必须有 $n-r$ 个包含永久冲击的结构方程，我们将选择这些方程作为前 $n-r$ 个方程。它们的格式为：

$$\Phi_{11}^0\Delta\zeta_{1t} + \Phi_{12}^0\Delta\zeta_{2t} = \alpha_1^*\xi_{t-1} + \varepsilon_{1t}$$

其中，ζ_{1t} 是 $(n-r) \times 1$ 的向量，而 ζ_{2t} 是 $r \times 1$ 的向量。通过协整关系 $\xi_t = \beta_1'\zeta_{1t} + \beta_2'\zeta_{2t}$，我们能够从具有永久性冲击的方程中消除 $\Delta\zeta_{2t}$。对该方程进行反演可以得到：

$$\zeta_{2t} = (\beta_2')^{-1}(\xi_t - \beta_1'\zeta_{1t}),$$

但前提是 β_2' 是非奇异的（这个假设将会在本节中进行讨论）。ζ_{2t} 的表达式可用于将它从方程（7.2）的 $n-r$ 个方程中的第一组中消除，由此可以得到：

$$\Phi_{11}^0\Delta\zeta_{1t} + \Phi_{12}^0(\beta_2')^{-1}(\Delta\xi_t - \beta_1'\Delta\zeta_{1t}) = \alpha_1^*\xi_{t-1} + \varepsilon_{1t}$$

因此，定义的 $A_{11}^0 = \Phi_{11}^0 - \Phi_{12}^0(\beta_2')^{-1}\beta_1'$ 和 $A_{12}^0 = \Phi_{12}^0(\beta_2')^{-1}$ 将会变为：

$$A_{11}^0\Delta\zeta_{1t} + A_{12}^0\Delta\xi_t = \alpha_1^*\xi_{t-1} + \varepsilon_{1t} \tag{7.3}$$

在 SVECM 中，存在第二个由 r 个方程组成的方程块。在这些方程中替换 ζ_{2t} 后，可以得到：

$$A_{21}^0\Delta\zeta_{1t} + A_{22}^0\Delta\xi_t = \alpha_2^*\xi_{t-1} + \varepsilon_{2t} \tag{7.4}$$

这个方程可以重新表示为：

$$A_{21}^0\Delta\zeta_{1t} + A_{22}^0\xi_t = (A_{22}^0 + \alpha_2^*)\xi_{t-1} + \varepsilon_{2t} = A_{22}^1\xi_{t-1} + \varepsilon_{2t} \tag{7.5}$$

因此，SVAR 将涉及 $n-r$ 个变量 $\Delta\zeta_{1t}$ 和 r 个误差修正项 ξ_t。

上述分析中有两个要点需要注意：

1. SVAR 中的系数 A_j 与 SVECM 中的系数 Φ_j 不同。

2. SVAR 中的冲击与 SVECM 中的冲击相同。

因此，问题在于如何估计方程（7.3）和方程（7.5）中的 SVAR 方程。Pagan 和 Pesaran（2008）指出，对于特定的结构方程（或方程组），具有永久性冲击意味着这些结构方程中的 α^* 值为零。这意味着这些方程中不能包含滞后的误差修正项。具体来说，在方程（7.3）中，因为 $\alpha_1^* = 0$，所以 ξ_{t-1} 项被排除。这种特点为我们提供了一个机会，

[①] Φ_0 相当于第 4 章中的 A_0，但在本章中，我们希望将 A_0 应用在后面的 SVAR 表示中。

可以将滞后的误差修正项作为工具变量来估计具有永久性冲击的方程的参数。

在这种情况下，如果有足够的工具变量可用于估计方程（7.3），那么可以使用估计误差项 $\hat{\varepsilon}_{1t}$ 作为工具变量。然而，方程（7.5）不能排除滞后的误差修正项。因此，在估计方程（7.5）的参数时，需要从其他来源找到工具变量，以确保工具变量与误差项的不相关性。

将 SVECM 转换为 SVAR 的方法在分析脉冲响应函数时具有一些优势。因为协整向量可以进行单独估计，由此可以得到误差修正项，所以这是一个相对简单的任务。[①]

当从 ζ_t 中选择一组 $n-r$ 个变量 ζ_{1t} 时，确保所选变量能够使 β_2' 非奇异是非常重要的。只要 β_2' 是非奇异的，就可以选择任意的 $n-r$ 个变量，但如果它是奇异的，就需要选择能够使 β_2' 是非奇异的变量。例如，假设有 3 个 $I(1)$ 变量，并且存在一个协整向量 $\beta' = (1 \quad -1 \quad 0)$。如果我们选择 $n-r=2$ 个变量作为 ζ_{1t} 和 ζ_{2t}，就会发现 $\beta_2' = 0$。这表明 β_2' 是奇异的，因此，我们需要选择其他变量来确保 β_2' 是非奇异的。一种可能的选择是 $\{\zeta_{1t}, \zeta_{3t}\}$，另一种选择是 $\{\zeta_{2t}, \zeta_{3t}\}$。在这两种情况下，$\beta_2'$ 分别为 -1 和 $+1$，这可以确保 β_2' 是非奇异的。[②]

7.3.2 永久性、短期性和混合性冲击

假设现在系统中既包含 $I(0)$ 变量 w_t，又包含 $I(1)$ 变量 ζ_t，那么，最一般的 SVECM 会是：

$$\Phi_0 \Delta \zeta_t + \Psi w_t = \alpha^* \xi_{t-1} + \varepsilon_t$$
$$G w_t + H \Delta \zeta_t = \delta \xi_{t-1} + \varepsilon_{3t}$$

定义前 $n-r$ 个方程为：

$$\Phi_{11}^0 \Delta \zeta_{1t} + \Phi_{12}^0 \Delta \zeta_{2t} + \Psi_{13} w_t = \alpha_1^* \xi_{t-1} + \varepsilon_{1t}$$

用协整关系替换 $\Delta \zeta_{2t}$ 可以消除对 w_t 的任何依赖性，因此，方程（7.3）的等效方程为：

$$A_{11}^0 \Delta \zeta_{1t} + A_{12}^0 \Delta \xi_t + \Psi_{13} w_t = \alpha_1^* \xi_{t-1} + \varepsilon_{1t} \tag{7.6}$$

同样，将 w_t 添加到方程（7.5）中意味着 SVAR 将包含 $\Delta \zeta_{1t}$、ξ_t 和 w_t。

如果我们希望通过引入 $I(0)$ 变量来获得具有短期效应的冲击，那么我们需要对方程进行一些修改。在原始方程（7.6）中，由于存在 w_t 的水平项，冲击 ε_{3t} 会产生永久性效应，而不是短期性效应。为了使冲击 ε_{3t} 具有短期效应，我们需要将方程（7.6）重新定义为：

$$A_{11}^0 \Delta \zeta_{1t} + A_{12}^0 \Delta \xi_t + \Psi_{13} \Delta w_t = \alpha_1^* \xi_{t-1} + \varepsilon_{1t} \tag{7.7}$$

并且，在这个修改后的方程中，我们将 w_{t-1} 作为 Δw_t 的工具变量，而系统中的其他方程保持不变，仍然包含 w_t 的水平项。

当我们希望来自 w_t 的结构方程的额外冲击具有短期效应时，就需要对系统进行指定，以确保将 Δw_t 引入那些受长期冲击影响的结构方程中。如果我们希望 ε_{3t} 的冲击对 $I(1)$ 变量产生永久效应，就意味着 w_t 将以与其他变量相同的水平形式进入方程。然而，在使用工具变量时，仍然需要找到 w_t 的工具变量，以解决潜在的内生性问题。

[①] 在此，协整向量进行的是超一致性估计。

[②] 感谢 Farshid Vahid 提供的例子。

7.4 Gali（1999）关于技术冲击和波动模型的示例

7.4.1 系统性质和使用限制

Gali（1999）提出的模型包括劳动生产率（x_t）、人均工时或就业对数（n_t）、通货膨胀率（$\pi_t = \Delta \log p_t$）、名义利率（i_t）和货币供应增长率（Δm_t）这5个变量。模型假设这些变量都被视为 I（1）过程，并且存在两个协整关系 $\xi_{1t} = i_t - \pi_t$ 和 $\xi_{2t} = \Delta m_t - \pi_t$。因此，假设模型中存在3个永久性冲击和2个短期冲击。根据定义：

$$\beta' = \begin{pmatrix} 0 & 0 & -1 & 1 & 0 \\ 0 & 0 & -1 & 0 & 1 \end{pmatrix}$$

Gali 使用的 SVAR 包含 Δx_t、Δn_t、$\Delta \pi_t$、ξ_{1t} 和 ξ_{2t}。要从 SVECM 转换为这种形式的 SVAR，我们需要确保 $\beta_2' = \begin{pmatrix} 1 & 0 \\ 0 & 1 \end{pmatrix}$ 是非奇异的，实际上它就是非奇异的。为了简化，假设 SVAR 的阶数为1，而实际上，在 Gali 的论文和实证研究中，可能使用了更高阶的 SVAR 模型。

7.4.2 对系统的估计

假设第一个方程存在永久性技术冲击，并且该冲击可以用方程（7.3）的形式表示，那么我们可以将该方程表示为：

$$\Delta x_t = \alpha_{12}^0 \Delta n_t + \alpha_{13}^0 \Delta \pi_t + \alpha_{14}^0 \Delta \xi_{1t} + \alpha_{15}^0 \Delta \xi_{2t} + \alpha_{12}^1 \Delta n_{t-1} + \alpha_{13}^1 \Delta \pi_{t-1} + \alpha_{11}^1 \Delta x_{t-1} + \varepsilon_{1t} \tag{7.8}$$

要估计方程（7.8），需要提供4个工具变量，分别对应于 Δn_t、$\Delta \pi_t$、$\Delta \xi_{1t}$ 和 $\Delta \xi_{2t}$。根据方程（7.8）的设定，排除了 ξ_{jt-1}（$j = 1, 2$），因此我们需要额外的2个工具变量。为了满足这一要求，Gali 假设非技术性永久冲击 ε_{2t} 和 ε_{3t} 对劳动生产率没有长期影响。基于这个假设，我们可以得到：

$$\alpha_{12}^0 = -\alpha_{12}^1 \text{ 和 } \alpha_{13}^0 = -\alpha_{13}^1$$

综合这些限制，方程（7.8）将会变为：

$$\Delta x_t = \alpha_{12}^0 \Delta^2 n_t + \alpha_{13}^0 \Delta^2 \pi_t + \alpha_{14}^0 \Delta \xi_{1t} + \alpha_{15}^0 \Delta \xi_{2t} + \alpha_{11}^1 \Delta x_{t-1} + \varepsilon_{1t} \tag{7.9}$$

用于估计这个方程的工具变量将会是 Δn_{t-1}、$\Delta \pi_{t-1}$、ξ_{1t-1} 和 ξ_{2t-1}。工具变量的参数估计结果为：

$$\hat{\alpha}_{12}^0 = 1.1219, \quad \hat{\alpha}_{13}^0 = -0.1834, \quad \hat{\alpha}_{14}^0 = -1.1423, \quad \hat{\alpha}_{15}^0 = 0.2352$$

在我们估计方程（7.8）并得到残差之后，这些残差可以被视为技术冲击的度量。Gali 在他的研究中只关注了冲击的子集，而没有对模型的其余部分进行估计。这正是他的重点所在，因此不必指定模型的其余部分。那么我们如何找到技术冲击对 n_t 等变量的影响呢？在这里，Gali 利用了技术冲击与系统中的其他冲击不相关的假设。我们首先从一个通用角度来探讨假设某个特定冲击与其他冲击不相关如何有助于问题的解决。然后，我们把这个概念应用到 Gali 提出的模型中。

7.4.3 恢复对单一冲击的脉冲响应

在不需要指定整个系统的情况下，恢复脉冲响应的子集的最简单的方法是利用 VAR 或 VECM 与结构误差之间的关系，即：

$$e_t = A_0^{-1} \varepsilon_t = \bar{A} \varepsilon_t$$

因此，$e_t = \sum_{j=1}^{n} \bar{A}_j \varepsilon_{jt}$，$\bar{A}_j$ 是 $\bar{A} = A_0^{-1}$ 的第 j 列。通过第 k' 个方程我们可以得到：

$$e_{kt} = \sum_{j=1}^{n} \bar{a}_{kj} \varepsilon_{jt} \tag{7.10}$$

$$= \bar{a}_{k1} \varepsilon_{1t} + \bar{a}_{k2} \varepsilon_{2t} + \cdots + \bar{a}_{kn} \varepsilon_{nt}$$

$$= \bar{a}_{k1} \varepsilon_{1t} + \nu_{kt} \tag{7.11}$$

恢复所有变量对第一个冲击的脉冲响应只需要 $\bar{A}$ 的第一列元素 $\bar{a}_{k1}$。我们可以通过将 VAR 或 VECM 模型的冲击 $\hat{e}_{kt}$ 回归到第一个冲击 $\hat{\varepsilon}_{1t}$ 来估计这些元素。这样做的原因是第一个冲击 ε_{1t} 与其他所有冲击 $\varepsilon_{jt}(j \neq 1)$ 以及模型中的误差项 ν_{kt} 不相关。一旦我们能够估计所需的冲击 ε_{1t}，就可以利用 VAR 模型的残差 $\hat{e}_t$ 来恢复任何结构性冲击的所有脉冲响应，而无须指定具体的经济结构。这是因为 VAR 或 VECM 的残差 $\hat{e}_t$ 可用。

7.4.4 在 EViews 9.5 中估计 Gali 模型

实际上，我们不需要运行回归来获取 $\bar{a}_{k1}$ 的值，只需将方程（7.9）添加到系统中其余变量的 VAR 方程中，以创建一个组合的 SVAR/VAR 结构。在标准的 VAR 模型中，通常没有直接支持 SVAR/VAR 混合结构的功能。因此，为了处理这种混合结构，需要使用经过修改的 SVAR 命令，以允许 VAR 方程的误差项与 SVAR 方程的误差项之间存在相关项。Gali 示例的 SVAR/VAR 混合系统如下所示：

$$\Delta x_t = \alpha_{12}^0 \Delta^2 n_t + \alpha_{13}^0 \Delta^2 \pi_t + \alpha_{14}^0 \Delta \xi_{1t} + \alpha_{15}^0 \Delta \xi_{2t} + \alpha_{11}^1 \Delta x_{t-1} + \varepsilon_{1t} \tag{7.12}$$

$$\Delta n_t = b_{21}^1 \Delta x_{t-1} + b_{22}^1 \Delta \pi_{t-1} + b_{23}^1 \xi_{1t-1} + b_{24}^1 \xi_{2t-1} + \bar{a}_{21} \varepsilon_{1t} + \nu_{2t} \tag{7.13}$$

$$\Delta \pi_t = b_{31}^1 \Delta x_{t-1} + b_{32}^1 \Delta \pi_{t-1} + b_{33}^1 \xi_{1t-1} + b_{34}^1 \xi_{2t-1} + \bar{a}_{31} \varepsilon_{1t} + \nu_{3t} \tag{7.14}$$

$$\xi_{1t} = b_{41}^1 \Delta x_{t-1} + b_{42}^1 \Delta \pi_{t-1} + b_{43}^1 \xi_{1t-1} + b_{44}^1 \xi_{2t-1} + \bar{a}_{41} \varepsilon_{1t} + \nu_{4t} \tag{7.15}$$

$$\xi_{2t} = b_{51}^1 \Delta x_{t-1} + b_{52}^1 \Delta \pi_{t-1} + b_{53}^1 \xi_{1t-1} + b_{54}^1 \xi_{1t-1} + \bar{a}_{51} \varepsilon_{1t} + \nu_{5t} \tag{7.16}$$

其中，ν_{jt} 是 ε_{2t}、ε_{3t}、ε_{4t} 和 ε_{5t} 的组合。它们与 ε_{1t} 不相关，但通常与 VAR 方程中的其他误差相关。因此，在估计这个扩展系统时，我们需要以某种方式考虑它们之间的相关性。

当使用 EViews 进行 SVAR/VAR 分析时，可以将模型表示为（A，B）形式的方程 $Ae_t = Bu_t$，其中，u_t 是服从 $i.i.d(0, 1)$ 的随机冲击项，并且彼此之间不相关。因此，我们可以用以下关系定义 $\varepsilon_t = Bu_t$、ε_{1t} 和 ν_{jt}：

$$\varepsilon_{1t} = \delta_1 u_{1t}$$
$$\nu_{2t} = \delta_2 u_{2t}$$
$$\nu_{3t} = \delta_3 u_{2t} + \delta_4 u_{3t}$$
$$\nu_{4t} = \delta_5 u_{2t} + \delta_6 u_{3t} + \delta_7 u_{4t}$$
$$\nu_{5t} = \delta_8 u_{2t} + \delta_9 u_{3t} + \delta_{10} u_{4t} + \delta_{11} u_{5t}$$

在这个结构中，冲击 ν_{jt} 由于存在共同元素而彼此之间相关，但它们与 ε_{1t} 是不相关的。因此，这种定义方式也捕捉到了组合的 SVAR/VAR 系统的特性。

将完整的系统方程（7.12）~（7.16）以 A/B 形式表示如下：

$$A = \begin{bmatrix} 1 & -\alpha_{12}^0 & -\alpha_{13}^0 & -\alpha_{14}^0 & -\alpha_{15}^0 \\ 0 & 1 & 0 & 0 & 0 \\ 0 & 0 & 1 & 0 & 0 \\ 0 & 0 & 0 & 1 & 0 \\ 0 & 0 & 0 & 0 & 1 \end{bmatrix} \quad B = \begin{bmatrix} \delta_1 & 0 & 0 & 0 & 0 \\ \tilde{a}_{21} & \delta_2 & 0 & 0 & 0 \\ \tilde{a}_{31} & \delta_3 & \delta_4 & 0 & 0 \\ \tilde{a}_{41} & \delta_5 & \delta_6 & \delta_7 & 0 \\ \tilde{a}_{51} & \delta_8 & \delta_9 & \delta_{10} & \delta_{11} \end{bmatrix}$$

其中，$\tilde{a}_{21} = \bar{a}_{21} \delta_1$。由于 α_{ij}^0 是通过工具变量估计得到的，因此只需要在 EViews 中估计 B。

B 中有 15 个未知元素，而简化形式 VAR 的协方差矩阵中有 15 个参数，因此模型是完全被识别的。[①]

Galitech.prg 中的代码实现了使用 SVAR 例行程序估计模型的过程，如图 7-1 所示。但需要注意的是：

$$\Delta x_t = \text{dprodh}, \quad \Delta n_t = \text{dhours}, \quad \Delta \pi_t = \text{dinf}, \quad \xi_{1t} = ec1, \quad \xi_{2t} = ec2$$

累积脉冲响应函数是从代码中获得的输出结果，如图 7-2 所示。它们与 Gali（1999）的研究结果相匹配。

```
Program: GALITECH - (e:\opr\eviews content\galitech.prg)
Run Print Save SaveAs Cut Copy Paste InsertTxt Find Replace Wrap+/- LineNum+/- Encrypt

'Requires galidusa.wf1
'Replicate Gali (1999) using the IV approach.

pageselect orig_gali

smpl @all

genr lprodh = log(gdpq)-log(lpmhu)
genr dp = 100*dlog(lp) 'inflation
genr dinf = d(dp)
genr dprodh = 100*d(lprodh)
genr dhours = 100*dlog(lpmhu)
genr ddhours = d(dhours)
genr dm2 = 100*dlog(m2)
genr ec1 = (rm3/4)-dp
genr ec2 = dm2 - dp
genr dec1 = d(ec1)
genr dec2 = d(ec2)

smpl 1959Q1 1994Q4

equation eq1.tsls dprodh ddhours ddinf dec1 dec2 dinf(-1 to -3) ddinf(-1 to -3) dec1(-1 to -3) dec2(-1 to -3) @ c dprodh(-1 to -4) dhours(-1 to -4) dinf(-1 to -4) ec1(-1 to -3) ec2(-1 to -3) dprodh(-1 to -4) c @
show eq1.results

var galitech.ls 1 4 dprodh dhours dinf ec2 @ c

scalar ca1=eq1.@coefs(1)
scalar ca2=eq1.@coefs(2)
scalar ca3=eq1.@coefs(3)
scalar ca4=eq1.@coefs(4)

galitech.cleartext(svar)

galitech.append(svar) @e1=ca1*@e2+ca2*@e3 + ca3*@e4 +ca4*@e5+c(1)*@u1
galitech.append(svar) @e2=c(2)*@u1+c(3)*@u2
galitech.append(svar) @e3= c(4)*@u1+c(5)*@u2+c(6)*@u3
galitech.append(svar) @e4= c(7)*@u1+c(8)*@u2+c(9)*@u3+c(10)*@u4
galitech.append(svar) @e5= c(11)*@u1+c(12)*@u2+c(13)*@u3+c(14)*@u4+c(15)*@u5

galitech.svar(rtype=text, f0=n)
galitech.results
'compute accumulated impulses
galitech.impulse(12, a, imp=struct, se=a)
```

图7-1　通过galitech.prg中的代码用EViews程序估计Gali（1999）的技术SVAR模型

[①]　通过 4 个长期限制，系统中共有 19 个限制。因此，可以对系统中的所有 19 个参数进行估计。

Accumulated Response to Structural One S.D. Innovations ±2 S.E.

Accumulated Response of DPRODH to Shock1

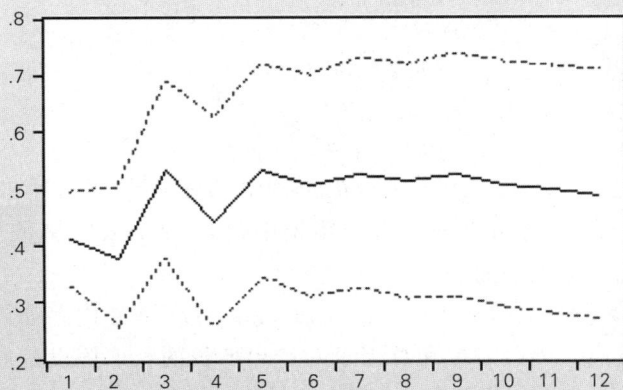

Accumulated Response of DHOURS to Shock1

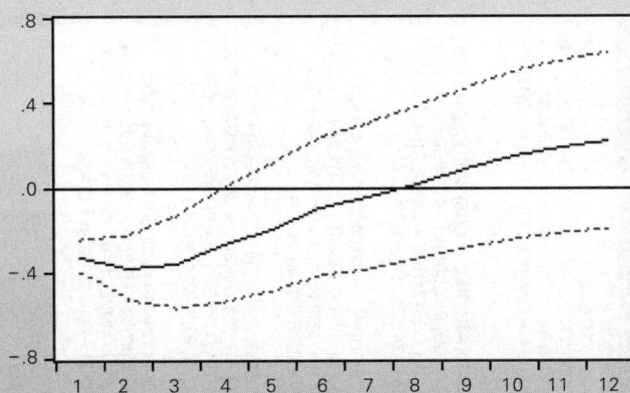

Accumulated Response of DINF to Shock1

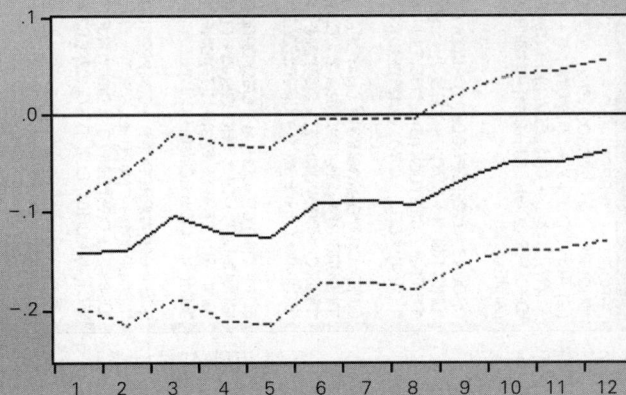

图7-2　累积脉冲响应——针对Gali（1999）的技术冲击

另一种方法是使用 FIML 估计器和无约束协方差矩阵估计方程（7.12）~（7.16）。为了说明这一点，系统可以表示为：

$$\Delta x_t = \alpha_{12}^0 \Delta^2 n_t + \alpha_{13}^0 \Delta^2 \pi_t + \alpha_{14}^0 \Delta \xi_{1t} + \alpha_{15}^0 \Delta \xi_{2t} + \alpha_{11}^1 \Delta x_{t-1} + \varepsilon_{1t} \tag{7.17}$$

$$\Delta n_t = b_{21}^1 \Delta x_{t-1} + b_{22}^1 \Delta \pi_{t-1} + b_{23}^1 \xi_{1t-1} + b_{24}^1 \xi_{2t-1} + \vartheta_{2t} \tag{7.18}$$

$$\Delta \pi_t = b_{31}^1 \Delta x_{t-1} + b_{32}^1 \Delta \pi_{t-1} + b_{33}^1 \xi_{1t-1} + b_{34}^1 \xi_{2t-1} + \vartheta_{3t} \tag{7.19}$$

$$\xi_{1t} = b_{41}^1 \Delta x_{t-1} + b_{42}^1 \Delta \pi_{t-1} + b_{43}^1 \xi_{1t-1} + b_{44}^1 \xi_{2t-1} + \vartheta_{4t} \tag{7.20}$$

$$\xi_{2t} = b_{51}^1 \Delta x_{t-1} + b_{52}^1 \Delta \pi_{t-1} + b_{53}^1 \xi_{1t-1} + b_{54}^1 \xi_{t-1} + \vartheta_{5t} \tag{7.21}$$

在系统中，$\text{cov} = (\varepsilon_{1t}, \vartheta_{2t}, \vartheta_{3t}, \vartheta_{4t}, \vartheta_{5t}) = BB'$ 表示误差项与冲击项之间的协方差矩阵，这个矩阵通常是非对角矩阵。由于系统中包含 19 个未知参数[①]，与方程个数相同，所以该系统是完全被识别的。

使用 FIML 估计方程（7.17）~（7.21）的 EViews SYSTEM 代码如图 7-3 所示。与之前一样，关于货币供应、货币需求和总需求对产出增长的长期假设是通过确保相应变量（*dhours*、*dinf*、*ec1* 和 *ec2*）的同期系数与系统中相应滞后系数的和相等但符号相反来强制执行的。

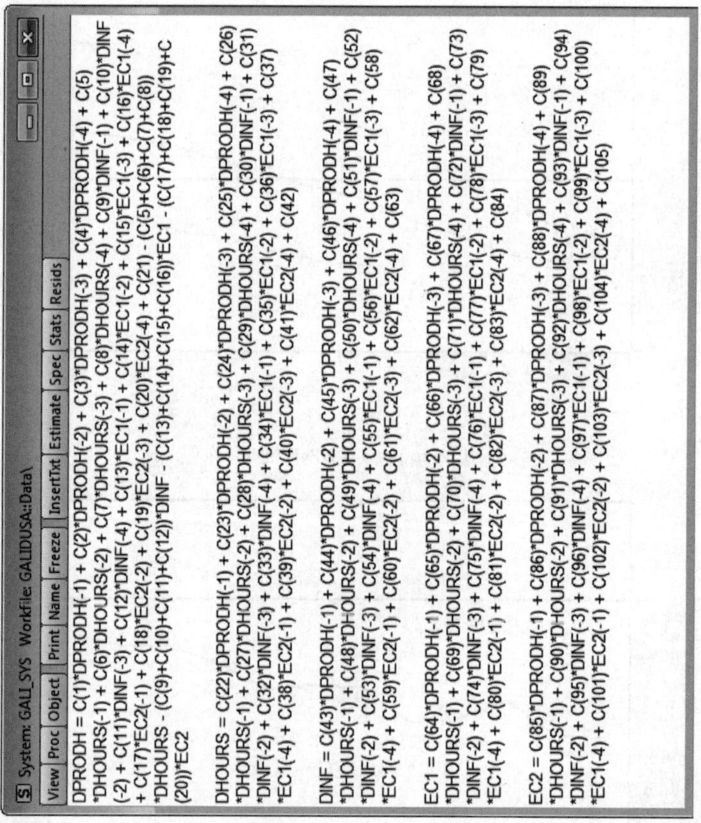

图7-3　EViews SYSTEM代码（gali_sys）用于使用FIML估计方程（7.17）~（7.21）

---

① 4个结构参数是 α_{12}^0、α_{13}^0、α_{14}^0 和 α_{15}^0，BB' 是一个协方差矩阵，其中包含了 15 个方差和协方差项。

使用FIML估计器对方程（7.17）进行估计的结果与使用IV/SVAR估计的结果完全相同，如图7-4所示。这意味着FIML估计的同期参数与IV/SVAR估计的结果一致，从而再现了图7-2中的脉冲响应函数。

System: GALI_SYS

Estimation Method: Full Information Maximum Likelihood (OPG - BHHH / Marquardt steps)

Date: 02/27/16   Time: 06:27

Sample: 1960Q2 1994Q4

Included observations: 139

Total system (balanced) observations 695

Convergence achieved after 1847 iterations

Coefficient covariance computed using observed Hessian

	Coefficient	Std. Error	z-Statistic	Prob.
C(1)	-0.474074	0.189301	-2.504339	0.0123
C(2)	0.022653	0.166329	0.136197	0.8917
C(3)	-0.367808	0.155044	-2.372273	0.0177
C(4)	-0.151900	0.143283	-1.060141	0.2891
C(5)	-0.666521	0.379005	-1.758609	0.0786
C(6)	-0.034594	0.222847	-0.155237	0.8766
C(7)	-0.103219	0.198514	-0.519956	0.6031
C(8)	-0.317574	0.187999	-1.689234	0.0912
C(9)	0.150735	0.715427	0.210692	0.8331
C(10)	-0.141292	0.605298	-0.233426	0.8154
C(11)	0.018790	0.813040	0.023111	0.9816
C(12)	0.155215	0.252655	0.614335	0.5390
C(13)	0.787146	1.657928	0.474777	0.6349
C(14)	-0.155936	1.094384	-0.142487	0.8867
C(15)	0.481038	1.243629	0.386802	0.6989
C(16)	0.030057	0.570350	0.052699	0.9580
C(17)	-0.132172	0.329424	-0.401222	0.6883
C(18)	-0.100866	0.242288	-0.416306	0.6772
C(19)	-0.024807	0.177993	-0.139371	0.8892
C(20)	0.022681	0.194801	0.116429	0.9073

图7-4　使用FIML估计方程（7.17）（部分输出）

7.4.5　在EViews 10中估计Gali模型

前一小节中提到的模型的可以用EViews 10的符号表示为：

$$A = \begin{bmatrix} 1 & NA & NA & NA & NA \\ 0 & 1 & 0 & 0 & 0 \\ 0 & 0 & 1 & 0 & 0 \\ 0 & 0 & 0 & 1 & 0 \\ 0 & 0 & 0 & 0 & 1 \end{bmatrix} \quad B = \begin{bmatrix} NA & 0 & 0 & 0 & 0 \\ NA & NA & 0 & 0 & 0 \\ NA & NA & NA & 0 & 0 \\ NA & NA & NA & NA & 0 \\ NA & NA & NA & NA & NA \end{bmatrix}$$

$$F = \begin{bmatrix} NA & 0 & 0 & 0 & 0 \\ NA & NA & NA & NA & NA \\ NA & NA & NA & NA & NA \\ NA & NA & NA & NA & NA \\ NA & NA & NA & NA & NA \end{bmatrix}$$

矩阵 F 反映了在误差修正方程中存在两个短期冲击和两个对生产力水平 x_t 的长期影响为零的永久冲击。

以下是使用 EViews 代码指定这些矩阵的命令。它们将被输入描述模型以进行估计的"文本"框中。估计结果与基于 IV 和 FIML 方法得到的结果相同。但需注意，@LOWER（B）表示矩阵 B 的上层全部为零，而下沿及对角线上的元素需要进行估计。这与上面呈现的矩阵 B 是一致的。[①]

@A（1，1）=1

@A（2，2）=1

@A（3，3）=1

@A（4，4）=1

@A（5，5）=1

@A（2，1）=0

@A（2，3）=0

@A（2，4）=0

@A（2，5）=0

@A（3，1）=0

@A（3，2）=0

@A（3，4）=0

@A（3，5）=0

@A（4，1）=0

@A（4，2）=0

@A（4，3）=0

@A（4，5）=0

@A（5，1）=0

@A（5，2）=0

@A（5，3）=0

@A（5，4）=0

@F（1，2）=0

@F（1，3）=0

@F（1，4）=0

@F（1，5）=0

@LOWER（B）

---

① 请参考 *e10_galitech.prg*，它使用名为 *e10_galidusa.wk1* 的工作文件。

|7.5| Gali 1992年的 IS/LM 模型

7.5.1 系统性质和使用限制

Gali（1992）提出了一个具有4个 I（1）变量的模型，这些变量分别是以1982年价格计算的国民生产总值对数（y_t）、3个月期的国库券收益率（i_t）、M1增长（Δm_t）和 CPI 中的通货膨胀率（Δp_t）。因此，$\zeta'_t = \begin{bmatrix} y_t & i_t & \Delta m_t & \Delta p_t \end{bmatrix}$。他指出，这4个变量中包含2个协整向量。在这种情况下，n = 4，r = 2，模型中存在 n − r = 2个永久性冲击和2个短期性冲击。我们将永久性冲击视为涉及 y_t 和 i_t 的结构方程中的冲击。由此可知，Gali 使用的是一个以变量 Δy_t、Δi_t、$\xi_{1t} = i_t - \Delta p_t$、$\xi_{2t} = \Delta m_t - \Delta p_t$ 为基础的 SVAR 模型。

Gali（1992）的模型包含4个冲击，分别是（总量）供给冲击（ε_{1t}）、货币供应冲击（ε_{2t}）、货币需求冲击（ε_{3t}）和总需求（IS）冲击（ε_{4t}）。在这4个冲击中，供给冲击可以被视为永久性的，另外3个冲击中必须有一个同样是永久性的，剩下的两个则是暂时性的。由于 Gali 在模型中使用了 Δi_t 并将其视为 I（1）变量，所以我们将第二个永久性冲击（ε_{2t}）视为与货币供应有关的冲击。然后，还需要一些额外的限制来估计系统。这些限制包括：

1. 货币需求冲击 ε_{3t} 和总需求冲击 ε_{4t} 是暂时性的。

2. 货币供应冲击对产出的长期影响为零。

根据这些假设和限制条件，可以使用一个长期响应矩阵 C 描述系统的结构：

$$C = \begin{array}{c} y_t \\ i_t \\ \Delta m_t \\ \Delta p_t \end{array} \begin{array}{cccc} \varepsilon_{1t} & \varepsilon_{2t} & \varepsilon_{3t} & \varepsilon_{4t} \\ \begin{bmatrix} * & 0 & 0 & 0 \\ * & * & 0 & 0 \\ 0 & 0 & 0 & 0 \\ 0 & 0 & 0 & 0 \end{bmatrix} \end{array}$$

值得注意的是，由于 SVAR 中存在两个 I（0）变量，所以它可能不是严格的 C（1）形式。有关这一点说明的详细解释请参考第 6.4.2 节中 Blanchard 和 Quah 的例子。

7.5.2 在 EViews 9.5 中估计 Gali 模型

在这个设定中，我们将继续讨论 Gali 模型中的第一个方程，以 y_t 为标准化可以得到：

$$\Delta y_t = a^0_{12} \Delta i_t + a^0_{13} \Delta \xi_{1t} + a^0_{14} \Delta \xi_{2t} + \text{lags} + \varepsilon_{1t}$$

"lags" 代表 Δy_t 等其他经济变量的滞后项。第一个方程中存在永久性冲击，根据 Pagan-Pesaran（PP）的结果，我们可以得出结论，该方程中只有误差修正项的差异起作用，因此滞后的误差修正项 ξ_{1t-1} 和 ξ_{2t-1} 可以作为 $\Delta \xi_{1t}$ 和 $\Delta \xi_{2t}$ 的工具变量，但是还需要一个工具变量来估计 Δi_t。Gali 的方法是假设货币供应冲击 Δi_t 对产出 y_t 的长期影响为零，这意味着 Δi_t 和 Δi_{t-1} 的系数在方程中相等且符号相反。因此，我们可以将方程重写为：

$$\Delta y_t = a^0_{12} \Delta^2 i_t + a^0_{13} \Delta \xi_{1t} + a^0_{14} \Delta \xi_{2t} + \text{lags} + \varepsilon_{1t} \tag{7.22}$$

这样做的目的是获得一个额外的工具变量 Δi_{t-1} 用于估计方程。通过使用这个工具变量和其他工具变量（滞后的误差修正项），我们可以对方程进行估计，从而得到残差项 $\hat{\varepsilon}_{1t}$。

由于第二个方程中也存在永久性冲击，因此它应具有以下形式：

$$\Delta i_t = a^0_{21} \Delta y_t + a^0_{23} \Delta \xi_{1t} + a^0_{24} \Delta \xi_{2t} + \text{lags} + \varepsilon_{2t} \tag{7.23}$$

同样地，滞后的误差修正项可以作为工具变量用于估计 $\Delta \xi_{1t}$ 和 $\Delta \xi_{2t}$ 的系数。这样，我们只需要找到一个工具变量来估计 Δy_t 的系数。而这个工具变量可以从第一个方程的残差 $\hat{\varepsilon}_{1t}$ 中获得。因此，方程（7.23）可以利用协整假设提供的工具变量来进行估计。

然而，Gali 并没有估计方程（7.23）。他所估计的方程形式如下（Pagan 和 Robertson，1998）：

$$\Delta i_t = \gamma_{21}^0 \Delta y_t + \gamma_{23}^0 \xi_{1t} + \gamma_{24}^0 \xi_{2t} + lags + \varepsilon_{2t} \tag{7.24}$$

这与正确的方程（7.23）的结构不同，因为它涉及协整误差的水平而不是变化。由于这个结构差异，Gali 无法将滞后的误差修正项视为工具变量，因此他被迫施加了两个短期限制。他列出了 3 个可能的短期限制，标记为 $R4$、$R5$ 和 $R6$。$R4$ 和 $R5$ 限制表明货币供应（$R4$）和货币需求（$R5$）冲击对产出没有同期效应，这意味着矩阵 A_0^{-1} 的（1，2）和（1，3）元素应被约束为零。$R6$ 限制表明同期的价格不会出现在货币供应规则中，这意味着 $\gamma_{23}^0 + \gamma_{24}^0$ 应被约束为零。

在 Gali 的设定中，第一个短期限制 $R4$ 意味着 VAR 输出增长方程的误差项 e_{1t} 不涉及 ε_{2t}，这意味着 VAR 残差 $\hat{e}_{1t}$ 可以作为第二个方程中 i_t 的工具变量。另外，第二个短期限制 $R5$ 对于估计第二个方程没有提供可用的工具变量，因为它表明 e_{2t} 与 ε_{3t} 不相关。因此，为了估计第二个方程，需要第三个短期限制 $R6$，即 $\gamma_{23}^0 + \gamma_{24}^0 = 0$。

正如前面强调的，如果按照 Gali 的 I（1）和协整假设的含义进行推导，可能就不需要施加短期限制来估计该方程。此外，特定的限制 $R6$ 根据这些假设可能也不是必需的，因为在他的假设下，ξ_{1t-1} 和 ξ_{2t-1} 分别是 $\Delta\xi_{1t}$ 和 $\Delta\xi_{2t}$ 的工具变量，并且 Δy_t 可以通过 $\hat{\varepsilon}_{1t}$ 进行工具变量处理。此外，系统中存在的两个永久冲击是根据 $n - r$ 的数量确定的，Gali 将 r 设定为 2。Gali 将第二个方程的冲击视为暂时性的，而事实上它并不是暂时性冲击。这可能源于对冲击的随机性质和其效应之间的混淆。冲击 ε_{2t} 被描述为 I（0）过程，但它对 i_t 具有永久性影响。

无论如何，如果按照 Gali 的方法并在模型中使用短期限制 $R6$，那么估计的方程为：

$$\Delta i_t = \gamma_{21}^0 \Delta y_t + \gamma_{23}^0 (\xi_{1t} - \xi_{2t}) + lags + \varepsilon_{2t} \tag{7.25}$$

其中，$\hat{\varepsilon}_{1t}$ 和 $\hat{e}_{1t}$ 被用作工具变量。

第三个方程为：

$$\xi_{1t} = a_{31}^0 \Delta y_t + a_{32}^0 \Delta i_t + a_{34}^0 \xi_{2t} + lags + \varepsilon_{3t}$$

现在，估计的 VAR 残差 $\hat{e}_{1t}$ 和 $\hat{e}_{2t}$ 可以作为 Δy_t 和 Δi_t 的工具变量，但还需要另一个工具变量来估计 ξ_{2t}。在这里需要一个短期限制，如果按照 Gali 的做法，那么合乎逻辑的限制是货币需求冲击 $R5$ 对产出没有同期影响。这意味着 Δy_t 的 VAR 方程中会有一个不包括 ε_{3t} 冲击，这是已经在第 4 章中得出的结论。因此，e_{1t} 也可以作为这个方程中的一个工具变量。

一旦估计出第三个方程，并且有残差 $\hat{e}_{1t}$、$\hat{e}_{2t}$ 和 $\hat{e}_{3t}$ 作为工具变量，我们就可以使用它们来估计系统中剩余的方程：

$$\xi_{2t} = a_{41}^0 \Delta y_t + a_{42}^0 \Delta i_t + a_{43}^0 \xi_{1t} + lags + \varepsilon_{4t} \tag{7.26}$$

图 7-5 中的 galiqje.prg 程序包含了按照这种方式估计模型的代码。在该程序中，VAR（4）是线性估计的，正如 Gali 所做的那样。模型变量与数据之间的对应关系为：

$$\Delta y_t = ygr, \quad \Delta i_t = drate, \quad \xi_{1t} = ec1, \quad \xi_{2t} = ec2 \text{ 和 } \xi_{1t} - \xi_{2t} = diffec$$

图 7-6 显示了得到的参数估计结果，图 7-7 和图 7-8 展示了系统中 4 个冲击对 GNP 和以水平术语表示的利率的响应。这与 Gali（1992）的研究结果非常接近。

```
'wfopen J:\svarbook\galiqje.wf1
smpl 1955q1 1987q3

equation eq1.tsls ygr ddrate dec1 dec2 ygr(-1 to -4) ddrate(-1 to -3) dec1(-1 to -3) dec2(-1 to -3) ec1(-4) dec1(-1 to -4) dec2(-1 to -3) ec2(-4)
eq1.makeresids eps1

equation eqvar.ls ygr c ygr(-1 to -4) drate(-1 to -4) ec1(-1 to -4)
eqvar.makeresids res1

equation eq2.tsls drate ygr diffec ygr(-1 to -4) drate(-1 to -4) ec2(-1 to -4) c @ c res1 eps1 ygr(-1 to -4) drate(-1 to -4) ec1(-1 to -4)
eq2.makeresids eps2

equation eq3.tsls ec1 ygr drate ec2 ygr(-1 to -4) drate(-1 to -4) ec1(-1 to -4) ec2(-1 to -4) c @ c eps1 eps2 res1 ygr(-1 to -4) drate(-1 to -4) ec1(-1 to -4) ec2(-1 to -4)
eq3.makeresids eps3

equation eq4.tsls ec2 ygr drate ec1 ygr(-1 to -4) drate(-1 to -4) ec1(-1 to -4) ec2(-1 to -4) c @ c eps1 eps2 eps3 ygr(-1 to -4) drate(-1 to -4) ec1(-1 to -4) ec2(-1 to -4)
var galiqje.ls 1 4 ygr drate ec1 ec2  @ c

scalar ca1=eq1.@coefs(1)
scalar ca2=eq1.@coefs(2)
scalar ca3=eq2.@coefs(3)
scalar ca4=eq2.@coefs(1)
scalar ca5=eq2.@coefs(2)
scalar ca6=eq3.@coefs(1)
scalar ca7=eq3.@coefs(2)
scalar ca8=eq3.@coefs(3)
scalar ca9=eq4.@coefs(1)
scalar ca10=eq4.@coefs(2)
scalar ca11=eq4.@coefs(3)

galiqje.cleartext(svar)

galiqje.append(svar) @e1=ca1*@e2+ca2*@e3+ca3*@e4+c(1)*@u1
galiqje.append(svar) @e2=ca4*@e1+ca5*@e3-ca5*@e4+c(2)*@u2
galiqje.append(svar) @e3=ca6*@e1+ca7*@e2+ca8*@e4+c(3)*@u3
galiqje.append(svar) @e4=ca9*@e1+ca10*@e2+ca11*@e3+c(4)*@u4
' f0=u means that one draws start values from a uniform density , n=normal,
galiqje.svar(rtype=text, f0=n)
galiqje.results
'compute accumulated impulses
galiqje.impulse(36, a, imp=struct, se=a)
```

图7-5　用于估计Gali（1992）的IS-LM模型的EViews程序galiqje.prg

View | Proc | Object | Print | Name | Freeze | Estimate | Forecast | Stats | Impulse | Resids | Zoom

Structural VAR Estimates

Structural VAR Estimates
Date: 02/08/16   Time: 12:16
Sample: 1955Q1 1987Q3
Included observations: 131
Estimation method: method of scoring (analytic derivatives)
Convergence achieved after 8 iterations
Structural VAR is over-identified (6 degrees of freedom)

Model: Ae = Bu where E[uu']=I
Restriction Type: short-run text form
@E1=CA1*@E2+CA2*@E3+CA3*@E4+C(1)*@U1
@E2=CA4*@E1+CA5*@E3-CA5*@E4+C(2)*@U2
@E3=CA6*@E1+CA7*@E2+CA8*@E4+C(3)*@U3
@E4=CA9*@E1+CA10*@E2+CA11*@E3+C(4)*@U4
where
@e1 represents YGR residuals
@e2 represents DRATE residuals
@e3 represents EC1 residuals
@e4 represents EC2 residuals

	Coefficient	Std. Error	z-Statistic	Prob.
C(1)	-1.070711	0.066149	-16.18641	0.0000
C(2)	-1.699136	0.104973	-16.18641	0.0000
C(3)	6.515471	0.402527	16.18641	0.0000
C(4)	8.202743	0.506767	16.18641	0.0000

Log likelihood   -955.1849
LR test for over-identification:

Chi-square(6)	0.000000		Probability	1.0000

Estimated A matrix:

1.000000	-0.655408	0.293322	-0.086442
0.239160	1.000000	0.301674	-0.301674
-1.557400	4.985212	1.000000	1.213470
4.654613	7.582059	-3.393284	1.000000

Estimated B matrix:

1.070711	0.000000	0.000000	0.000000
0.000000	1.699136	0.000000	0.000000
0.000000	0.000000	6.515471	0.000000
0.000000	0.000000	0.000000	8.202743

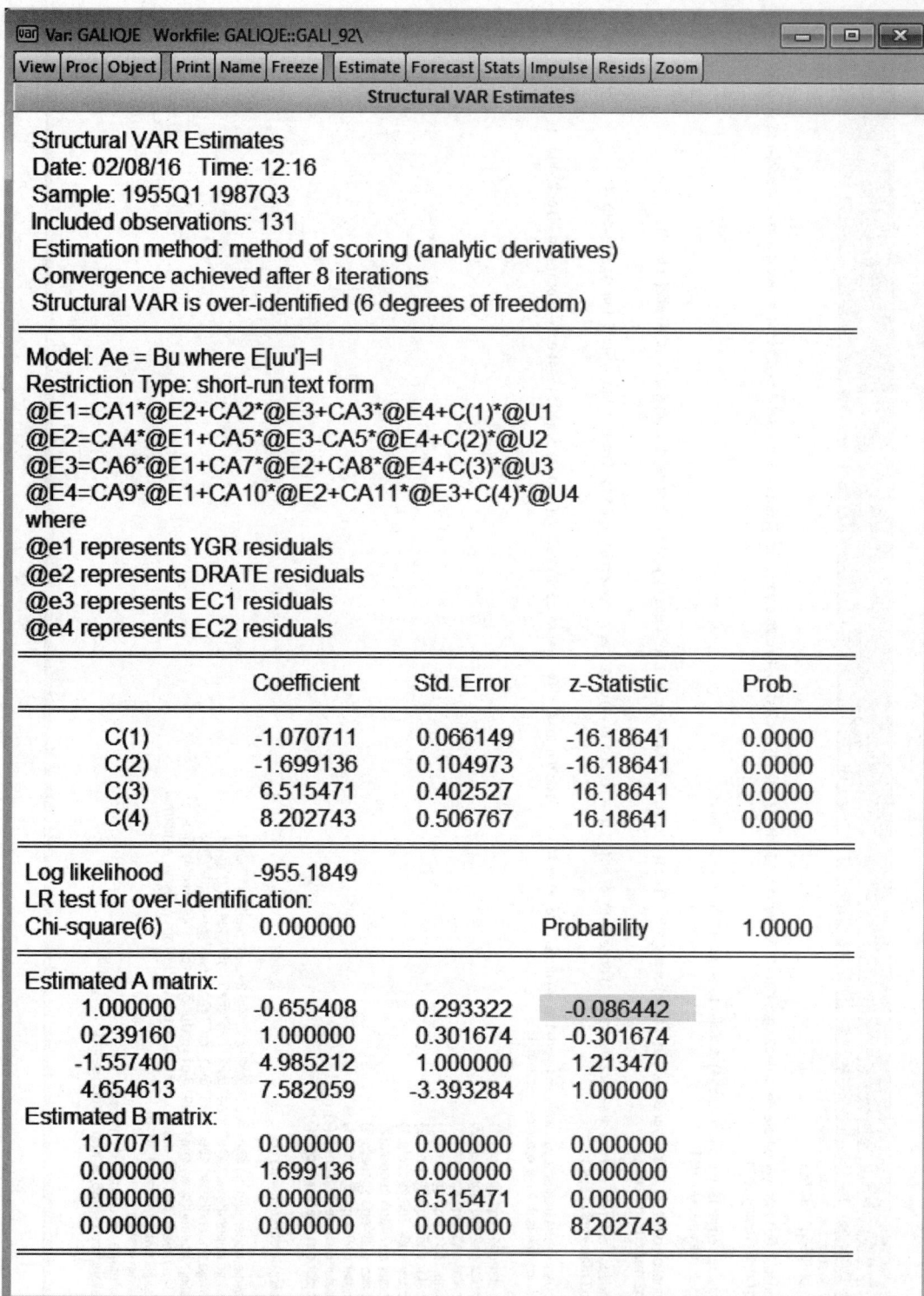

图7-6　Gali（1992）IS-LM模型的IV/SVAR估计

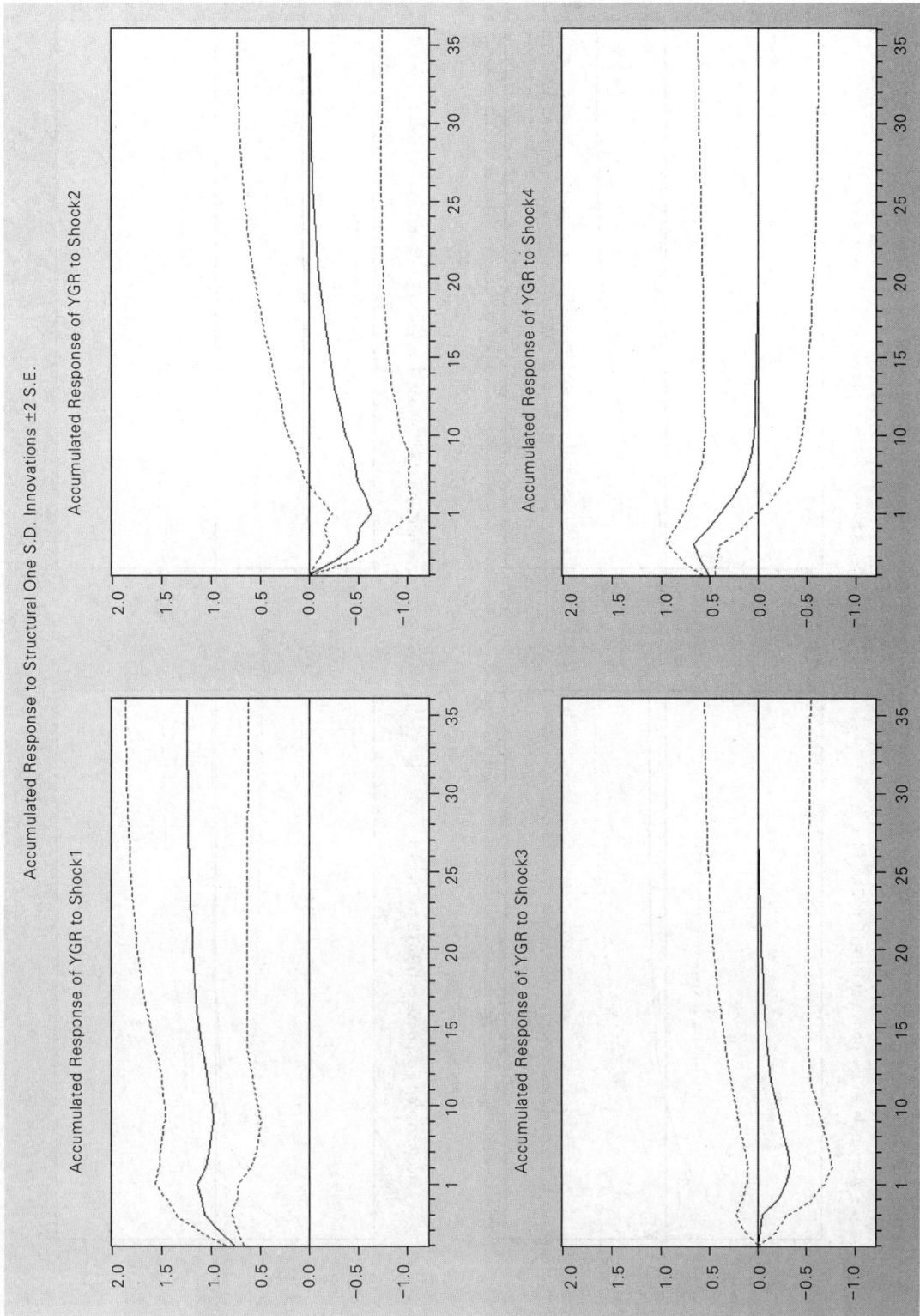

图7-7　Gali（1992）限制下国民生产总值（GNP）的脉冲响应

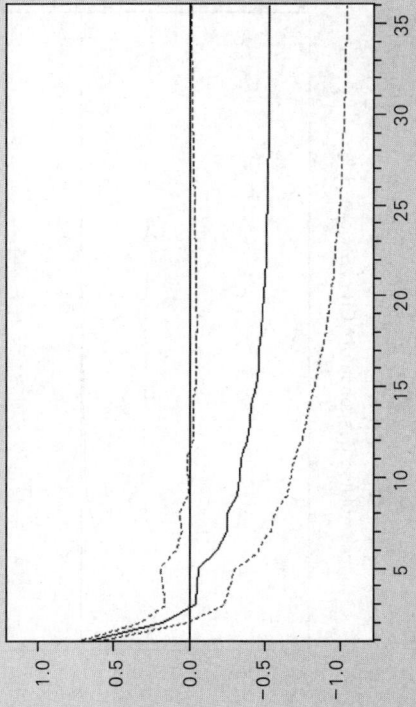

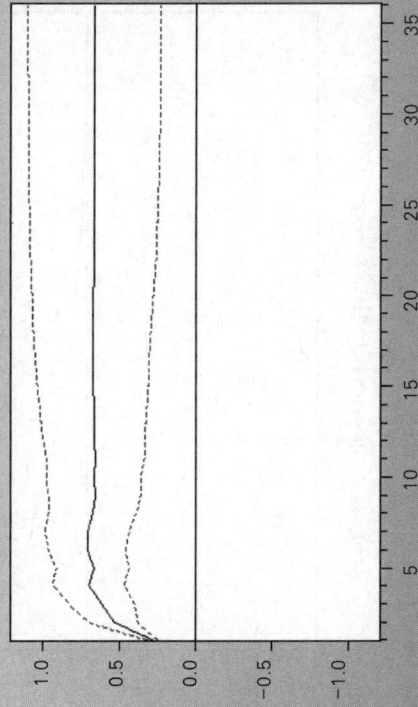

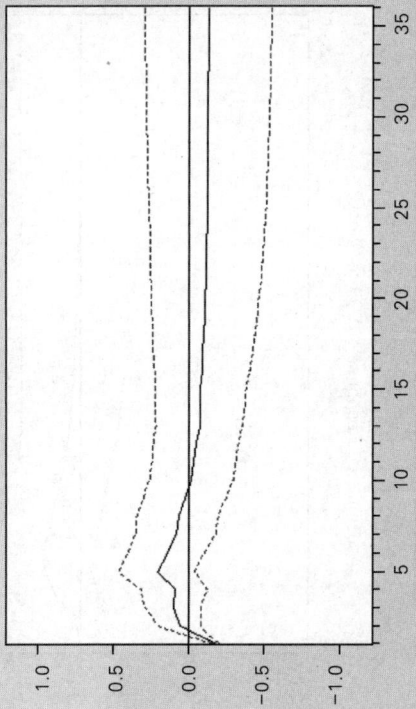

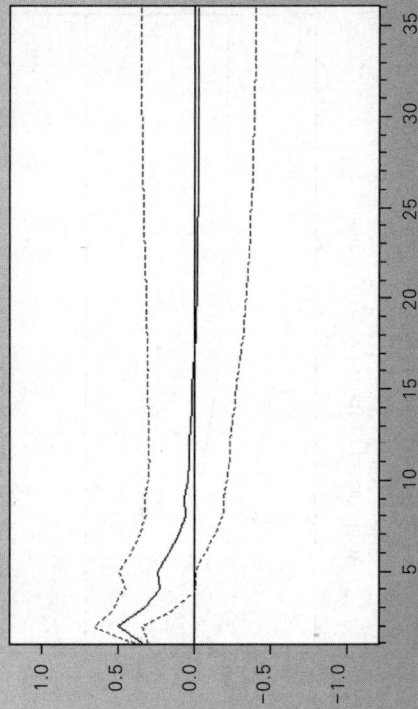

图7-8　Gali（1992）限制下$\triangle i_t$的脉冲响应

通过脉冲响应图表观察到的结果与预期一致。负的货币供应冲击对产出水平产生了负面影响，在所有的滞后期内，我们也可以看到这个负面冲击在长期内趋于零。这解决了所谓的"产出谜题"。然而，我们还注意到，如果在模型中未施加第三个和第四个冲击是短期的限制，那么需求冲击可能会对利率水平产生长期影响（图7-8第4个面板），这与经济直觉不符。为了解决这个问题，可以通过在利率方程中引入适当的修正项来施加这种限制，但这并不是自然发生的。[①]

直接使用FIML估计模型会揭示隐含的跨方程约束，而这些约束在使用工具变量方法时会自动施加。正如上面提到的，假设R4和R5意味着A_0^{-1}的（1，2）和（1，3）元素为零。因此，它们对A_0的元素施加了需要在EViews中使用FIML估计器进行估计的限制。通过对A_0进行解析求逆，并考虑Gali的假设，可以确定这些限制的性质。它们可以表示为：

$$\left|A_0^{-1}\right|_{12} = \frac{1}{f}\left\{a_{12}^0 + a_{13}^0 a_{32}^0 + a_{14}^0 a_{42}^0 + a_{13}^0 a_{34}^0 a_{42}^0 + a_{14}^0 a_{32}^0 a_{43}^0 - a_{12}^0 a_{34}^0 a_{43}^0\right\} \tag{7.27}$$

$$\left|A_0^{-1}\right|_{13} = \frac{1}{f}\left\{(a_{13}^0 + a_{14}^0 a_{43}^0) + [\gamma_{23}^0 (a_{12}^0 + a_{13}^0 a_{42}^0 + a_{14}^0 a_{42}^0 - a_{12}^0 a_{43}^0)]\right\}$$

在这个方程中，假设R6已经被施加，f是同期系数矩阵的行列式，同期系数矩阵为：

$$A^0 = \begin{bmatrix} 1 & -a_{12}^0 & -a_{13}^0 & -a_{14}^0 \\ -\gamma_{21}^0 & 1 & -\gamma_{23}^0 & \gamma_{23}^0 \\ -a_{31}^0 & -a_{32}^0 & 1 & -a_{34}^0 \\ -a_{41}^0 & -a_{42}^0 & -a_{43}^0 & 1 \end{bmatrix}$$

要将$\left|A_0^{-1}\right|_{12}$和$\left|A_0^{-1}\right|_{13}$都设为零，只需设置$a_{42}^0 = -(\frac{a_{12}^0}{a_{14}^0})$和$a_{43}^0 = -(\frac{a_{13}^0}{a_{14}^0})$。而且有了这些限制，$\gamma_{23}^0$的值也不会影响$\left|A_0^{-1}\right|_{13}$，这是因为$(a_{12}^0 + a_{13}^0 a_{42}^0 + a_{14}^0 a_{42}^0 - a_{12}^0 a_{43}^0) = 0$。此外，将方程（7.26）代入产出增长方程（7.22），可以得到：

$$\Delta y_t = (a_{12}^0 + a_{14}^0 a_{42}^0)\Delta^2 i_t + (a_{13}^0 + a_{14}^0 a_{43}^0)\Delta\xi_{1t} + a_{14}^0 a_{41}^0 \Delta^2 y_t + lags + \varepsilon_{1t} + a_{14}^0 \Delta\varepsilon_{4t}。 \tag{7.28}$$

因此，在施加了特定限制条件的情况下，产出增长方程Δy_t不涉及误差项ε_{2t}和ε_{3t}。同时，总需求冲击ε_{4t}在长期内不会影响产出，这是因为我们对ε_{4t}进行了差分处理。

图7-9包含了使用FIML方法估计Gali模型的EViews系统对象代码。图7-10展示了关于同期参数的最终估计值。这些估计值是在假定结构误差的协方差结构为对角矩阵的情况下得到的。值得注意的是，$a_{12} = -(C(5) + C(6) + C(7) + C(8)) = 0.65541$。该估计值与使用IV/SVAR方法得到的$a_{12}^0$的估计值相匹配，并且使用delta方法计算的标准误为0.3356。这表明FIML方法和IV/SVAR方法在估计参数时得出了相似的结果。

---

① Gali估计中存在的弱工具问题可能会影响EViews对脉冲响应的标准误差的可靠性。Pagan和Robertson（1998）通过模拟发现，Gali的估计器的密度函数很可能是多模态的，而不服从正态分布。

图7-9 用于估计Gali（1992）IS-LM模型的EViews SYSTEM代码gali_sys_1992

当施加了 Gali 的协整假设所隐含的长期限制条件时，会对模型产生一些影响。比如，R6 限制条件不再是必要的，R4 或 R5 限制条件中的一个可以被省略。货币需求冲击 ε_{3t} 和总需求冲击 ε_{4t} 不会对利率（也就是第二个方程）产生持久的影响。

假设只有限制条件 R5 起作用时，实施 IV/SVAR 方法的具体程序在图 7-11 的 *galiqje_alt.prg* 中给出。累积脉冲响应的结果如图 7-13 和图 7-14 所示。[1]这些结果符合协整限制条件的要求，即总需求冲击不会对名义利率产生长期影响。

---

① 这种情况下的系统对象代码可以在 *gali_sys_alt* 中找到，该文件位于 *galiqje.wk1* 工作文件的 *GALI_ALT* 页面。使用 *optimize*（）函数进行最大似然估计的实现可以在 MLE 子目录中的 gali_alt_mle.prg 中找到。需要注意的是，为了实现准确识别，根据 Gali 的模型，这种情况下需要额外的一项限制条件。我们遵循 Gali 的做法，假设 R5 成立，即 $\left[A^{-1}\right]_{13} = 0$。可以证明 $a_{43}^0 = (a_{13}^0(1.0 - a_{24}^0 a_{42}^0) - a_{23}^0(a_{12}^0 - a_{14}^0 a_{42}^0))/(a_{14}^0 - a_{12}^0 a_{24}^0)$，这要求最终的 FIML 估计结果与 IV/SVAR 估计结果相匹配。

Parameter	Estimate	Standard Error	Sums/SE
C(5)	0.071914503	0.161876346	
C(6)	-0.048090118	0.150753672	
C(7)	-0.279488962	0.186331812	
C(8)	-0.399743613	0.136628237	0.655408
C(9)	0.044638472	0.073960125	(0.3356)
C(10)	0.093297416	0.08482032	
C(11)	0.159056097	0.076886262	
C(12)	-0.003669792	0.074436073	-0.29332
C(13)	-0.058223397	0.05750393	(-0.1937)
C(14)	0.004606155	0.035587852	
C(15)	-0.084972421	0.039955643	
C(16)	0.052147687	0.044469485	0.086442
C(69)	-0.239160488	0.671165099	(0.0603)
C(70)	-0.301673681	0.798521369	
C(71)	1.557400073	3.171887201	
C(72)	-4.985212364	9.592994904	
C(73)	-1.213469608	2.884438872	
C(74)	-4.6546134	3.89024338	

图7-10 Gali（1992）IS-LM模型的FIML估计（对角协方差矩阵）

7.5.3 在EViews 10中估计Gali模型

Gali（1992）的原始模型可以通过以下A、B、S、F矩阵进行总结：

$$A = \begin{bmatrix} 1 & NA & NA & NA \\ NA & 1 & NA & -A(2,3) \\ NA & NA & 1 & NA \\ NA & NA & NA & 1 \end{bmatrix} \quad B = \begin{bmatrix} NA & 0 & 0 & 0 \\ 0 & NA & 0 & 0 \\ 0 & 0 & NA & 0 \\ 0 & 0 & 0 & NA \end{bmatrix},$$

$$F = \begin{bmatrix} NA & 0 & 0 & 0 \\ NA & NA & NA & NA \\ NA & NA & NA & NA \\ NA & NA & NA & NA \end{bmatrix} \quad S = \begin{bmatrix} NA & 0 & 0 & NA \\ NA & NA & NA & NA \\ NA & NA & NA & NA \\ NA & NA & NA & NA \end{bmatrix}$$

对ygr、$drate$、$ec1$和$ec2$进行VAR（4）拟合。使用"文本"选项，可以通过以下命令来构建矩阵[①]：

@A（1，1）=1

@A（2，2）=1

@A（3，3）=1

---

① 这些命令包含在$e10\_galiqje.prg$中。

@A（4，4）=1

@A（2，3）+@A（2，4）=0

@F（1，2）=0

@F（1，3）=0

@F（1，4）=0

@DIAG（B）

@S（1，3）=0

@S（1，2）=0

这个小节中的结果与之前小节相同。其中最显著的是估计得到的 F 矩阵：

$$\begin{bmatrix} 1.241509 & 0.000000 & 0.000000 & 0.000000 \\ -0.128554 & -0.522786 & -0.027417 & 0.658078 \\ 5.294284 & 7.180769 & 4.537946 & -2.804896 \\ 7.898675 & 4.942960 & 6.459189 & -7.263472 \end{bmatrix}$$

根据提供的矩阵，我们可以看到第二个 I（1）变量也就是利率水平，受到第二、第三和第四个冲击的永久性影响。这意味着模型中存在 4 个永久性冲击。然而，Gali 所做的协整假设是模型中只存在两个永久性冲击，这与结果呈现的情况存在矛盾。

如上所述，在 Gali 的假设下，第三个和第四个冲击应该是暂时性的。如果我们加入这两个额外的长期限制，那么他应用的两个短期限制，即 $a_{23}^0 + a_{24}^0 = 0$（R6）和货币供应对产出的瞬时效应为零（R4）可以被移除。如果我们使用这些限制代替 Gali 使用的两个限制，相应的 A、B、S、F 矩阵如下：

$$A = \begin{bmatrix} 1 & NA & NA & NA \\ NA & 1 & NA & NA \\ NA & NA & 1 & NA \\ NA & NA & NA & 1 \end{bmatrix} \quad B = \begin{bmatrix} NA & 0 & 0 & 0 \\ 0 & NA & 0 & 0 \\ 0 & 0 & NA & 0 \\ 0 & 0 & 0 & NA \end{bmatrix},$$

$$F = \begin{bmatrix} NA & 0 & 0 & 0 \\ NA & NA & 0 & 0 \\ NA & NA & NA & NA \\ NA & NA & NA & NA \end{bmatrix} \quad S = \begin{bmatrix} NA & NA & 0 & NA \\ NA & NA & NA & NA \\ NA & NA & NA & NA \\ NA & NA & NA & NA \end{bmatrix}$$

使用"文本"选项，可以通过以下命令来构建矩阵[①]：

@A（1，1）=1

@A（2，2）=1

@A（3，3）=1

@A（4，4）=1

@F（1，2）=0

@F（1，3）=0

@F（2，3）=0

@F（1，4）=0

@F（2，4）=0

---

① 这些命令包含在 *e10_galiqje_alt.prg* 中。

@S（1，3）=0

@DIAG（B）

这样做得到的脉冲响应与使用IV方法得到脉冲响相同。估计得到的 F 矩阵为：

$$\begin{bmatrix} 1.241509 & 0.000000 & -1.30E-10 & 0.000000 \\ -0.128554 & -0.840907 & 0.000000 & 0.000000 \\ 5.294284 & 6.807253 & 4.155652 & -4.051628 \\ 7.898675 & 8.967860 & 6.191455 & 0.394174 \end{bmatrix}$$

因此，根据所提供的结果，模型中存在两个永久性冲击和两个暂时性冲击。这些结果与Gali在协整方面的假设一致，如图7-11至图7-14所示。

```
Program GALIQE_ALT - [e:\opt\eviews content\galiqe_alt.prg]
Run | Print | Save | SaveAs | Cut | Copy | Paste | InsertAt | Find | Replace | Wrap+/- | LineNum+/- | Encrypt

wfopen J:\svarbook\galiqe.wf1
pageselect gali_alt
smpl 1955Q1 1987Q3

equation alt_eq1.tsls ygr ddrate dec1 dec2 ygr dec1 dec2 ygr(-1 to -3) dec2(-1 to -3) dec1(-1 to -3) ddrate(-1 to -3) ddrate(-4) dec1(-1 to -3) dec2(-1 to -4) @ c ygr(-1 to -4) drate(-1 to -4) ddrate(-4) ddrate(-1 to -3) ec1(-1 to -3) ec2(-1 to -4)
alt_eq1.makeresids eps1

equation alt_eqvar.ls ygr c ygr(-1 to -4) drate(-1 to -4) ec1(-1 to -4) ec2(-1 to -4)
alt_eqvar.makeresids res1

equation alt_eq2.tsls drate ygr dec1 dec2 ygr(-1 to -4) drate(-1 to -4) dec1(-1 to -3) dec2(-1 to -3) @ c eps1 ygr(-1 to -4) drate(-1 to -4) ec1(-1 to -4) ec2(-1 to -4)
alt_eq2.makeresids eps2lr

equation alt_eq3.tsls ec1 ygr drate ec2 ygr(-1 to -4) drate(-1 to -4) ec1(-1 to -4) ec2(-1 to -4) @ c eps1 eps2lr res1 ygr(-1 to -4) drate(-1 to -4) ec1(-1 to -4) ec2(-1 to -4)
alt_eq3.makeresids eps3

equation alt_eq4.tsls ec2 ygr drate ec1 ygr(-1 to -4) drate(-1 to -4) ec1(-1 to -4) ec2(-1 to -4) @ c eps1 eps2lr eps3 ygr(-1 to -4) drate(-1 to -4) ec1(-1 to -4) ec2(-1 to -4)

var galiqeat.ls 1 4 ygr drate ec1 ec2 @ c

scalar alt_ca1=alt_eq1.@coefs(1)
scalar alt_ca2=alt_eq1.@coefs(2)
scalar alt_ca3=alt_eq1.@coefs(3)

scalar alt_ca4=alt_eq2.@coefs(1)
scalar alt_ca5=alt_eq2.@coefs(2)
scalar alt_ca6=alt_eq2.@coefs(3)

scalar alt_ca7=alt_eq3.@coefs(1)
scalar alt_ca8=alt_eq3.@coefs(2)
scalar alt_ca9=alt_eq3.@coefs(3)

scalar alt_ca10=alt_eq4.@coefs(1)
scalar alt_ca11=alt_eq4.@coefs(2)
scalar alt_ca12=alt_eq4.@coefs(3)

galiqeat.cleartext(svar)

galiqeat.append(svar) @e1=alt_ca1*@e1+alt_ca2*@e3+alt_ca3*@e4+c(1)*@u1
galiqeat.append(svar) @e2=alt_ca4*@e1+alt_ca5*@e3+alt_ca6*@e4+c(2)*@u2
galiqeat.append(svar) @e3=alt_ca7*@e1+alt_ca8*@e9+alt_ca9*@e4+c(3)*@u3
galiqeat.append(svar) @e4=alt_ca10*@e1+alt_ca11*@e2+alt_ca12*@e3+c(4)*@u4
galiqeat.svar(type=text, f0=n)
galiqeat.results

'f0=u means that one draws start values from a uniform density , n=normal,
'compute accumulated impulses
galiqeat.impulse(36, a, imp=struct, se=a)
```

图7-11 使用替代性约束估计Gali的IS-LM模型的EViews程序

View | Proc | Object | Print | Name | Freeze | Estimate | Forecast | Stats | Impulse | Resids | Zoom

Structural VAR Estimates

Structural VAR Estimates
Date: 02/28/16   Time: 07:56
Sample: 1955Q1 1987Q3
Included observations: 131
Estimation method: method of scoring (analytic derivatives)
Convergence achieved after 8 iterations
Structural VAR is over-identified (6 degrees of freedom)

Model: Ae = Bu where E[uu']=I
Restriction Type: short-run text form
@E1=ALT_CA1*@E2+ALT_CA2*@E3+ALT_CA3*@E4+C(1)*@U1
@E2=ALT_CA4*@E1+ALT_CA5*@E3+ALT_CA6*@E4+C(2)*@U2
@E3=ALT_CA7*@E1+ALT_CA8*@E2+ALT_CA9*@E4+C(3)*@U3
@E4=ALT_CA10*@E1+ALT_CA11*@E2+ALT_CA12*@E3+C(4)*@U4
where
@e1 represents YGR residuals
@e2 represents DRATE residuals
@e3 represents EC1 residuals
@e4 represents EC2 residuals

	Coefficient	Std. Error	z-Statistic	Prob.
C(1)	1.070711	0.066149	16.18641	0.0000
C(2)	-3.007241	0.185788	-16.18641	0.0000
C(3)	6.945797	0.429113	16.18641	0.0000
C(4)	18.10785	1.118707	16.18641	0.0000

Log likelihood   -955.1849
LR test for over-identification:
Chi-square(6)   0.000000   Probability   1.0000

Estimated A matrix:
  1.000000   -0.655408   0.293322   -0.086442
  1.095718   1.000000   -1.320536   0.600580
  -1.709184   5.093092   1.000000   1.356424
  -8.211299   -19.31645   2.036959   1.000000
Estimated B matrix:
  1.070711   0.000000   0.000000   0.000000
  0.000000   3.007241   0.000000   0.000000
  0.000000   0.000000   6.945797   0.000000
  0.000000   0.000000   0.000000   18.10785

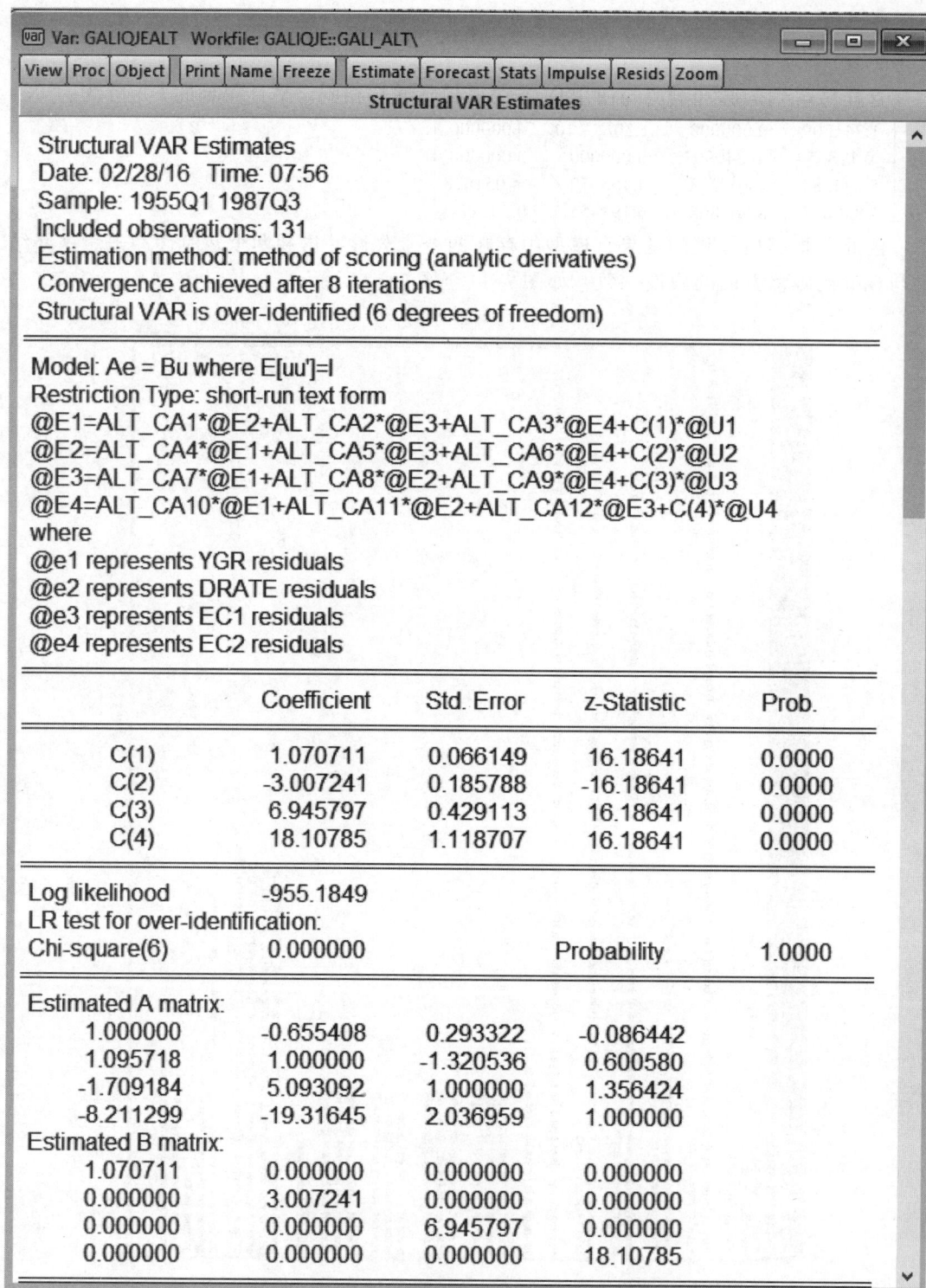

图7-12　使用替代性约束的Gali（1992）IV/SVAR估计

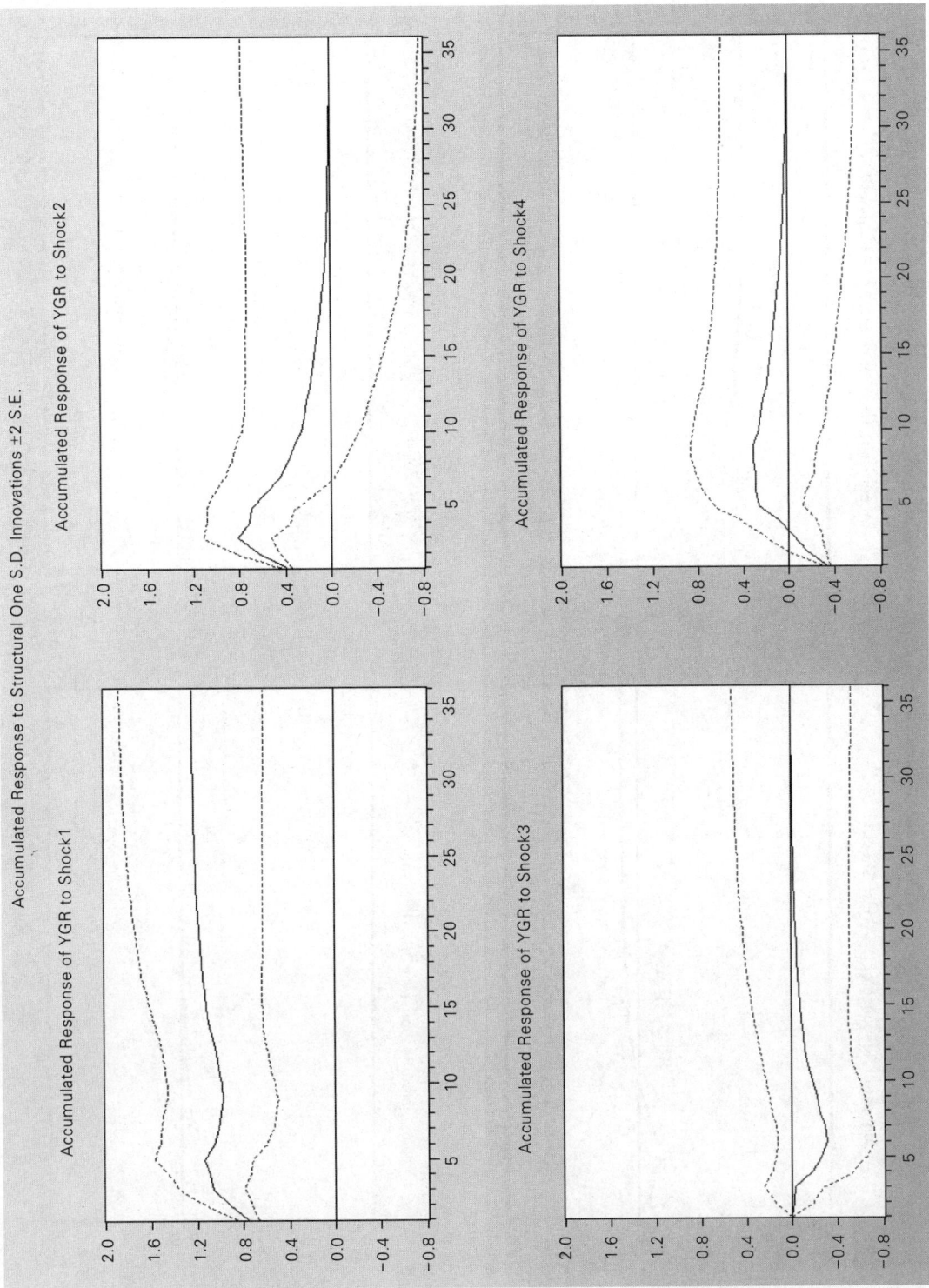

图7-13 使用替代性约束的Gali (1992) 累积脉冲响应的GNP

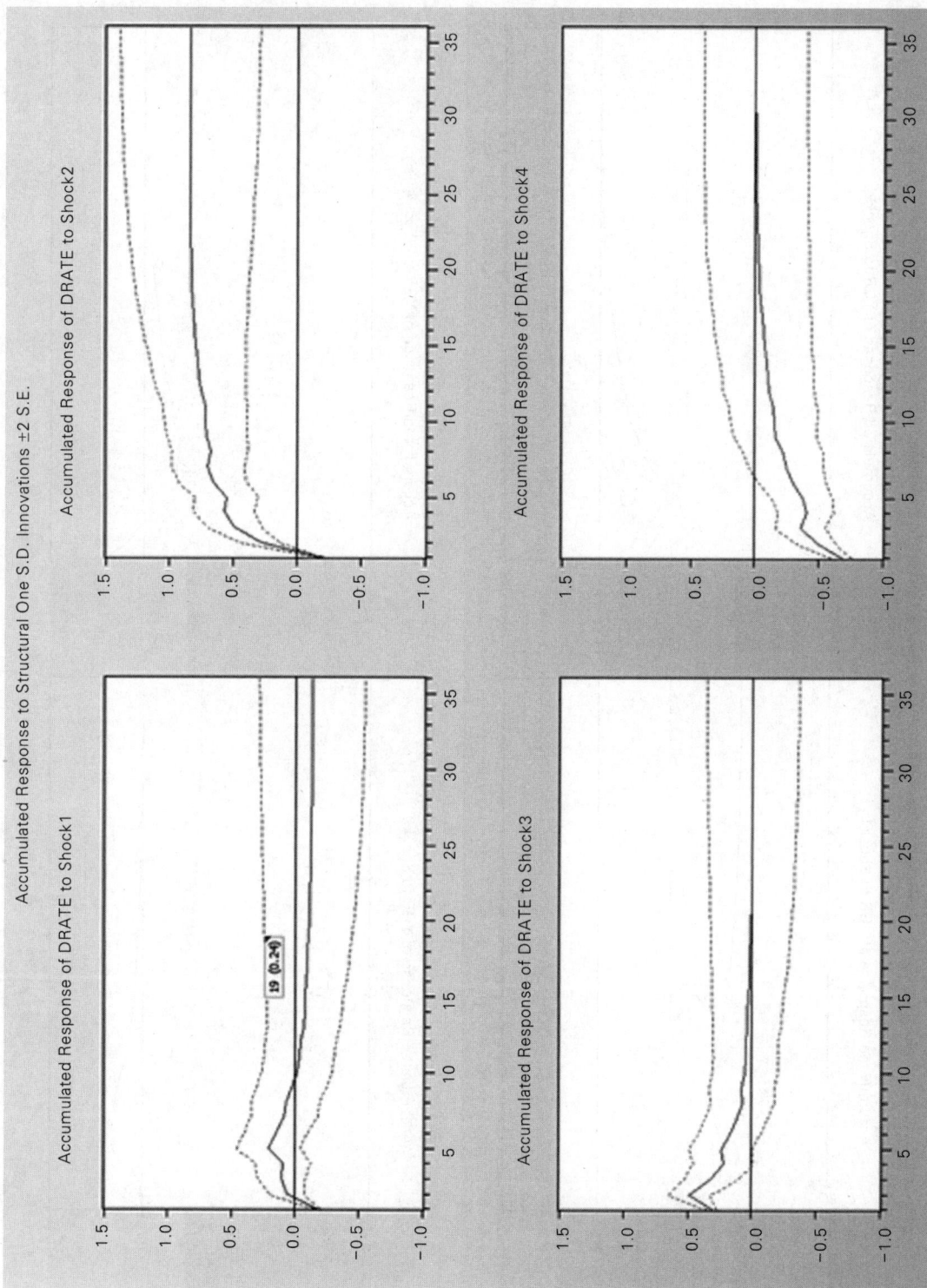

图7-14 使用替代性约束的Gali（1992）累积脉冲响应的利率

译者后记

结构向量自回归是一种经济时间序列分析方法，用于捕捉多个变量之间的动态关系。它扩展了传统的向量自回归模型，使得模型更加灵活和实用，因而结构向量自回归自20世纪80年代提出以来就在经济研究，尤其是应用宏观经济学领域中得到了广泛应用。

非常有幸能够得到本书的翻译机会，翻译过程对我来说是一次深刻的学习旅程。在翻译过程中，我尽力保持原文的准确性和完整性，同时也尽量使译文符合中文的表达习惯，以便读者能够更好地理解和吸收书中的内容。然而，由于宏观经济学和计量经济学涉及的知识体系庞大而复杂，难免会有疏漏和不足之处。因此，我衷心希望读者在阅读过程中能够提出宝贵的意见和建议，以便我在今后的翻译工作中不断改进和提高。

在此，我要特别感谢大连交通大学苗欣老师、沈长斌老师，还有东北财经大学统计学院研究生付一鑫和姜袭言、北京理工大学管理学院本科生王文涓，她们在本书的翻译过程中付出了辛勤的劳动，不仅全程参与了翻译工作，也在后期成稿阶段对初稿进行了精心的校对。

最后，我希望这本书能够为读者提供一个实用的宏观经济建模工具，帮助他们更好地理解和分析宏观经济现象，为经济政策的制定和实施提供科学依据。同时，我也期待在未来能够继续为传播经济学知识、推动学术交流贡献自己的力量。

屈超

2024年5月